COURS DE GÉOGRAPHIE
DE
L'ENSEIGNEMENT SECONDAIRE DES JEUNES FILLES

Deuxième Année

A LA MÊME LIBRAIRIE

Envoi franco contre timbres français ou mandat-poste

ENSEIGNEMENT SECONDAIRE DES JEUNES FILLES
COURS A. AMMANN ET E.-C. COUTANT
NOUVELLE ÉDITION CONFORME AU PROGRAMME DE 1897

Reliure toile gris clair

CLASSES PRIMAIRES. — L'ANTIQUITÉ. 1 vol. in-12, cart.............. 2 25
PREMIÈRE ANNÉE. — HISTOIRE DE FRANCE ET NOTIONS SOMMAIRES D'HISTOIRE GÉNÉRALE JUSQU'EN 1610. 1 vol. in-12, toile.............. 2 75
DEUXIÈME ANNÉE. — HISTOIRE DE FRANCE ET NOTIONS SOMMAIRES D'HISTOIRE GÉNÉRALE DE 1610 A 1789. 1 vol. in-12, toile .... 3 »
TROISIÈME ANNÉE. — HISTOIRE DE FRANCE ET NOTIONS SOMMAIRES D'HISTOIRE GÉNÉRALE (depuis 1789 et époque contemporaine). 1 vol. in-12, toile.............. 3 »
QUATRIÈME ANNÉE. — HISTOIRE DE L'ANTIQUITÉ (Orient, Grèce, Rome). 1 vol. in-12, toile.............. 3 50

Reliure toile rouge

L'HISTOIRE DE FRANCE DU BREVET ÉLÉMENTAIRE. 1 vol. in-12, illustré de nombreuses gravures, relié toile 2 50
TABLEAU POLITIQUE ET ÉCONOMIQUE DU MONDE CONTEMPORAIN (3ᵉ *édition*). 1 vol. in-12, cartonné.............. 3 »

COURS GASTON DODU

Couverture gris clair

COURS DE GÉOGRAPHIE, par G. DODU, inspecteur d'Académie, avec de nombreux croquis, des cartes, des photogravures.

PREMIÈRE ANNÉE. — AFRIQUE, OCÉANIE, AMÉRIQUE. 1 vol. in-8°, relié toile.............. 2 75
DEUXIÈME ANNÉE. — EUROPE ET ASIE. 1 vol. in-8°, relié toile........ 3 »
TROISIÈME ANNÉE. — GÉOGRAPHIE DE LA FRANCE ET DE SES COLONIES. 1 vol. in-8°, relié toile.............. 3 »
QUATRIÈME ANNÉE. — GÉOGRAPHIE GÉNÉRALE. 1 vol. in-8°, rel. 3 50
CINQUIÈME ANNÉE. — LES PRINCIPALES PUISSANCES DU MONDE. 4 »
ATLAS PORTATIF CONTENANT 24 CARTES. 1 vol. in-8°, relié 2 50

Reliure toile rouge

GÉOGRAPHIE DE LA FRANCE DU BREVET ÉLÉMENTAIRE. 1 vol. in-8°, relié, illustré de nombreuses cartes et photogravures.............. 2 75

ENSEIGNEMENT SECONDAIRE DES JEUNES FILLES
PROGRAMME DE JUILLET 1908

EUROPE ET ASIE

AVEC DE NOMBREUX

Croquis, Photogravures, Tableaux synoptiques, Lectures

PAR

GASTON DODU

Inspecteur d'Académie
Ancien professeur d'Histoire et de Géographie
Docteur ès lettres

Deuxième Année

NOUVELLE ÉDITION, REVUE ET CORRIGÉE

LIBRAIRIE CLASSIQUE FERNAND NATHAN

16 ET 18, RUE DE CONDÉ, 16 ET 18, PARIS (6ᵉ)

—

1909

Tous droits réservés.

Tout exemplaire de cet ouvrage non revêtu de ma griffe sera réputé contrefait.

Fernand Nathan

PRÉFACE

Mettre à la disposition des jeunes filles de nos lycées, collèges et cours secondaires un instrument de travail inspiré à la fois de la lettre de leur programme et de l'esprit de la science géographique moderne, tel est l'objet de la présente publication.

Partant de ce double point de vue, nous avons fait le triage des choses et recueilli celles-là seulement qui, en raison de leur importance ou de leur originalité, avaient le plus de chances de se fixer dans l'esprit de façon durable. La géographie, si rebutante à qui n'en voit que la façade, est susceptible de devenir aimable par la manifestation de ce qu'il y a d'harmonique en elle.

Nous avons essayé de la rendre telle.

Aussi bien nos lectrices ne trouveront-elles dans notre Cours *que ce qu'il est nécessaire qu'elles sachent bien, et pourront, sans dommage, ignorer tout ce qui, de propos délibéré, y a été passé sous silence.* En y cherchant des noms de villes, de rivières ou de montagnes qu'elles n'y rencontreront pas, elles finiront peut-être par *réagir contre l'instinctive tendance* qui les porte à *confondre la nomenclature avec la géographie.* Mais elles ne devront rien oublier de ce qu'elles y auront lu. Les connaissances acquises par ce moyen suffiront à leur culture, à la condition qu'elles n'en négligent aucune parcelle. Nous avons fait des coupes sombres dans l'épaisse forêt des noms géographiques. C'est assez dire que tout ce qui a été respecté devra être retenu.

Au reste, les sacrifices que nous avons consentis feront ressortir l'importance de ce que nous avons conservé. Puisse donc notre méthode fortifier chez qui s'en pénétrera le goût *exclusif* des choses vraiment bonnes et profitables !

Le plan suivi est des plus simples. Autant que possible, chaque numéro du programme a donné matière à un chapitre du livre. Chaque chapitre, précédé de *Notions générales*, et suivi d'un *Tableau synoptique*, a été divisé en *Leçons* comprenant à leur tour trois parties distinctes : un *Résumé*, un *Récit*, une *Lecture*. Toutes les fois que cela a paru nécessaire, des *Croquis* destinés à éclairer le texte y ont été intercalés. Croquis très simples, dans le genre de ceux qu'un instant suffit pour tracer à grands traits, en parlant, au tableau noir, ils peuvent, à la rigueur, *dispenser de tout atlas*. Ils ne contiennent aucun mot qui ne soit dans le texte, mais ils contiennent tous ceux qui s'y trouvent. L'indication de *Sujets de devoirs*, qu'il sera facile aux professeurs de multiplier et de varier à leur gré, termine chacune des grandes parties de l'ouvrage. Croquis ou récits, ces devoirs sont choisis de manière à permettre à l'élève de s'acquitter honorablement de sa tâche, sans l'appoint d'aucun secours étranger. La réflexion sera son principal instrument. Elle fera appel à ses souvenirs, mais n'aura jamais l'occasion de répéter machinalement, sans profit pour son intelligence, ce qu'elle aura retenu. S'il ne pouvait être autre chose que le résultat d'un effort de mémoire, le devoir de géographie devrait être abandonné.

Mais nous avons cru encore devoir satisfaire au besoin de représentation par l'image, naturel à l'âge mûr, à plus forte raison à l'adolescence. De là nos *Gravures*. Si forcément restreint qu'en soit le nombre, elles nous paraissent capables de fixer dans l'imagination de la jeune fille la physionomie de quelques-uns des sites dont elle aura lu la description. Sans compter qu'elles éveilleront sa curiosité.

Elle trouvera enfin, dans notre *Appendice*, quelques notions complémentaires qui, intercalées dans le texte, auraient risqué d'obscurcir, au profit de la nomenclature, l'idée générale qui, toujours doit demeurer au premier plan ; de même que notre *Index alphabétique* lui permettra d'entreprendre, sans trop de peine, le travail de synthèse qui peut, en fin d'année, n'être pas sans profit.

Ainsi conçu, notre **Cours de Géographie** n'a pas l'ambition de former des érudites ; mais il a celle, non moins utile encore que plus modeste, d'inspirer à de jeunes intelligences le goût d'une science trop longtemps négligée dans l'enseignement.

Gaston Dodu.

PREMIÈRE PARTIE

EUROPE

CHAPITRE I

NOTIONS PRÉLIMINAIRES

NOTIONS GÉNÉRALES

A considérer les continents comme des champs d'exploitation, offerts à l'activité humaine, on pourrait grouper ceux dont l'étude précède sous la dénomination générale de *continents neufs*. L'Afrique, l'Australie et l'Amérique sont des pays neufs, en ce sens que leur mise en valeur n'ayant commencé qu'après la venue de peuples étrangers sur leur sol est loin encore d'être achevée. Ces parties du monde sont celles vers lesquelles l'humanité s'est ruée à la recherche de nouvelles richesses. Elles n'ont pas été les propres artisans de leur avènement tardif à la grande vie moderne.

Au contraire, l'impulsion qui, à des époques différentes de l'histoire, a conduit le monde est partie des continents dont l'étude va suivre. Il est de mode d'opposer à la jeune Amérique la vieille Europe, sans doute parce que c'est l'Europe qui, après l'avoir découverte, l'a conquise, puis colonisée. Mais on pourrait avec non moins de raison lui opposer la plus vieille Asie. L'Asie, où se sont développées deux des plus anciennes et des plus grandes civilisations dont les hommes aient conservé le souvenir, la civilisation chinoise et la civilisation hindoue, détient par elles le record de l'ancienneté en face de la civilisation yankee née d'hier.

A ce titre, l'Europe et l'Asie méritent d'être rangées dans les *continents vieux*.

Leçon 1

Situation, forme et superficie.

Résumé. — **1. Situation.** — Dans l'hémisphère boréal, à égale distance du pôle et de l'équateur, par conséquent au milieu de la zone tempérée.

2. Forme. — Si l'Europe orientale rappelle par son étendue continentale les formes massives des autres continents, l'Europe occidentale est plus effilée, plus découpée qu'aucun. L'Europe doit à cette circonstance de posséder proportionnellement à sa superficie le plus grand développement littoral.

3. Superficie. — Car c'est avec l'Australie la plus petite des cinq parties du monde (10 millions de kilomètres carrés). Ce qui ne l'empêche pas d'être la plus vivante, parce qu'elle est la plus favorisée au double point de vue de la forme et de la situation.

Récit. — **1. Situation.** — L'Europe apparaît comme privilégiée entre toutes les parties du monde, par sa situation.

Elle occupe en effet dans l'hémisphère boréal, par les 36° et 71° de latitude nord, 12° de longitude ouest et 63° de longitude est, la meilleure place, aux portes de l'Asie et de l'Afrique, en regard de l'Amérique. Également éloignée du pôle et de l'équateur, elle ne souffre ni des chaleurs de l'un, ni des froidures de l'autre. Sa position en pleine zone tempérée lui vaut le climat le plus égal et le plus sain du globe.

2. Forme. — Elle n'est pas moins privilégiée par sa configuration. Ce n'est plus le continent massif dont l'Afrique, l'Australie ou même l'Amérique nous ont offert des exemples et que nous reconnaîtrons une fois de plus en Asie. Exception faite de la grande plaine orientale dans laquelle la mer ne pénètre que peu profondément, c'est partout le mariage de la terre et de la mer. Nul littoral n'est plus dentelé que le sien. Non seulement les eaux marines (Océan Glacial Arctique, Océan Atlantique, Méditerranée) découpent sa masse en longues péninsules, mais encore elles entaillent chacune d'elles de manière à y dessiner, comme cela se produit en Grèce, ou à l'orient des Balkans, dans l'entrecroisement des golfes et des saillies, d'autres péninsules en miniature. Une ceinture d'îles, petites comme les Cyclades, ou grandes comme la Sicile, l'Eubée ou Négrepont, la Crète ou Candie, l'archipel Tyrrhénien (Corse et Sardaigne), la Grande-Bretagne, l'Irlande, mais dont la plupart ne sont séparées de la terre ferme que par des eaux sans profondeur, la prolonge au sein des flots. L'Islande, malgré son éloignement, lui est rattachée par la douceur relative de sa température. Partout l'Europe s'ouvre à l'influence bienfaisante de l'Océan. Assis sur un rivage presque partout utile à la navigation, l'Européen a pu s'élancer à la conquête d'autres terres, à la connaissance d'autres hommes, à la poursuite de toutes les idées. Au vrai, la terre qu'il habite semble n'être qu'une péninsule de l'Asie.

Cette terre n'en constitue pas moins un continent distinct. On n'a pas oublié qu'à une époque antérieure de l'histoire de la Terre un bras de mer reliait la Méditerranée à l'Océan Glacial par la mer Noire, la Caspienne, la mer d'Aral[1] ; les steppes du Manytch entre la mer Noire et la Caspienne sont encore couverts en partie de lacs salins ; cette mer elle-même ainsi que l'Aral, l'Oulou-Tenghis et les autres lacs épars dans la direction du golfe de l'Obi sont les restes de l'ancienne nappe

---

1. Voir *Première année*, p. 3.

marine. Il n'y a donc pas entre l'Europe et l'Asie cette ligne conventionnelle de séparation que les géographes ont déplacée à leur gré selon qu'ils ont suivi les limites administratives tracées par la Russie à ses possessions européennes et asiatiques ou l'arête, d'ailleurs imperceptible, des monts Ourals. Il y a une frontière *naturelle* marquée non comme dans la plupart des cas par des hauteurs, mais par une *dépression*.

3. Superficie. — L'infériorité superficielle de l'Europe en comparaison des autres continents ne saurait prévaloir contre ces avantages physiques. L'Europe n'a que **10 millions de kilomètres carrés**, c'est-à-dire trois fois moins que l'Afrique, et quatre fois moins que l'Amérique ou l'Asie. Avec l'Australie qui lui est inférieure d'un quart, elle est la plus petite des cinq parties du monde.

Il s'est trouvé que l'énergie des races installées à sa surface a, conjointement aux avantages de la situation et de la configuration, fait de cette plus petite partie le foyer le plus actif de la civilisation.

LECTURE

Caractère insulaire de la Grèce. — « A chaque pas qu'on fait dans l'intérieur du pays, on rencontre la mer ; avec une coquetterie gracieuse, elle vient partout chercher le voyageur, et semble à chaque instant lui dire : « Me voici, arrête-toi, regarde comme je suis belle ! » On pourrait étendre à toute la Grèce le nom de l'Attique, *rivage*.

« Aussi la mer est partout présente dans les œuvres des poètes grecs ; tous ont traité avec une complaisance particulière et un charme infini ce qu'on pourrait appeler la poésie de la mer. Les aventures de l'*Odyssée* se passent presque entièrement sur les flots ; la scène de l'*Iliade* est constamment sur une plage.

« La mer fournit aux poètes grecs des comparaisons fréquentes. On sent partout, en lisant les auteurs, comme en parcourant le pays ou son histoire, que la Grèce est essentiellement navigatrice, que de grandes destinées maritimes attendent ce peuple à qui Thémistocle[1] révéla son génie, son empire et sa patrie véritables en lui conseillant de s'enfermer dans des murailles de bois, ce peuple qui de nos jours a triomphé des Turcs à l'aide des vaisseaux de Psara et d'Hydra[2], comme il battit autrefois les Perses avec la flotte de Salamine. Quand on vogue sur la mer de Grèce, chaque coup de rame fait jaillir de la mémoire un vers empreint du charme infini de cette mer; en la voyant blanchir, on se souvient de la gracieuse expression d'Alcman, qui appelle l'écume *fleur des vagues*. Si le vent s'élève, on murmure avec le chœur des Troyennes captives : « O brises, brises de la mer, où me con-« duisez-vous[3]? » Si le vent est tombé, on dit avec Agamemnon[4] : « Les oiseaux et la mer se taisent, les silences des « vents tiennent l'onde immobile[5]. » (Ampère, *Littérature et Voyages.*)

TABLEAU SYNOPTIQUE

NOTIONS PRÉLIMINAIRES

L'EUROPE	I Limites	Baignée par la mer de trois côtés (Océan Glacial Arctique au nord, Océan Atlantique à l'ouest, Méditerranée au sud). Soudée à la terre par un quatrième (dépression ouralo-caspienne).
	II Étendue	La plus petite, avec l'Australie, des cinq parties du monde (10 millions de kilomètres carrés).
	III Situation et configuration	1. Dans l'hémisphère boréal, à égale distance du pôle et de l'équateur, par suite ni trop brûlée, ni trop glacée. 2. Coupée de nombreuses et profondes entailles, ouverte par suite, en tous lieux, a l'influence bienfaisante de l'Océan. Double compensation à la médiocrité d'étendue.

1. Thémistocle, homme d'État et général athénien (533-470 av. J.-C.), se couvrit de gloire à Marathon et anéantit la flotte de Xerxès à Salamine.
2. La Grèce, qui était tombée sous la domination des Turcs au xv⁰ siècle, recouvra son indépendance après une lutte de plusieurs années (1821-1830). Les matelots de Psara et d'Hydra se signalèrent dans cette guerre d'indépendance.
3. Euripide, *Hécube*, 445.
4. Agamemnon, roi de Mycènes en Argolide, généralissime des Grecs au siège de Troie.
5. Euripide, *Iph. Aul.*, 10.

CHAPITRE II

RELIEF

NOTIONS GÉNÉRALES

Le relief de l'Europe se distingue de celui des continents dont l'étude précède en ce qu'il ne présente aucune forme prédominante. Ce n'est ni un plateau comme l'Afrique, l'Australie ou l'Asie sur sa plus grande surface, ni une plaine soudée à une longue cordillère comme l'Amérique; c'est la combinaison harmonieuse du plateau, de la plaine, de la chaîne; c'est l'éparpillement de toutes les formes ouvrant un accès facile aux régions qu'elles déterminent et faisant ainsi de l'Europe le continent le mieux lié dans ses parties.

Point de ces barrières infranchissables comme l'Himalaya ou les Andes. Les Pyrénées, qui y constituent le rempart le plus difficile à franchir, ne sauraient être comparées à ces deux soulèvements. Qu'est leur longueur de 1.100 kilomètres à côté des 10.000 kilomètres de la chaîne américaine, ou leur largeur moyenne de 100 kilomètres à côté de la protubérance himalayenne superficiellement supérieure à la France? Les Alpes, qui offrent, après les Pyrénées, le plus grand obstacle à la marche des nations et aux échanges du commerce, sont partout découpées en monts ou en vallées. Les franchir serait un jeu pour qui aurait traversé déjà le Tibet.

Pas davantage de hauteurs inaccessibles. Si la mer s'élevait de 200 mètres au-dessus de son niveau, l'Europe se trouverait n'occuper que la moitié de son étendue actuelle : toutes les plaines basses, qui, pour la plupart, sont d'anciens fonds de mer, disparaîtraient en grande partie sous les eaux ; on n'apercevrait plus qu'une sorte de squelette de plateaux et de montagnes représenté par l'Europe occidentale et méditerranéenne, c'est-à-dire par les hautes terres dont les Alpes forment la charpente. Mais que sont encore les 4.810 mètres par lesquels ces montagnes culminent au mont Blanc, à côté des 6.000 mètres du Kilimandjaro africain, des 6.970 mètres de l'Aconcagua américain, des 8.840 mètres du Gaourisankar d'Asie ?

Cette remarque permet de distribuer le relief européen en deux grandes parties : au sud et au centre, les *montagnes*, couvrant un tiers de la surface du continent ; au nord et à l'est, les *plaines*, occupant les deux autres tiers.

A ces deux parties différentes de relief correspondent deux zones littorales différentes d'aspect. L'architecture intérieure d'un pays influant sur la nature de ses *côtes*; celles-ci sont plutôt basses dans le nord de l'Europe, plutôt rocheuses au sud.

Leçon I

Les montagnes. — Divisions. — Caractères généraux et particuliers.

RÉSUMÉ. — **1. Divisions.** — On peut répartir les montagnes d'Europe en trois grands groupes : 1° le **noyau central (Alpes)**, auquel quatre annexes sont soudées, dont deux directement

(Apennins et Balkans) et deux par l'entremise d'une plaine (Karpates et systèmes français) ; 2° les soulèvements indépendants (monts Ibériques, Britanniques, Scandinaves); 3° les plateaux de transition entre le noyau montagneux et la plaine du nord (ceux de France, de Belgique, d'Allemagne, de Russie).

2. **Caractères généraux.** — A quelque groupe qu'elles se rattachent, ces montagnes sont toutes orientées dans le sens de l'est à l'ouest.

3. **Caractères particuliers.** — *a. Structure.* — Remarquable par sa variété. Forme de chaîne aux Alpes, aux Pyrénées, au Jura, aux Apennins, aux Karpates, aux monts Scandinaves ; de plateau en Espagne et en Bohême ; de massif dans la France centrale. Le même type est d'ailleurs fort dissemblable : mur dans les Pyrénées, chapelet de massifs dans les Alpes, alignement d'arêtes parallèles dans le Jura, combinaison de plateaux, de massifs et de chaînes proprement dites dans l'Apennin et les Karpates.

b. Hauteur. — Le classement basé sur l'élévation des sommets est le suivant : Alpes (*mont Blanc* 4.810^m), Sierra Nevada (*Mulahacen* 3.481^m), Pyrénées (*Nethou* 3.404^m), Balkans (*Tchar-Dagh* 3.050^m), Apennins (*Gran Sasso de Italia* 2.902^m), Karpates (*Tatra* 2.663^m), Alpes Scandinaves (*Sneehottan* 2.560^m), Massif Central français (*Puy de Sancy* 1.886^m), Jura (*Crêt de la Neige* 1.723^m). Si l'on considère l'altitude moyenne, les Alpes ne viennent qu'au troisième rang, après les Pyrénées et le Jura.

c. Étendue. — Mais aucun système ne les dépasse par l'importance du développement en surface (longueur, 1.500 kilomètres ; largeur, 120 à 250). Les monts Scandinaves peuvent seuls rivaliser avec elles (longueur, 1.700 kil. ; largeur, 150 à 400). Les Pyrénées ne suivent que de très loin (longueur, 1.100 kil. ; largeur, 100).

d. Volcanisme. — Il se manifeste sur les contours de la mer Tyrrhénienne, dans l'Archipel, en Islande. L'éloignement de ces divers points par rapport les uns aux autres atteste qu'il n'y a pas en Europe une ligne continue de cratères en activité.

Récit. — 1. Divisions. — 1°. Le noyau central est représenté par les Alpes et leurs quatre annexes. Que les Apennins et les Balkans soient le prolongement immédiat des Alpes comme les Karpartes et les systèmes français en sont le prolongement médiat, c'est ce dont il est aisé de se rendre compte.

En effet, malgré la différence extrême qu'offrent le tableau des grandes Alpes et celui du Monténégro, de l'Hœmus, du Rhodope, du Pinde à l'est, des Apennins à l'ouest, toutes ces crêtes montagneuses appartiennent au même système orographique ; les péninsules italique et balkanique doivent être considérées comme une dépendance naturelle des Alpes ; la ligne de séparation entre les chaînes qui les recouvrent et celles auxquelles celles-ci se rattachent est toute conventionnelle.

De même, les Karpates sont un soulèvement que le travail des eaux a graduellement isolé de la masse maîtresse pendant la période géologique moderne. Il n'est pas douteux que cet hémicycle montagneux s'unissait jadis par l'une de ses extrémités aux Alpes d'Autriche, par l'autre aux contreforts des Balkans. Le Danube s'est ouvert deux portes à travers ces remparts, de même que le Rhône, en traçant son sillon entre le talus du Massif Central français et le Jura d'une part, les grandes Alpes d'autre part, a séparé le système principal de sa dépendance. Mais ces portes sont étroites et ce sillon n'est qu'un couloir. Rhône et Danube sont, à chaque détour, étranglés par quelques saillies rocheuses qui, se portant au-devant les unes des autres, semblent vouloir refaire l'ancien seuil de jonction. Il existe notamment entre les pentes méridionales du Jura et les Alpes de Savoie une telle confusion des chaînes qu'il n'y a pas plus de raison pour rattacher certaines d'entre elles à un système plutôt qu'à l'autre.

2° Les soulèvements indépendants du noyau central sont les monts Ibériques au sud, les monts Britanniques à l'ouest, les Alpes Scandinaves au nord. Au contraire des plaines du Rhône

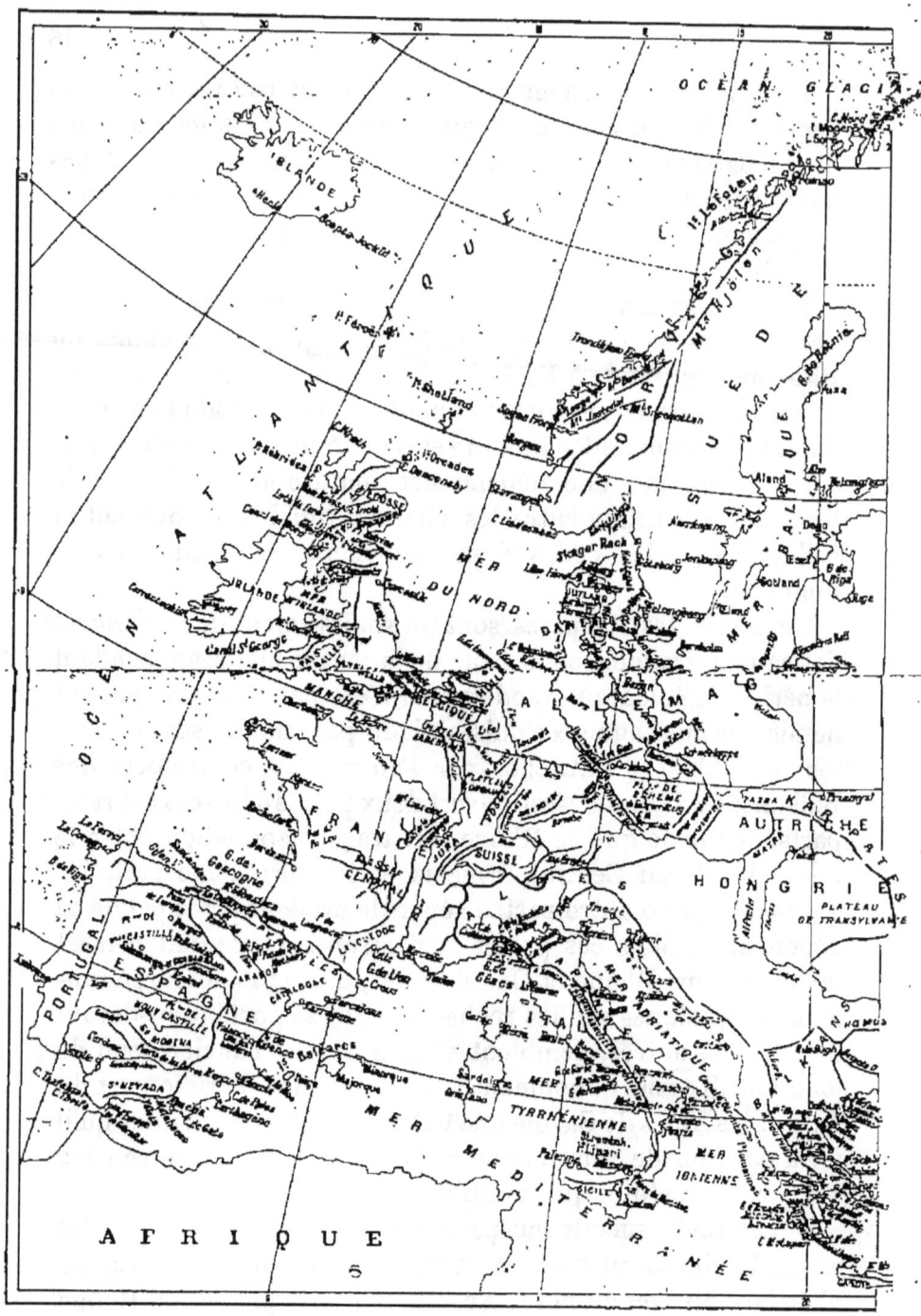

1. — EUROPE : RELIEF (PARTIE OUEST).

et du Danube, celle de la Garonne largement ouverte entre les golfes du Lion et de Gascogne marque une véritable solution de continuité entre l'Espagne et le reste de l'Europe; les montagnes espagnoles sont plus africaines qu'européennes. Les Iles Britanniques forment un groupe nettement séparé, grâce à leur ceinture maritime. Les montagnes de Scandinavie, perdues à l'extrême nord, n'ont plus seulement entre elles et les Alpes un de ces deux éléments de séparation, mais tous les deux à la fois, la mer et la plaine.

3° Les plateaux de transition, entre le noyau montagneux et la plaine du nord, s'étalent en **France**, en **Belgique**, en **Allemagne**, en **Russie**.

2. Caractères généraux. — Toutes ces montagnes, semblables en cela à celles d'Asie, sont orientées de l'est à l'ouest dans le sens de l'équateur. Elles se distinguent nettement, à cet égard, des hauteurs américaines, qui sont perpendiculaires à cette même ligne[1].

3. Caractères particuliers. — *a*. Structure. — Mais leur structure est aussi variée que leur direction générale est uniforme.

Les Alpes, les Pyrénées, le Jura, les Apennins, les Karpates, les Alpes Scandinaves sont des **chaînes**, mais des chaînes qui se distinguent par des traits particuliers. Les Alpes se composent d'une trentaine de massifs formant autant de groupes géologiques distincts, mais reliés les uns aux autres par des seuils élevés. Les Pyrénées sont, au contraire, un mur continu, d'une seule venue, type par excellence de la chaîne. Ne ressemblant ni aux Alpes ni aux Pyrénées, mais rappelant tour à tour les unes et les autres par des alternances de complication et de simplicité, les Apennins tantôt s'amincissent en arête, tantôt s'élargissent en massif, s'étalent en plateau ou se ramifient en chaînons et en promontoires. Les Karpates affectent successivement la forme de chaîne dans leur partie occidentale,

---

1. Voir *Première année*, p. 217.

de massif au centre, de plateau au sud-est. Tandis que les Alpes Scandinaves constituent un massif sans arête véritablement saillante, sauf dans leur partie septentrionale, le Jura n'offre aux regards qu'une succession étagée de chaînons parallèles.

L'Espagne et la Bohême sont deux **plateaux**, mais sans aucune analogie de formes. Le premier est constitué par deux morceaux adossés à une haute chaîne de montagnes; quatre remparts extérieurs, parallèles deux à deux et se rencontrant à angles droits, ont valu au second son appellation de quadrilatère. La Vieille et la Nouvelle-Castille recouvrent la moitié de la péninsule; la Bohême, de dimensions moindres, est comme un bastion dressé entre la Bavière, la Saxe, la Silésie et l'Autriche.

Le **massif** proprement dit se rencontre en Allemagne avec le Harz et le Vogelsberg, mais n'est nulle part plus apparent que dans la France centrale.

De la diversité des formes de la masse montagneuse résulte celle des vallées. Les deux grandes sortes de vallées que l'on distingue ordinairement, *transversales* et *longitudinales* [1], se rencontrent en nombre à peu près égal dans l'Europe. Les premières abondent dans les Pyrénées. Les secondes sont plus fréquentes dans les systèmes à chaînes parallèles comme le Jura, ou dans les dépressions en rapport direct avec les forces générales qui ont soulevé l'écorce terrestre dans un sens déterminé comme aux Alpes (Isère, Arve, Rhône de Martigny à sa source, Rhin antérieur jusqu'à Coire, Inn, Enns, Salza). Il est même tel point, comme le mont Saint-Gothard, dans les Alpes, où l'on peut étudier une remarquable combinaison des genres. De là partent les vallées longitudinales du Rhône, du Rhin, de la Reuss supérieure, et les vallées transversales du Tessin, de l'Aar, de la Reuss moyenne, de la Linth.

b. **Hauteur.** — A ne considérer que l'élévation des sommets,

---

1. Voir *Première année*, p. 37 et sq.

les **Alpes** viennent au premier rang; huit sommets y dépassent 4.000 mètres (*Bernina, Barre des Écrins, Mönch, Jungfrau, Finsteraarhorn, Cervin, mont Rose, mont Blanc*, 4.810^m, géant du système). La **Sierra Nevada**, dominée par le *Mulahacen* (3.481^m), vient immédiatement après. Les **Pyrénées** n'occupent que le troisième rang avec quatre sommets au-dessus de 3.000 mètres (*Vignemale, mont Perdu, Posets, Nethou* dans le *massif de la Maladetta*, 3.404^m, cime maîtresse). Les **Balkans** culminent par 3.050 mètres au *Tchar-Dagh*, les **Apennins** par 2.902 au *Gran Sasso de Italia*, les **Karpates** par 2.663 au *Tatra*, les **Alpes Scandinaves** par 2.560 au *Sneehottan*, le **Massif Central français** par 1.886 au *Puy de Sancy*, le **Jura** par 1.723 au *Crêt de la Neige*.

Mais ce classement se modifie dès que l'on tient compte de l'altitude moyenne. La hauteur des cols n'est pas toujours en rapport avec la hauteur des sommets. Tel soulèvement qui porte les cimes les plus fières peut s'abaisser à des niveaux auxquels un autre plus humble en ses sublimités ne descend pas. Dans les **Pyrénées**, par exemple, il y a entre les sommets et les cols une différence de hauteur moindre que dans les Alpes. Pareillement dans le Jura. Comme systèmes remarquables par la continuité d'élévation, les Pyrénées et le Jura passent donc avant les **Alpes**.

c. Étendue. — Les **Alpes** reprennent la première place par leur développement en surface. L'arc de cercle qu'elles décrivent sur une longueur de 1.500 kilomètres et une largeur oscillant de l'est à l'ouest entre 120 et 250 kilomètres recouvre 300.000 kilomètres carrés. Après elles, les **Alpes Scandinaves**, sur 1.700 kilomètres de longueur et une largeur variant de 150 à 400 kilomètres, représentent la masse la plus considérable. Les **Pyrénées**, longues de 1.100 kilomètres et larges de 100 en moyenne, sont peu de chose en comparaison de ce mur qui empêcha la fusion en un seul peuple des Suédois et des Norvégiens. De même, si les 80.000 kilomètres carrés auxquels correspond notre **Massif Central** représentent une proportion considérable par rapport à la superficie totale de la France, ils n'équivalent qu'au quart de celle des Alpes.

d. **Volcanisme.** — Pour n'être pas, comme l'Amérique, la terre classique des éruptions [1], l'Europe n'est pas fermée à toute activité volcanique. Ses volcans se distinguent de ceux des autres parties du monde en ce qu'ils sont moins puissants, moins nombreux, plus éloignés les uns des autres. Ce sont, sur les contours de la mer Tyrrhénienne, le *Vésuve,* le *Stromboli*, l'*Etna* ; dans l'Archipel, *Santorin ;* en Islande, l'*Hécla*, le *Scapta-Jockül* et six autres de moindre importance. Le Massif Central français et le quadrilatère de Bohême furent jadis des foyers intenses, devenus aujourd'hui des réservoirs d'eaux minérales et thermales.

LECTURE

Caractère volcanique du Massif Central français. — « Parmi les sommets de la France centrale, le Cantal fut jadis le volcan le plus considérable de l'Europe. Aussi bien, les convulsions du sol n'ont pas encore cessé. De l'an 448 de notre ère jusqu'en l'année 1840, on a compté dans la région une vingtaine de tremblements de terre. La masse de lave sortie du cratère a couvert toutes les pentes du massif jusqu'à une vingtaine de kilomètres de la base, s'est amassée dans les creux jusqu'à 120 mètres d'épaisseur, a comblé les lacs qui s'étendaient alors au pied de la montagne et dont on reconnaît encore l'emplacement, brûlé les forêts qui en garnissaient les pentes et les a transformées en une mince couche de houille. Ce n'est que plus tard que les eaux coulèrent de nouveau sur les flancs refroidis du colosse.

« De même, la chaîne des monts Dômes est formée par 64 volcans. On peut citer ces volcans comme un exemple classique d'éruption. On comprend, en les examinant, comment la vapeur d'eau et les gaz, en jaillissant avec une force d'ex-

---

1. Voir *Première année*, pp. 218-219.

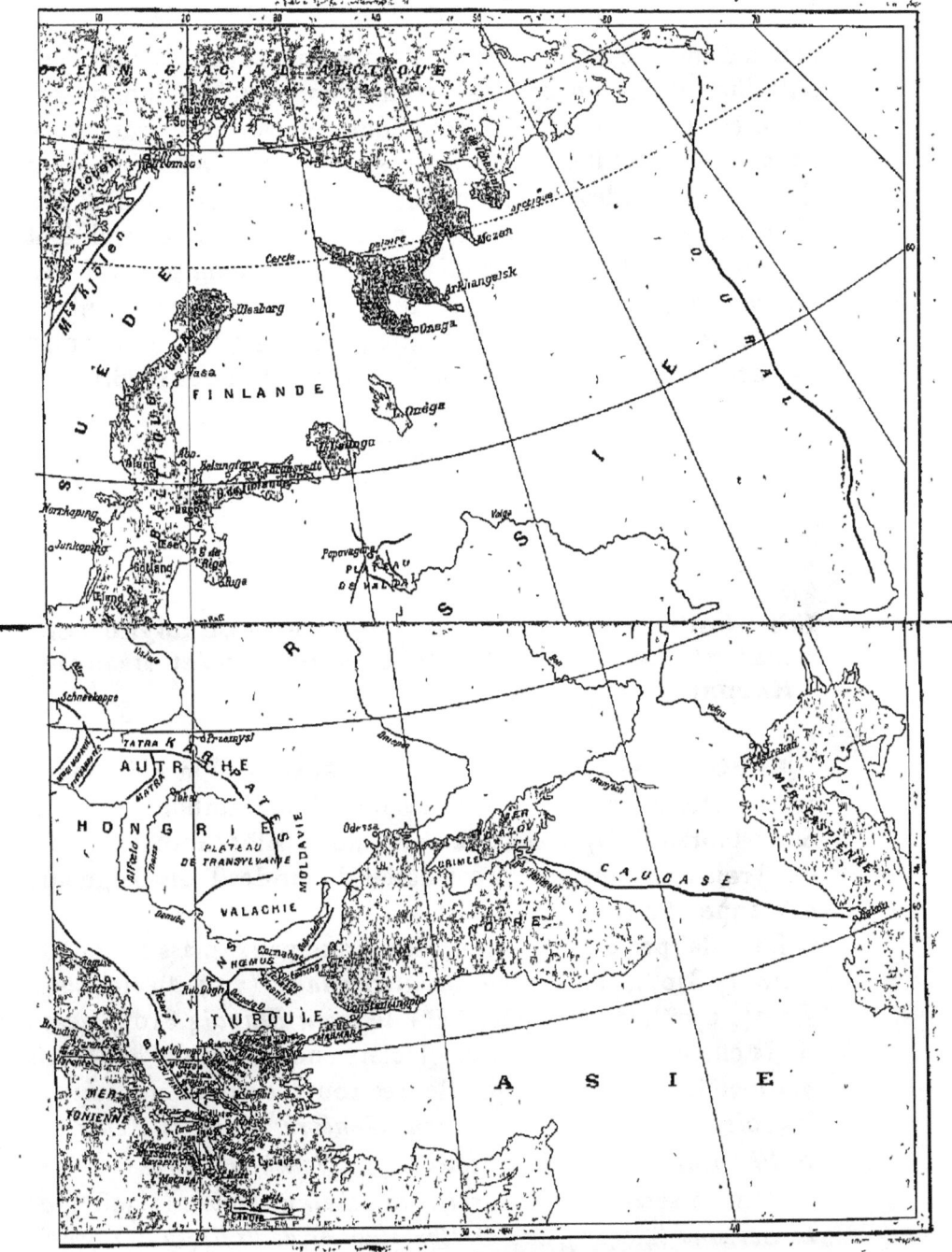

2. — EUROPE : RELIEF (PARTIE EST).

pansion énorme, ont apporté des scories qui se sont accumulées à l'orifice et ont formé ces protubérances qu'on nomme des cratères. On voit ensuite comment de ces protubérances se sont écoulés des fleuves de laves, substances silicatées à l'état de fusion incandescente, qui descendent dans les plaines voisines en suivant les lois de la pesanteur et s'y consolident bientôt. Ces fleuves refroidis portent un nom spécial, les *cheires* ; c'est le même nom que l'italien *sciarra*, dont se servent les montagnards de l'Etna pour désigner les champs de lave. » (P. Gaffarel, *Revue de Géographie*, août 1886.)

Leçon II

Les montagnes (*Suite*). — **Description.** — **Le noyau central et les annexes (Alpes, Apennins et Balkans, Karpates et systèmes français).**

RÉSUMÉ. — 1. **Le noyau central : Alpes.** — On y distingue trois sections : Alpes occidentales du col de Cadibone au mont Saint-Gothard, Alpes centrales du mont Saint-Gothard au pic des Trois-Seigneurs, Alpes orientales du pic des Trois-Seigneurs à Vienne et aux Balkans.

Dans la première section, les principaux massifs sont le *Viso* (3.840^m), le *Grand Saint-Bernard* (3.571^m), le *mont Rose* (4.630^m), le *Cervin* (4.482^m), le *mont Blanc* (4.810^m), géant de la chaîne ; les plus vastes glaciers sont ceux de la *Mer de glace* et de l'*Aletsch* ; les meilleures routes carrossables suivent les *cols de l'Argentière, du mont Genèvre, du mont Cenis, du Petit Saint-Bernard, du Simplon, du Saint-Gothard.*

Dans la seconde, les *massifs du Rheinwaldhorn* (3.398^m), *de la Bernina* (4.052^m), *de l'Ortler* (3.905^m), *de l'Œtzthal* (3.770^m), sont légèrement déprimés par rapport aux précédents ; le glacier de *l'Œtzthal* supporte encore sans trop de désavantage la comparaison avec l'Aletsch; mais déjà les *cols de Bernardino, du Splugen, du Septimer, du Brenner* sont praticables en toute saison. Les lacs de la Suisse (*Quatre-Cantons, Zurich, Constance*) et de l'Italie (*Majeur, de Côme, de Garde*) éclairent les pentes du reflet de leurs eaux.

Dans la troisième, la ligne s'abaisse de plus en plus, mais la masse gagne en largeur. Le *Gross Glockner* (3.697^m) est le dernier sommet dont les formes majestueuses rappellent les grandes Alpes; les neiges fondent partout chaque année; enfin les cols (*de Tarvis, d'Adelsberg*) sont à peine moins accessibles aux habitants de la contrée que des routes en pays plat.

2. **Les annexes.** — 1° **Apennins et Balkans.** — *a.* **Apennins.** — Désignée par le nom des pays qu'elle traverse, cette chaîne s'appelle successivement **Apennin Ligure** (*cols de Cadibone, de la Bocchetta, de Giovi*, inférieurs à 500^m), **Apennin Toscan** (*mont Cimone* culminant à 2.165^m), **Apennin Romain** (*Gran Sasso de Italia*, 2.902^m, géant de la chaîne), **Apennin Napolitain** prolongé par les montagnes de Sicile (*Vésuve, Stromboli, Etna*).

b. **Balkans.** — Si chaotique qu'en soit l'ensemble, on y distingue deux groupes : les montagnes continentales, les montagnes péninsulaires et insulaires. Aux premières correspondent l'**Hœmus**, le **Rilo-Dagh**, le **Despoto-Dagh**. Les secondes sont représentées par une arête médiane (**Pinde**), une rangée de massifs littoraux (*Olympe, Ossa, Pélion, Othrys*) et un fouillis de pics émergés du sein des flots (*Ida, Delphi, monts des Cyclades*). Le *Tchàr-Dagh* (3.050^m) est le géant du système.

2° **Karpates et systèmes français.** — *a.* **Karpates.** — Le défaut d'uniformité dans la structure (chaîne dans les *Petites Karpates*, massif aux *Tatra* et *Matra*, plateau en Transylvanie) n'empêche pas les Karpates de former une excellente barrière. Ces montagnes portent plusieurs sommets d'altitude à peine inférieure à leur géant du *Tatra* (2.663ᵐ), et une seule route carrossable (de Tokai à Przemysl) a pu être pratiquée dans leur épaisseur. Aussi Magyars et Russes, pressés sur chaque versant, restent-ils fort éloignés les uns des autres.

b. **Systèmes français.** — Antithèse des Karpates sous le rapport de la facilité de la traversée ou du contour. Ici les seuils et les dépressions sont aussi nombreux que rares là. La *trouée de Belfort*, les *cols de la Bourgogne*, le *passage du Languedoc* et le *passage du Poitou* ont favorisé la fusion des hommes en un seul peuple.

Récit. — **1. Le noyau central : Alpes.** — On peut les diviser en trois sections : les **Alpes occidentales** du col de Cadibone au mont Saint-Gothard, les **Alpes centrales** du mont Saint-Gothard au pic des Trois-Seigneurs, les **Alpes orientales** du pic des Trois-Seigneurs à Vienne et aux Balkans.

a. **Alpes occidentales.** — Cette section, qui porte elle-même du sud au nord différents noms (**Maritimes, Cottiennes, Grées, Pennines**), apparaît comme la plus grandiose du vaste ensemble. Sa hauteur moyenne augmentant par degrés de 2.000 à plus de 4.000 mètres, la sublimité de ses sommets, la puissance de ses contreforts, l'épaisseur de ses glaces, l'abondance de ses eaux lui ont valu dans l'imagination des hommes une place d'honneur que sa largeur relativement faible ne lui assignait pas. Le nom d'*Alpes* évoque, de préférence aux parties épanouies sur un plus grand espace, mais en même temps plus déprimées du centre et de l'est, la fière ligne de crêtes dressées à l'ouest entre la France, l'Italie et la Suisse.

Les massifs qui la dominent apparaissent comme des îles haussées au-dessus d'une mer de montagnes. Tels le *Viso* (3.840ᵐ), le *Grand Saint-Bernard* (3.571ᵐ), le *mont Rose* (4.630ᵐ). Nulle ascension n'a causé plus de victimes que celle du *Cervin* (4.482ᵐ). Sans l'énergie d'Ed. Whymper qui vainquit, en juillet 1865, l'invincible montagne, les paysans la croiraient toujours « défendue par les esprits ». C'est dans

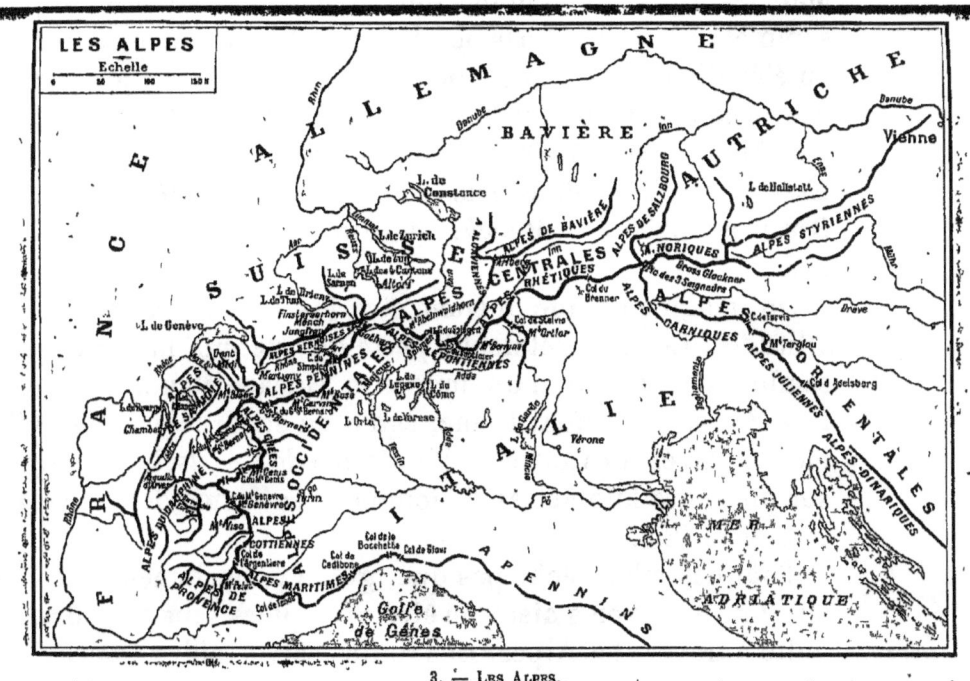

3. — Les Alpes.

les relations de Töppfer et de Whymper qu'il faut aller chercher l'écho de l'impression laissée soit par la contemplation du Cervin à son pied aux environs de Zermatt, soit par le panorama du sommet. Quoique resté moins longtemps vierge de toute escalade, puisque Balmat et Saussure en atteignirent la cime dès 1786 et 1787, le *mont Blanc* (4.810ᵐ) les dépasse tous par sa haute taille. Il marque le point le plus élevé de l'Europe. Mais les Alpes occidentales offrent ceci de particulier que les sommets des contreforts ou chaînes latérales ne le cèdent pas en élévation aux sommets de la chaîne maîtresse : les **Alpes de Provence** dépassent 3.000 mètres au mont *Pélat;* les **Alpes du Dauphiné** 3.500 et 4.000 à l'*Aiguille d'Arves* et à la *Barre des Écrins;* les **Alpes de Savoie** 3.000 à la *Dent du Midi;* les **Alpes Bernoises** 4.000 au *Mönch,* au *Finsteraarhorn* et à la *Jungfrau.*

On imagine ce que doivent être les glaciers à de pareilles altitudes. Les uns s'étalent à perte de vue sur la terre qu'ils semblent recouvrir d'un immense rideau blanc, comme la *Mer de glace* du mont Blanc, égale en superficie à 282 kilomètres carrés. Les autres, à l'imitation de l'*Aletsch,* s'allongent sur plusieurs kilomètres de longueur en forme de fleuve immobile et figé.

Tout cela n'empêche pas que, grâce à l'isolement des massifs, plusieurs voies aient pu être pratiquées sans trop de difficulté à travers les Alpes. Des routes carrossables franchissent les *cols de l'Argentière, du mont Genèvre, du mont Cenis, du Petit Saint-Bernard, du Simplon, du Saint-Gothard.* Trois chemins de fer traversent par trois tunnels le mont Cenis ou plus exactement le *col de Fréjus,* le *Saint-Gothard,* le *Simplon.* Dû à l'initiative du comte de Cavour et œuvre de l'ingénieur Sommeiller, le premier de ces tunnels fut percé en 1871; il mesure 12.233 mètres (ligne de Chambéry à Turin). Le second, imaginé par le prince de Bismarck, fut terminé en 1882; il a 14.984 mètres (ligne d'Altorf à Milan). Le troisième, inspiré par une idée française et commencé depuis le 1ᵉʳ août 1898, fut achevé en 1905; son parcours est de 19.730 mètres. C'est le plus gigantesque travail de ce genre qui ait encore été exécuté.

b. **Alpes centrales.** — La ligne, précédemment orientée du sud au nord, après s'être infléchie depuis le mont Blanc vers le nord-est, court droit à l'est à partir du Saint-Gothard. Son élévation moyenne diminue d'un tiers, et ses saillies les plus accentuées restent, à l'exception de la Bernina, inférieures à 4.000 mètres. Ainsi, la seconde section (**Lépontiennes, Rhétiques**) marque, en même temps qu'un changement de direction, un abaissement déjà sensible du niveau.

Sans doute, le *Rheinwaldhorn* (3.398^m), la *Bernina* (4.052^m), l'*Oriler* (3.905^m), l'*Œtzthal* (3.770^m) sont des massifs dont le lien de parenté avec les précédents se révèle au spectacle de leurs formes hardies; les contreforts (Alpes Algaviennes, de Bavière) supportent sans trop de désavantage la comparaison avec les montagnes de Savoie et de Provence; et la mer de glace de l'*Œtzthal*, sans valoir celle du mont Blanc, fait songer à l'Aletsch. Mais déjà les cols (*du Bernardino, du Splugen, du Septimer, du Brenner*) sont praticables en toute saison; en même temps qu'un chemin de fer met Insbrück et Vérone en communication par la voie du Brenner, un autre, tracé parallèlement à l'axe principal du soulèvement, unit la France et la Suisse à l'Autriche par le tunnel de l'Arlberg.

Les Alpes centrales gagnent en pittoresque ce qu'elles perdent en majesté. Les *lacs du Bourget, d'Annecy* et *de Genève* appartiennent non moins au Jura qu'aux Alpes. Au contraire, ceux de la Suisse et de l'Italie sont bien à elles et rien qu'à elles : *lacs de Brienz* (580 mètres d'altitude), *de Thun* (578^m), *des Quatre-Cantons* (457^m), *de Zurich* (400^m), *de Constance* (398^m), sur le versant septentrional; *lacs Majeur* (197^m), *de Côme* (202^m), *de Garde* (69^m) sur le versant méridional. La plupart étaient autrefois plus étendus et plus profonds qu'ils ne le sont aujourd'hui; Brienz et Thun ne formaient qu'une seule nappe; *Zug* et *Sarnen* faisaient partie du lac des Quatre-Cantons; *Orta*, *Varèse* et *Lugano* ne se distinguaient pas du lac Majeur; l'apport alluvionnaire du Tessin et de l'Adda n'avait pas encore rempli toutes les inégalités primitives du Majeur ni du lac de Côme. La seule des mers alpines qui soit restée stable dans la forme et les contours de son lit est le lac de Garde. Cette singularité s'explique par la faible quantité d'eau emmagasinée proportionnellement à la contenance de la cavité. A côté de ces nappes qui se sont maintenues malgré le double phénomène de rétrécissement et de comblement, d'autres ont disparu dont la trace est à peine visible aujourd'hui. Dans le Piémont, des « laquets » insignifiants sont tout ce qui reste de la nappe représentée sur la *Table de Peutinger*[1], comme couvrant, sous le nom de « Lacus Clisius », un espace de plusieurs centaines de kilomètres carrés. Les anciens lacs de Vénétie sont tous comblés depuis longtemps; celui du bas Tagliamento, dont l'emplacement est marqué par de vastes tourbières, est la nappe qui semble avoir résisté le plus longtemps.

c. **Alpes orientales.** — L'affaissement s'accentue, et, tandis que l'axe principal continue la direction générale vers l'orient, la masse s'étale dans tous les sens. Il n'y a plus ni grands massifs, ni glaciers, ni champs de neige, mais une étendue montagneuse de 400 kilomètres de largeur (**Alpes de Salzbourg** au nord, **Noriques** et **Styriennes** au centre, **Carniques**, **Juliennes** et **Dinariques** au sud). Si le *Gross Glockner* atteint encore 3.797 mètres, les autres cimes sont plus chauffées par le soleil, et le *Terglou* ne porte de minces glaciers que dans les années exceptionnelles. Il n'y a plus de grands lacs, mais de minuscules bassins, comme ceux de *Zell* ou de *Hallstatt*, de plus en plus comblés par les éboulis et les alluvions. Vous trouvez, en revanche, des vallées fluviales d'une incomparable beauté

---

1. Peutinger (Conrad), archéologue allemand, né à Augsbourg en 1465, mort en 1547. Son nom est attaché à la découverte, à Spire, vers 1500, par Conrad Celtès qui la lui légua, d'une carte ou table des voies militaires de l'empire romain au IV° siècle.

(Inn, Mühr, Drave), des cols accessibles au pied le moins montagnard (*Tarvis, Adelsberg*), une ligne ferrée de Vienne à Trieste permettant à l'Autriche de communiquer rapidement avec l'Adriatique. La facilité relative de pénétration de la masse montagneuse a permis d'établir récemment dans cette troisième section une grande route à des altitudes auxquelles aucune n'avait encore été pratiquée en Europe. Elle franchit par 2.000 mètres au *col de Stelvio* ce massif des Alpes autrichiennes qui s'avance comme un coin entre l'Italie et la Suisse.

2. **Les annexes.** — 1° Apennins et Balkans rattachés directement au noyau central.

a. **Apennins.** — Les Apennins, véritable ossature de la péninsule italique, décrivent une courbe du col de Cadibone au cap Spartivento. L'usage s'est établi d'en désigner les sections par le nom des pays qu'ils traversent (**Apennin Ligure, Toscan, Romain, Napolitain**).

D'altitude humble et d'aspect désolé, l'**Apennin Ligure** contraste avec la rivière de Gênes dont il suit le littoral ; la partie déprimée à laquelle il correspond marque le seuil de séparation entre les Alpes et l'Apennin proprement dit ; ses cols (*de Cadibone, de la Bochetta, de Giovi*), inférieurs à 500 mètres, livrent passage à de larges routes et à des lignes ferrées.

Le redressement s'accentue avec l'**Apennin Toscan**, qui culmine par 2.165 mètres au *mont Cimone*; mais les passages (*de la Cisa, de Fiumalbo, de Pracchia, de la Futa, de San-Lorenzo*), quoique déjà plus élevés, ne sont ni moins praticables ni moins fréquentés que les précédents.

L'**Apennin Romain** nous fait revoir la haute montagne à laquelle nous n'étions plus habitués. C'est là que sont groupés, autour du *Grand Sasso de Italia* (2.902^m), les sommets les plus élevés du système. En outre, la chaîne est doublée de plusieurs rangées parallèles, ramifiée en promontoires (*éperon d'Ancône*), flanquée de contreforts qui s'étalent en forme de plateau (*Abruzzes*). Dans cette partie de l'Apennin, la plus malaisée à franchir, le *col de Fossato* suivi par le chemin de fer de Rome à Ancône est le seul qui soit accessible.

L'Apennin Napolitain, qui se continue au delà du phare de Messine par les montagnes de Sicile, redevient une chaîne simple coupée par de larges et profondes dépressions. Bénévent occupe le fond de l'une d'elles. On va sans la moindre difficulté de la mer Adriatique ou de la mer Ionienne à la mer Tyrrhénienne. Le volcanisme, qui est la caractéristique de cette région, ne lui est pas particulier. La campagne romaine a eu jadis ses éruptions; mais, tandis que ses cratères se sont transformés en lacs, le *Vésuve*, le *Stromboli* et l'*Etna* sont restés en pleine activité.

b. **Balkans.** — Les Balkans sont d'une architecture autrement compliquée que les Apennins. Dans cet entrecroisement de systèmes aux formes multiples, il est presque aussi facile de se perdre qu'en plein cœur de l'Asie. La direction générale permet toutefois d'y distinguer deux groupes : les montagnes continentales, orientées de l'ouest à l'est; les montagnes péninsulaires et insulaires, allongées dans le sens du nord au sud.

L'Hœmus des anciens constitue le rempart principal de la partie continentale. Non qu'il soit une chaîne au sens propre du mot, mais plutôt une haute terrasse (2.000 à 2.400^m), doucement inclinée vers les plaines danubiennes et plus abrupte sur le versant méridional. Encore, de ce côté, ne remarque-t-on ni brusques saillies, ni pyramides rocailleuses; le *massif de Tchatal*, dressé entre Kezanlik et Slivno, fait seul exception à cette douceur de contours. La beauté de l'Hœmus est dans l'épaisseur de ses bois[1], dans le ruissellement de ses eaux, dans la fraîcheur de ses pâturages, dans le fouillis de ses villages ombragés par les arbres. « La nature, s'écrie le voyageur Lejean, y est paradisiaque[2]. » Barbarisme à part; l'expres-

---

1. Ces bois ont valu aux montagnes de Turquie leur appellation générale de *Balkans* ou montagnes boisées.
2. Lejean, *Livre du voyageur*, *Impressions consignées*.

sion est très juste. Les vallons de l'Hœmus prolongent vers l'orient l'aspect souriant des vallées alpestres de la Mühr et de la Drave. L'*Emineh-Dagh* par lequel le rempart paraît se terminer au bord de la mer est, en réalité, un groupe distinct comme celui de la *Dobrutcha*. L'ancien bassin lacustre de Carnabat, utilisé par une ligne ferrée, le sépare de l'Hœmus proprement dit. Au contraire, à l'autre extrémité, le **massif du Rilo-Dagh** (3.000^m) forme, selon l'expression de Barth, l'omoplate de jonction avec les monts **Rhodope** ou **Despoto-Dagh**[1]. Le *Périm* est le dernier grand sommet de ce nouveau soulèvement. Au delà, l'altitude moyenne des monts s'abaisse rapidement pour tomber à 1:000 mètres au bord de l'Archipel.

Du *Tchar-Dagh* (3.050^m), point culminant des Balkans, partent les hauteurs qui, à travers la péninsule, vont finir dans la Morée, la Crète, l'Eubée et les Cyclades. Le relief de la partie péninsulaire, aussi troublé que celui du continent, peut se ramener à deux expressions essentielles : une arête médiane représentée par le **Pinde** (2.000^m) et une rangée de massifs le long de l'Archipel (*Olympe, Ossa, Pélion, Othrys*). Dans la Morée, le *Taygète;* dans la Crète, l'*Ida;* dans l'Eubée, le *Delphi;* dans l'Archipel, les *Cyclades*, « montagnes grecques égarées dans la mer ». A chaque pas, le souvenir de quelque mythe de la Grèce. C'est dans les gorges silencieuses et boisées du Pinde que l'imagination des anciens avait placé l'Enfer; c'est sur les cimes étincelantes de l'Olympe qu'ils faisaient habiter les dieux. Aujourd'hui, la trace a disparu de plusieurs des monuments élevés par la Grèce à ses héros; un corps de garde occupe aux *Thermopyles* la place du lion de pierre dédié à la mémoire des derniers des Trois Cents[2]; mais un plus grand nombre a survécu. Partout, sur les sommets, le long des pentes, au fond des vallées, on sent passer en soi comme un frisson de l'âme antique.

---

1. *Despoto-Dagh* ou Mont des Curés, ainsi nommé des nombreux couvents épars sur ses pentes.
2. Mérimée, *Mélanges historiques*.

2° **Karpates et systèmes français rattachés au noyau central par l'intermédiaire d'une plaine.**

a. **Karpates.** — Développées en demi-cercle au delà de la plaine hongroise, les Karpates ne sont ni une chaîne, ni un massif, ni un plateau, mais les trois à la fois : chaîne dans les *Petites Karpates* projetées sur le Danube, massif aux *Tatra* et aux *Matra*, plateau en Transylvanie. Cette variété de relief ne les empêche pas de former une meilleure barrière que l'Hœmus ou le Pinde plus uniformes en leur aspect général. Plusieurs sommets dépassent 2.600 mètres, et les cols se maintiennent à une grande élévation. Une seule route carrossable (de Tokai à Przemysl) a été pratiquée à travers l'épaisseur du système. Les Karpates n'offrent guère comme élément de curiosité que les 112 petits lacs épars sur le Tatra et auxquels les montagnards ont donné le nom de « yeux de la mer »[1].

b. **Systèmes français.** — Étalés en massif (**Massif Central**) ou allongés en chaînes (**Jura, Vosges**), les systèmes français forment à l'ouest, au delà de la dépression rhodanienne, le pendant des Karpates à l'est. Mais de ce côté l'altitude générale est moindre ; nulle part les monts ne s'interposent comme une barrière entre les peuples ; des dépressions (*trouée de Belfort, cols de la Bourgogne, passage du Languedoc, passage du Poitou*) permettent de les contourner ou de les traverser. Tandis que les Karpates ont maintenu la division entre Magyars et Russes, les systèmes français ont favorisé la formation de l'unité nationale.

LECTURE

1. *Au pied du Cervin, à Zermatt.* — « L'immense pyramide forme dans le vide des cieux la plus fantastique apparition. A

---

[1]. Ainsi appelés parce que, au dire des indigènes, chaque tempête de la mer agiterait en même temps leurs eaux. Ils sont pour la plupart de très petites dimensions ; le plus vaste, appelé par les Polonais *Grand Lac*, n'a pas 35 hectares de superficie.

mesure que l'on avance, l'apparition grandit, domine, menace, écrase jusqu'au moment où, parvenu au haut du Heibalmen, tout à coup l'on mesure d'un regard la large vallée de glace qui nous en sépare encore. L'on retrouve à gauche la continuité de la chaîne, mais sur la droite, rien que le ciel ne se fait voir entre l'arête du Cervin et quelques pentes rocheuses qui se dressent à l'opposite, pâlissantes et comme diaphanes des reflets que leur jette l'éclatante pyramide. D'où vient donc l'intérêt, le charme puissant avec lequel ceci se contemple? Ce n'est là pourtant ni le pittoresque, ni la demeure possible de l'homme, ni même une merveille de gigantesque pour l'œil qui a vu les astres ou pour l'esprit qui conçoit l'univers! La nouveauté, sans doute, pour des citadins surtout; l'aspect si rapproché de la mort, de la solitude, de l'éternel silence; notre existence si frêle, si passagère, mais vivante et douce de pensée, de volonté et d'affection, mise en quelque sorte en contact avec la brute existence et la muette grandeur de ces êtres sans vie, voilà, ce semble, les vagues pensers qui attachent et qui secouent l'âme à la vue de cette scène... A ne considérer que cette seule pyramide du Cervin, quelle hardiesse inconnue dans l'effort ramassé de ce torse immense, et que les saphirs, que les diamants des hommes sont pauvres de facettes, de couleurs et d'éclat en comparaison des puretés, des scintillements, des diaphanes fraîcheurs, des métalliques reflets dont ce pic est tout entier paré dans sa hauteur et dans son pourtour! Noyée dans la lumière, sa cime sans ombre reluit doucement au plus lointain des profondeurs éthérées; ses épaules tourmentées, ses flancs sillonnés, se dessinent en muscles nerveux; puis, semblable à une blanche robe, qui, simple de plis et somptueuse de broderie, tombe noblement de la ceinture pour flotter avec grâce sur les carreaux des parvis, à mi-hauteur du géant, la glace voile, recouvre, tombe en ondes majestueuses, qui refoulent leurs derniers replis sur les carreaux d'une morne allée de rochers chauves et brisés...

« Nous nous hâtons de dresser la lunette pour faire, sans

bouger de place, un facile pèlerinage sur les glaces qui sont en vue. C'est là un spectacle bien curieux; et, faute d'avoir fait cette épreuve du rapprochement, l'on quitterait ces hauteurs sans se douter seulement de l'infinité d'objets, de formes, d'accidents que présentent ces mêmes surfaces glacées qui, de loin et à l'œil nu, paraissent unies comme la neige des prés: Ici, ce sont des rampes striées où se croisent en élégants réseaux des rainures sans nombre; là, ce sont de hauts gradins qui s'échelonnent en cintre ou qui se surmontent en promontoires; plus loin, ce sont, au bas des couloirs, des quartiers éboulés qui laissent entre eux des places, des rues, un labyrinthe de passages trompeurs et de fausses issues; ailleurs, le soleil, après avoir aminci la glace en transparentes lames, la perce de jours, la courbe en glaives, où la borde de dentelures. Au bout de quelques instants, l'on se sent transporté dans un monde sans vie à la vérité, mais qui a son mouvement, ses renouvellements, ses travaux du jour et de la nuit, de l'été et de l'hiver, et sa tâche éternellement imposée d'attirer, d'entasser, d'approvisionner les frimas, de fondre, de filtrer et de porter jusque dans leurs canaux les eaux qui vont abreuver le monde. » (Töpffer, *Nouveaux Voyages en zigzag*, Victor Lecou, éditeur.)

2. *Au sommet du Cervin.* — « C'était une de ces journées pures et tranquilles qui précèdent d'ordinaire le mauvais temps. L'atmosphère, profondément calme, n'était troublée par aucun nuage, par aucune vapeur. Les montagnes situées à soixante-quinze kilomètres, que dis-je, à cent kilomètres de nous, se voyaient avec une telle netteté qu'on les eût crues à la portée de la main; tous leurs détails, leurs escarpements abrupts, leurs neiges immaculées, leurs glaciers étincelants, s'étalaient sous nos yeux sans un défaut.. Pas un des grands pics des Alpes ne nous était caché.

« Je la revois encore, aussi nettement qu'à cette heure solennelle, cette grande ceinture de cimes géantes dominant les chaînes et les massifs qui leur servaient de base. Je revois d'abord la Dent Blanche au grand sommet blanc, le Gabelhorn, le Rothhorn à la pointe aiguë, l'incomparable Weisshorn, les Mischabelhœrner semblables à d'énormes tours, puis le mont Rose avec ses nombreuses aiguilles. Par derrière se dressent le groupe de l'Oberland bernois, dominé par le Finsteraarhorn; les groupes du Simplon et du Saint-Gothard, la Disgrazia et l'Ortler. Au sud, nos regards plongent bien au delà de Chivasso dans la plaine du Piémont. Le Viso, éloigné de cent soixante kilomètres, paraît tout près de nous. A deux cents kilomètres de distance se montrent les Alpes Maritimes que ne voile aucune brume. En me tournant du côté de l'ouest, je reconnais le Pelvoux, les Écrins et la Meije; puis, après avoir contemplé les massifs des Alpes Grées, j'admire le roi des Alpes, le magnifique mont Blanc, splendidement éclairé par les rayons dorés du soleil. A 3.300 mètres au-dessous de nous s'étendent les champs verdoyants de Zermatt, parsemés de chalets d'où s'échappent lentement des filets d'une fumée bleuâtre. De l'autre côté, à une profondeur de 2.700 mètres, s'étalent les pâturages du Breuil. Je vois encore d'épaisses et tristes forêts, de fraîches et riantes prairies, des cascades furieuses, des lacs tranquilles, des terres fertiles et des solitudes sauvages, des plaines fécondées par le soleil et des plateaux glacés; les formes les plus abruptes, les contours les plus gracieux, des rochers escarpés et à pic, des pentes doucement ondulées, des montagnes de pierre ou des montagnes de neige, les unes sombres, solennelles, ou bien étincelantes de blancheur, ornées de hautes murailles, de tours, de clochetons, terminées en pyramides, en dômes, en cônes, en aiguilles, semblables aux flèches hardies des cathédrales gothiques! Toutes les combinaisons de lignes que l'univers peut offrir, tous les contrastes que l'imagination peut rêver! » (Édouard Whymper, *Escalades dans les Alpes*, trad. de l'anglais par Adolphe Joanne. Hachette, éditeur.)

Leçon III

Les montagnes (Suite). — **Description** (Suite). — **Les soulèvements indépendants du noyau central (Monts Ibériques, Monts Britanniques, Alpes Scandinaves).**

RÉSUMÉ. — **1. Les monts Ibériques.** — Ils comprennent :
: 1° Un plateau intérieur bordé au nord par les **monts Cantabriques** (*Peña de Europa* 2.664^m), au sud par la **Sierra Morena** (1.600^m), et que la **Sierra de Guadarrama** (*Penalara* 2.500^m) divise par son milieu en deux morceaux (Vieille-Castille et Nouvelle-Castille).

2° Deux plissements extérieurs rappelant par leur sublimité les grandes Alpes, **Pyrénées** au nord (*Nethou* 3.404^m, *Posets* 3.367^m; *Perdu* 3.352), **Sierra-Nevada** au sud (*Veleta* 3.470^m, *Mulahacen* 3.481^m).

2. Les monts Britanniques. — Ils couvrent presque toute l'Écosse où le *Ben Nevis* des **Grampians** marque leur point culminant (1.343^m), l'ouest de l'Angleterre où le *Snowdon* ne dépasse pas 1.094 mètres, le nord et le sud de l'Irlande dont les **monts de Kerry** marquent au *Carrantuohill* (1.041^m) la principale saillie.

La Grande-Bretagne n'est pas un pays de hautes montagnes.

3. Les Alpes Scandinaves. — En Scandinavie, au contraire, le relèvement s'accentue sans toutefois dépasser nulle part 2.560 mètres : chaîne des **Kjölen** (*Sneehottan*) au nord ; massifs des **Dowre-Fjeld** et des **Lange-Fjeld** au sud.

La Scandinavie doit à sa latitude septentrionale de posséder au *Justedal* le plus étendu des glaciers européens.

RÉCIT. — **1. Les monts Ibériques.** — La péninsule ibérique est, avec celle des Balkans, le pays le plus montagneux de l'Europe. L'histoire atteste combien le dédale des diverses formes de son relief seconda ses habitants dans leur œuvre de défense contre les invasions. Il s'en fallut de peu que les Romains, vainqueurs de Carthage, et plus tard Napoléon, vainqueur de l'Europe, y vissent sombrer leur fortune.

Les monts Ibériques se composent : 1° d'un **plateau intérieur** incliné à la fois vers le sud et vers l'ouest et qu'une haute chaîne de montagnes partage en deux morceaux ; 2° de **deux plissements extérieurs** lui faisant vis-à-vis au nord et au sud.

1° **Le plateau intérieur.** — Les deux morceaux dont l'ensemble forme le plateau intérieur sont la *Vieille* et la *Nouvelle-Castille*.

Loin qu'ils soient d'une platitude uniforme, ils présentent des ondulations dont la hauteur absolue est considérable, mais qui paraissent à l'œil peu élevées à cause de l'altitude générale du sol. Si les villes n'y sont pas littéralement perchées comme celles du Mexique ou d'Abyssinie [1], elles sont bâties du moins à des altitudes auxquelles n'atteignent pas maints sommets (Madrid à 650 mètres, Valladolid à 680, Salamanque à 807, Burgos à 852, Ségovie à 960). La terrasse bordière du sud ou **Sierra Morena** monte à 1.600 mètres, la chaîne de séparation ou **Sierra de Guadarrama** à 2.500 par le *Peñalara*, le rebord septentrional ou **monts Cantabriques** jusqu'à 2.664 par la *Peña de Europa*.

Peu de défilés dans l'épaisseur de ces chaînes aux pentes escarpées : *Puerto de los Perros* [2] dans la Morena, *col de Somo-Sierra* dans la Guadarrama, *col de Pancorbo* dans les monts Cantabriques. On s'explique la fierté de Ferdinand VII [3] qui, pour perpétuer le souvenir du chemin tracé sous son règne, fit dresser au Somo-Sierra la statue d'un lion avec une

---

1. La capitale du Mexique est à 2.277 mètres, Litché et Magdala, en Éthiopie, à 2.000 et 2.800 mètres. Voir *Première année* pp. 131 et 224.
2. *Puerto de los Perros* (Passage des Chiens), ainsi nommé parce que c'est par là que les Maures vaincus sortirent de l'Andalousie.
3. Ferdinand VII, fils de Charles IV, roi d'Espagne de 1813 à 1833.

inscription grandiose rappelant que le roi avait « vaincu les monts ».

2° **Les plissements extérieurs.** — La chaîne des **Pyrénées** au nord et la **Sierra Nevada** au sud rappellent la majesté des grandes Alpes. N'était la régularité de leur structure, on pourrait se croire, en les parcourant, sur quelqu'un des massifs interposés entre l'Italie et la Suisse. La sublimité de leurs cimes n'est comparable en Europe qu'à celle des cimes rencontrées en ces deux pays; et si, par l'effet d'une latitude plus méridionale, leurs neiges éternelles descendent moins bas, elles se développent sur des champs assez vastes pour mériter de retenir l'attention des touristes et des savants. Le *Nethou*, principale aiguille de la *Maladetta* (3.404ᵐ), le *Posets* (3.367ᵐ), le *Perdu* (3.352ᵐ) sont les géants des Pyrénées ; le *Mulahacen* (3.481ᵐ) et la *Veleta* (3.470ᵐ), ceux de la Nevada. A remarquer que les deux chaînes projettent au sud leurs principaux contreforts. Du côté nord, vers la Garonne, comme vers le Guadalquivir, la plaine est plus proche du pied des monts.

2. Les monts Britanniques. — Plus déprimés que les précédents, les monts Britanniques se développent en Écosse d'une mer à l'autre, dans l'ouest de l'Angleterre, au nord et au sud de l'Irlande. La plaine est limitée, en Écosse, à l'étroit espace compris entre la Clyde et le Forth; elle s'étend, en Angleterre, avec des nuances dans les ondulations, aux terres basses du Wash, à celles plus hautes du Weald, de Devon et de Cornouaille; elle se confond, en Irlande, avec les marécages de l'intérieur.

Mais des monts à la plaine, la différence de niveau est relativement médiocre. Le *Snowdon* du Pays de Galles n'a que 1.094 mètres. Dérision que le nom de « montagne neigeuse » donné à ce pygmée ! Les **Cheviots**, dont l'altitude moyenne est de 700 mètres, ne doivent leur importance comme barrière qu'à la difficulté de leurs cols. Les **Grampians** n'ont aucun pic supérieur au *Ben Nevis* (1.343ᵐ), point culminant de la Grande-Bretagne, ni les **monts de Kerry** au *Carrantuohill* (1.041ᵐ), point culminant de l'Irlande.

Ce n'est pas à dire que tout pittoresque ait été refusé à ces sites. La patrie de Walter Scott, avec ses paysages austères, l'éclatante verdure de ses pentes, le charme sauvage de ses lacs (*Lomond, Ericht, Katrine*) enchâssés dans la roche, méritait d'inspirer les poètes et les romanciers [1].

3. Les Alpes Scandinaves. — Le relèvement est sensible avec ce nouveau et dernier groupe, sans toutefois dépasser jamais 2.560 mètres. Les glaciers réapparaissent sous une latitude où la limite des neiges persistantes descend au-dessous de 1.500 mètres. Le *Justedal*, couvrant un espace grand comme trois fois la Mer de glace, est le plus étendu des glaciers de l'Europe. D'autres, comme la *glacière de Buar*, au sud de Hardanger, sont de moindres dimensions, mais d'accès plus facile. L'ensemble du soulèvement qui s'allonge au nord en forme de chaîne (**Kjölen** avec pour géant le *Sneehottan*) s'étale au sud en deux massifs (**Dowre-Fjeld, Lange-Fjeld**). La plaine s'étend en Suède au sud-est et le long du golfe de Botnie.

LECTURE

Gorge de Puerto de los Perros. — « On ne saurait rien imaginer de plus pittoresque et de plus grandiose que cette porte de l'Andalousie. La gorge est taillée dans d'immenses roches de marbre rouge, dont les assises gigantesques se superposent avec une sorte de régularité architecturale ; ces blocs énormes aux larges fissures transversales, veines de marbre de la montagne, sorte d'écorché terrestre où l'on peut étudier à nu l'anatomie du globe, ont des proportions qui réduisent à l'état microscopique les plus vastes granits égyptiens. Dans les interstices se cramponnent des chênes verts, des lièges énormes qui ne semblent pas plus grands que des touffes

---

1. **Walter Scott**, poète et romancier, né à Édimbourg en 1771, mort en 1832. Le lieu de son poème « *La Dame du lac* » est le *loch Katrine* des Grampians.

d'herbe à un mur ordinaire. En gagnant le fond de la gorge, la végétation va s'épaississant et forme un fourré impénétrable à travers lequel on voit par place luire l'eau diamantée du torrent. L'escarpement est si abrupt du côté de la route que l'on a jugé prudent de le garnir d'un parapet, sans quoi la voiture, toujours lancée au galop, et si difficile à diriger à cause de la fréquence des coudes, pourrait très bien faire un saut périlleux de cinq à six cents pieds pour le moins. » (Théophile Gautier, *Voyage en Espagne*, Fasquelle, éditeur.)

Leçon IV

Les montagnes (*Suite*). — **Description** (*Suite*). — **Les plateaux de transition entre le noyau montagneux et la plaine du nord.**

RÉSUMÉ. — 1. Les plateaux de France : de Langres, Ardennais, Lorrain, d'altitude humble et culminant par 593 mètres au *mont Tasselot*.

2. Les plateaux de Belgique : Ardenne belge à peine plus redressée et culminant par 674 mètres à la *Baraque Michel*.

3. Les plateaux d'Allemagne : Bavarois entre Alpes et Danube ; Jura Souabe et Jura Franconien entre Danube et Mein ; Franken-Wald et Thuringer-Wald entre Mein et Saale ; Rhénan dont les saillies les plus accentuées dépassent d'environ 150 mètres les points culminants des plateaux français et belges ; Schwarz-Wald et Harz atteignant 1.493 et 1.141 mètres ; Bohémien (*Böhmer-Wald, Erz-Gebirge, Riesen-Gebirge*) où le *Schneekoppe* (1.603^m) apparaît comme la cime maîtresse de cette région de transition entre la haute montagne et la plaine.

4. Les plateaux de Russie : Valdaï d'où rayonnent les princi-

pales artères russes, **Volgaïque** entre Don et Volga, simples ondulations au milieu desquelles un bombement de 351 mètres (*Popovagora*) tient lieu de géant.

Récit. — **1. Les plateaux de France.** — Au nombre de trois principaux (de **Langres**, **Ardennais** et **Lorrain**), les plateaux français couvrent le nord-est du pays où ils forment un obstacle insignifiant par leur faible altitude et les nombreux cols de leurs chaînes bordières. Point culminant : *mont Tasselot* (593^m).

2. Les plateaux de Belgique. — L'Ardenne belge n'est que le prolongement oriental du plateau français : c'est le même aspect raviné, la même nature schisteuse, la même altitude moyenne. Le point culminant, la *Baraque Michel*, ne dépasse pas 674 mètres.

3. Les plateaux d'Allemagne. — Au contraire, le plateau **Bavarois** entre les Alpes et le Danube, le **Jura Souabe** et le **Jura Franconien** entre le Danube et le Mein, le **Franken-Wald**[1] et le **Thuringer-Wald** entre le Mein et la Saale, le plateau **Rhénan** (*Taunus*, *Hunsrück*, *Eifel*) correspondent à des élévations plus caractérisées. Aucune saillie n'atteint toutefois à plus de 800 mètres.

Les deux systèmes montagneux qui culminent, l'un à 1.493 mètres, l'autre à 1.141 mètres, se distinguent assez nettement par leurs formes du reste de l'ensemble. Le premier ou **Schwarz-Wald** est moins un plateau qu'une chaîne dont les masses de granit et de gneiss font pendant à celles des Vosges situées de l'autre côté du Rhin ; le second ou **Harz** est un massif isolé entre la Saale et la Weser.

Le plateau de **Bohême**, autrichien par les conventions politiques, mais rattaché à l'Allemagne par trois de ses chaînes

1. Le mot *Wald* (forêt), presque toujours joint au nom des montagnes d'Allemagne, indique que celles-ci sont couvertes de forêts : *Franken-Wald* (forêt de Franconie), *Thuringer-Wald* (forêt de Thuringe), *Schwarz-Wald* (forêt Noire), *Böhmer-Wald* (forêt de Bohême).

bordières (*Böhmer-Wald, Erz-Gebirge* 1, *Riesen-Gebirge* 2), porte les cimes les plus hautes de l'Europe entre les Karpates et les Alpes Scandinaves. Si le Böhmer-Wald et l'Erz-Gebirge, dont la hauteur moyenne ne dépasse pas 1.200 mètres, n'ont pas l'aspect de grandes montagnes, les Riesen-Gebirge rappellent la forme hardie des Alpes. Le *Schneekoppe* ou « cime neigeuse » (1.603^m) dresse fièrement sa tête au milieu d'autres sommets à peine plus modestes et que la rapide déclivité de leurs parois ne rend guère moins difficiles à l'escalade. A défaut de cette nature grandiose, l'Erz-Gebirge a ses mines du versant bohémien (Sedlitz, Pullna, Carlsbad) ; le Böhmer-Wald a le ruissellement de ses eaux, le reflet de ses lacs bleus, la magnificence de ses forêts. Quant aux *monts de Moravie*, qu'on représente souvent comme le rempart sud-oriental du quadrilatère bohémien, c'est un simple renflement du sol que recouvrent les villages et les cultures et où la roche nue n'apparaît qu'en de rares endroits. Ils ne marquent point une frontière naturelle entre les deux versants ; Tchèques et Moraves sont des hommes de même race, parlant la même langue, ayant presque toujours partagé les mêmes destinées politiques. Alors qu'on pénètre à peu près partout sans difficulté dans la Bohême en venant de Moravie, il faut suivre les cols du côté de la Bavière, de la Saxe ou de la Silésie (*Goldner-Steig* 3, *col de Freystadt, passe de Schandau, col du Georgenthal, col de Zittau*).

4. Les plateaux de Russie. — Le **Valdaï**, centre de rayonnement des principales artères russes, et le **plateau Volgaïque**, entre Don et Volga, sont les seules ondulations appréciables du relief du sol dans l'Europe orientale. Encore

---

1. *Erz-Gebirge* (monts métalliques), ainsi nommés à cause de leurs mines.
2. *Riesen-Gebirge* (monts des géants), ainsi nommés parce qu'ils dépassent en hauteur tous les autres plateaux et systèmes montagneux appuyés aux Alpes.
3. Suivi de toute antiquité par les marchands, le *Goldner-Steig*, ou Sentier doré, doit probablement son nom aux relations de commerce nouées entre les deux versants.

restent-ils inférieurs par l'altitude aux plateaux de l'occident qu'ils surpassent, il est vrai, en étendue. Le *Popovagora*, point culminant du Valdaï, ne dépasse pas 351 mètres, ni les escarpements qui dominent la Volga 200.

LECTURE

Le Harz, majesté de son isolement, ses forêts, ses légendes.
— « Le groupe des montagnes du Harz est l'un des plus remarquables de la Germanie : son isolement au milieu de la plaine, l'escarpement des pentes, la hauteur relative des sommets, les nuages qui les entourent fréquemment, donnent au Harz une importance apparente bien plus grande que celle de massifs supérieurs en altitude. On a cru longtemps que le *Brocken*, la principale cime du groupe, aussi élevée au-dessus du plateau que celui-ci l'est au-dessus de la plaine, était la pointe culminante de l'Allemagne entière.

« Le Harz a gardé le nom, déjà connu par les Grecs, de l'antique forêt « Hercynienne », qui recouvrait tous les monts de la Germanie centrale. Mais, tandis que plusieurs chaînes ont perdu leur parure de bois, le Harz la garde encore, du moins sur les pentes basses et dans toute la partie sud-orientale du massif appelée Unter-Harz (Harz inférieur). Les vents âpres du nord et du nord-est, qui soufflent sur les plateaux élevés, ne permettent pas aux forêts de renaître, et toute la végétation des sommets consiste en mousses, en lichens, en sphaignes de la tourbe.

« Les grands souvenirs de l'histoire, dont le Harz fut jadis, en Allemagne, un des centres principaux, se sont maintenus en légendes qu'ont reprises les écrivains modernes. Comme les chercheurs de trésors qui fouillent dans les ruines du château de Harzburg pour y trouver la couronne jetée dans sa fuite par l'empereur Henri IV[1], les poètes allemands vont re-

---

1. Henri IV *le Grand* (1050-1106), empereur d'Allemagne en 1056, inaugura contre le pape Grégoire VII la fameuse lutte connue dans l'histoire sous le

cueillir les traditions de la bouche des paysans et des mineurs, et le plus grand d'eux tous, Goethe [1], a su mêler admirablement quelques-uns de ces récits à la fable de *Faust*. » (E. Reclus, *Europe centrale*, **Hachette et C**^{ie}, éditeurs.)

Leçon V

Les plaines. — Divisions. — Caractères généraux et particuliers. — Description.

RÉSUMÉ. — **1. Divisions.** — Plaines du sud, étroites dépressions bornées par les soulèvements montagneux ; plaines du nord, largement épandues vers l'Océan.

2. Description des plaines du sud. — Les plaines du sud se réduisent à des vallées fluviales : l'*Andalousie*, à celle du Guadalquivir ; l'*Aragon* et la *Catalogne*, à celle de l'Èbre ; le *Sud-Est français*, à celles de la Saône et du Rhône ; la *Lombardie*, à celle du Pô ; la *Hongrie*, à celle du Danube moyen et de la Theiss ; la *Moldavie-Valachie*, à celle du bas Danube.

3. Description des plaines du nord. — Les plaines du nord, loin qu'elles soient fractionnées en morceaux disparates et isolés, forment un vaste ensemble à travers lequel chemins de fer et canaux se développent sans le secours d'aucun tunnel et au moyen de rares écluses (*Nord-Ouest français, Belgique occidentale, Hollande, Danemark, Suède orientale, Allemagne septentrionale, Russie*).

RÉCIT. — **1. Division et caractères.** — Au pied des montagnes qui viennent d'être étudiées s'étendent les plaines, les unes emprisonnées par les soulèvements ou fractionnées en morceaux disparates ; les autres libres et confondues en un

---

nom de *Querelle des Investitures*. Obligé de s'humilier devant le Pontife à Canossa et déposé par la diète de Mayence, il finit tristement sa vie à Liège.
1. Gœthe (Jean-Wolgang), né à Francfort-sur-le-Mein en 1749, mort en 1832.

vaste ensemble. Les premières sont les **plaines du sud**, les secondes celles **du nord**.

2. Description. — *a*. **Plaines du Sud**. — Ce ne sont guère que des enclavés limitées au domaine des fleuves qui les arrosent :

Andalousie, ou vallée du Guadalquivir, dont Séville et Cordoue sont les reines, mais dont le climat et la végétation rappellent l'Afrique plutôt que l'Europe ;

Aragon et *Catalogne*, ou vallée de l'Èbre, déjà moins basse que la précédente, de nature vraiment méditerranéenne ;

Plaine française du Sud-Est, ou vallée de la Saône et du Rhône, n'ayant quelque largeur qu'à ses extrémités ;

Lombardie, ou vallée du Pô, ancien golfe marin comblé peu à peu par les alluvions fluviales, graduellement soulevé par les forces souterraines et agrandi par les érosions des torrents du nord qui ont rongé la base des montagnes ;

Moldavie-Valachie, ou vallée du bas Danube.

Parmi ces plaines intérieures, la *Hongrie* est encore la mieux caractérisée ; entre le Danube et la Theiss s'étend une partie plus particulièrement basse, ou *Alfœld*, à laquelle sa fécondité et sa ceinture fluviale ont fait donner le nom de Mésopotamie hongroise. Mais aucune n'est plus merveilleusement arrosée que la Lombardie. Depuis l'époque lointaine où Virgile[1] célébrait la fraîcheur mouillée des champs et celle déjà plus rapprochée où les républiques lombardes ramifiaient leurs rivières à l'infini au moyen de canaux d'irrigation, d'importants travaux ont été exécutés. Citons le Naviglio de Milan à Pavie, le canal Cavour qui emprunte ses eaux au Pô en aval de Turin, celui de Vérone qui saigne l'Adige.

a. **Plaines du Nord**. — Elles n'en forment à proprement parler qu'une seule depuis la Manche et la mer du Nord jusqu'en

---

1. **Virgile** (Publius-Virgilius-Maro) (70-19 av. J.-C.), poète latin né à Andes près Mantoue, auteur de l'*Énéide*, des *Géorgiques* et des *Bucoliques*. — « Jeunes pasteurs, arrêtez l'eau, les prés ont assez bu ! » (*Bucoliques*, églogue III.)

Sibérie. La grande plaine européenne s'étend donc sur le *nord-ouest de la France*, la *Belgique occidentale*, la *Hollande*, le *Danemark*, la *Suède orientale*, l'*Allemagne septentrionale* et la *Russie* dans laquelle elle s'épanouit sur une largeur de 2.000 kilomètres, entre la mer Noire et l'Océan Glacial. Les hauteurs qu'on y rencontre en Mecklembourg, Poméranie, Prusse, Lithuanie, Ukraine, sont à peine de 100 mètres plus élevées que les régions circonvoisines. Les chemins de fer ne traversent aucun tunnel et les canaux ont relativement peu d'écluses. Vers le milieu s'étend une région marécageuse dont le *Spreewald*, labyrinthe aquatique et boisé que forme la Sprée, est la plus parfaite expression. L'Elbe, l'Oder, la Vistule, le Niémen, le Dniéper, la Volga y sont, pour ainsi dire, en communication constante les uns avec les autres par leurs affluents. Aux époques de forte crue, ces fleuves perdent même toute individualité. Si un témoignage peut être invoqué contre l'opinion qu'il doit y avoir nécessairement une chaîne de montagnes là où il y a partage des eaux, c'est assurément celui-là.

De cette platitude du pays résulta l'insécurité politique des peuples qui s'y établirent. L'absence de frontières naturelles éternisa au moyen âge les luttes entre Slaves et Germains, elle précipita au xviiie siècle la ruine de la Pologne, elle met aujourd'hui face à face la Prusse et la Russie.

LECTURE

Une Venise champêtre en Allemagne (Spreewald). — « Dans les plaines sablonneuses et monotones de l'Allemagne du nord, coupées de lacs et parsemées de bois de sapins au feuillage terne, cette région apparaît comme une charmante oasis, et elle attire, chaque année, de Berlin et des provinces voisines, de nombreux visiteurs peu accoutumés, pour la plupart, à contempler des beautés naturelles ou des sites pittoresques.

« Le début de l'été est l'époque la plus favorable aux excursions dans cette région, et l'on ne saurait jamais regretter les deux ou trois jours qu'il convient d'y consacrer.

« D'une façon générale, le Spreewald est constitué par une plaine sillonnée d'une multitude de canaux. La Sprée, surtout entre Burg et Lübbenau, s'y subdivise en bras, sous-bras, petits chenaux presque innombrables (il y en a plus de 300, dit-on) que l'on peut comparer aux mailles d'un filet ou aux veines du corps humain. Sauf quelques exceptions, ces canaux enchevêtrés, étroits et peu profonds, ne sont utilisables que par des bateaux plats et de petites dimensions. Au printemps et à l'automne, la crue des eaux fait de toute la région un lac immense parsemé d'îlots que les rigueurs de l'hiver tiennent, presque chaque année, gelé pendant plusieurs mois.

« Le paysage ne varie pas seulement selon les saisons : toutes les parties du Spreewald n'offrent pas en effet un aspect identique, et elles se modifient même trop rapidement sous l'action incessante de l'activité destructive des hommes. Au début de ce siècle, le pays était encore couvert de marécages et de forêts presque impénétrables, d'arbres d'essences variées ou de pins sauvages qui formaient d'inaccessibles retraites. La main de l'homme n'avait défriché qu'une infime portion de la terre; l'eau, la forêt nourrissaient l'habitant qui trouvait dans les ours, les sangliers, les loups, une proie nombreuse sinon facile. Que de changements aujourd'hui et quelles transformations profondes ont opéré les nécessités de la vie moderne. Les prairies, les champs se sont multipliés, et la culture, gagnant des espaces toujours plus vastes, les bois et les forêts n'étendent plus leurs ombrages que sur la cinquième partie du sol. La sévère grandeur des hautes futaies a presque entièrement disparu, et la caractéristique actuelle du Spreewald, c'est la grâce champêtre et la fraîcheur.

« Des prairies grasses et fertiles où paissent des troupeaux enserrent ce qui reste de la forêt wende. La Sprée se joue paresseusement en faisant des détours à travers les champs et les bois, et rien n'est plus agréable, quand le soleil darde ses rayons ou le soir par un beau clair de lune, que de descendre en barque au fil de l'eau sous les dômes verdoyants ou le ciel étoilé.

« L'aune aux formes grêles et élancées, le chêne robuste et ombreux, les ormes, les châtaigniers, les tilleuls, les frênes surprennent par leurs proportions presque inconnues dans le nord de l'Allemagne. Sur les bords des canaux, les saules inclinent leurs branches légères, les joncs, les roseaux croissent librement, tandis que les nénuphars étalent largement sur les eaux leurs feuilles arrondies et leurs fleurs jaunes et blanches.

« Rien ne trouble le calme de la nature.

« L'absence complète de voies carrossables, due à l'infini morcellement de la terre par les eaux, contribue au silence, à la paix qui règnent en ces lieux. Les barques fendent l'onde sans bruit et le frôlement du patin et du traîneau sur la glace en hiver décèle à peine l'existence de l'homme. » (Maurice Herbette, *Tour du Monde*, 1er semestre 1901.)

Leçon VI

Les côtes. — Divisions. — Caractères généraux et particuliers.

RÉSUMÉ. — 1. Divisions. — Les côtes européennes, qui sont parmi les plus découpées de la Terre, se développent sur trois mers : Océan Glacial Arctique (5.800 kilom.); Océan Atlantique (13.500); Méditerranée (12.700). Au total 32.000, sans compter la mer fermée de Caspienne.

2. Les côtes de l'Océan Glacial Arctique. — Malgré la profondeur des enfoncements de la *mer de Kara*, du *golfe de Tcheskaïa* et de la *mer Blanche*, ces côtes, ouvertes vers les régions polaires, n'ont pas une valeur comparable à celle du reste du littoral en face duquel s'étendent des terres plus hospitalières et plus peuplées. La faible épaisseur de la couche liquide ne contribue pas moins que la latitude à en éloigner la navigation.

3. **Les côtes de l'Océan Atlantique.** — *a.* Aspect. — Basses en général (landes françaises, étangs danois, dunes de Courlande, de Prusse et de Poméranie, cordon suédois) et même **déprimées** aux Pays-Bas que des digues protègent contre l'invasion marine. Les escarpements de Galice, de Bretagne, d'Irlande, d'Écosse et de Norvège font exception.

b. **Relief sous-marin.** — Peu sensible dans le voisinage des terres, le relief ne s'accentue qu'à une certaine distance où se creusent les abîmes.

c. **Climat, courants, végétation.** — Les vents dominants sont les vents humides du sud-ouest. Aussi, n'est-il pas en Europe de région plus mouillée ni plus embrouillardée que la région atlantique. Il n'y en aurait pas non plus de plus froide sans le voisinage du Gulf-Stream. Sans ce courant, il n'y aurait pas de raison pour que la France, l'Angleterre et la Norvège, situées à la même latitude que le Labrador ou le Groënland aient une température et une végétation différentes.

d. **Mers secondaires, caractères particuliers, importance relative de la navigation.** — Mer Baltique. Ne communique avec l'Océan que par d'étroits chenaux, *Skager-Rack*, *Kattégat*, deux *Belt*, *Sund*. Peu profonde, peu salée, sans marée, souvent prise par les glaces. Se vide par suite de l'exhaussement du lit, tandis que les bords extérieurs de ses golfes menacent de se fermer. — Mer du Nord. Largement ouverte sur l'Océan et plus sujette que la Baltique aux mouvements généraux de l'enveloppe liquide. Ses assauts ont formé le *Zuiderzée* et continuent à élargir le *Pas-de-Calais*. Mais sa profondeur reste médiocre. Autant de circonstances qui éloigneraient d'elle les navires si sa position n'en faisait un lieu de passage obligé. —

Manche. Canal dépourvu de profondeur entre la France et l'Angleterre, dangereux par ses tempêtes et pourtant plus fréquenté qu'aucune mer du globe. Grand chemin de France en Angleterre et de l'Europe orientale ou septentrionale vers les pays méditerranéens, l'Afrique et le nouveau monde. —
Mer d'Irlande. Simple seuil sous-marin s'ouvrant vers l'Atlantique par les *canaux du Nord* et de *Saint-George*. — **Mer de Biscaye ou golfe de Gascogne.** Seule mer atlantique où la sonde descende à de grandes profondeurs (3.000^m) dans le voisinage du littoral.

4. **Les côtes de la Méditerranée.** — *a.* Aspect. — Abruptes presque partout. Ce qui, tout à l'heure, était l'exception devient la règle. Par contre, les terres plates sont aussi rares au sud que fréquentes au nord-ouest et à l'ouest.

b. Relief sous-marin. — Du même coup la couche liquide s'épaissit. De chaque côté de l'isthme immergé qui rattache la Sicile à la Tunisie, se creusent, à une faible distance des terres, des fosses de 2.000, 3.000 et même 4.000 mètres.

c. Mouvements. — On s'étonnerait qu'avec de pareilles profondeurs la Méditerranée ne soit animée d'aucun mouvement important, si on ne réfléchissait qu'elle n'est en définitive qu'une mer intérieure. Et cette mer fouille la masse terrestre en des bassins secondaires non moins fermés, **mer Adriatique, mer Ionienne, Archipel, mer de Marmara, mer Noire, mer d'Azov.** On s'explique ainsi, avec l'irrégularité et l'incertitude de ses marées, son défaut de courants généraux. Les mouvements des eaux observés dans le *détroit d'Yénikalé*, au *Bosphore*, dans les *Dardanelles* et au *goulet de Gibraltar* sont des phénomènes d'origine locale. L'absence de marées et de courants normaux a favorisé, sur tout le pourtour du bassin méditerranéen, la formation des **deltas.**

d. **Climat.** — Les vents dominants sont les vents secs du nord. Aussi les bords méditerranéens, loin qu'ils s'estompent de brumes, sont le **pays du clair soleil.** Autant de jours lumineux sur ce versant de l'Europe que de journées pluvieuses sur le versant opposé. Sauf en quelques enclaves meurtrières (*Maremme de Toscane*, *Marais Pontins*, *Dobrutcha*, etc.), l'atmosphère y est réparatrice et bienfaisante.

e. **Végétation.** — L'action combinée de l'eau et du soleil y favorise la croissance d'une végétation sans égale en Europe : *huertas espagnoles*, *jardins* de la *Rivière de Gênes*, *champs* des *Baléares* et de la *Sicile*, *vignes* de l'*Espagne*, du *Languedoc*, de l'*Italie*, de la *Dalmatie* et de la *Grèce*.

f. **Importance de la navigation.** — La Méditerranée, prépondérante dans l'antiquité et au moyen âge, avait perdu beaucoup depuis la découverte de l'Amérique et du passage de Bonne-Espérance. Mais le percement de l'isthme de Suez lui a rendu le trafic de l'Extrême-Orient. Le quart des navires du monde entier se croisent aujourd'hui sur ses grandes lignes de navigation. C'est à qui des puissances européennes y fera prévaloir ses intérêts.

5. Les côtes de la mer Caspienne. — Mer presque comblée au nord, plus profonde au centre et au sud, à 26 mètres au-dessous du niveau de l'Océan. Bordée de golfes qui se changent peu à peu en lacs, la Caspienne est, à l'instar de la Baltique, un bassin maritime en voie de diminution.

RÉCIT. — **1. Aspect général et divisions.** — L'Europe est de toutes les parties du monde celle que la mer **pénètre le plus profondément**. Nulle part ailleurs on ne retrouve au même degré cette communion de la terre et de l'eau qui lui vaut son incomparable légèreté de sculpture. Ses mers intérieures, allongées en forme de golfes, ressemblent moins à des bassins maritimes qu'à de larges canaux ou fleuves terrestres dont on dirait que le rôle est de ménager la transition entre les deux éléments. Elle se réduit elle-même, surtout dans sa partie occidentale et centrale, aux dimensions d'un isthme. Pour si étendue que soit, à l'orient, la plaine russe, elle n'est qu'une bande de terre en comparaison de n'importe quel membre du corps asiatique.

Les mers européennes peuvent se répartir en trois groupes : au nord, celles de l'Océan Glacial Arctique avec un développement littoral de 5.800 kilomètres ; au nord-ouest et à l'ouest, celles de l'Océan Atlantique avec 13.500 ; au sud, celles de la Méditerranée dont le détroit de Gibraltar ne fait en réalité qu'une annexe de l'Atlantique, avec 12.700. Soit au total, 32.000 kilomètres, chiffre proportionnellement supérieur à celui de l'Amérique du Nord qui, pour la richesse des découpures, vient immédiatement après l'Europe. A ces trois groupes, il convient d'ajouter le bassin fermé de la mer Caspienne.

2. **Les côtes de l'Océan Glacial Arctique.** — La côte européenne de l'Océan Glacial est beaucoup plus accessible que sa voisine d'Asie. La banquise qui rase ici la ligne du continent ne commence là que vers le Spitzberg. La profondeur des enfoncements de la *mer de Kara*, du *golfe de Tcheskaïa*, et surtout de la *mer Blanche*, ne contribue pas moins à corriger l'effet de la latitude. Mais cette double circonstance ne saurait prévaloir contre l'infériorité de la position par rapport au reste du monde. Tandis que, à l'occident, l'Europe fait face à l'Amérique et que la Méditerranée lui sert au sud de lien avec les deux autres tronçons du vieux continent, elle ne s'ouvre au nord que vers les terres froides et disséminées du pôle. Sans compter que l'absence d'épaisseur de la couche liquide y est une cause d'entrave pour la navigation : dans la mer Blanche, encombrée d'îles basses et marécageuses, la sonde ne descend jamais au-dessous de 195 mètres ; elle s'arrête en d'autres points à moins de 100 mètres. Les abîmes de 4.000 mètres ne se rencontrent qu'à une distance considérable de la ligne des côtes, entre le Groënland, l'Islande, la Scandinavie et le Spitzberg.

3. **Les côtes de l'Océan Atlantique.** — *a.* Aspect. — Par suite de leur éloignement du noyau montagneux, les côtes de l'Atlantique sont basses en général, sauf sur les points où la mer baigne directement des systèmes de hauteurs isolés.

Rien n'est monotone comme le spectacle des dunes de Courlande, de Prusse, de Poméranie qu'interrompent, de distance en distance, des *haffs* ou lagunes fermées par une flèche de sable. La tristesse des étangs danois n'a de comparable que celle de notre Lande. Les rivages de Suède se distinguent mal des îles bordières auxquelles les rattachent des promontoires à peine dessinés. Dans les Pays-Bas, il est encore moins aisé de reconnaître la ligne de démarcation entre la mer et la terre ; celle-ci, d'altitude partout médiocre, descend souvent **au-dessous du niveau** de celle-là ; et sans les digues élevées par le travail des hommes, les provinces de Zélande et de Hollande disparaîtraient sous les eaux. Parlant de cette course du flot vers la barrière infranchissable dont *l'Estacade* de Ruysdaël [1] donne l'impression vive, les Frisons disent que « le féroce Océan réclame sa proie ». La Norvège, l'Écosse, l'Irlande, la Bretagne française, la Galice espagnole tranchent par leurs échancrures profondes et leurs saillies sur cet ensemble aux contours plats et rectilignes. Mais *fiords* et *firths* sont l'exception ; la règle, c'est la dune déprimée.

b. **Relief sous-marin.** — Ces côtes sont adjacentes à des mers sans profondeur. Presque partout la distance est médiocre entre les vases grossières du lit et la nappe superficielle. De même que dans l'Océan du nord, il faut pousser à plusieurs jours de navigation pour trouver les grandes dépressions.

c. **Climat, courants, végétation.** — Les vents dominants soufflent du sud-ouest, c'est-à-dire des régions les plus chaudes dont ils apportent les vapeurs pour les déposer sous forme de pluie ou de brouillard. Les côtes de l'Atlantique sont **les plus mouillées** de l'Europe. On compte une moyenne annuelle de 185 journées pluvieuses à Saint-Brieuc, de 189 à Saint-Malo. A Londres, le brouillard est parfois si épais que la respiration s'en trouve gênée et qu'il faut éclairer les rues en plein jour.

---

1. **Ruysdaël** ou **Ruisdaël** (Jacques), peintre paysagiste de l'école hollandaise, né à Haarlem en 1636, mort en 1681. *L'Estacade* est au Musée du Louvre, à Paris.

L'influence du courant chaud du Gulf-Stream jointe à celle des vents contribue à maintenir sur les côtes de France, d'Angleterre et de Norvège une température infiniment plus douce que celle du Labrador ou du Groënland situés à la même latitude. Le myrte croît en Irlande, le camélia dans la Cornouaille, le figuier en Bretagne, le palmier dans une des Sorlingues. En face, ce ne sont que champs de glaces, mousses et lichens !

d. **Mers secondaires, caractères particuliers, importance relative de la navigation.** — La **Baltique** (400.000 kilomètres carrés) offre l'exemple d'une mer en voie de disparition. On dirait qu'après avoir cédé au flot d'invasion, l'élément solide s'acharne aujourd'hui à la revanche. Tout l'aide dans son travail réparateur : le défaut de profondeur (67 mètres en moyenne et 200 au maximum), l'inclinaison douce des rivages, l'exhaussement du lit, les dépôts alluvionnaires autour des îles. Si rien ne vient interrompre l'effet de toutes ces actions combinées, le *golfe de Botnie* se divisera un jour en deux lacs séparés par le seuil des *archipels d'Uméa* et *de Vasa* et celui des *îles d'Aland*, les *îles Dago* et *Œsel* emprisonneront les eaux du *golfe de Riga*, et les deux bords extérieurs du *golfe de Finlande* se fermeront comme se sont fermés déjà ceux du lac Ladoga, Onéga et de Finlande. Vienne à diminuer la pression des eaux entre les îles basses de Seeland, de Fionie et les côtes des pays voisins, et les chenaux qui mettent encore la Baltique en communication avec l'Océan (*Skager-Rack*, *Kattégat*, deux *Belt*, *Sund*) s'étrangleront au point que le passage en deviendra impraticable.

Mais, même dans son état actuel, cette mer est assez fermée pour échapper à l'ordinaire loi des marées. Dans la partie occidentale, les différences de niveau ne dépassent pas $0^m,30$; dans les golfes orientaux, sur les côtes de Prusse et de Courlande, la hausse des eaux, réduite à $0^m,08$, ne se révèle qu'aux patientes études des savantes.

Ce n'est pas là teneur en sel qui sauvera la Baltique de

son effacement inévitable parmi les mers du globe. L'apport de ses fleuves tributaires a rendu son eau presque douce, et si les chenaux du Danemark ne lui apportaient de la mer du Nord un contre-courant plus salé, il y a longtemps qu'elle serait purgée de toutes ses molécules de sel.

Chaque année, les glaces l'encombrent au point que la navigation y devient difficile, parfois impossible de décembre à avril. Sa nappe se prend même en entier dans les hivers exceptionnels. Au XVIIe siècle, le roi de Suède Charles-Gustave put envahir le Danemark en faisant passer sur un pont de glace ses soldats et ses canons. Au commencement du XIXe, Stockholm fut sur le point de tomber au pouvoir d'une armée russe venue à pied par mer.

Les chances d'une congélation générale sont accrues de ce fait que le Gulf-Stream ne pénètre pas dans son bassin. Alors que, vers la mer libre, la Norvège se réchauffe aux effluves de ce courant, la Suède ne puise dans sa mer fermée aucun élément d'adoucissement aux rigueurs hivernales. Curieux contraste que celui de ces deux fractions d'une même terre subissant, à latitude égale et à quelques lieues seulement de distance, des influences climatériques si diverses !

Avec ses 600.000 kilomètres carrés, la mer du Nord est plus étendue que la précédente. Elle est aussi plus largement ouverte sur les bassins océaniques, d'un côté par les détroits qui séparent les Shetland de la Norvège et de l'Écosse, de l'autre par le Pas-de-Calais. Il suit de là qu'elle participe davantage aux mouvements généraux de l'enveloppe liquide. Ses tempêtes soudaines ont provoqué maints naufrages ; les irruptions de ses flots ont formé le *Zuiderzée*[1], émietté le littoral occidental du Jutland, agrandi l'embouchure de la Tamise. Au contraire de ce qui se produit dans la Baltique, les falaises s'effritent sous l'assaut des vagues ; le *Pas-de-*

---

1. Invasion marine du XIIIe siècle qui causa la mort de plusieurs milliers d'hommes.

Calais s'élargit sans cesse et l'*île d'Helgoland*[1] fond à vue d'œil. Il n'est pas de rivage en Europe plus instable que le sien. Mais toutes ces violences ne l'ont pas creusée plus que sa voisine. Sauf sur la côte de Norvège, où la sonde accuse une dépression de 400 mètres, il est rare de rencontrer une épaisseur d'eau de 180 mètres. Le Zuiderzée n'a pas plus de 3 à 4 mètres. Au sud, entre l'Angleterre et la Hollande, le fond est à peine immergé. Des bancs de sable, comme le Dogger-bank, affleurent presque la surface. Les dangers qu'ils offrent à la navigation n'empêchent pas celle-ci d'être des plus actives sur ce passage obligé des navires qui font le commerce du nord.

Simple « canal[2] » entre la France et l'Angleterre, la **Manche** est moins creuse encore que les mers Baltique et du Nord (55ᵐ en moyenne, 136ᵐ au maximum). Les vents y dépassent en furie ceux qui soufflent de l'autre côté du Pas-de-Calais ; les *baies de Bristol* et *du Mont-Saint-Michel* sont deux des points du monde où **la marée poussée par les vents s'élève le plus haut** ; le mascaret sévit aux estuaires de la Severn et de la Seine. Mais les avantages de la position l'emportent sur les inconvénients résultant de la faible étendue, de la médiocrité de la profondeur, ou du défaut de sécurité. Par l'importance de la navigation, la Manche vient au premier rang des mers de l'Atlantique ; le va-et-vient des navires l'anime à l'égal d'une rue de Paris ou de Londres.

La **mer d'Irlande** n'est plus qu'un seuil sous-marin entre la Grande-Bretagne et l'île dont elle emprunte le nom. Seuils aussi, les deux *canaux du Nord* et *de Saint-George* par lesquels cette mer s'ouvre sur l'Atlantique.

La **mer de Biscaye** ou **golfe de Gascogne** marque, au contraire, un subit affaissement du lit marin. C'est là, à peu près à égale

---

1. L'île est réduite aux trois quarts de ce qu'elle était il y a neuf siècles, au temps où Adam de Brême la célébrait. E. Reclus (*La Terre*, t. II) la compare à un « immense cristal de sel » qui fondrait dans les eaux.
2. Nom donné par les Anglais à la Manche.

distance des deux caps extrêmes de Bretagne et de Galice. que s'ouvre à plus de 3.000 mètres la fosse marine la plus profonde dans le voisinage du littoral européen baigné par l'Atlantique.

4. Les côtes de la Méditerranée. — Quelque point de vue que l'on considère, aspect des rivages, relief sous-marin, mouvements des eaux, climat, végétation naturelle, on observe un contraste absolu entre les phénomènes de l'Océan et ceux de la Méditerranée.

a. Aspect. — Le versant méditerranéen, au lieu de s'abaisser en pente douce comme celui de l'Atlantique, est abrupt. Les montagnes, en se dressant brusquement du sein des eaux, déterminent la nature généralement rocheuse de la côte.

b. **Relief sous-marin.** — En même temps, la couche liquide s'épaissit, et les bas-fonds, si fréquents de l'autre côté de la masse occidentale, ne se rencontrent guère que sur les isthmes sous-marins qui permettent de distinguer plusieurs sections dans cet immense ensemble de 2 millions et demi de kilomètres carrés.

Deux grands bassins sont déterminés par l'étranglement sicilo-tunisien : d'un côté, le **bassin occidental** ou **latin**; de l'autre, le **bassin oriental** ou **grec**. Dans chacun de ces bassins, deux grandes fosses séparées à l'occident par le plateau de Corse et de Sardaigne, à l'ouest par celui qui supporte la Candie.

Le premier ne forme, à proprement parler, aucune mer secondaire, mais des golfes largement ouverts, comme ceux de *Valence, du Lion, de Gênes, de Gaëte, de Naples*; l'obstacle de la *Corse* et de la *Sardaigne* n'empêche pas la **mer Tyrrhénienne** de communiquer librement avec la pleine mer. Le second projette, au contraire, six annexes à l'intérieur des terres : **Adriatique, Ionienne, Archipel** ou **Égée, Marmara, mer Noire** ou **Pont-Euxin, Azov**.

Plus ramifié, il est aussi plus profond. La sonde, qui ne dépasse pas 3.000 mètres aux endroits les plus creux de la

Méditerranée occidentale, descend, entre la Sicile et la Candie, au sud-ouest du cap Matapan, à 4.400 mètres. C'est la plus grande profondeur qui borde les rivages européens. A côté de cela, l'Archipel et l'Adriatique ne s'abaissent jamais à 1.000 mètres au-dessous du niveau marin ; le seuil sicilo-tunisien n'a pas plus de 350 mètres ; le *golfe de Venise* en a moins de 100, et la mer d'Azov, véritable marais comblé par les alluvions du Don, ne présente nulle part une couche supérieure à 15 mètres. Un navire y coulerait à fond que la mâture resterait visible au-dessus des eaux. Mais on redescend à 2.000 mètres dans certaines parties de la mer Noire et à 3.000 vers la cavité centrale de la mer Syrienne, ce qui donne une moyenne supérieure d'environ 1.000 mètres au maximum constaté dans les mers fermées du nord.

c. **Mouvements.** — Avec de pareilles profondeurs sur une pareille étendue, la Méditerranée serait agitée par d'importants mouvements si elle n'était elle-même une mer intérieure. Or elle n'a, sur presque tous ses rivages, depuis le détroit de Gibraltar jusqu'à la mer d'Azov, que des marées irrégulières et incertaines. Si les oscillations peuvent s'élever dans l'Adriatique, dans le détroit de Messine [1], dans l'Euripe, jusqu'à plus d'un mètre, elles sont imperceptibles entre la côte d'Andalousie et celle du Maroc, nulles dans la mer Noire. Différente de l'Océan par la faiblesse et l'inégalité de ses marées, la Méditerranée l'est aussi par l'absence de courants généraux. Ceux qui, par le *détroit d'Yénikalé*, entraînent les eaux de la mer d'Azov dans la mer Noire, ou portent par le *Bosphore* et les *Dardanelles* le surplus de la mer Noire dans l'Archipel, sont des phénomènes locaux ne dépendant qu'indirectement des grandes lois de la planète. Nous avons affaire en l'espèce, comme dans le Sund et le Kattégat, à un simple canal d'échange entre deux courants, l'un présentant à la surface

---

[1]. Redouté des anciens pour ses deux gouffres de *Charybde* et de *Scylla*.

l'eau presque douce de la mer d'Azov et de la mer Noire, l'autre plus chargé de sel et se mouvant dans les profondeurs. C'est par l'effet d'un phénomène analogue qu'à l'autre extrémité de son bassin la Méditerranée reçoit, à travers le *goulet de Gibraltar*, le tribut océanique destiné à compenser la perte résultant de l'excès d'évaporation.

L'absence de marées et de courants normaux, en facilitant les dépôts à l'embouchure des principales artères, eut pour résultat la formation d'un grand nombre de **deltas**. Ainsi s'explique cette affirmation que le delta est la caractéristique des fleuves méditerranéens. Ce n'est point par pur hasard que cette coïncidence de l'Ebre, du Rhône, du Pô, de l'Adige, du Danube finissant invariablement non en estuaire, mais en delta.

d. **Climat.** — Plus de vents humides, mais les **vents secs** du nord! Le soleil à la place de la pluie, l'**éclatante lumière** au lieu de la brume! Il résulte des observations qui ont été faites, qu'à la même latitude le riverain de la Méditerranée voit dans l'année un plus grand nombre de jours tout à fait clairs que le riverain de l'Atlantique (110 à Naples, 171 à Palerme). Il n'est pas un seul jour, en Sicile, où le temps soit si mauvais que le soleil n'y brille quelques instants. Les habitants d'Athènes ne restent pas en moyenne plus de trois journées par an sans le pouvoir contempler. Ceux de Murcie regardent avec raison leur ciel comme le plus pur de l'Europe. Non qu'un élément morbide ne se mêle çà et là à ces séductions. Les *albuferas d'Espagne*, les *lagunes du Languedoc*, la *Maremme de Toscane*, les *Marais Pontins*, les *plaines de Sybaris et de Métaponte*, « terres pourries mangeant plus d'hommes qu'elles n'en peuvent nourrir », celles *d'Oristano* en Sardaigne, *d'Aléria* en Corse, *de Léontini* en Sicile, *de Lamia* en Grèce, *de la Dobrutcha* en Turquie, sont de dangereux séjours. Le climat n'en demeure pas moins, dans l'ensemble, un des plus beaux de la Terre. Les températures excessives ne sévissent qu'à l'extrémité orientale du bassin; la mer d'Azov a souvent disparu sous une épaisse dalle de glace ; la mer Noire, refroidie par les vents du nord-est, s'est recouverte parfois d'une légère pellicule glacée ; il est même arrivé qu'en certains hivers exceptionnels, le Bosphore, dont on a si souvent vanté l'atmosphère attiédie, fut pris par les glaces. En 762, les masses cristallines provenant de la mer Noire et du Bosphore furent si nombreuses qu'elles se reformèrent en pont de glace dans les Dardanelles.

e. **Végétation.** — Si la terre était abandonnée à elle-même, elle se couvrirait vite, sur les bords de la Méditerranée, d'une végétation naturelle représentée par l'arbousier, l'olivier, le chêne vert, le thym, le myrte. Mais le travail de l'homme, ingrat en quelques endroits comme la Grande-Grèce, plus facile et plus rémunérateur dans la plupart des autres, l'a conquise à l'agriculture. Les campagnes, inondées à la fois de soleil et d'eau, grâce aux canaux d'irrigation, ont une richesse de produits sans égale en Europe. Paradis de verdure que la *huerta*! de Valence, où les tiges de maïs s'élèvent à 5, 6 et même 8 mètres, où les mûriers donnent trois et quatre récoltes de feuilles par an, où la faux coupe jusqu'à neuf et dix fois l'herbe sans cesse renaissante des prairies ! Délicieux jardin que la *Rivière de Gênes* ! Les Baléares, Alicante, Murcie, Messine montrent des *champs d'orangers* et de *citronniers*. La *vigne* surtout se répand de plus en plus, non seulement sur la côte française du Languedoc, mais en Grèce où l'exportation du raisin de Corinthe et de Patras est devenue la branche principale du commerce national, en Espagne, en Italie, en Dalmatie. Partout elle est en train de supplanter l'olivier.

f. **Importance de la navigation.** — Après avoir été, dans l'antiquité et au moyen âge, le centre du commerce et de la navigation (Phéniciens, Grecs, Romains, négociants des répu-

---

1. Nom donné aux jardins de la côte espagnole enrichis par l'eau des rivières et des canaux.

bliques italiennes), la Méditerranée fut désertée au profit de l'Océan par l'effet de la découverte de l'Amérique et du passage de Bonne-Espérance. Mais depuis 1869 le percement de l'isthme de Suez, en faisant d'elle le premier tronçon du chemin de l'Extrême-Orient, lui rendit le commerce de ces pays. On rencontre aujourd'hui le quart des navires du monde entier sur ses grandes lignes de navigation : *françaises* (Messageries maritimes et Compagnies transatlantiques); *italiennes* (Compagnie Florio-Rubattino); *autrichiennes* (Lloyd austro-hongrois [1]). Faut-il s'étonner, dans ces conditions, de l'intérêt attaché par les puissances européennes à sa possession? L'Angleterre la tient par Gibraltar, Malte, Chypre, l'Égypte et, au débouché de la mer Rouge, par Périm et Aden; la France, par ses grands ports de Cette, Marseille, Toulon et sa colonie d'Algérie-Tunisie; l'Italie et la Grèce, placées mieux qu'aucun autre pays sur le passage des voyageurs et des marchandises, font avec Brindisi et le Pirée une concurrence heureuse à Marseille; l'Autriche s'efforce, par son activité incessante, de compenser les inconvénients de sa position plus continentale que maritime; la Russie commence à détourner une partie de ses navires de la Baltique vers la mer Noire; et « l'Homme malade » de Constantinople continue à trôner sur le Bosphore en attendant qu'un accord des États intéressés dans la question d'Orient l'en déloge. La France domine dans la partie occidentale, l'Italie et la Grèce dans la partie orientale, l'Angleterre aux issues.

5. **Les côtes de la mer Caspienne.** — La mer Caspienne (396.440 kilomètres carrés) diminue plus rapidement encore que la Baltique. Non seulement elle a perdu, à l'heure qu'il est, un tiers de son étendue ancienne, mais l'évaporation a abaissé son niveau de 26 mètres; sa partie septentrionale, bordée de rives plates, ne cesse de se combler par l'apport

---

1. Le *Lloyd austro-hongrois*, fondé en 1833, est la plus célèbre et la plus puissante des compagnies maritimes. Elle a son siège à Trieste et entretient une véritable flotte.

alluvionnaire des fleuves ; et certaines de ses baies, naturellement peu ouvertes, tendent à se fermer. Il n'existe plus de fosses véritables qu'au centre, où la sonde atteint 500 mètres, et au sud, où elle descend à 900 mètres en face des côtes rocheuses de l'Iran.

Enclavé sans issue, elle ne saurait être comparée aux autres mers d'Europe comme voie de navigation. Le mouvement des échanges, déjà accru par l'établissement du Transcaucasien et du Transcaspien, n'en prendrait pas moins un nouvel essor si on ouvrait une porte sur la mer Noire par l'approfondissement du Manytch, dernier vestige de l'ancienne communication. L'énormité de la dépense, jointe aux difficultés de l'entreprise, a toujours fait ajourner l'exécution de ce projet.

LECTURE

Les Marais Pontins. — « Les Marais Pontins sont une campagne fertile et pestilentielle tout à la fois, où l'on ne voit pas une seule habitation, quoique la nature y semble féconde. Quelques hommes malades attellent vos chevaux, et vous recommandent de ne pas vous endormir en passant les marais, car le sommeil est là le véritable avant-coureur de la mort. Des buffles, d'une physionomie tout à la fois basse et féroce, traînent la charrue, que d'imprudents cultivateurs conduisent encore quelquefois sur cette terre fatale, et le plus brillant soleil éclaire ce triste spectacle. Les lieux marécageux et malsains, dans le nord, sont annoncés par leur effrayant aspect ; mais, dans les contrées les plus funestes du midi, la nature conserve une sérénité dont la douceur trompeuse fait illusion aux voyageurs. S'il est vrai qu'il soit très dangereux de s'endormir en traversant les Marais Pontins, l'invincible penchant au sommeil qu'ils inspirent dans la chaleur est encore une des impressions perfides que ce lieu fait éprouver. »
(Mme de Staël, *Corinne*.)

Leçon VII

Les côtes (Suite). — Description.

RÉSUMÉ. — **1. Les côtes de l'Océan Glacial Arctique.** — Russes sauf à l'extrémité occidentale qui appartient à la Norvège. Ports principaux : *Mezen, Arkhangelsk, Onéga.*

2. Les côtes de l'Océan Atlantique. — Successivement norvégiennes, suédoises, russes, allemandes, danoises, hollandaises, belges, françaises, espagnoles et portugaises. Au large, l'archipel britannique.

a. **Norvégiennes.** — Plus attrayantes par les sinuosités de leurs fiords ou les escarpements de leurs îles qu'animées par le mouvement des ports (*Bergen, Stavanger, Christiania*).

b. **Suédoises.** — Plates, bordées d'îles basses, mais jalonnées de stations importantes : *Goteborg, Helsingborg, Malmo, Norrköping, Stockholm, Gefle.*

c. **Russes.** — Les falaises de Finlande tranchent sur cette monotonie, mais la côte, image de l'intérieur où le relief fait défaut, ne tarde pas à se déprimer à nouveau. *Uléaborg, Vasa, Abo, Helsingfors, Kronstadt, Rivel, Riga* sont cependant de bons abris.

d. **Allemandes.** — Les haffs de la Baltique (*Kurisches-Haff, Frisches-Haff, Pommersches-Haff*) et les estuaires de la mer du Nord (Weser et Elbe) sont les seules indentations notables. L'excellence des ports marchands de *Hambourg* et de *Brême*, militaire de *Kiel*, rachète l'extrême pénurie des refuges.

e. **Danoises.** — Cordon ininterrompu de dunes dans la partie continentale (*Jutland*) comme dans la partie insulaire (*Seeland, Fionie, Bornholm,* etc.). Ports principaux : *Aalborg, Randers, Aarhuus, Horsens.*

f. **Hollandaises.** — A force de descendre, le niveau est tombé au-dessous de celui de la mer. Lacis d'îles (*Frisonnes* et *Zé-*

landaises), de golfes creusés par le flot (*Dollart, Lauwerzée, Zuiderzée*), d'estuaires fluviaux (*Rhin, Meuse, Escaut*). Pays aquatique, la Hollande a peu de villes qui ne soient en même temps des ports.

g. **Belges.** — *Anvers* n'est dépassé que par Hambourg.

h. **Françaises.** — De même que la France sert de transition entre la grande plaine du nord et la région montagneuse du sud, de même son littoral est tour à tour bas et escarpé. Ports marchands de *Dunkerque*, du *Havre, Nantes, Bordeaux*; militaires de *Cherbourg, Brest, Lorient, Rochefort*.

i. **Espagnoles et portugaises.** — Les quelques enclaves basses rencontrées à l'ouest n'empêchent pas le redressement de s'accentuer le long de la mer de Biscaye et au nord-ouest où se creusent de bons abris (*Saint-Sébastien, Santander, La Corogne, Le Ferrol*).

j. **Archipel britannique.** — Généralement escarpé, sauf sur la façade orientale de l'Irlande et le long de la côte anglaise de la mer du Nord. Ports de *Londres, Liverpool, Bristol, Newcastle, Glasgow*.

3. Les côtes de la Méditerranée. — Successivement espagnoles françaises, italiennes, autrichiennes, turco-helléniques, russes.

a. **Espagnoles.** — Formées de quatre échancrures en face desquelles s'étendent les *Baléares* et où les ports ont pris, grâce au voisinage de l'Algérie, une importance nationale dans le mouvement des échanges (*Alméria, Alicante, Carthagène, Valence, Tarragone, Barcelone*).

b. **Françaises.** — Basses et sablonneuses en Languedoc (*Cette*), élevées et rocheuses en Provence (*Marseille, Toulon*).

c. **Italiennes.** — Jardin enchanteur sur la mer Tyrrhénienne (*Gênes, Livourne, Naples, Palerme*); nature désolée vers la mer Ionienne (*Tarente*); reprise de l'activité sans la beauté du décor, sur l'Adriatique (*Brindisi, Ancône, Venise*).

d. **Autrichiennes.** — Doivent à la qualité des ports, qui sont parmi les mieux abrités d'Europe (*Trieste, Fiume, Raguse*,

Spalato, *Zara*), d'avoir supplanté les précédentes comme point d'attache des navires dans cette partie du bassin méditerranéen. Trieste n'a cessé de prospérer au détriment de Venise.

e. **Turco-helléniques.** — Remarquable alternance des saillies péninsulaires (*Morée, Attique, Chalcidique, Gallipoli*) et des enfoncements marins (*golfes de Corinthe, d'Arcadie, de Marathonisi, de Nauplie, d'Egine, de Volo, de Salonique, d'Orfano, de Saros*). Au large, les îles (*Ioniennes, Candie, Cyclades, Eubée, Sporades*) prolongent le continent. Excellence des ports (*Navarin, Nauplie, Athènes, Salonique, Constantinople*). La capitale de la Turquie, placée sur le *Bosphore* au point d'intersection des routes de la mer Noire à l'Archipel et de l'Asie à l'Europe, occupe, entre toutes les villes de l'ancien monde, une situation privilégiée.

f. **Russes.** — Le delta danubien marque un abaissement du littoral (*Odessa*). Redressement en *Crimée* et aux abords du Caucase.

4. Les côtes de la mer Caspienne. — Basses aux bouches de la Volga (*Astrakan*), escarpées aux pays caucasiques (*Bakou*).

Récit. — **1. Les côtes de l'Océan Glacial Arctique.** — A part l'extrême pointe septentrionale de la **Norvège**, elles appartiennent en entier à la **Russie**. Cette puissance tient à leur possession moins comme à un débouché pour son commerce dont l'orientation est ailleurs que comme à une voie d'accès vers la Sibérie. Il n'y a pas de comparaison à établir entre le mouvement de *Mezen*, d'*Arkhangelsk* ou d'*Onéga* et celui des cités maritimes de la Baltique ou de la mer Noire.

2. Les côtes de l'Océan Atlantique. — Les États baignés par l'Atlantique ou par ses mers secondaires sont la **Suède**, la **Norvège**, la **Russie**, l'**Allemagne**, le **Danemark**, la **Hollande**, la **Belgique**, la **France**, l'**Espagne**, le **Portugal**, l'**Angleterre**, c'est-à-dire toute l'Europe moins l'Italie et les États de la péninsule des Balkans qui plongent dans la Méditerranée, l'Autriche-Hongrie qui n'a qu'un faible jour sur cette mer, et la Suisse qui n'en a aucun.

La réputation de la côte norvégienne tient à ses fiords magnifiques, échelonnés depuis le *cap Nord* jusqu'au delà du *cap Lindesnaës* (*Porsanger-fiord, Trondhjem-fiord, Sogne-fiord, Christiania-fiord*) et à ses myriades d'îles ressemblant à des pics qu'on dirait s'être dressés d'un jet hors du sein des flots (*Bergen, Lofoten, Tromsö, Sörö, Magerö*). A l'exception de *Bergen, Stavanger* et *Christiania*, les ports ne sont que des havres de pêche où arment les hardis matelots des mers polaires.

Le pittoresque tombe aux abords de la **Suède**. Les îles d'*OEland* et de *Gotland* sont des terres basses, à contours imprécis, comme la côte elle-même. Mais l'activité des échanges sur ce passage de la Baltique, en face de la grande plaine du Nord, a semé le littoral de stations importantes : *Göteborg, Helsingborg, Malmö, Norrköping, Stockholm, Gêfle*. Après la côte de l'artiste, la côte de l'homme d'affaires.

Contrée de transition par sa nature et son aspect entre la péninsule scandinave et la **Russie**, la Finlande a un littoral fait à son image. Parsemée, comme la Suède, de roches granitiques, de vasques pierreuses remplies d'eau, mais formant déjà, par l'insignifiance de son relief, la première étape du grand chemin qui conduit à travers la plaine russe jusqu'au pied du Caucase, elle est encore tailladée de baies, hérissée de caps, flanquée d'îlots assez accidentés. Le rebord méridional du golfe de Finlande laisse même voir des falaises élevées de près de 50 mètres. De bons abris, *Uléaborg, Vasa, Abo, Helsingfors, Kronstadt, Rivel*, s'offrent aux navires. Mais le groupe de *Dago* et *OEsel*, déjà aussi déprimé que les îles de la côte suédoise, marque la limite au-delà de laquelle les hauteurs disparaissent. Il y a en Finlande comme une hésitation de la nature entre le terrain en relief et les terrains plats. Aux confins du *golfe de Riga*, au fond duquel est bâtie la ville du même nom, elle prend parti. Là commence le long cordon de lagunes et de dunes qui annonce l'approche de l'**Allemagne**.

Aucune autre indentation désormais que celle des *haffs* : *Kurisches-Haff* aux bouches du Niémen, *Frisches-Haff* partagé entre le *golfe de Kœnigsberg* aux bouches de la Pregel et celui de *Dantzig* aux bouches de la Vistule, *Pommersches-Haff* fermé aux bouches de l'Oder par les *îles de Wollin* et *d'Usedom*. Les falaises granitiques de la partie orientale de *Rügen* n'empêchent pas cette île de s'effondrer insensiblement. Il est permis de supposer que la pauvreté d'articulation n'a pas eu moins d'effet que les circonstances historiques sur la décadence de *Lubeck*. L'Allemagne n'a de côtes bien abritées sur la Baltique que dans le Sleswig-Holstein, où se reflète l'image des fiords norvégiens. C'est le point qu'a choisi le gouvernement impérial pour y établir le grand port militaire de *Kiel* uni depuis quelques années à la mer du Nord par un canal.

Avec le **Danemark**, les dunes réapparaissent dans la partie continentale (*Jutland*) comme dans la partie insulaire (*Seeland, Fionie, Laaland, Falster, Möen, Bornholm*). Les profondes découpures du *Liim-fiord* et de l'*Ise-fiord* n'entaillent que des terrains bas. Les hommes n'ont pas moins profité de ces empiétements réciproques de la terre et de l'eau, pour établir de nombreux ports, *Aalborg, Randers, Aarhuus, Horsens*.

Et la plate monotonie se poursuit sur les côtes **allemandes** de la mer du Nord, interrompue seulement par les estuaires de l'Elbe, de la Weser et la baie de Jade. Au fond du premier, *Hambourg*; sur le second, *Brême;* près de la troisième, l'arsenal militaire de *Wilhemshafen*. Les extraordinaires progrès accomplis en ces dernières années par Hambourg[1] en ont fait le second port de l'Europe continentale; il n'est inférieur

---

[1] En 1875, Hambourg recevait 5.260 navires jaugeant ensemble 2.118.000 tonneaux. En 1876, il a reçu plus de 10.000 navires jaugeant près de 6.400.000 tonneaux. Le nombre des navires visitant ses bassins a doublé en un quart de siècle.

actuellement qu'à Londres et à Anvers; son commerce maritime se chiffre par trois milliards; et une centaine de lignes mettent ses quais en relation avec tous les points importants du monde. Les *îles Frisonnes*, dont la direction marque la ligne de l'ancien littoral, attestent qu'on s'engage avec elles dans une région ravagée par les flots.

Pays-Bas! Ce mot est, à lui seul, une description. Il convient à merveille à ce lacis enchevêtré d'îles, de découpures marines et de voies fluviales qu'est la Hollande. Ces îles appartiennent à deux groupes, l'*archipel Frison* et l'*archipel Zélandais* ; ces golfes sont ceux du *Dollart*, du *Lauwerzée*, du *Zuiderzée*; ces fleuves qui meurent entre les uns et les autres sont le *Rhin*, la *Meuse* et l'*Escaut*. De près ou de loin, la mer touche donc à presque toutes les villes de Hollande. Ce pays se trouve avoir ainsi peu de villes qui ne soient en même temps des ports. Telle, comme *Amsterdam*, est si entièrement construite sur pilotis qu'on a pu dire qu'elle présenterait, une fois retournée, le spectacle d'une immense forêt sans feuilles et sans branches. *La Haye* est seule à n'avoir point de canaux. Bien assise sur un large bras du Rhin-Meuse, *Rotterdam* qui ne venait, hier encore, qu'au second rang, les dépasse toutes aujourd'hui par son chiffre d'affaires.

Aucune, toutefois, ne vaut le port **belge** d'*Anvers*, militaire et marchand à la fois. « J'ai là, disait Napoléon, une mine chargée au cœur de l'Angleterre. » La possession de ce poste compense largement ses maîtres de la pauvreté du reste de leur littoral, ainsi que des efforts qu'ils n'ont cessé de déployer pour maintenir des abris de moindre valeur comme *Blankenberghe*, *Ostende* et *Nieuport*.

Puis c'est la **France**, au littoral alternativement bas et rocheux, avec ses grandes cités marchandes de *Dunkerque*, du *Havre*, *Nantes*, *Bordeaux*, ses arsenaux de *Cherbourg*, *Brest*, *Lorient* et *Rochefort*.

Le redressement devient sensible avec la **péninsule ibérique**. De bons ports, *Saint-Sébastien*, *Santander*, *Gijon*, s'abritent dans les anfractuosités rocheuses de la côte septentrionale. Meilleures encore et mieux protégées contre les vents du large sont les stations de *La Corogne* et *du Ferrol* au nord-ouest. La *baie de Vigo* forme entre des talus escarpés la plus remarquable échancrure rencontrée depuis longtemps. *Lisbonne* se cache au fond d'un magnifique estuaire. Si, vers le sud, la côte s'abaisse pendant quelques lieues entre les embouchures du Guadalquivir et du Guadiana, c'est pour se relever aussitôt avec les *pointes de Trafalgar* et *de Tarifa*. C'en est fini de la plaine.

A part la partie de la côte anglaise tournée vers la mer du Nord et la façade orientale de l'Irlande, les **Iles Britanniques** ont des bords escarpés. Les *caps Land's End*, *Wrath*, *Duncansby* méritent d'être rangés au nombre des saillies les mieux dessinées de l'Europe. Des îles que les lames des tempêtes ont séparées de la grande terre la prolongent dans les eaux (*Wight, Sorlingues, Hébrides, Orcades, Shetland*). En cinq points, l'Océan et la mer du Nord accourent au-devant l'un de l'autre comme pour achever de rompre l'isthme étroit qui les sépare. Observez ce phénomène à l'entrée de la Severn et de la Tamise, de la Mersey et de l'Humber, du firth de Solway et de la Tweed, de la Clyde et du Forth, du firth Lorn et de la Ness. Après les côtes de Norvège, celle des Iles Britanniques sont les plus découpées d'Europe; et comme elles sont beaucoup mieux situées, elles ont favorisé l'établissement d'un nombre considérable de ports. La prospérité de *Londres* que des lignes régulières de paquebots relient à toutes les parties du monde, de *Liverpool*, de *Bristol*, de *Newcastle*, de *Glasgow*, révèle le génie maritime et commercial d'une race sollicitée par la configuration de son sol à la navigation.

3. **Les côtes de la Méditerranée.** — L'Espagne, la France, l'Italie, l'Autriche-Hongrie, les États de la péninsule des Balkans et la Russie touchent à la Méditerranée. Pour trois de ces puissances, Russie, France et Espagne, c'est un second jour sur une seconde mer.

La côte **espagnole** y forme quatre échancrures, d'une remarquable régularité, dont les angles sont marqués par la *pointe d'Europe*, les *caps de Gata*, *de Palos*, *de la Nao* et *Creus*. Le voisinage de l'Algérie et l'achèvement des voies ferrées qui relient *Alméria*, *Alicante*, *Carthagène* et *Valence* à Madrid, ont donné à cette partie de la péninsule un rôle actif dans le commerce du globe. *Tarragone* est le véritable débouché commercial de la vallée de l'Èbre. *Barcelone*, qui concentre devant ses quais plus du quart de tous les échanges de la nation, rivaliserait avec Marseille, Gênes et Brindisi, si son port, bien abrité à l'ouest, au nord et à l'est, était moins exposé aux vents du sud et plus profond.

Dépendance politique de l'Espagne, le groupe des *Baléares* s'y rattache physiquement. Non seulement la rangée de ces îles se développe du sud-ouest au nord-est, parallèlement à la ligne du littoral continental; mais encore le plateau de hauts fonds qui s'avance à travers les abîmes méditerranéens du cap de la Nao vers *Ibiça* et d'Ibiça vers *Majorque* et *Minorque* semble indiquer l'existence d'une ancienne terre de jonction.

L'abaissement marqué par la province **française** du Languedoc (*Cette*) ne se prolonge pas au delà du delta du Rhône. La pittoresque et rocheuse Provence (*Marseille* et *Toulon*) apparaît aussitôt comme le vestibule d'une côte célébrée entre toutes, la côte **italienne** du lac bleu.

En dehors de quelques enclaves meurtrières[1], il n'est pas, en effet, de terre plus radieuse, ni plus pitoyable aux malades, ni plus séduisante pour les touristes. C'est, à la lettre, un jardin baigné par les flots et où la foule des palais et des maisons de campagne est épaisse au point d'en paraître « incompréhensible » à Stendhal[2]. Avec cela, tout ce qu'il faut pour commercer et pour se défendre, des ports marchands de premier ordre comme *Gênes*, *Livourne*, *Naples*, un arsenal

---

1. Voir plus haut, p. 61.
2. **Stendhal** (*Mémoires d'un touriste*, t. II), pseudonyme de Beyle, critique et romancier, né à Grenoble en 1783, mort en 1842.

militaire digne de Toulon comme *La Spezzia*. Quelle plus merveilleuse situation que celle de la *Sicile* commandant, au centre de la Méditerranée, toutes les routes commerciales entre l'Atlantique et l'Orient, et sur les rivages de laquelle d'excellents ports, comme *Palerme*, invitent les navires à relâcher?

De même que l'*archipel tyrrhénien*, cette île n'est qu'une dépendance de la péninsule italienne. Ici, c'est un étroit bras de mer, là un isthme sous-marin qui rattache la petite terre à la grande. Avec les ressources dont dispose l'industrie moderne, il ne serait pas impossible de lancer un pont de jonction sur le *Phare de Messine*. L'archipel voisin des *Lipari* est d'origine volcanique.

A la *pointe de Spartivento* s'arrête la belle nature. Le passage de la mer Tyrrhénienne à la mer Ionienne est celui d'une région enchantée à une région en ruine. *Tarente*, malgré l'excellence de sa situation, s'étiole derrière son port ensablé.

Passé le *canal d'Otrante*, l'activité renaît sur les bords de l'Adriatique. *Brindisi* a retrouvé un regain de prospérité, depuis le percement de l'isthme de Suez; *Ancône* est un marché doublé d'une place forte; *Venise* fait un commerce actif avec l'Orient. Mais ce n'est plus l'intensité de vie de la côte tyrrhénienne : Brindisi n'est que l'ombre de l'ancienne cité romaine, et la reine de l'Adriatique paraît dormir dans ses lagunes depuis que Trieste lui a ravi son trafic commercial.

Par la qualité des ports qu'elle possède sur cette mer, *Trieste*, *Fiume*, *Raguse*, *Spalato* et *Zara*, l'Autriche-Hongrie a supplanté l'Italie comme puissance maritime dans cette partie du bassin méditerranéen. Elle a su tirer parti de la nature rocheuse de son littoral. C'est merveille que les trouées opérées par le flot derrière une rangée d'îles, à travers les hautes montagnes qui le surplombent. On a pu qualifier sans exagération les *Bouches de Cattaro* « un des plus beaux lieux de la Terre[1] ». Une race de marins ne vivant que de la mer en peuple les bords.

La péninsule balkanique est le chef-d'œuvre d'articulation de l'Europe. Elle est la grande presqu'île à laquelle sont soudées une infinité d'autres plus petites, *Morée*, *Attique*, *Chalcidique*, *Gallipoli*. La Morée n'est à son tour que la réunion de trois nouvelles presqu'îles, *Messénie*, *Laconie*, *Argolide*. Presqu'îles encore les trois pointes terminales de la Chalcidique, *Hagion-Oros*, *Longos*, *Kassandra*, donnant à l'ensemble l'apparence d'une « gigantesque main étendue sur les eaux[2] ». Des golfes s'insinuent dans leurs flancs (*de Corinthe*, *d'Arcadie*, *de Marathonisi*, *de Nauplie*, *d'Egine*, *de Volo*, *de Salonique*, *d'Orfano*, *de Saros*). A leurs extrémités, des caps superbes (*Matapan*, *Malée*, *Colonne*, *du Mont-Athos*). Entre les uns et les autres, des ports bien abrités (*Navarin*, *Nauplie*, *Athènes*, *Salonique*). Ne dirait-on pas que le continent s'essaye à former des archipels pareils à ceux qui parsèment tout autour l'étendue de la mer? Les *îles Ioniennes*, la *Candie*, les *Cyclades*, l'*Eubée*, les *Sporades* sont les principales de ces sentinelles avancées de la terre dans les eaux. En perçant l'*isthme de Corinthe* par un canal maritime, les hommes ont parfait l'œuvre de la nature.

L'importance de la position des *Dardanelles*, de la *Marmara* et du *Bosphore*, fait tout le prix de *Constantinople*. Les Turcs n'y sont pour rien. Au point d'intersection des routes de la mer Noire à l'Archipel, de l'Asie à l'Europe, et plus rapprochée du canal de Suez qu'aucune des grandes cités maritimes de la Méditerranée, Constantinople serait la capitale du monde sans l'impuissance incurable de ses possesseurs. Les Turcs ne vivent que du défaut d'entente qui empêche l'Europe de se partager leurs dépouilles. En couvrant les bords de leur Bosphore de jardins aux bosquets de roses, de palais et de villas,

---

1. Charles Yriarte, *Les Bords de l'Adriatique*.
2. E. Reclus, *Europe méridionale*.

ils ont oublié d'en tirer parti au triple point de vue maritime, commercial et militaire.

Après ce canal, dont le décor, toutes proportions gardées, rappelle assez bien celui de la Seine et de ses palais pendant l'Exposition de 1900, la nature devient moins grandiose d'aspect. Jusqu'au *cap Emineh*, les rivages sont encore élevés, mais à partir de ce point on entre dans le domaine de la plaine orientale d'Europe. Le *delta danubien* marque un abaissement du littoral qui se poursuit en territoire russe. La partie septentrionale de la mer Noire est bordée d'un long cordon de dunes, de marais et de flèches de sable sur lequel *Odessa* règne en maîtresse. Seule la *Crimée*, avec ses escarpements remarquables du sud et de l'est, fait exception à cette douceur de contours. Elle laisse pressentir le redressement de la côte, déterminé au delà du *détroit d'Yénikalé* par le voisinage du Caucase et du plateau arménien.

4. Les côtes de la mer Caspienne. — La Russie y possède deux sections correspondant par la différence de nature et d'aspect aux deux sections de la mer Noire. Au nord, les bouches de la Volga sont entourées de terres basses; au sud, les escarpements du Caucase surgissent brusquement du sein des eaux. *Astrakan* et *Bakou* sont les deux ports les plus actifs de la contrée.

LECTURE

1. *Les Bouches de Cattaro.* — « Les Bouches de Cattaro sont certainement un des plus beaux lieux de la Terre; jamais plus singulière fantaisie de la nature, éclat plus terrible, manifestation plus violente de ses forces secrètes, en modifiant sa surface à une période de l'âge du globe, n'a donné à un coin du monde un aspect à la fois plus aimable et plus grandiose. Si je voulais caractériser cet aspect par des rapprochements à la portée des voyageurs les plus sédentaires, je comparerais les sinuosités que la Méditerranée forme en contournant ces

montagnes aux subits détours du lac de Côme, et, pour la coloration, je rappellerais celle des montagnes du lac Majeur ; mais il faudrait ajouter que les proportions sont tout autres ; la latitude n'est plus la même et l'esprit n'a pas plutôt fait ces comparaisons qu'il les regrette.

« Les Bouches de Cattaro, qui semblent par leur nom devoir représenter à l'imagination l'embouchure d'un fleuve au point où il se jette à la mer, sont au contraire une violente trouée faite par l'Adriatique dans les hautes montagnes qui la bordent. La trouée n'est point régulière et soudaine, l'escarpement des côtes ou falaises n'est point subit ; le flot s'est pour ainsi dire insinué en sapant la montagne, il en contourne les bords, forme tantôt un cirque liquide, tantôt un canal qui conduit à une baie. Chacun des passages étroits qui permettent aux vaisseaux de passer d'une de ces baies dans une autre s'appelle *bouche*, et l'ensemble a reçu le nom de *Bouches de Cattaro*, parce que la ville de ce nom est située au fond de la dernière baie... L'entrée de l'avant-dernière est celle où la mer est le plus resserrée, et le passage est assez étroit pour qu'en 1381, quand le roi Louis de Hongrie cherchait à défendre Cattaro contre les Vénitiens, il ait pris le parti de tendre des chaînes d'une pointe à l'autre, d'où le nom de *le Cattene* ou *Chaînes*. Depuis l'entrée des bouches jusqu'à Cattaro, il faut deux heures de navigation. . . . .

« Les *Bocchesi*, Bocchaïs ou habitants des Bouches, sont regardés dans toute la Dalmatie comme des types particuliers. On vous montre à Zara un individu dans une foule en disant : « c'est un Bocchais », parce que tous ont leur physionomie et leurs facultés propres. Ils ont réussi à faire de leur pays, dépourvu de terre cultivable et qui n'est qu'une bande et un quai situé au pied de la montagne, un des districts les plus riches de la Dalmatie, et cela par leur industrie, par leur goût pour la navigation et l'échange, par leur esprit d'économie. Le Bocchais naît marin, c'est sa vocation ; il est hardi, aventureux, très fort de constitution ; la race est même particuliè-

'rement belle. Sa ressource, c'est le commerce maritime ; ses principales relations sont avec Venise, Trieste et la mer Noire. Quand il frète un navire, ou plutôt une polacre (un *faluccio*, comme on dit ici, ou un *trabacolo*), il garde à bord le costume du pays natal et pense toujours à revenir à son village. Les Bocchais se font matelots pour le compte d'un armateur ou d'un capitaine, s'ils sont absolument dénués ; et, s'ils ont quelques moyens, ils achètent une barque. Malgré sa petite dimension, comme ils sont hardis, ils acceptent une cargaison qu'ils porteront fidèlement au port désigné ; peu à peu ils s'agrandissent et font le cabotage. Mais la tempête, qui les menace constamment, fait bien des veuves et des orphelins. Le capitaine du bâtiment me montre au passage, au-dessous de Perasto, un village où presque toutes les portes sont closes et les maisons vides ; les veuves vêtues de noir errent dans les rues abandonnées. La mer est le champ d'honneur des Bocchesi, et il suffit d'une année fertile en tempêtes pour dépeupler ainsi tout un village. Mais, quand ils ont échappé à la fureur des vents, ils reviennent riches, encore jeunes parfois, car j'en ai vu beaucoup qui avaient vogué dans le monde entier, ayant ramassé une fortune convenable, et qui semblaient dans la fleur de l'âge. De retour dans les Bouches, ils vont droit au toit paternel ; ils l'embellissent ou construisent une nouvelle demeure, et, s'ils le peuvent, ils y ajoutent un petit espace de terre ; mais le sol est si restreint qu'ils auront tout au plus deux ou trois petites terrasses superposées où ils planteront des oliviers. Ils n'ont nulle vanité, n'essayent point de briller et d'étaler leur fortune aux yeux de leurs voisins ; ils sont durs pour eux-mêmes, concentrés et réfléchis, et ils vivent entre eux. On m'a dit que quelques-uns des plus riches ont des échantillons des armes de tous les pays parcourus par eux et qu'ils en décorent leur logis ; l'origine de ce goût fut la nécessité de se défendre à la fois contre les Turcs et les Monténégrins. Il y a bien peu de temps qu'ils sont en sécurité dans leur baie dominée par ces montagnes ardues qu'aucun être humain ne semblerait pouvoir franchir, mais qui est cependant accessible au pied de chèvre du Monténégrin. » (Charles Yriarte, *Les bords de l'Adriatique*, Hachette, éditeur.)

2. *Une promenade sur le Bosphore.* — « Il n'est rien de comparable à cette promenade faite en deux heures sur cette raie d'azur tirée comme limite entre deux parties du monde, l'Europe et l'Asie, qu'on aperçoit en même temps.

« Sur la rive d'Europe se prolonge une ligne de palais d'été, coloriés en vert pomme, ombragés de platanes, d'arbousiers, de frênes, d'un aspect riant, et, malgré leurs fenêtres en treillage, rappelant plutôt la volière que la prison. Ces palais, écartés sur la rive de manière à tremper leurs pieds dans l'eau, ont assez l'aspect des bains Vigier ou de l'École de natation de Deligny. Les villas turques sur le Bosphore éveillent souvent cette comparaison. D'un village à l'autre règne comme un quai non interrompu de palais et de résidences d'été. Ces palais sont de bois et de planches, à l'exception des colonnes taillées ordinairement dans un seul bloc de marbre de Marmara ou prises à des débris d'anciennes constructions. Mais ils n'en sont pas moins élégants dans leur grâce passagère, avec leurs étages en surplomb, leurs saillies et leurs retraits, leurs kiosques à toits chinois, leurs pavillons à treilles, leurs terrasses ornées de vases et leur frais coloriages renouvelés sans cesse. Au milieu des grillages en baguettes de bois de cèdre, qui se croisent sur les fenêtres des appartements réservés aux femmes, s'ouvrent des trous ronds pareils à ceux pratiqués dans les rideaux de théâtres; c'est par là qu'assises sur les carreaux, les belles nonchalantes regardent passer, sans être vues, les vaisseaux, les bateaux à vapeur et les caïques [1], tout en mâchant du mastic de Chio pour entretenir la blancheur de leurs dents. . . . .

« Sur la côte d'Asie, plus boisée et plus ombreuse que celle

---

1. Embarcation longue et étroite, à deux proues, une des plus gracieuses qui soient.

d'Europe, les villages, les palais et les kiosques se succèdent, un peu moins serrés peut-être, mais à des distances très rapprochées encore. Tous se suivent et se ressemblent avec d'imperceptibles différences. C'est toujours une ligne de maisons en bois coloriées, comme les villages des boîtes de joujoux de Nuremberg, se développant le long du quai ou trempant immédiatement leurs pieds dans l'eau quand il n'y a pas de chemin de halage, et se détachant sur un rideau de riche verdure d'où s'élance le minaret crayeux d'un marabout ou d'une petite mosquée; au delà, les collines aux pentes douces et ménagées s'élèvent harmonieusement azurées par la lumière du ciel; parfois on souhaiterait un escarpement plus abrupt, une falaise aride, un ossement de rocher perçant l'épiderme de la terre; tout cela est vraiment trop gracieux, trop riant, trop coquet, trop peigné; il faudrait çà et là quelques touches accentuées et violentes pour servir de repoussoir. » (Théophile Gautier, *Constantinople*, Fasquelle, éditeur.)

TABLEAU SYNOPTIQUE
RELIEF

I. — MONTAGNES

I. Divisions
1. Noyau central (Alpes), avec deux annexes immédiates (Apennins et Balkans), et deux médiates (Karpates et systèmes français).
2. Soulèvements indépendants du noyau central (Monts Ibériques, Britanniques, Scandinaves).
3. Plateaux de transition entre noyau central et plaine septentrionale (français, belges, allemands, russes).

II. Caractères

1. Généraux		Orientation commune de l'est à l'ouest.
2. Particuliers	1° Structure	a. Chaîne aux Alpes, Pyrénées, Jura, Apennins, Karpates, monts Scandinaves. b. Plateaux en Espagne et en Bohême. c. Massif dans la France centrale.
	2° Hauteur	a. Des sommets : Alpes (mont Blanc, 4.810ᵐ) ; Sierra Nevada (Mulahacen, 3.481ᵐ) ; Pyrénées (Nethou, 3.404ᵐ) ; Balkans (Tchar-Dagh, 3.050ᵐ) ; Apennins (Gran Sasso de Italia, 2.902ᵐ) ; Karpates (Tatra, 2.663ᵐ ; Alpes Scandinaves (Sucehottan, 2.560ᵐ) ; Massif Central français (Puy de Sancy, 1.886ᵐ) ; Jura (Crêt de la Neige, 1.723ᵐ). b. Moyenne : Pyrénées, Jura, Alpes, par ordre décroissant de hauteur.
	3° Étendue	Alpes (1.500 kilomètres de longueur sur 120 à 250 de largeur) ; Monts-Scandinaves (1.750 kilomètres de longueur sur 150 à 400 de largeur ; Pyrénées (1.100 kilomètres de longueur sur 100 de largeur).
	4° Volcanisme	a. En activité : Sur les contours de la mer Tyrrhénienne (Vésuve, Stromboli, Etna). Dans l'Archipel (Santorin). En Islande (Hécla, Scajda-Jockul, etc.). b. Éteint : Massif Central. Quadrilatère bohémien.

III. Description

1. Noyau Central Alpes	1° Alpes Occidentales, du col de Cadibone au Saint-Gothard.	a. Massifs : Viso (3.810ᵐ) ; Grand Saint Bernard (3571ᵐ) ; mont Rose (4.630ᵐ) ; Cervin (4.482ᵐ) ; mont Blanc (4.810ᵐ). b. Glaciers : Mer de glace, Aletsch. c. Cols : de l'Argentière, du mont Genèvre, du mont Cenis, du Petit St-Bernard, du Simplon, du Saint Gothard.
	2° Alpes Centrales, du Saint-Gothard aux Trois Seigneurs.	a. Massifs : Rheinwaldhorn (3.398ᵐ) ; Bernina (4.052ᵐ) ; Ortler (3.902ᵐ) ; Œtzthal (3.770ᵐ). b. Glacier : Œtzthal. c. Cols : de Bernardino, du Splugen, du Septimer, du Brenner.
	3° Alpes Orientales, des Trois Seigneurs à Vienne et aux Balkans.	a. Massif : Gross Glockner (3.797ᵐ). b. Glacier : Terglou fondant chaque année. c. Cols : de Tarvis, d'Adelsberg.

I. MONTAGNES (Suite)

III. Description (Suite)

1 bis. Noyau Central annexes	1° Immédiates	a. Apennins : Ligure (cols de Cadibone, de la Bocchetta, de Giovi). Toscan (mont Cimone, 2.165ᵐ). Romain (Gran Sasso de Italia, 2.902ᵐ). Napolitain et Sicilien (Vésuve, Stromboli, Etna). b. Balkans : Continentaux (Hæmus, Rilo-Dagh, Despoto-Dagh). Péninsulaires et insulaires (Tchar-Dach 3.050ᵐ, Pinde, Olympe, Ossa, Pélion, Othrys, Ida, Delphi, Cyclades).
	2° Médiates	a. Karpates : Barrière continue sans dépression (Petites Karpates, Tatra, monts de Transylvanie ; une seule route carrossable, celle de Tokai à Przemysl). b. Systèmes français : Dépressions permettant de contourner le Massif Central (trouée de Belfort, passages de la Bourgogne, du Poitou, du Languedoc).
2. Soulèvements indépendants	1° Monts Ibériques	a. Un plateau intérieur bordé de chaînes : Au nord : monts Cantabriques (Peña de Europa, 2.678ᵐ). Au centre : Sierra de Guadarrama (Peñalara, 2.500ᵐ). Au sud : Sierra Morena (1.600ᵐ). b. Deux massifs extérieurs : Au nord : Pyrénées (Nethou, 3.404ᵐ ; Posets, 3.367ᵐ ; Perdu, 3.352ᵐ). Au sud : Sierra Nevada (Veleta, 3.470ᵐ ; Mulahacen, 3.481ᵐ).
	2° Monts Britanniques	a. En Écosse : Grampians (Ben Nevis, 1.343ᵐ). b. Entre Écosse et Angleterre : Cheviots. c. En Angleterre : Monts Gallois (Snowdon, 1.091ᵐ). d. En Irlande : Monts de Kerry (Carrantuohill, 1.041ᵐ).
	3° Monts Scandinaves	a. Au nord : Chaîne des Kjölen (Sucehottan, 2.560ᵐ). b. Au sud : Massifs des Dovre-Fjeld et des Lange Fjeld.
3. Plateaux de transition	1° Français	a. De Langres. b. Ardennais. c. Lorrain. Point culminant : Mont Tasselot, 593ᵐ.
	2° Belges	Ardenne. Point culminant : Baraque Michel, 674ᵐ.
	3° Allemands	a. Bavarois entre Alpes et Danube. b. Jura Souabe et Jura Franconien entre Danube et Main. c. Franken-Wald et Thüringer-Wald entre Main et Saale. d. Rhénan (Taunus, Hunsrück, Eifel). e. Schwarz-Wald fermant à l'est la vallée du Rhin. f. Harz entre Saale et Weser. g. Bohémies (Böhmer-Wald, Erz-Gebirge, Riesen-Gebirge). Point culminant : Schneekoppe, 1.603ᵐ.
	4° Russes	a. Valdaï, centre de rayonnement des rivières russes. b. Volgaïque, entre Don et Volga. Point culminant : Popowagora, 351ᵐ.

II. — PLAINES

I. Divisions
1. Les plaines morcelées du sud.
2. La plaine continue du nord.

II. Description

1. PLAINES DU SUD
   - 1° Andalousie ou vallée du Guadalquivir (Séville, Cordoue).
   - 2° Aragon et Catalogne ou vallée de l'Èbre.
   - 3° Sud-Est français ou vallée de la Saône et du Rhône.
   - 4° Lombardie ou vallée du Pô.
   - 5° Hongrie ou vallées du Danube moyen et de la Theiss.
   - 6° Moldavie-Valachie ou vallée du bas Danube.

2. PLAINE DU NORD : Vaste ensemble s'étendant au Nord-Ouest français, à la Belgique occidentale, à la Hollande, au Danemark, à la Suède orientale, à l'Allemagne septentrionale, à la Russie.

III. — CÔTES

I. Divisions
1. Côtes de l'Océan Glacial Arctique. — 2. Côtes de l'Océan Atlantique. — 3. Côtes de la Méditerranée. — 4. Côtes de la mer Caspienne.

II. Caractères

1. GÉNÉRAUX : Les mieux articulées de la Terre sur une longueur de 32.000 kilomètres sans compter le bassin fermé de la Caspienne.

2. PARTICULIERS
   - 1° Côtes de l'Océan Glacial Arctique (5.800 kilomètres) développées en face des régions polaires sur une mer sans profondeur. Infériorité de cette section comparativement aux deux autres.
   - 2° Côtes de l'Océan Atlantique (13.500 kilomètres) basses en général, quelquefois même déprimées, avec, de loin en loin, quelques escarpements. — Éloignement des grandes profondeurs marines. — Humidité entretenue par les vents du sud-ouest. — Influence bienfaisante du Gulf-Stream et importance des marées. — Mers secondaires : Baltique, du Nord, Manche, d'Irlande, de Biscaye ou Golfe de Gascogne.
   - 3° Côtes de la Méditerranée (12.700 kilomètres) élevées et rocheuses presque partout, avec, de loin en loin, quelques terres plates. — Voisinage des grandes profondeurs marines. — Air sec et lumineux qu'agitent les vents du nord. — Absence de courants généraux et insignifiance des marées. — Mers secondaires : Tyrrhénienne, Adriatique, Ionienne, Archipel, Marmara, Noire, d'Azov.
   - 4° Côtes de la mer Caspienne basses au nord où la profondeur manque, escarpées au sud où se creusent les abîmes. — A 26 mètres au-dessous du niveau de l'Océan.

III. — CÔTES (Suite)

III Description

- **1. Côtes de l'Océan Glacial Arctique**
  - *Puissances :* Russie et Suède à l'extrémité occidentale.
  - *Ports :* Mezen, Arkhangelsk, Onéga.

- **2. Côtes de l'Océan Atlantique**
  - *Puissances :* Norvège, Suède, Russie, Allemagne, Danemark, Hollande, Belgique, France, Espagne, Portugal, Angleterre.
  - *Ports :*
    - Bergen, Stavanger, Christiania à la Norvège.
    - Göteborg, Helsingborg, Malmö, Norrköping, Stockholm, Gefle à la Suède.
    - Uléaborg, Vasa, Abo, Helsingfors, Kronstadt (militaire), Revel, Riga à la Russie.
    - Hambourg, Brême, Kiel (militaire) à l'Allemagne.
    - Aalborg, Randers, Aarhuus, Horsens au Danemark.
    - Amsterdam à la Hollande.
    - Anvers à la Belgique.
    - Dunkerque, Le Havre, Cherbourg (militaire), Brest (militaire), Lorient (militaire), Nantes, Rochefort (militaire), Bordeaux à la France.
    - Saint-Sébastien, Santander, La Corogne, Le Ferrol (militaire) à l'Espagne.
    - Lisbonne au Portugal.
    - Londres, Liverpool, Bristol, Newcastle, Glasgow à l'Angleterre.

- **3. Côtes de la Méditerranée**
  - *Puissances :* Espagne, France, Italie, Autriche, Turquie, Grèce, Russie.
  - *Ports :*
    - Alméria, Alicante, Carthagène, Valence, Tarragone, Barcelone à l'Espagne.
    - Marseille, Toulon (militaire) à la France.
    - Gênes, La Spezzia (militaire), Livourne, Naples, Palerme, Tarente, Brindisi, Ancône (militaire), Venise à l'Italie.
    - Trieste, Fiume, Raguse, Spalato, Zara à l'Autriche.
    - Navarin, Nauplie, Athènes à la Grèce.
    - Salonique et Constantinople à la Turquie.
    - Odessa à la Russie.

- **4. Côtes de la mer Caspienne**
  - *Puissance :* Russie.
  - *Ports :* Astrakan et Bakou à la Russie.

CHAPITRE III

HYDROGRAPHIE

NOTIONS GÉNÉRALES

L'extrême variété d'aspect offerte par le relief de l'Europe explique l'absence d'uniformité dans la physionomie de ses cours d'eau. Tandis que les fleuves africains sont des fleuves de plateaux, ceux d'Amérique des fleuves de plaine, ceux d'Europe sont les deux à tour de rôle. Semblables en cela aux rivières d'Asie, ils coulent tantôt dans les rainures d'un plateau, comme l'Elbe de Bohême, le Douro, le Tage ou le Guadiana d'Espagne, tantôt en pays plat, comme les artères de la Russie ou de l'Allemagne du Nord.

Le caractère moyen du relief se retrouve dans la modération des cours d'eau. Nulle part ceux-ci ne se changent en immenses nappes diluviennes, comme celles qui noient à demi certaines parties de l'Amérique du Sud ou de l'Asie, et, de même que l'ossature montagneuse n'offre, même en ses parties les plus massives, aucun obstacle véritablement infranchissable, ainsi les fleuves, assez larges pour retarder le mouvement de migration des peuples, ne l'étaient pas suffisamment pour l'arrêter. Sans avoir eu à leur portée les procédés dont dispose l'industrie moderne pour le lancement des ponts ou l'établissement des routes, les immigrants barbares eurent toute facilité pour se rendre des bords de la mer Noire aux plages océaniques.

Car il est remarquable qu'aucune contrée n'est dépourvue de ces voies naturelles de communication. L'Europe se distingue comme **le continent où la richesse hydrographique est le mieux répartie**. Partout les eaux courantes portent le mouvement et la vie, fertilisent les terres de leurs alluvions, favorisent le développement de la civilisation. C'est merveille que ce rayonnement en tous sens de vallées divergentes, conduisant à la mer les eaux et les débris triturés de la montagne.

La disposition de ses domaines fluviaux contribue ainsi, non moins que l'éparpillement de ses montagnes ou la forme dentelée de son littoral, à donner à l'Europe son double caractère d'**unité** et de **diversité**.

Leçon I

Les fleuves. — Caractères généraux et classification.

RÉSUMÉ. — **1. Caractères généraux.** — *a.* **Longueur et volume.** — L'Europe possède un grand nombre de cours d'eau ; mais les premiers d'entre eux restent inférieurs pour la longueur de même que pour l'abondance du débit aux premiers des autres continents. Le plus long n'a que 3.680 kilomètres (**Volga**) et les plus volumineux ne roulent que 9.000 mètres cubes d'eau en moyenne à la seconde (**Volga** et **Danube**).

b. **Navigabilité.** — Mais ils présentent, dans l'ensemble, le réseau navigable le plus développé qu'il y ait au monde. Rares les entraves opposées par les rapides ou par la gelée ; non moins rares les désordres occasionnés par les crues.

2. Classification. — Les quatre plus grands fleuves mis à part (**Rhin, Danube, Dniéper, Volga**), les autres peuvent se répartir

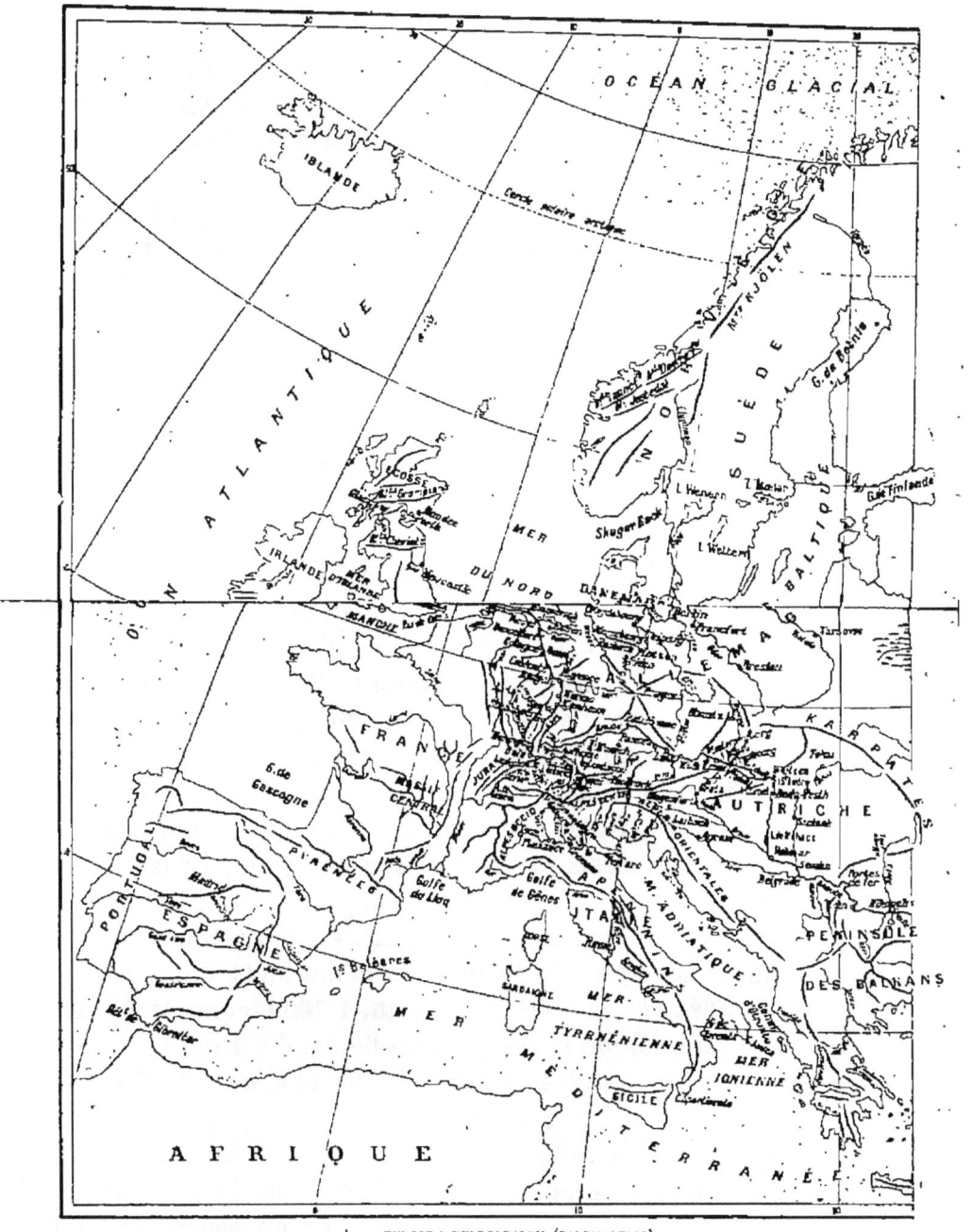

4. — EUROPE : ORHOGRAPHIE (PARTIE OUEST).

en trois groupes (fleuves de l'Océan Glacial Arctique, fleuves de l'Océan Atlantique, fleuves de la Méditerranée) auxquels il convient d'ajouter le groupe du **bassin fermé de la Caspienne**.

Récit. — 1. Caractères généraux. — *a*. Longueur et volume. — Le réseau fluvial européen ne se distingue ni par l'importance du développement en longueur ni par celle du volume de la masse liquide.

La **Volga**, qui arrive au premier rang des artères de l'Europe avec un cours de 3.680 kilomètres, est inférieure de près de moitié au Missouri-Mississipi d'Amérique, au Nil d'Afrique, au Yang-tse-Kiang d'Asie. Le **Danube**, le **Dniéper** et le **Rhin**, qui viennent immédiatement après la Volga, avec 2.888, 2.146 et 1.320 kilomètres, seraient des fleuves de troisième ordre dans les autres parties de la Terre. En Europe, un fleuve développé comme la **Loire** sur une étendue de 1.000 kilomètres compte comme artère importante. D'autres, longs simplement de 700 ou 600 kilomètres, comme l'**Èbre** ou le **Guadalquivir**, figurent encore parmi les moins médiocres. L'Europe est la partie du monde qui offre l'exemple du plus grand nombre de **grandes capitales assises sur des ruisseaux** : Madrid sur le Manzanarès, Rome sur le Tibre, Athènes sur le Céphise, Moscou sur la Moscova, Berlin sur la Sprée, Bruxelles sur la Senne.

Rouler 9.000 mètres cubes d'eau en moyenne à la seconde comme la **Volga** et le **Danube**, ou même 3.000 comme le **Dniéper** et la **Néva**, 2.000 comme le **Rhin**, 1.700 comme le **Rhône** et le **Pô**, c'est quelque chose pour un fleuve d'Europe. Ce n'est rien en comparaison des 80.000 de l'Amazone, des 60.000 du Congo, des 20.000 du Yang-tse-Kiang.

Cette double infériorité de l'Europe est la conséquence de sa forme effilée et de sa situation dans la zone tempérée. Nulle part, la terre ne s'y étale sur un espace assez large pour permettre aux fleuves de se dérouler dans un vaste bassin ; et, comme les pluies y sont moins considérables que dans les zones équatoriale et tropicale, le trésor d'eau de chacun d'eux est relativement médiocre.

b. **Navigabilité**. — Mais, à défaut de longs et puissants sillons, l'Europe l'emporte sur les autres continents par le nombre de ses voies navigables. La Volga forme avec ses affluents un réseau de plus de 12.000 kilomètres ouvert à la batellerie ; avec les siens, l'**Escaut** dessine comme un faisceau de rues à travers la Flandre ; la **Seine** et la **Tamise** portent en toute saison les navires devant les quais de Rouen et de Londres ; et le **Danube** ouvre la voie de communication la plus directe entre l'Europe centrale et l'Orient.

Ce n'est pas que çà et là des entraves ne s'opposent à la navigation. Des fleuves qui, comme le **Tage** ou le **Douro**, franchissent par des rapides les pentes des plateaux où ils prennent naissance, ne sont navigables que sur un quart de leur cours ; le **Rhin**, indépendamment des ressauts, barrages, écueils de toute sorte qui l'obstruent depuis sa source jusqu'à Rheinfelden, a ses chutes de Laufen et de Laufenbourg ; le **Dniéper**, ses *porogs*[1] entre Iékaterinoslaw et Alexandrowsk ; le **Danube** lui-même n'échappe pas, dans son cours moyen, aux embarras résultant des différences de niveau. Ailleurs, c'est la gelée qui immobilise le courant. Les fleuves russes, si utiles en été, disparaissent l'hiver sous une épaisse dalle blanche ; les hommes passent à pied là où flottaient leurs barques quelques semaines plus tôt ; alors, rien n'est curieux comme les ponts que les habitants de Saint-Pétersbourg et de Moscou improvisent sur leurs fleuves solidifiés où ils tracent une chaussée au moyen de réverbères et de branches d'arbres verts. Il faut tenir compte aussi des irrégularités du débit, qui ne sont pas sans jeter quelque trouble dans le mouvement de va-et-vient. Les fleuves alpestres et pyrénéens qu'alimentent les glaciers sont bouleversés au printemps par des crues qui mettent la navigation en péril. En 1872, les

---

1. *Porogs*, rapides.

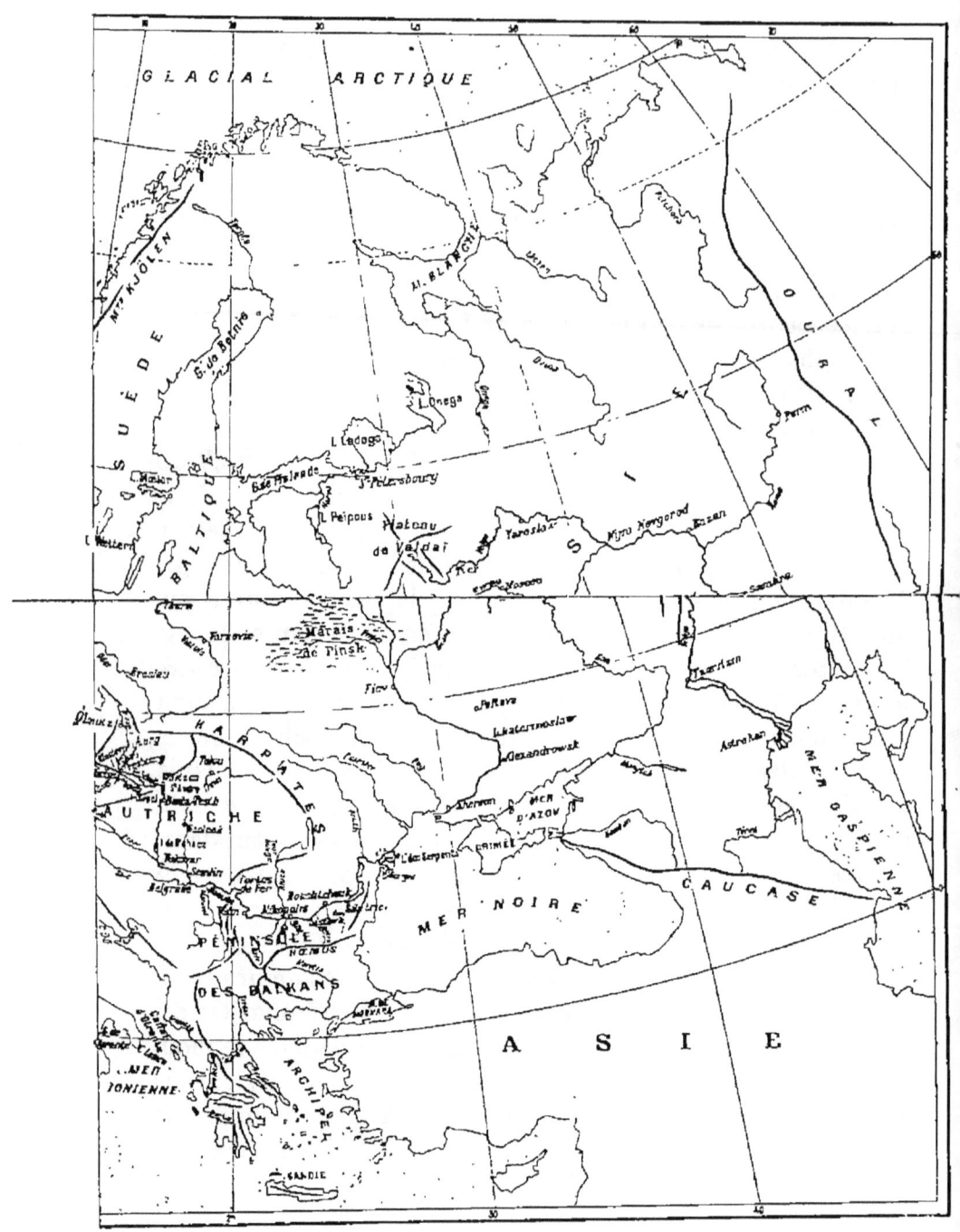

5. — EUROPE : HYDROGRAPHIE (PARTIE EST).

eaux du Pô recouvrirent tout l'espace compris entre la Secchia et la mer, de Mirandole à Comacchio ; le volume du courant d'inondation fut si considérable que, deux ans après, des flaques non encore évaporées rappelaient le débordement. C'est le temps où la petite ville d'Ostiglia s'illustra par sa lutte victorieuse contre le fléau. En 1875, les habitants de tout un quartier de Toulouse et des faubourgs d'Agen n'eurent pas le même bonheur. Force leur fut d'attendre quelques semaines pour réintégrer leurs demeures délabrées. Enfin l'imperméabilité du terrain produit ses effets ordinaires. La Loire, qui coule sur le granit ou sur l'argile, n'a pas besoin de glacier originaire pour réaliser un type parfait de fleuve indisciplinable.

Mais ces entraves, exceptionnelles ou temporaires, ne sauraient être mises en parallèle avec celles dont l'effet se manifeste de façon plus générale et permanente en Afrique et dans certaines régions de l'Asie. Des rivières d'Europe on peut dire sans trop d'exagération que ce sont des chemins qui marchent et qui conduisent là où l'on veut aller. Elles conduisent de la mer Noire à la Baltique, de la Caspienne à la mer Blanche, de la Méditerranée à la Manche. Vous chercheriez en vain une véritable ligne de partage entre la plupart d'entre elles. L'étude du relief ne vous a pas révélé l'existence de cette continuité de hauteurs dont le tracé figure sur certaines cartes depuis l'Oural jusqu'au cap Saint-Vincent. Le plateau de Valdaï n'est pas une barrière entre les domaines fluviaux de la Dvina et des affluents de gauche de la Volga. Le noyau montagneux des Alpes, pour si épais qu'il soit, n'en est pas moins coupé, depuis la Méditerranée jusqu'à la mer du Nord, par le sillon du Rhône, de l'Aar et du Rhin.

2. **Classification.** — Après avoir, sans tenir compte de la direction, étudié à part les quatre principaux fleuves d'Europe (**Rhin, Danube, Dniéper, Volga**), nous distinguerons les autres en trois groupes correspondant aux trois mers vers lesquelles ils convergent : **tributaires de l'Océan Glacial Arctique**, tribu-

…taires de l'Océan Atlantique, tributaires de la Méditerranée. Un aperçu sur le groupe du bassin fermé de la Caspienne complétera cette esquisse hydrographique.

LECTURE

Héroïsme des habitants d'Ostiglia. — « Dans le grand désastre des inondations, ce sont naturellement les populations les plus vaillantes et les plus actives qui luttent avec le plus d'énergie contre le fleuve et qui réussissent le mieux à protéger leurs demeures contre les flots. Ainsi, pendant les terribles crues de 1872, la petite ville industrieuse d'Ostiglia parvint à détourner la catastrophe, alors que tant d'autres localités moins exposées étaient ravagées par les eaux. Cette ville est bâtie au bord même du froldo, sans ouvrages avancés de digues secondaires, et sur la concavité d'une baie qui vient heurter le courant. Le rempart menaçait de céder. Immédiatement on se met à l'œuvre pour en construire un second. Au nombre de quatre mille, tous les hommes valides, le maire et les ingénieurs en tête, apportent des fascines, enfoncent les pieux des palissades, entassent les terres. La nuit n'arrête point leur travail ; des rangées de torches plantées dans le sol éclairent les chantiers. Mais, à mesure que s'élève la deuxième digue, la première est emportée, et les eaux entament déjà le nouveau rempart. C'est une lutte à outrance entre l'homme et les éléments. A chaque instant les ingénieurs demandent s'il ne faut pas sonner le tocsin de la fuite. Mais les gens d'Ostiglia tiennent bon. L'armée des travailleurs se partage : tandis que les uns consolident le froldo qu'ils viennent d'achever, les autres construisent une troisième barrière de défense. Ils l'emportent enfin sur le fleuve et, du haut de leurs digues victorieuses, les habitants d'Ostiglia ont la satisfaction de voir les eaux rentrer peu à peu dans leur lit. » (E. Reclus, *L'Europe méridionale*, Hachette, éditeur.)

Leçon II

Les grands fleuves. — Description. — Rhin, Danube, Dniéper, Volga.

RÉSUMÉ. — 1. Le Rhin. — Tributaire de la mer du Nord.

a. Particularités. — Ancienne limite entre l'empire romain et la Germanie, le Rhin est une frontière que les peuples se sont disputée avec acharnement au cours des siècles. Il est, en outre, soit par lui-même, soit par ses affluents, la voie directe entre les Alpes et l'Océan. Son importance commerciale va donc de pair avec son importance politique ; et cela suffit à expliquer l'importance des villes bâties dans son rayon (Bâle, Strasbourg, Spire, Worms, Mayence, Coblentz, Cologne, Nimègue, Utrecht, Amsterdam, Rotterdam).

b. Divisions. — Rhin supérieur ou suisse ; Rhin moyen ou allemand ; Rhin inférieur ou hollandais.

c. Description. — **Rhin supérieur.** Issu à 2.400 mètres par deux bouches du Saint-Gothard et du Rheinwaldhorn, il coule dans un seul lit à partir de Reichenau, arrose Coire, Sargans et, après s'être apaisé dans le lac de Constance, reprend l'allure torrentielle accélérée par les chutes jusqu'aux approches de Bâle. — **Rhin moyen.** Il traverse successivement un *ancien bassin lacustre* de Bâle à Bingen, un *défilé montagneux* de Bingen à Bonn, une *plaine alluviale*, annonçant le voisinage de la Hollande de Bonn à Emmerich. — **Rhin inférieur.** Après s'être divisé en plusieurs bras dont les uns se jettent dans le Zuiderzée, les autres dans la mer du Nord (*Waal, Vieux-Rhin, Bas-Rhin, Yssel, Leck*), il n'a presque plus la force de se rendre à la mer. — **Affluents** : droite : *Neckar, Mein, Lahn, Rühr, Lippe ;* gauche : *Aar, Ill, Moselle, Meuse.*

2. Le Danube. — Tributaire de la mer Noire.

a. Particularités. — Ancienne route suivie par les invasions et par les Occidentaux contre les envahisseurs, le Danube devint, à l'heure moderne, une ligne stratégique de premier ordre. Comme il ouvre la voie de communication la plus directe entre l'Europe centrale et l'Orient, il a par surcroît une valeur économique inappréciable. Vienne, situé au point de croisement de tout le continent européen, lui doit sa fortune.

b. Divisions. — **Bassin allemand, bassin austro-hongrois, bassin hongrois, bassin bulgaro-roumain.**

c. Descripiton. — **Bassin allemand.** Formé dans le Schwarz-Wald, à 900 mètres d'altitude, le Danube descend doucement sa pente en passant par Ratisbonne et Passau. — **Bassin austro-hongrois.** Plus tourmenté au-dessous de Passau, il arrose Linz, Vienne, et forme la grande île de Lobau en aval de laquelle il atteint Presbourg. — **Bassin hongrois.** C'est la plaine succédant aux étranglements. Le fleuve, qui s'y ramifie au milieu d'îles nombreuses (Schütt, Saint-André, Csepel, Mohacz), ne retrouve son unité qu'en amont de Semlin et Belgrade. — **Bassin bulgaro-roumain.** Les Portes de Fer. Contraste entre la rive haute de Bulgarie et la rive marécageuse de Roumanie. Delta (bouches de Soulina, Kilia, Saint-Georges). — **Affluents** : droite : *Iller, Lech, Isar, Inn, Leitha, Drave, Save, Morawa serbe, Isker, Wid, Osma, Jantra, Lom* ; gauche : *Morawa morave, Theiss, Pruth, Aluta.*

3. **Le Dniéper.** — Tributaire de la mer Noire.

a. Particularités. — Le Dniéper, dont le rôle est inférieur à celui du Danube ou du Rhin dans l'histoire politique et commerciale de l'Europe, a été le témoin de la première civilisation russe (xie et xiie siècles).

b. Description. — Issu d'un petit lac au pied du Valdaï, il baigne les cités commerçantes de Smolensk, Mohilev, Kiev, Kherson ; mais les rapides échelonnés entre Iékaterinoslaw et Alexandrowsk coupent en deux sa navigation. — **Affluents** : droite : *Bérésina, Pripet* ; gauche : *Desna.*

4. **La Volga.** — Tributaire de la mer Caspienne.

a. **Particularités.** — Fleuve russe par excellence, mais ouvrant en même temps une route vers l'Orient, la Volga a contribué à former la Russie comme nation et à rapprocher l'Europe de l'Asie.

b. **Divisions.** — **Cours supérieur** de l'ouest à l'est; **cours moyen** du nord au sud; **cours inférieur** du nord-ouest au sud-est.

c. **Description.** — **Cours supérieur.** Née à 275 mètres d'altitude dans une région marécageuse du plateau de Valdaï, la tranquille Volga atteint 700 mètres de largeur à Nijni-Novgorod et 1.400 à Kazan. — **Cours moyen.** Infléchie dès lors vers le sud, elle arrose Simbirsk, Samara et Saratov sans cesser de ronger sa rive droite et de déposer ses alluvions à gauche. — **Cours inférieur.** Delta formé de 75 bras recouvrant une superficie totale de 15 à 16.000 kilomètres carrés et où s'élève Astrakan. — **Affluents** : droite : *Oka ;* gauche : *Kama*.

Récit. — **1. Le Rhin.** — *a*. **Particularités.** — Le Rhin a une importance politique de premier ordre. Après avoir servi de frontière entre le monde romain et la Germanie, il est devenu la limite naturelle que la France n'a cessé de convoiter. Plus heureuse que Louis XIV qui n'en posséda qu'une partie[1], la Révolution s'y était assise victorieuse[2], et, sans les fautes du premier[3], puis du second Empire[4], la troisième République y serait demeurée. Le Rhin marque la ligne d'Europe sur laquelle, après s'être le plus battu dans tout le cours de l'histoire, les hommes parlent encore le plus d'en venir aux mains. Son nom évoque le passé et s'allie aux pires incertitudes de l'avenir. Fleuve sacré, plein d'histoires et de mystères, personnifié, presque divinisé par ses riverains. On dirait, au lan-

---

1. Paix de Westphalie (1648).
2. Traité de Campo-Formio (1797), *le plus glorieux que la France ait jamais signé*.
3. Traités de 1815.
4. Traité de Francfort (10 mai 1871).

gage des poètes allemands, qu'il comprend toutes les luttes dont il a été l'objet, toutes les grandes choses dont il a été le témoin et qu'il se confond avec les monuments reflétés dans ses eaux.

La facilité de ses communications avec les bassins voisins lui vaut son **importance commerciale**. Tandis que les fleuves de l'Allemagne du nord et du nord-est descendent des montagnes secondaires très éloignées du versant méditerranéen, le Rhin prend sa source au Saint-Gothard, et c'est par ses hautes vallées que passent les cols les plus faciles de la chaîne des Alpes. Son affluent l'Aar le conduit aux portes de la région qu'arrose le Rhône. Par le canal qui le joint au Doubs il est en relation directe avec la Saône, par le canal de la Marne au Rhin avec la Seine, par le canal Louis avec le Danube. Cet entremêlement des sources et des rivières, en facilitant les voyages, accrut les échanges sur les pourtours du bassin rhénan.

Ainsi s'explique l'**importance des villes** que le Rhin traverse ou approche, Bâle, Strasbourg, Spire, Worms, Mayence, Coblentz, Cologne, Nimègue. Par l'effet d'une coïncidence curieuse, toutes sont bâties sur la rive gauche. Il semble, au premier abord, qu'elles auraient dû se dresser de préférence au confluent des tributaires plus nombreux venus de l'Orient. Mais on comprendra qu'il n'en devait pas être ainsi si l'on réfléchit que la rive gauche, était la rive romaine, celle sur laquelle Drusus[1] et les autres généraux avaient établi leurs camps, devenus plus tard des villes, puis des stations de grand commerce. C'est sur la rive gauche à Strasbourg, à Mayence, à Cologne, qu'aboutissaient les trois grandes voies qui sillonnaient la Gaule. Les Romains ne s'aventuraient de l'autre côté qu'en temps de guerre, non sans hésitation ni terreur.

Et quelle **variété** dans ce long trajet des Alpes à l'Océan ! Tous les aspects les uns après les autres : un glacier à la source,

---

1. **Drusus**, frère de Tibère, adopté par Auguste, né en 39 et mort en 10 av. J.-C., s'illustra par plusieurs expéditions au delà du Rhin.

un torrent à Schaffouse, un gouffre à Laufen, une rivière à Sickingen, un fleuve à Mayence, un lac à Saint-Goar, un marais à Leyde. Mayence et Cologne après Constance. Rotterdam après Cologne. Le même fleuve qui passe majestueux devant la cité des papes, des conciles et des empereurs, s'apaise en celle des électeurs pour agoniser entre des comptoirs de marchands et de bourgeois.

b. **Divisions.** — Cette variété permet de diviser le cours du Rhin en trois sections : **Rhin supérieur**, en Suisse, pays de montagnes ; **Rhin moyen**, en Allemagne, plaine épanouie ou étranglée selon que les montagnes s'éloignent ou se rapprochent ; **Rhin inférieur**, en Hollande, plaine alluviale.

c. **Description.** — **Rhin supérieur.** — Il est formé, à 2.400 mètres d'altitude, de deux branches, le *Vorder-Rhein*, issu du Saint-Gothard, et le *Hinter-Rhein*, descendu du Rheinwaldhorn par l'effroyable gorge de la Via Mala. Au lieu des « mille roseaux » dont parle Boileau[1], représentez-vous une caverne de glace et un chaos de blocs auxquels les montagnards ont donné le nom significatif d' « enfer ». Coulant dans un seul lit à partir de Reichenau, il arrose Coire et se dirige sur Sargans. Insignifiante en elle-même, cette station mérite attention par le changement de direction que le fleuve y a subi durant la période historique. Au lieu de se jeter dans le *lac de Constance*, le Rhin, tournant à l'ouest, allait par la Linth, le *lac de Zurich* et le lit actuel de la Limmat, rejoindre l'Aar. La formation d'un seuil d'alluvions large de 4 à 5 kilomètres et haut de 5 mètres l'oblige aujourd'hui à continuer sa marche vers le nord ; mais il suffirait d'une forte crue pour qu'il reprenne son ancienne route. Il s'en fallut de peu en 1817 que le seuil de Sargans ne fût franchi. L'allure torrentielle n'a pas complètement disparu au delà du lac de Constance.

Coup sur coup, les chutes de Laufen, voisines de Schaffouse, puis celles de Laufenbourg précipitent ses eaux en puissantes

---

1. Boileau. Épître IV.

HYDROGRAPHIE 99

cascades. Si bien qu'à Bâle, où il n'a encore parcouru que 376 kilomètres, il a descendu 2.100 mètres.

Rhin moyen. — Désormais ralenti, il serpente librement de Bâle à Bingen, dans un *ancien bassin lacustre* délimité par les Vosges et le Schwarz-Wald. A droite et à gauche, des bras

6. — LES BOUCHES DU RHIN.

morts, des marécages, des rives plates. Tout le long, des villes remplies des souvenirs de la guerre, Huningue, Strasbourg, Spire, Manheim, Worms, Mayence. — De Bingen à Bonn, un *défilé montagneux* l'emprisonne. Les « burgs » à la place des villes, Ehrenfels, Rheinstein, Sooneck, le Chat et la Souris, Lobenstein, Marxburg. Le pays des rapines féodales après le champ clos des armées. Une seule grande ville, Coblentz. C'est la « trouée héroïque [1] ». — De Bonn à Emmerich une *plaine basse* l'achemine vers la Hollande. Longtemps il y

1. Nom donné par les géographes allemands à cette partie du cours.

vaqua à sa fantaisie sur une aire de plusieurs kilomètres; mais des travaux entrepris à la fin du xviii° siècle ont mis Cologne, Dusseldorf, Wesel à l'abri de toute surprise. L'entrecroisement des anciens lits et des anciens rivages annonce la ramification en plusieurs bras.

Rhin inférieur. — Dès qu'il pénètre en Hollande, le Rhin perd, en effet, son unité. Le Rhin, c'est à la fois le *Waal* de Nimègue, le *Vieux-Rhin* d'Utrecht et de Leyde, le *Bas-Rhin*, d'où se détache l'*Yssel*, le *Leck* de Rotterdam. Aussi, son flot affaibli n'a-t-il plus de force pour arriver jusqu'à la mer. On dirait d'un vieillard lassé de vivre, mais qui ne veut pas mourir. L'obstruction produite autrefois à Katwyk, à l'embouchure du Vieux-Rhin, peut se répéter ailleurs. L'eau, impuissante à percer la ligne des dunes océaniques, s'était étalée en marécages qui avaient menacé de s'unir en une seule mer intérieure avec le lac de Haarlem. En 1571, une issue avait été pratiquée à travers les dunes; mais de nouveau les sables s'étaient amassés, et l'embouchure s'était fermée jusqu'au jour où l'ingénieur Conrad réussit à creuser au moribond un lit stable que des écluses énormes garantissent de l'invasion de la mer et des sables[1].

Affluents. — Les principaux sont :

Sur la rive gauche : l'*Aar*, grossie de la *Reuss* et de la *Limmat*, rivières vagabondes, échevelées, apportant au Rhin des eaux de tout le plateau suisse (Berne); l'*Ill*, celles des Vosges (Strasbourg); la *Moselle*, grossie de la *Meurthe* et de la *Sarre*, celles de la Lorraine (Metz); la *Meuse*, celles de l'Ardenne (Mézières), de la Belgique (Liège), de la Hollande (Maëstricht).

Sur la rive droite : le *Neckar*, issu du versant oriental du Schwarz-Wald qu'il perce par de sinueux défilés (Stuttgart, Heidelberg); le *Mein*, qui, par sa direction transversale au continent, rattache le Rhin à l'Allemagne orientale et à la

---

1. Les écluses sont fermées à marée haute et ne laissent passer l'eau du Rhin qu'aux heures de reflux.

Bohême ; la *Lahn ;* la *Rühr*, dans la vallée de laquelle est l'industrieuse Essen ; la *Lippe*, qui finit à Wesel.

2. Le Danube. — *a.* **Particularités.** — Au contraire du Rhin orienté dans le sens du sud au nord, le Danube coule de l'ouest à l'est. Tandis que le premier est surtout un fleuve allemand, le second est un fleuve européen. L'Europe a si bien compris que ce fleuve était à elle autant qu'à l'Allemagne, à l'Autriche ou à la Turquie, qu'elle a chargé une commission internationale du règlement des questions relatives à son entretien et à son amélioration.

On devine à ce signe quelle dut être son **importance historique**. Après avoir été la grande route des invasions, le Danube joua, surtout depuis deux siècles, un rôle prépondérant comme voie stratégique. Les Celtes l'ont remonté pour peupler, avant notre ère, les pays d'Occident. A leur suite vinrent, aux ive et ve siècles, les Huns, les Avares, les Magyars. Au viiie, les Francs de Charlemagne le descendirent pour repousser le flot des envahisseurs. Puis ce fut, au xviie, pendant la guerre de Trente ans, le tour de Turenne, au xixe celui de Moreau et de Napoléon.

Trait d'union entre des contrées fertiles, il a une **valeur économique** des plus considérables. Par lui, les céréales de la Hongrie et de l'Orient arrivent aux pays centraux d'Europe. Il évite aux marchandises déposées dans les ports de la mer Noire à destination de l'Europe le grand coude par le Bosphore, les Dardanelles et la Grèce. Vienne, assis sur ses rives, est l'un des principaux, sinon le principal point de croisement de tout le continent européen. Là s'opèrent les échanges de toute nature avec le monde oriental. Le moment est proche où la capitale de l'Autriche méritera le nom de « Weltstadt[1] » qui lui avait été prématurément donné comme à l'une des capitales du monde.

b. **Divisions.** — Les couloirs plus ou moins étroits, plus ou

---

1. *Weltstadt* ou ville du monde.

moins profonds, par lesquels le Danube perce les montagnes pour atteindre la mer, permettent de diviser son bassin en quatre bassins partiels : **Bassin allemand**, des sources à l'étranglement formé par les contreforts du Böhmer-Wald et ceux des Alpes de Salzbourg ; **Bassin austro-hongrois**, de ce point au défilé de Waitzen ; **Bassin hongrois**, de Waitzen aux Portes de Fer ; **Bassin bulgaro-roumain**, jusqu'à la mer.

c. Description. — **Bassin allemand.** — Les deux ruisseaux du Schwarz-Wald qui donnent naissance au Danube, *Brege* et *Brigach*, sont aussi tranquilles que les sources du Rhin sont impétueuses. Ils ne coulent, il est vrai, qu'à 900 mètres d'altitude. C'est lentement que le fleuve descend à travers le plateau bavarois où des îles et des marécages encombrent son cours. A Ratisbonne, il s'incline au sud-est et suit cette direction jusqu'à Passau (287^m),

Bassin austro-hongrois. — Entre les deux grandes villes de Linz (256^m) et de Vienne (170^m) s'étend la patrie des couvents. Nulle part ailleurs l'Église catholique allemande n'acquit un pouvoir plus incontesté. Les grands couvents qu'elle fit bâtir, Sanct-Florian, Mölk, Klosterneuburg, sont des palais presque aussi vastes que ceux des empereurs. Sanct-Florian, dédaigneusement qualifié de simple « trois-quarts », possède près de 800 fermes et métairies ; Klosterneuburg est propriétaire d'une grande partie des environs de Vienne. On assure que des armées entières ont pu séjourner des semaines dans la campagne de Mölk sans vider les caves de l'édifice. En aval de Vienne, le Danube forme la grande île de Lobau, arrose Presbourg, où il n'est plus qu'à 132 mètres, puis Waitzen, où il tombe à 85.

Bassin hongrois. — Dans ce pays de plaine où il coule du nord au sud entre Buda-Pesth et Vukovar pour reprendre ensuite la direction de l'est, le fleuve ne descend que de 25 mètres. C'est la partie de son cours à la fois la plus ralentie et la plus ramifiée. Des îles considérables, comme la grande et la petite Schütt, Saint-André, Csepel et Mohacz, le divisent en plusieurs bras. Lorsqu'il passe devant Semlin et Belgrade, il a retrouvé son unité, et sa vitesse s'est accélérée.

Bassin bulgaro-roumain. — C'est pour la perdre à nouveau au-dessous des Portes de Fer et se ralentir encore. Dès lors, le contraste est complet entre la nature des deux rives par lesquelles il s'achemine à la mer : en Roumanie, des plages marécageuses, des villages rares et sans importance ; en Bulgarie, des hauteurs salubres couvertes d'un ruban presque ininterrompu de villes, Vidin, Nikopolis, Sistova, Rouchtchouk, Silistrie. Au delta, trois bouches, Kilia, Soulina, Saint-Georges. Au large, l'îlot des Serpents, que les alluvions danubiennes menacent de rattacher à la terre ferme.

Affluents. — Les principaux, aussi variés et descendus de régions aussi diverses que ceux du Rhin, sont :

Sur la rive droite : l'*Iller*, le *Lech*, l'*Isar* (Munich), l'*Inn* (Insbrück), qui lui apportent les eaux des Alpes centrales ; la *Leitha*, la *Drave* grossie de la *Mühr* (Klagenfurth et Grätz), la *Save* (Laibach et Agram), qui lui versent celles des Alpes orientales ; la *Morawa de Serbie*, issue du point de jonction entre les Alpes et les Balkans ; l'*Isker*, le *Wid*, l'*Osma*, la *Jantra* et le *Lom*, descendus des gradins étagés de l'Hœmus.

Sur la rive gauche : la *Morawa de Moravie* (Olmütz), la sinueuse *Theiss* (Tokai et Szolnok) grossie de toutes les rivières nées sur le versant intérieur des Karpates ; le *Pruth*, formé sur le versant extérieur ; l'*Aluta*, échappé aux mêmes monts par le défilé de la Tour Rouge.

3. Le Dniéper. — *a*. **Particularités.** — Fleuve russe, non plus international. Donc, moins intéressant par son rôle dans l'organisme européen que par ses propres dimensions. Les services qu'il rend comme voie de transport sont limités à l'isthme compris entre la Baltique et la mer Noire ; mais les larges espaces qu'il recouvre de sa nappe au-dessous de Kiév indiquent une artère relativement puissante. Son bassin n'est plus le centre, ni politique, ni religieux de la Russie, mais il fut jadis l'un et l'autre. Il le fut avant Moscou et avant Saint-

Petérsbourg. C'est dans les cités du Dniéper que se développa, pendant les xie et xiie siècles, une brillante civilisation de caractère byzantin. Si les vieilles annales du moine Nestor[1] n'avaient conservé le souvenir de l'ancienne ferveur des populations, les six cents églises de Kiev suffiraient à l'attester.

b. **Description**. — Issu d'un petit lac au pied du Valdaï, le Dniéper arrose Smolensk et prend à Orcha la direction du sud, qu'il garde jusqu'à la mer. Les comptoirs de Mohilev et les foires de Kiev révèlent l'esprit aujourd'hui plus mercantile que religieux de ses riverains. Malheureusement, les rapides causés entre Iékaterinoslaw et Alexandrowsk par la présence de blocs de granit et de bancs de craie obligent les marchands à décharger les barques qui descendent et à transporter leurs ballots par terre jusqu'à 60 kilomètres plus bas. Mais déjà le fleuve, divisé en nombreux canaux et en bras d'eau dormante, finit en aval de Kherson.

Affluents. — A droite : la *Bérésina*, dont le passage rappelle un des plus lugubres épisodes de la retraite de 1812 ; le *Pripet*, qui amène au Dniéper l'eau des marais de Pinsk.

A gauche : la *Desna*, dans le bassin de laquelle le roi de Suède Charles XII perdit à Poltava la bataille qui décida du sort de son pays.

4. **La Volga**. — *a*. **Particularités**. — Quoique entièrement russe, comme le Dniéper, ce fleuve possède dans l'économie générale du continent une valeur qui manque au précédent. Non seulement il constitue l'artère vitale de la Russie, mais, en commençant en pleine Europe pour finir aux portes de l'Asie, il sert, pour ainsi dire, de trait d'union entre ces deux parties de l'ancien monde. Il évoque, autant que le Mississipi, l'image de ce grand chêne, dont parle Chateaubriand, dans les rameaux duquel on entend bruire le tumulte des nations ; il a

---

1. Nestor, le plus ancien historien russe, né en 1056, mort en 1116, surnommé le « Grégoire de Tours de la Russie ».

contribué, plus qu'aucun autre fleuve de la Russie, à donner à ce pays son unité nationale et son rôle politique; mais il ouvre, en même temps, aux peuples européens une issue vers un monde dont la haute muraille du Caucase et les steppes de l'Oural l'isoleraient sans lui. A cet égard, la Volga a plus d'analogie avec le Rhin ou le Danube qu'avec le Dniéper, dont Constantinople est le point extrême d'aboutissement.

b. **Divisions.** — Toutefois ce n'est ni la variété de la nature, ni la disposition des montagnes qui permettent de distinguer plusieurs sections dans son cours. A l'opposé du Rhin ou du Danube, la Volga coule en plaine avec la même allure tranquille depuis son origine jusqu'à sa fin. Mais elle subit dans ce trajet deux changements de direction, le premier à Kazan, le second à Tzaritzin. Le **cours supérieur**, de la source à Kazan, est orienté dans le sens de l'ouest à l'est; le **cours moyen**, de Kazan à Tzaritzin, dans celui du nord au sud; le **cours inférieur**, de Tzaritzin à la mer, infléchi vers le sud-est.

c. **Description.** — **Cour supérieur.** — Née à la faible altitude de 275 mètres, la Volga se traîne à travers une région marécageuse où les étendues boisées alternent avec les étangs. Les pays de Tver, Ribinsk, Yaroslaw sont moins humides; mais sans le fleuve ces cités ne seraient que des bourgades. Tver doit au fleuve d'être le grand débouché de Saint-Pétersbourg vers le sud; sans lui, Ribinsk n'aurait pas l'activité résultant du va-et-vient de 100.000 bateliers, ni Yaroslaw la richesse que lui vaut l'écoulement de ses cultures maraîchères. L'importance des foires de Nijni-Novgorod atteste l'énorme trafic qui se fait sur la Volga. Sorte d'Amazone en miniature, le fleuve atteint déjà 700 mètres en largeur; il en mesure le double lorsqu'il arrive à Kazan.

Cours moyen. — La Volga coule désormais entre deux rives dont le contraste est frappant. Elle offre un des exemples les plus curieux à étudier d'érosion fluviale à droite et d'alluvionnement à gauche. Ici, la rive basse ou des « prairies »; là, la rive haute ou des « montagnes ». Le double travail du fleuve est accentué à ce point que des bourgades et des villes, jadis assises sur le fleuve, semblent aujourd'hui s'en être éloignées et avoir, selon le mot d'Élisée Reclus, voyagé vers l'est. Simbirsk, Samara et Saratov sont les principales stations du cours moyen.

- **Cours inférieur.** — Il se réduit au delta dont les 75 bras occupent une longueur de 150 kilomètres et couvrent, aux époques de crue, une superficie de 15 à 16.000 kilomètres carrés. Astrakan est le grand débouché de cette région basse.

Affluents. — A droite : l'*Oka*, grossie de la *Moscova*, qui baigne Moscou ; à gauche : la *Kama*, qui arrose Perm. Rivières dignes de l'artère principale par l'abondance et l'activité commerciale des stations échelonnées sur le parcours.

LECTURE

1. *Via Mala.* — « C'est au delà d'Andeer que s'ouvre le fameux défilé de la Via Mala. Il est difficile de donner une idée de ses beautés horribles. Ce défilé se compose de deux gorges étroites, où plutôt de deux profondes fissures, au fond desquelles mugit le Rhin, et que sépare l'une de l'autre une petite vallée paisible, verdoyante et placée là comme pour donner aux voyageurs les plus vives impressions du contraste. Dans cette fissure la route serpente, tantôt serrée contre les parois du rocher, tantôt jetée au-dessus d'un abîme ténébreux dont le fond échappe au regard, et d'où, en quelques endroits, le bruit même du fleuve, qui s'y tourmente et s'y brise, n'arrive pas jusqu'à l'oreille. De magnifiques arbres s'élancent de tous les points où il y a un peu de terre, et la gorge est si resserrée qu'ils forment, de leurs cimes qui se rejoignent, de leurs branches qui s'entrecroisent, comme des dômes transparents qui ne laissent passer qu'un pâle reflet de lumière. Un peu plus loin, tout est pierre noire, lueur souterraine, et au silence succède un fracas infernal d'eaux invisibles qui bondissent,

déchirent et opposent fureur à fureur ; il semble qu'on soit à mille lieues du monde et des hommes, et l'on ne peut se défendre d'une secrète terreur... Au sortir de la seconde gorge, on passe au pied d'une paroi de roches au-dessus de laquelle on voit les ruines du château de Rhœtus. Aussitôt qu'on a dépassé ce rocher, la vallée s'ouvre fertile, cultivée, verdoyante, et, au bourg de Tusis, le passage est subit du Tartare aux Champs-Élysées. » (Töpffer, *Voyages en zigzag*, Dubochet, Le Chevalier et Cie, éditeurs.)

2. *Cours héroïque du Rhin*. — « La partie du fleuve la plus célèbre et la plus admirée, la plus riche pour le géologue, la plus curieuse pour l'historien, la plus importante pour le politique, la plus belle pour le poète, c'est ce tronçon du Rhin central qui, de Bingen à Kœnigswinter, traverse du levant au couchant le noir chaos de collines volcaniques que les Romains nommaient les Alpes des Cattes.

« C'est là ce fameux trajet de Mayence à Cologne que presque tous les touristes font en quatorze heures dans les longues journées d'été.

« Là tout est beau. Les escarpements sombres des deux rives se mirent dans les flots. La raideur des pentes fait que la vigne est cultivée sur le Rhin de la même manière que l'olivier sur les côtes de Provence. Partout où tombe le rayon du midi, si le rocher fait une petite saillie, le paysan y porte à bras des sacs et des paniers de terre, et dans cette terre, en Provence il plante un olivier, et sur le Rhin il plante un cep. Puis il contrebutte au terrassement avec un mur de pierres sèches qui retient la terre et laisse fuir les eaux. Ici, par surcroît de précaution, pour que les pluies n'entraînent pas la terre, le vigneron la couvre, comme un toit, avec les ardoises brisées de la montagne. De cette façon, au flanc des roches les plus abruptes, la vigne du Rhin, comme l'olivier de la Méditerranée, croît sur des espèces de consoles posées au-dessus de la tête du passant comme le pot de fleur d'une mansarde. Toutes les inclinaisons douces sont hérissées de ceps.

« A chaque tournant du fleuve se développe un groupe de maisons, cité ou bourgade. Au-dessus de chaque groupe de maisons, se dresse un donjon en ruine. Les villes et les villages hérissés de pignons, de tourelles et de clochers, font de loin en loin comme une flèche barbelée à la pointe basse de la montagne.

« Les antiques châteaux des bords du Rhin, bornes colossales posées par la féodalité sur un fleuve, remplissent le paysage de rêverie. Muets témoins des temps évanouis, ils ont assisté aux actions, ils ont encadré les scènes, ils ont écouté les paroles. Ils sont là comme les coulisses éternelles du sombre drame qui, depuis dix siècles, se joue sur le Rhin. Ils ont vu, les plus vieux du moins, entrer et sortir, au milieu des péripéties providentielles, tous ces acteurs si hauts, si étranges ou si redoutables.

« Ils ont tout vu, tout bravé, tout subi.

« Aujourd'hui, mélancoliques, la nuit, quand la lune revêt leur spectre d'un linceul blanc, plus mélancoliques encore en plein soleil, remplis de gloire, de renommée, de néant et d'ennui, rongés par le temps, sapés par les hommes, versant aux vignobles de la côte une ombre qui va s'amoindrissant d'année en année, ils laissent tomber le passé pierre à pierre dans le Rhin, et date à date dans l'oubli.

« O nobles donjons! O pauvres vieux géants paralytiques! O chevaliers affrontés! Un bateau à vapeur, plein de marchands et de bourgeois, vous jette en passant sa fumée à la face! » (Victor Hugo, *Le Rhin*.)

LEÇON III

Les fleuves moyens et petits. — Description.

RÉSUMÉ. — 1. **Tributaires de l'Océan Glacial Arctique.** — La Petchora, le Mezen, la Dvina et l'Onéga ne manquent pas d'eau, mais traversent une région peu favorisée.

2. Tributaires de l'Océan Atlantique. — En Norvège, les fleuves sont des torrents qui tombent à la mer plutôt qu'ils n'y coulent; en Suède, des chapelets de lacs (**Glömmen, Gota, Tornéa**); en Russie, de larges bras sans longueur (**Néva, Narva**), à l'exception de la **Duna** et du **Niémen**, qu'alimentent leurs marais.

La **Vistule**, l'**Oder**, l'**Elbe** et la **Weser** sont, au contraire, de belles artères, développées surtout en Allemagne et remarquables par la symétrie de leurs méandres. Varsovie, Thorn, Danzig sur la première, Breslau, Francfort, Stettin sur la seconde, Dresde, Magdebourg, Hambourg sur la troisième, Brême sur la quatrième, sont des villes populeuses et de grand commerce.

L'**Ems**, artère dormante au milieu des marais.

L'**Escaut**, plus animé qu'aucun canal par le mouvement des barques.

Entre les fleuves français (**Seine, Loire, Charente, Garonne**) et les fleuves de la péninsule ibérique (**Douro, Tage, Guadiana**), le contraste est frappant. Les nôtres, alimentés par des pluies moyennes, ont toujours assez d'eau, tandis que ceux de nos voisins languissent sur des plateaux insuffisamment mouillés, brûlés par le soleil ou séchés par le vent. Le **Guadalquivir**, grâce à la Sierra Nevada, fait exception.

En dépit de leur faible longueur, les cours d'eau de l'archipel britannique sont infiniment plus utiles (**Tamise, Tyne, Severn, Tay, Clyde, Shannon**).

3. Tributaires de la Méditerranée. — En Espagne, un seul fleuve important, l'**Èbre**, descendant à la mer à travers l'Aragon et la Catalogne. Petits fleuves : **Ségura, Jucar, Guadalaviar**.

Un seul fleuve, le **Rhône**, encaissé entre les Cévennes et les Alpes. Petits fleuves : **Aude, Hérault, Var**.

Un seul en Italie, le **Pô**, dont le contingent des glaciers alpestres que lui apportent ses tributaires (*Tessin, Adda, Oglio, Mincio*) explique l'abondance. Petits fleuves : **Arno, Tibre, Gari-**

gliano, **Vulturne**, **Adige**, **Brenta**, **Piave**, **Tagliamento**, **Isonzo**.

Des torrents irréguliers et inutilisables dans la péninsule balkanique : **Narenta**, **Voïoutza**, **Aspro-Potamos**, **Rouphias**, **Salambria**, **Vardar**, **Maritza**.

En Russie : **Dniester**, **Bug**, **Don** et **Kouban**.

4. Tributaires de la mer Caspienne : **Oural**, bu par les steppes ; **Manytch**, **Kouma**, **Térek**, resserrés entre la mer et les monts.

Récit. — **1. Tributaires de l'Océan Glacial Arctique.** — Développés à travers la région de Russie la moins favorisée par la nature, la **Petchora**, le **Mezen**, la **Dvina** et l'**Onéga** ressemblent, avec des dimensions moindres, aux artères sibériennes. De ce côté de l'Oural on retrouve, à des nuances près, la même nature, la même pénurie de grandes villes que sur l'autre versant.

2. Tributaires de l'Océan Atlantique. — Les fleuves de la péninsule scandinave n'ont aucune valeur hydrographique : en Norvège, torrents précipités vers l'Océan par une série de gradins ; en Suède, chapelets de lacs étagés (Wenern, Wettern, Mœlar, etc.) depuis la haute montagne jusqu'à la côte plate. Le **Glommen**, la **Gota** et la **Tornéa** sont encore parmi les mieux formés.

La **Néva** russe, émissaire du lac Lagoda, n'a que 72 kilomètres de long, mais elle a un débit si considérable qu'elle change en bassin d'eau douce toute la partie orientale du golfe de Finlande, où elle aboutit après avoir traversé Saint-Pétersbourg.

La **Narva**, aussi courte, aussi abondante, émissaire du lac Peïpous.

La **Duna** et le **Niémen** doivent une forte partie de leurs eaux à la région marécageuse qui s'étend entre la Baltique et la mer Noire. Malheureusement, des bancs de sables mobiles et plusieurs groupes de rapides nuisent aux avantages qu'offrirait le volume à la navigation.

Viennent ensuite quatre fleuves s'écoulant à travers la plaine allemande vers la Baltique et la mer du Nord, selon une direction singulièrement analogue dans ses courbes générales. De même que le Rhin en aval de Mayence, la Vistule, l'Oder, l'Elbe et la Weser parcourent des vallées qui s'inclinent du sud-est au nord-ouest, et plusieurs des grands coudes de ces fleuves se reproduisent à peu près exactement à 200 ou 300 kilomètres d'intervalle. L'allure régulière de ces cours d'eau témoigne d'une grande uniformité dans les mouvements géologiques dont le sol est animé. Les oscillations de la Terre ont fait serpenter l'eau des fleuves suivant les mêmes méandres, de même que le souffle du vent déroule suivant les mêmes plis les banderoles flottantes des navires. De ces quatre fleuves, deux seulement, l'Oder et la Weser, appartiennent presque exclusivement à l'Allemagne ; la Vistule, autrichienne par ses sources, russe par son cours moyen, n'est prussienne qu'à l'embouchure ; et l'Elbe a son berceau en Bohême. Mais, en quelque territoire qu'ils coulent, ils baignent des stations dont l'importance atteste l'intensité de vie du milieu : la Vistule, Varsovie, Thorn, Danzig ; l'Oder, Breslau, Francfort, Stettin ; l'Elbe, Dresde, Magdebourg, Hambourg ; la Weser, Brême. Un affluent de l'Elbe, la *Sprée*, arrose la capitale de l'Empire, Berlin. Prague, capitale de la Bohême, est bâtie sur la *Moldau*, autre affluent du même fleuve. Un troisième, la *Saale*, mérite attention comme ligne stratégique. A sa qualité de champ clos, bien délimité par le Thuringer-Wald, le Harz et l'Erz-Gebirge, le bassin de la Saale, où se croisent les voies les plus directes qui mènent de l'Allemagne du Sud à l'Allemagne du Nord, doit d'avoir été, à diverses époques de l'histoire, le théâtre de grandes opérations de guerre. C'est là que furent arrêtées au xe siècle les invasions hongroises (bataille de Mersebourg, 933) ; là qu'au xviie Gustave-Adolphe rencontra Tilly (bataille de Leipzig, 1631), puis Wallenstein (bataille de Lutzen, 1632) ; là encore qu'au xviiie l'incapacité de Soubise livra une armée française à Frédéric II (bataille de Rosbach, 1758) ; là enfin qu'au xixe se jouèrent la fortune de la Prusse et de l'Allemagne (batailles d'Iéna et d'Awerstaedt, 1806), et sept ans plus tard celle de la France (bataille de Leipzig ou des Nations, 1813).

De chaque côté du Rhin, l'**Ems** et l'**Escaut**, développés, le premier au milieu de marais et de tourbières, le second à travers une région industrielle, ressemblent à des ruisseaux. Tels des satellites auprès d'un roi.

Nos fleuves français, **Seine**, **Loire**, **Charente** et **Garonne**, qu'alimentent des pluies partout suffisantes, ne font pas moins de tort à leurs voisins de la péninsule ibérique.

Le **Douro**, le **Tage** et le **Guadiana** ont, en effet, une importance géographique moindre que celle qu'on serait tenté de leur attribuer à la vue des longues lignes qu'ils tracent à travers plus de la moitié de l'Hispano-Lusitanie. Outre que l'altitude de leurs sources et l'âpreté de leurs défilés rendent toute navigation sérieuse impossible, la quantité d'eau pluviale tombée sur les plateaux castillans est insuffisante à leur alimentation. Le *Manzanarès*, sous-affluent du Tage, sur lequel s'élève Madrid, occupe le premier rang par son indigence. Le contraire étonnerait en un pays où il ne pleut que pendant soixante jours de l'année et où la pluie, à peine tombée, s'évapore sous la double action du soleil et du vent. Il n'est que le **Guadalquivir** qui, grâce à la plaine d'Andalousie et aux glaciers de la Sierra Nevada, soit autre chose qu'un grand filet d'eau. Aussi, seul entre tous les fleuves d'Espagne, a-t-il l'avantage d'être navigable à une assez grande distance de l'Océan. Mais quel travail d'érosion n'a-t-il pas dû accomplir avant d'en arriver à cette régularité de cours !

De moindre longueur, les fleuves de l'archipel britannique sont beaucoup plus utiles, parce qu'ils reçoivent plus d'eau du ciel et parce qu'ils ont pu, grâce à ce tribut, élargir ou creuser leurs estuaires. La **Tamise** est un des fleuves les moins longs de l'Europe (345 kilomètres), et c'est avec l'Escaut un des plus suivis par la batellerie. Elle a entre 300 et 400 mètres de largeur à Londres, 550 à Greenwich, entre 7 et 8 kilomètres à l'estuaire. On est loin des redoutables cañons du Tage ou du passage étriqué de son estuaire, dont la largeur varie de 1 à 3 kilomètres. La **Tyne** est moins un fleuve qu'un canal auquel Newcastle doit sa fortune. Gloucester ne serait rien sans la **Severn**, Perth et Dundee sans le **Tay**, Glasgow sans la **Clyde**. Sans le **Shannon**, l'Irlande n'aurait aucune grande voie naturelle de pénétration. Fleuves et rivières sont devenus partout des centres de vie maritime, industrielle et commerciale.

3. **Tributaires de la Méditerranée.** — Ce que l'on sait du relief de l'Europe méridionale permet d'escompter une richesse hydrographique moindre sur ce versant montagneux que sur celui des larges étendues du nord et du nord-ouest. Les trois péninsules d'Espagne, d'Italie et des Balkans, qui plongent dans la Méditerranée, n'ont que des plaines étroites où la plupart des rivières sont privées de l'espace nécessaire à leur développement. La façade par laquelle l'isthme français regarde sur cette mer n'a pas les dimensions de celle qui s'ouvre sur l'Atlantique. Pour rencontrer de grandes artères, il faut pousser jusqu'aux parties les plus orientales du bassin méditerranéen où le Danube et le Dniéper ont tracé leur sillon.

En Espagne, un seul fleuve digne de ce nom, l'**Èbre**, parce que seul il échappe au plateau pour descendre, comme le Guadalquivir, par l'intermédiaire d'une plaine, jusqu'à la mer. Encore a-t-il fallu, pour le rendre utilisable même dans sa partie inférieure, le doubler d'un canal latéral, tant il reste pauvre en eau. Les autres, **Ségura**, **Jucar**, **Guadalaviar**, passent alternativement de l'extrême sécheresse à l'abondance torrentielle.

En France, un seul fleuve, le **Rhône**, dont le couloir correspond à la coupure produite par les forces souterraines entre les Alpes et les systèmes français. Les autres, **Aude**, **Hérault**, **Var**, rappellent par l'irrégularité du débit les petites rivières espagnoles.

En Italie, un seul fleuve encore, le **Pô**, descendu du Viso et que le *Tessin*, l'*Adda*, l'*Oglio* et le *Mincio*, alimentés aux glaciers alpestres, empêchent de s'appauvrir [1]. L'abondance de sa masse liquide, la grandeur des travaux entrepris pour sa régularisation, la fécondité de ses campagnes, la richesse des cités qui le bordent (Turin, Plaisance, Crémone, Ferrare) lui donnent une importance de tout premier ordre. L'**Arno**, le **Tibre** (Rome), le **Garigliano**, le **Vulturne**, l'**Adige** même grossi des eaux du Tyrol, la **Brenta**, la **Piave**, le **Tagliamento** et l'**Isonzo** ne sauraient lui être comparés.

Le Danube mis à part, la péninsule des Balkans est sillonnée moins par des fleuves que par des torrents au cours irrégulier, au débit inconstant, sans la moindre utilité pour la navigation : **Narenta** d'Herzégovine ; **Voïoutza** d'Albanie ; **Aspro-Potamos**, **Rouphias**, **Salambria** de Grèce ; **Vardar** et **Maritza** de Roumélie.

En Russie, le **Dniester** et le **Bug** à l'ouest du Dniéper, le **Don** et le **Kouban** à l'est, sont les seules artères dignes de mention. Par l'étendue de leur domaine, le Dniester et le Don pourraient rendre d'appréciables services ; mais le premier, après s'être alimenté aux Karpates, s'endort dans les steppes de la Russie méridionale ; et le second, d'ailleurs moins abondant, est semé de bancs de sable ou coupé par les rapides.

4. Tributaires de la Caspienne. — **Oural** à l'orient de la Volga, pauvre rivière dont les steppes arides boivent presque toute l'eau ; au sud-ouest, **Manytch**, **Kouma**, **Térek**, resserrés entre le Caucase et le littoral.

LECTURE

Énorme travail du Guadalquivir et de ses affluents. — « Tous les petits ruisseaux qui naissent sur le plateau de la Manche se sont ouvert un chemin à travers la Sierra Morena ; tous les lacs qui emplissaient les hautes vallées des montagnes, entre les divers massifs et les sierras parallèles ou entrecroisées, se sont vidés par des vallées ou d'étroits défilés ouverts entre les

---

1. Parlant du trésor d'eau apporté par le Tessin au Pô ; les bateliers du fleuve disent que sans lui « il Pô, non sarebbe Pô ».

roches : il ne reste plus qu'un petit nombre de laquets ou de mares sans écoulement. Tous les hauts affluents, le Guadalimar, plus long, quoique moins abondant que le Guadalquivir lui-même, le Guadalen, le Guadiana Menor, ont ainsi percé les digues des réservoirs supérieurs ; mais celui qui a fait le travail le plus considérable est le Genil de Grenade, le principal tributaire du fleuve. La campagne si féconde qu'il traverse, et qui a pris une si grande célébrité sous le nom de Vega, était en partie recouverte par les eaux d'un lac que barrait un rempart de montagnes, dans le voisinage de Loja. Cet obstacle a été vaincu, et de coupure en coupure les eaux descendues de la Sierra Nevada ont fini par rejoindre celles qu'alimentent la Sierra Sagra et la Sierra Morena. » (E. Reclus, *L'Europe méridionale*, **Hachette**, éditeur.)

TABLEAU SYNOPTIQUE

HYDROGRAPHIE

I. Caractères généraux
- Double infériorité des fleuves européens sous le rapport du développement en longueur et du volume de la masse liquide.
- Mais supériorité incontestable sous celui des ressources offertes à la navigation (peu d'entraves résultant de la différence de niveau, de la formation des glaces ou de l'irrégularité du débit).

II. Classification
1. Fleuves de l'Océan Glacial Arctique.
2. Fleuves de l'Océan Atlantique.
3. Fleuves de la Méditerranée.
4. Fleuves de la mer Caspienne.

III. Description

1. Fleuves de l'Océan Glacial Arctique
- 1° Petchora.
- 2° Mezen.
- 3° Dvina.
- 4° Onega.

2. Fleuves de l'Océan Atlantique
- 1° Fleuves scandinaves : Glommen, Gota, Tornéa.
- 2° Fleuves russes : Neva, Narva, Duna, Niemen.
- 3° Vistule (Varsovie, Thorn, Dantzig).
- 4° Oder (Breslau, Francfort, Stettin).
- 5° Elbe (Dresde, Magdebourg, Hambourg), grossi de Moldau (Prague), Spree (Berlin), Saale (Mersebourg, Leipzig, Lutzen, Rosbach, Iéna et Awerstaedt).
- 6° Weser (Brême).
- 7° Ems.
- 8° Rhin
  - a. Supérieur ou suisse (Reichenau, Coire, Sargans, Schafhouse, Bâle).
  - b. Moyen ou allemand : ancien bassin lacustre de Bâle à Bingen ; défilé montagneux de Bingen à Bonn ; plaine alluviale de Bonn à Emmerich (Spire, Worms, Mayence, Coblentz, Cologne).
  - c. Inférieur ou hollandais : division en plusieurs bras, Waal, Vieux-Rhin, Bas-Rhin, Yssel, Leck (Nimègue, Utrecht, Amsterdam, Rotterdam).
  - Affluents
    - a. Droite : Neckar (Stuttgart, Heidelberg) ; Mein, Lahn ; Ruhr (Essen) ; Lippe (Wesel).
    - b. Gauche : Aar (Berne) ; Ill (Strasbourg) ; Moselle (Metz) ; Meuse (Mézières, Liège, Maestricht).
- 9° Escaut.
- 10° Fleuves français : Seine (Paris), Loire, Charente, Garonne.
- 11° Fleuves hispano-portugais : Douro, Tage (Madrid sur le Manzanarès), Guadiana, Guadalquivir.
- 12° Fleuves britanniques : Tamise (Londres), Tyne (Newcastle), Severn (Gloucester), en Angleterre ; Tay (Perth, Dundee), Clyde (Glasgow), en Écosse ; Shannon, en Irlande.

HYDROGRAPHIE (Suite)

III Description (Suite)

3. Fleuves de la Méditerranée

1° Fleuves espagnols : Ségura, Jucar, Guadalaviar, Èbre.
2° Fleuves français, Aude, Hérault. Rhône, Var.
3° Fleuves italiens : Arno, Tibre (Rome), Garigliano, Vulturne, Pô (Turin, Plaisance, Crémone, Ferrare), Adige, Brenta, Piave, Tagliamento, Isonzo.
4° Fleuves balkaniques : Narenta, Voïoutza, Aspro-Potamos, Rouphias, Salambria, Vardar, Maritza.

5° Danube.
- *a.* Bassin allemand (Ratisbonne, Passau).
- *b.* Bassin austro-hongrois (Linz, Vienne, Presbourg).
- *c.* Bassin hongrois (Semlin, Belgrade).
- *d.* Bassin bulgaro-roumain (Vidin, Nikopolis, Sistova, Rouchtchouk, Silistrie). Delta.

Affluents
- *a.* Droite : Iller, Lech, Isar (Munich), Inn (Insbrück), Leitha. Drave (Klagenfurth, Grätz), Save (Laibach, Agram), Morawa serbe, Isker, Wid, Osma, Jantra, Lom.
- *b.* Gauche : Morawa morave (Olmütz), Theiss (Tokaï, Szolnok), Pruth, Aluta.

6° Dniester.
7° Bug.
8° Dniéper. (Smolensk, Mohilev, Kiev, Kherson, Iékaterinoslaw, Alexandrowsk).

Affluents
- *a.* Droite : Bérésina, Pripet.
- *b.* Gauche : Desna (Poltava).

9° Don.
10° Kouban.

4. Fleuves de la mer Caspienne

1° Oural.
2° Volga.
- *a.* Supérieure (Tver, Ribinsk, Yaroslaw, Nijni-Novgorod, Kazan).
- *b.* Moyenne (Simbirsk, Samara, Saratov).
- *c.* Inférieure (Tzaritzin, Astrakan). Delta.

Affluents
- *a.* Droite : Oka (Moscou, sur la Moscova, affluent de l'Oka).
- *b.* Gauche : Kama (Perm).

3° Fleuves caucasiques : Manytch, Kouma, Térek.

CHAPITRE IV

LE CLIMAT, LES PRODUCTIONS ET LES HOMMES

NOTIONS GÉNÉRALES

Si le relief du sol, la configuration des côtes, la circulation des eaux sont des éléments de valeur appréciable dans la comparaison de l'Europe avec les autres contrées de la Terre, les avantages du climat ont exercé une influence plus directe sur la formation de ses richesses naturelles, plus durable sur l'évolution de ses peuples. L'Europe eût beau être le mieux articulé des continents ou le mieux lié en ses parties, elle ne fût jamais devenue la métropole universelle, si ses habitants n'y avaient trouvé de quoi satisfaire sans trop de peine aux nécessités de la vie ni respiré une aussi douce atmosphère. Elle doit, en partie, à cette circonstance d'occuper, malgré sa faible étendue relative, la place d'honneur dans l'histoire de l'humanité.

Leçon I

Caractère général et caractères particuliers du climat. — Produits du sol et du sous-sol. — Races; religions, langues et civilisation.

RÉSUMÉ. — 1. Le climat. — *a*. Caractère général. — Climat *modéré* résultant de la latitude (égale préservation contre la chaleur équatoriale et le froid polaire), de la configuration (pénétration en tous lieux de l'influence marine), du relief (limitation des grandes hauteurs à de petites étendues).

b. Caractères particuliers. — Ce climat n'est cependant *pas également modéré* dans toutes les parties de l'Europe. On distingue trois zones principales : **atlantique**, caractérisée par l'insignifiance des écarts entre l'été et l'hiver ; **méditerranéenne**, déjà plus sèche ; **orientale**, plus rigoureuse.

2. **Les productions.** — *a*. Caractère général. — Si l'Europe n'a ni la variété ni l'abondance de végétation des autres parties du monde, elle offre une surface cultivable proportionnelle plus vaste. Si ses dépôts miniers restent inférieurs en étendue comme en richesse à ceux des autres continents, ils sont exploités de façon plus productive.

b. Le sol. — 1° Flore. — Trois zones de végétation correspondant aux trois zones climatériques : **atlantique** (*forêts* et *prairies* entretenues par l'humidité, *champs de céréales*, *plantations industrielles* et *alimentaires*, îlots de *vignobles*) ; **méditerranéenne** (*vigne, fruits, maïs, rizières*, au lieu de prairies et de forêts) ; **orientale** (*pins, betteraves, céréales* ordinaires à la place de la vigne, du maïs et du riz).

2° Faune. — Pas de zones bien déterminées par suite de l'égalité générale du climat. Les *espèces sauvages* se rencontrent un peu partout ; les *chevaux*, les *bœufs* et les *moutons* dans les prairies atlantiques ; les *vers à soie* dans les pays méditerranéens ; mais, par la faute d'une exploitation trop avide, les *baleines* de l'Océan Glacial sont en passe de disparaître.

c. **Le sous-sol.** — *Houille* en Angleterre, Allemagne, France, Belgique, Autriche-Hongrie; *cuivre* en Suède, Espagne, Russie; *étain* en Angleterre; *plomb argentifère* en Grèce; *mercure* en Espagne; *platine* dans l'Oural; *soufre* en Sicile; *fer* en France; point de *diamant*, presque point d'*or* (Autriche-Hongrie et Russie), très peu d'*argent* (Espagne, Russie, Allemagne).

3. Les hommes. — *a.* **Population.** — L'Europe compte 380 millions d'habitants, soit 37 en moyenne au kilomètre carré, proportion supérieure à celle de toutes les autres parties du monde.

b. **Répartition.** — Plus égale que partout ailleurs, quoique la densité aille, d'une façon générale, en diminuant de l'ouest à l'est.

c. **Races, langues et religions.** — Trois groupes principaux, professant plus spécialement une forme religieuse différente : **gréco-latin** (Méditerranée), de *religion romaine ;* **germanique** (mer du Nord), de *religion protestante ;* **slave** (Europe orientale), de *religion grecque*. Groupes secondaires : *Celtes* (Bretagne, Pays de Galles, haute Écosse, Irlande), *Basques* (Pyrénées), *Sémites* (un peu partout), *Mongols* (est et sud-est de l'Europe). Les langues parlées en Europe sont les **langues indo-européennes**.

d. **Civilisation.** — Le travail séculaire de ces races a placé l'Europe contemporaine à la tête de la civilisation générale. Toutefois, les peuples du nord paraissent doués aujourd'hui d'une vitalité plus grande que ceux du midi.

Récit. — **1. Le climat.** — *a.* **Caractère général.** — La caractéristique du climat de l'Europe est la modération : il n'est pas au monde de climat plus tempéré, plus égal, plus sain que le sien.

L'Europe doit ce privilège à sa latitude, à sa configuration et à son relief.

N'atteignant point par ses extrémités les plus méridionales la zone torride et dépassant à peine au nord le cercle polaire, elle n'est ni chauffée à l'excès, ni refroidie outre mesure.

Grâce à ses ramifications littorales, elle n'échappe nulle part à l'influence bienfaisante de la mer. La mer y tempère tour à tour la chaleur des étés et la rigueur des hivers ; on a pu dire que l'afflux du courant tiède du Gulf-Stream « remplaçait la chaleur directe des rayons solaires [1] ». La mer y porte partout l'humidité nécessaire sans en porter jamais trop. Chaque région de l'Europe reçoit annuellement ses pluies ; sauf sur les rivages méditerranéens, où l'automne et l'hiver sont la période pluvieuse par excellence, celles-ci tombent à peu près régulièrement en toute saison. Voilà pourquoi le désert, cet espace inculte et inhabité que nous rencontrons en des proportions variables dans toutes les autres parties du monde, est inconnu en Europe. La toundra, limitée aux abords de l'Océan Glacial, est la seule région désolée ; une partie des rivages de la mer Caspienne et un coin de la péninsule ibérique sont exposés à la perte totale des récoltes dans les années exceptionnelles où l'humidité fait défaut ; mais rien de cela ne ressemble au Sahara, à l'Arabie, au Gobi, ni même à l'Atacama, au Colorado ou à l'Utah.

Jamais assez élevée pour que l'altitude détruise les effets de la latitude, l'Europe ne subit, du fait de grandes élévations, que des modifications climatériques locales. Il est remarquable d'ailleurs que les hautes terres, les plus froides, par conséquent, s'étendent au sud, c'est-à-dire à une distance moindre de l'équateur que les plaines basses du nord. Leur orientation est telle enfin qu'elles laissent passer les vents ou les arrêtent pour le plus grand bien des contrées vers lesquelles ils courent. Les vents du sud-ouest superposés au Gulf-Stream, porteurs de la chaleur et de l'humidité emmagasinées

---

1. Reclus, *Europe méridionale*.

dans les régions tropicales, ne rencontrent aucun obstacle de l'ouest à l'est. Les souffles froids du nord se heurtent, au contraire, au rempart montagneux des Pyrénées, des Alpes et des Balkans, vaste paravent des péninsules méditerranéennes.

b. **Caractères particuliers.** — Pour si modéré qu'il soit, le climat européen ne l'est pas partout de façon uniforme. L'Europe, largement ouverte sur l'Océan à l'ouest et au sud, mais soudée par sa frontière de l'est à l'Asie, subit de ce côté la réaction continentale. On distingue, par suite, deux variétés de climat, plus spécialement maritime (**climat atlantique** et **climat méditerranéen**), et un troisième plus nettement continental (**climat de l'Europe orientale**).

Le climat atlantique est caractérisé par la faiblesse des écarts entre l'hiver et l'été, la fréquence des pluies fines, la présence des brouillards. Il règne sur la Norvège, l'Allemagne occidentale, le Danemark, l'archipel britannique, les Pays-Bas, le nord et l'ouest de la France.

Le climat méditerranéen est plus sec. Les pluies, moins fréquentes que sur les rivages atlantiques, s'abattent en précipitations plus brusques. L'été, c'est le climat rêvé des touristes par le radieux éclat du ciel; et l'hiver, celui des êtres fragiles par l'incomparable tiédeur de l'atmosphère. Mais son influence ne se fait guère sentir que dans la zone littorale.

Le climat de l'Europe orientale est sensiblement plus inégal. En même temps que l'écart s'accentue entre l'été et l'hiver, les saisons intermédiaires sont très courtes. La Russie et l'Allemagne orientale forment, à cet égard, la transition entre l'Europe tempérée et l'Asie généralement plus rigoureuse.

2. Les productions. — *a*. **Caractère général.** — Quoi qu'il en soit de ces variétés climatériques, l'Europe est, dans toutes ses parties, susceptible de culture. Mais la clémence des ardeurs solaires et la modération des pluies ne la rendent pas comparable pour l'exubérance de la végétation à l'Afrique centrale, à l'Inde ou à l'Amazone. Ses espèces animales sont, à l'instar de ses plantes, de dimensions modestes, et ses gisements miniers, quoique répartis un peu partout à sa surface, restent inférieurs en étendue à ceux de l'Asie ou du nouveau monde.

Sans le progrès de la civilisation et sans le développement des sciences, l'Européen n'aurait jamais obtenu de son sol ni de son sous-sol un rendement aussi rémunérateur[1].

b. Le sol. — 1° **Flore.** — Trois zones de végétation correspondant aux trois zones climatériques.

La **zone atlantique** doit à l'humidité qui l'enveloppe d'être la plus riche en arbres. Les *forêts* ne recouvrent plus, comme il y a vingt siècles, des espaces aussi grands que la Gaule ou la Germanie, mais elles sont encore nombreuses sur les pentes des montagnes et même dans certaines régions de la plaine. Pour la même raison, les *prairies* s'y sont merveilleusement développées, surtout dans la France occidentale, l'Allemagne, le Danemark, l'Angleterre. A côté des forêts et des prairies, les *champs de céréales* (*blé, avoine, seigle, orge*) alternent avec les *plantations industrielles alimentaires* (*betterave, pomme de terre, tabac, chanvre, lin*). La *vigne*, bien que son domaine naturel soit ailleurs, a été acclimatée sur plusieurs points, notamment en France (Bourgogne, Champagne, Touraine, Bordelais), et dans l'ouest de l'Allemagne. De loin en loin, quelques terres déshéritées jettent comme une ombre au tableau d'une nature en général heureuse et vivante. Telle l'Irlande centrale, vaste tourbière dont la traversée offre des dangers au voyageur qui s'y aventure pour la première fois.

La **zone méditerranéenne**, privée de l'humidité nécessaire à la croissance des grands arbres et à l'engraissement des prairies, montre le *maquis* à la place de la forêt, la *culture en ter-*

---

1. Comparez avec ce qui se passe sur d'autres points du globe : en Sibérie, par exemple, où l'on verra que « l'état arriéré des méthodes agricoles paralyse la force de production » (p. 267) ; en Chine, où l'on constatera que les habitants « sont restés au-dessous des peuples de l'antiquité dans l'art de fouiller le sol » (p. 326) ; ailleurs encore.

rasses à la place de la prairie. Observez les gradins qui surplombent les vallées : vos regards iront de la *vigne* à l'*olivier*, au *mûrier*, à toutes les variétés d'*arbres à fruits*. Descendez dans les plaines basses ou sur les terres d'alluvion : vous trouverez devant vous les *champs de maïs* et les *rizières*.

7. — EUROPE. RICHESSES NATURELLES.

La **zone orientale** n'a plus de vigne, sauf en Crimée et en Bessarabie, plus de hêtres, plus de maïs ni plus de riz. Sa richesse est dans ses *forêts* de pins et de sapins, ses *champs de betteraves* et de *céréales ordinaires*.

2° **Faune.** — A l'exception des espèces propres aux régions septentrionales, qui restent cantonnées sur les bords de l'Océan Glacial (*baleine*, *phoque*, *morse*, *ours blanc*, *martre zibeline*, *hermine*, etc.), les autres passent d'une zone dans l'autre à la faveur d'un climat peu différent. Citons parmi les carnassiers, le *loup*, l'*ours brun*, le *lynx*, le *renard*; parmi les ruminants, le *cerf*, le *chevreuil*, le *daim*; parmi les rongeurs, le *lièvre*, l'*écureuil*; parmi les reptiles, la *vipère* et la *couleuvre*; parmi les oiseaux, le *geai*, le *corbeau*, l'*alouette*, la *perdrix*, le *faisan*. A côté de ces animaux sauvages, les *chevaux*, les *bœufs* et les *moutons* n'ont cessé, grâce au développement des prairies, de croître en nombre, tandis que la race s'est perfectionnée. L'élevage des *vers à soie* se pratique avec succès en France et dans les trois péninsules méditerranéennes. La pêche fournit la *morue* sur les côtes d'Islande, le *hareng* dans les mers Baltique et du Nord, la *sardine* et le *maquereau* sur les côtes de Bretagne et de Portugal, le *thon* dans le golfe de Gascogne et la Méditerranée, l'*esturgeon* dans la mer d'Azov et la Caspienne. Mais la capture des *baleines* devient, par l'effet d'une exploitation trop avide, de moins en moins fructueuse. Il n'y a plus aujourd'hui, en Europe, qu'un seul port à armer pour cette industrie, celui de Dundee en Écosse ; c'est à peine si les cinq ou six baleiniers qui en partent chaque année y rapportent une quinzaine de « poissons [1] ».

c. **Le sous-sol.** — La *houille*, extraite principalement d'Angleterre, d'Allemagne, de France, de Belgique, d'Autriche-Hongrie, occupe une étendue superficielle inférieure au trentième de celle des gisements de même nature reconnus jusqu'à ce jour dans le monde entier.

A l'exception du *fer*, abondant surtout en France, et pour la production duquel elle n'est dépassée par aucun autre continent, l'Europe n'est pas plus riche en minerais utiles à l'industrie ; le *cuivre* ne s'y trouve abondamment qu'en Suède,

---

[1]. Expression dont se servent les baleiniers pour désigner ce mammifère marin.

en Espagne et en Russie; l'*étain* en Angleterre (Cornouaille); le *plomb argentifère* en Grèce (Laurium); le *mercure* en Espagne (Almaden); le *pétrole* dans la Caucasie; le *platine* dans la région ouralienne; le *soufre* en Italie (Sicile).

Elle est plus pauvre en métaux précieux qu'aucune autre partie du globe: point de *diamant*, presque pas d'*or* (Autriche-Hongrie et Russie), peu d'*argent* (Espagne, Russie, Allemagne).

Il ne fallait rien moins que le perfectionnement des procédés d'exploitation pour compenser cette infériorité naturelle.

3. **Les hommes.** — *a.* **Population.** — L'observation des phénomènes du climat et l'inventaire des richesses naturelles permettent, conjointement à l'étude du sol, de comprendre quelle fut en Europe l'influence de la nature sur le développement des peuples. Toutes les conditions favorables à la vie se trouvant là réunies, on ne s'étonnera pas que ce continent compte à lui seul près du quart de la population du globe, soit environ 380 millions d'habitants. Par rapport à la superficie, ce chiffre donne une moyenne de 37 habitants par kilomètre carré, proportion **atteinte nulle part ailleurs**.

b. **Répartition.** — Il est, en outre, **réparti de façon plus égale qu'en aucune contrée de la Terre.** Comme, sur ce coin privilégié du vieux monde, aucun espace n'est inhabitable, il était naturel que les hommes y établissent partout leurs demeures. La densité va, sans doute, diminuant de l'ouest à l'est. Tandis que, sur un kilomètre carré, la Belgique compte 227 habitants, la Hollande 157, l'Angleterre 132, l'Allemagne 112, l'Italie 111, la France 72, la Hongrie n'en a plus déjà que 53, la Grèce 34, la Turquie 20, la Russie 20. Mais il n'est pas moins douteux que l'équilibre n'ait tendance à s'établir dans un avenir relativement prochain. En Autriche-Hongrie et en Russie, le taux d'accroissement de la population subit depuis plusieurs années une hausse ininterrompue; la Grèce n'a cessé de prospérer depuis la guerre qui lui a rendu son indépendance, et, à moins que le régime des massacres ne doive être éternel en Turquie, il est vraisemblable que le souci de la sécurité préludera dans ce pays à la multiplication des hommes.

c. **Races, langues et religions.** — Sans tenir compte des races dont les représentants n'existent pas en corps de nation, on peut dire, d'une façon générale, que l'Europe se partage en trois grands domaines ethniques ayant pour limites communes les trois grandes barrières des Alpes, des Karpates et des Balkans : domaine **gréco-latin**, domaine **germanique**, domaine **slave**.

Les peuples gréco-latins (110 millions d'individus) occupent la Grèce, les îles de l'Archipel, le versant méridional du système alpin, la péninsule ibérique, la France et une moitié de la Belgique, c'est-à-dire la plus grande partie des territoires européens de l'ancienne Rome. Ils professent plus spécialement le *catholicisme romain*.

Les peuples germaniques (113 millions d'individus) possèdent presque tout le centre de l'Europe au nord des Alpes, le Danemark, les Pays-Bas, les Flandres, les Iles Britanniques et la péninsule Scandinave. Leur religion dominante est le *protestantisme*.

Les peuples slaves, bien que disséminés sur une étendue beaucoup plus considérable que les précédents, sont à peine supérieurs en nombre (115 millions d'individus). Ils se répandent dans presque toute la Russie, la Pologne, une grande partie de la péninsule balkanique, une moitié de l'Austro-Hongrie. Ils appartiennent à la *confession grecque*.

Ainsi, les premiers sont les maîtres de la Méditerranée, les seconds de la mer du Nord, les troisièmes de la partie orientale du continent.

En dehors de ces trois grands groupes, quelques races secondaires se sont maintenues çà et là en îlots : *Celtes* en Bretagne, dans le pays de Galles, la haute Écosse, une partie de l'Irlande ; *Basques* dans les Pyrénées ; la *race sémi-*

tique s'est disséminée dans presque tous les pays d'Europe; et la *race mongole*, représentée par les Finnois, Lapons et Samoyèdes, Hongrois ou Magyars, Turcs, Tartares, s'est établie à l'est et au sud-est sur le littoral de l'Océan Glacial, dans la plaine du moyen Danube, dans la péninsule des Balkans, sur les bords de la Caspienne.

Les langues parlées par les peuples d'Europe sont les **langues indo-européennes** : celle, *langues romanes* dont le français, *langues germaniques* dont l'allemand et l'anglais, *langues slaves.*

d. **Civilisation.** — Si maintenant on se demande quelle part revient à chacune de ces races dans les progrès de la civilisation et quels sont, parmi les hommes de la primitive Europe, ceux qui ont su le mieux profiter des ressources offertes par le milieu, on est réduit aux hypothèses.

Pourquoi n'auraient-elles pas toutes également contribué, suivant leur force, leur intelligence, les ressources de leur tempérament, à acheminer l'Europe d'aujourd'hui à la tête de la civilisation mondiale ?

Une chose se dégage avec éclat, c'est la vitalité plus grande, de nos jours, des peuples du nord par comparaison avec ceux du midi. Que sont, à côté de l'Angleterre ou de l'Allemagne contemporaines, la Grèce d'où partit la civilisation, l'Italie qui fit sienne la Méditerranée, l'Espagne par qui fut presque conquis le monde ? En France même, le mouvement d'oscillation de la population est significatif. Si la France, au dernier recensement, a vu s'élever quelque peu le nombre de ses habitants [1], ce n'est pas au Midi qu'elle le doit; et cela est si vrai qu'en 1801, à la suite des hécatombes des grandes guerres de la Révolution et du Consulat, certains départements de la région garonnaise, comme le Lot, le Gers, ou le Tarn-et-Garonne, comptaient un plus grand nombre d'hommes qu'en 1901.

---

1. 39.252.267 en 1906, contre 38.900.000 e 1901.

Est-ce que le soleil, las de briller pour le Midi, voudrait réserver aux gens du Nord la vivifiante ardeur de ses rayons?

LECTURE

Aspect du paysage dans l'Irlande centrale. — « Sur un versant profondément ondulé, des marais de tourbe habillés de bruyère, sabrés çà et là de profondes entailles qui luisent au soleil avec des reflets métalliques ; de maigres prairies naturelles semées de buissons d'ajoncs épineux et de touffes de flèches d'eau révélant la pauvreté du sol ; de petits champs enclos de murs en pierres sèches ou d'un talus doublé d'un fossé ; chétive avoine, orge grêle et seigle clairsemé, pommes de terre toutes poussées en feuilles, choux monstres et navets abondants, pauvres cultures étouffées par des parasites fleuris ; et si les rouges coquelicots, les marguerites blanches, les asters jaunes, de longues quenouilles violettes sur lesquelles est en défaut une courte science botanique, réjouissent l'œil par l'éclat de leur note vive, ils ne laissent pas d'inquiéter l'esprit quant aux résultats de la récolte. De loin en loin, un hameau fait d'une demi-douzaine de maisons basses, en pierres brutes, parfois blanchies à la chaux, avec un toit de chaume souvent sans cheminée, d'où la fumée bleue de la tourbe s'échappe par un trou ; une petite église au clocher pointu, isolée dans la campagne ; une vieille abbaye qui croule au milieu de fourrés de genêts à fleurs d'or. Personne aux champs ; quand le paysan irlandais a retourné la terre de sa bêche et fait les semailles, il se croise les bras et regarde pousser l'ivraie avec le bon grain. Rien qui ressemble à un troupeau : quelques petites vaches noires ou brunes, de gros moutons à longue laine errant par toutes petites bandes, un cheval maigre qui broute mélancoliquement la fougère ; un âne s'ébattant au milieu des trop nombreux chardons, des chèvres grises cherchant pâture dans les broussailles, enfin, aux alentours des lieux habités, deux ou trois de ces beaux cochons noirs marbrés de blanc, pour lesquels Paddy[1] rivalise de tendresse avec saint Antoine. Dans d'étroits ravins pierreux dégringolent de petits ruisseaux, dont l'eau est toute jaunie par son passage sur la tourbe. Entrevues dans les trouées de leurs grands parcs, les imposantes silhouettes crénelées de résidences seigneuriales. Sur des hauteurs, les tours et les courtines éventrées d'innombrables châteaux forts. » (Marie-Anne de Bovet, *Trois mois en Irlande*, **Hachette**, éditeur.)

1. *Paddy*, sobriquet donné aux Irlandais par les Anglais.

TABLEAU SYNOPTIQUE

LE CLIMAT, LES PRODUCTIONS, LES HOMMES

I. — CLIMAT

I. Caractère général
1. Modération résultant de la latitude, de la configuration et du relief.
2. Mais inégale pour tout le continent.

II. Caractères particuliers

1. CLIMAT ATLANTIQUE.
   - *a.* Faiblesse des écarts, fréquence des pluies fines, épaisseur des brouillards.
   - *b.* En Norvège, Allemagne occidentale, Danemark, Îles Britanniques, nord et ouest de la France.
2. CLIMAT MÉDITERRANÉEN.
   - *a.* Faiblesse des écarts, sécheresse, précipitations rares mais brusques.
   - *b.* Dans la zone littorale.
3. CLIMAT DE L'EUROPE ORIENTALE.
   - *a.* Accentuation des écarts, courte durée des saisons intermédiaires.
   - *b.* En Russie et Allemagne orientale.

II. — PRODUCTIONS

I. Caractère général
1. Infériorité relative sous le double rapport de la variété et de l'abondance.
2. Mais supériorité sous celui de l'exploitation.

II. Produits du sol

1. FLORE.
   - 1° Zone atlantique : forêts, prairies, champs de céréales, plantations industrielles et alimentaires, peu de vignes.
   - 2° Zone méditerranéenne : vigne, maïs, fruits, rizières à la place des forêts et des prairies.
   - 3° Zone orientale : pins, betteraves, céréales ordinaires à la place de la vigne, du maïs et du riz.
2. FAUNE.
   - 1° Animaux sauvages (loups, ours bruns, lynx, renards, cerfs, chevreuils, daims, lièvres, écureuils, etc.), sans domaine bien délimité.
   - 2° Animaux domestiques (chevaux, bœufs, moutons) dans les prairies.
   - 3° Vers à soie en France et dans les péninsules méditerranéennes.
   - 4° Pêcheries : abondantes (morues, harengs, sardines, maquereaux, thons, esturgeons); peu fructueuses (baleines).

II. — PRODUCTIONS (Suite)

III Produits du sous-sol

1. Ceux qui se rencontrent avec plus ou moins d'abondance.
   - Houille (Angleterre, Allemagne, France, Belgique, Autriche-Hongrie)
   - Fer (un peu partout, notamment en France).
   - Cuivre (Suède, Espagne, Russie).
   - Étain (Angleterre).
   - Plomb argentifère (Grèce).
   - Mercure (Espagne).
   - Platine (Oural).
   - Soufre (Sicile).

2. Ceux qui sont rares.
   - Or (Autriche-Hongrie et Russie).
   - Argent (Espagne, Russie, Allemagne).

3. Ceux qui font défaut.
   - Diamant.

III. — POPULATIONS

I Chiffre : 380 millions.

II Répartition : Plus égale qu'en aucune autre partie de la Terre, quoique la densité aille diminuant de l'ouest à l'est.

III Races langues et religions
1. Groupe gréco-latin, de confession romaine, dans le bassin méditerranéen.
2. Groupe germanique, de confession protestante, autour de la mer du Nord.
3. Groupe slave, de confession grecque, dans l'Europe orientale.
4. Groupes secondaires.
   - 1° Celtes (en Bretagne, dans le pays de Galles, la haute Écosse, une partie de l'Irlande).
   - 2° Basques (dans les Pyrénées).
   - 3° Sémites (un peu partout).
   - 4° Mongols (à l'est et au sud-est de l'Europe).

Langues indo-européennes (celte, langues romanes, germaniques, slaves).

CHAPITRE V

DESCRIPTION DES ÉTATS

NOTIONS GÉNÉRALES

Les États de l'Europe peuvent se répartir en cinq grandes régions naturelles :

1° L'**Europe méridionale** comprenant la *Grèce*, la *Turquie* et les *nouveaux États balkaniques*, l'*Italie*, l'*Espagne*;

2° L'**Europe occidentale** formée du *Portugal*, de la *France*, des *Iles Britanniques*, de la *Belgique*, de la *Hollande*;

3° L'**Europe centrale** s'étendant à l'*Allemagne*, au *Danemark*, à la *Suisse*, à l'*Autriche-Hongrie*;

4° L'**Europe orientale** correspondant à l'*Empire russe*;

5° L'**Europe septentrionale** réduite à la *Scandinavie*.

L'**Europe méridionale**, tournée vers la Méditerranée, reflète l'image affaiblie de l'Afrique et de l'Asie qui lui font face. *Séville*, c'est l'Afrique sous l'azur incandescent de son ciel, dans l'éblouissant éclat de ses maisons blanches, à l'ombre de ses palmiers dont les bouquets évoquent, en une inévitable association d'idées, le souvenir des oasis. Au voyageur qui parcourt la *Sicile*, le caractère semi-tropical de la végétation donne presque l'illusion d'être en pleine campagne africaine; et telle est, lorsqu'il passe d'Asie Mineure en *Turquie*, l'analogie des formes de la nature ou du spectacle offert, de chaque côté du détroit par le capricieux amoncellement des mosquées, des coupoles et des minarets, qu'il croirait n'avoir pas changé de pays. Scutari n'a pas dû moins à son air de parenté avec la ville de Constantin qu'à la similitude de sa position le surnom de « Constantinople asiatique ».

Ouverte sur l'Atlantique, l'**Europe occidentale** apparaît comme estompée de la brume qui s'en dégage. Les hommes auraient-ils recherché dans l'intensité de l'action un préservatif contre les dangers de son atmosphère mouillée? Ou tout simplement n'ont-ils pas eu, à l'inverse de leurs frères du Midi, l'occasion de céder au charme d'un climat qui porte à se laisser vivre? Le fait est que la vie est là débordante d'activité, non seulement sur le littoral, mais à l'intérieur. Tout révèle un milieu d'affaires : les cheminées, plus nombreuses que les coupoles; les usines, plus vastes et quelquefois plus somptueuses que les palais; un monde grouillant, criant, travaillant, à la place d'un monde qui prie, qui jouit ou qui s'endort! Ce sont, se regardant à travers leur détroit, la *France* et l'*Angleterre* qui, malgré les progrès d'autres puissances avec lesquelles elles doivent compter aujourd'hui, ne cessent d'exercer l'influence prépondérante sur les destinées du monde. Et ce sont aussi, aux côtés l'une de l'autre, la *Belgique* et la *Hollande*, dont le prodigieux développement économique contraste avec l'insignifiance de la superficie. Petits États par la place qu'ils occupent sur la carte, les Pays-Bas en éclipsent de plus grands par la mise en valeur de leurs richesses ou l'énergie de leurs habitants.

La région désignée sous le nom d'**Europe centrale** est moins directement en rapport avec les Océans que les deux précédentes. D'un côté, elle n'aboutit à l'Atlantique que par l'intermédiaire des mers du Nord et Baltique ; de l'autre, elle ne touche à la Méditerranée que par un jour étroit sur l'Adriatique. C'est une région continentale par excellence. Cependant l'*Allemagne*, malgré l'importance relativement médiocre de son développement littoral, est devenue aussi une puissance maritime. Le hasard des événements a voulu, au contraire, que le *Danemark*, la seule partie de l'Europe centrale à laquelle sa situation et sa forme semblaient réserver la prééminence sur mer, fût rejeté par une série de malheurs au rang de puissance de troisième ordre. Quant à l'*Autriche-Hongrie*, sa position en plein cœur du continent en faisait l'inévitable point de convergence où devaient se heurter, en attendant l'heure longue à venir de la fusion, les diverses races qui firent successivement invasion.

Toute l'**Europe orientale**, plus de la moitié du continent, est unie en un seul État, la *Russie*. C'est, si l'on peut ainsi parler, la moins européenne des Europes par sa physionomie. Tandis que les autres fractions de l'ensemble ont entre elles ce caractère commun d'offrir le plus curieux mélange de formes, celle-ci se distingue par une remarquable ressemblance d'aspect, depuis les rivages glacés de la mer Blanche jusqu'aux steppes de la Caspienne et de la mer Noire. Elle est une, alors que chacune des autres est diverse. A côté du reste, si animé, si varié, si fécond en surprises ou si brusque en ses manifestations, elle semble figée en sa massivité. La Russie appartient à l'Asie autant et plus qu'à l'Europe, comme, à l'autre bout, l'Espagne semble être une dépendance de l'Afrique. Il ne faut pas chercher ailleurs la raison de l'avènement tardif de la Russie parmi les puissances européennes.

Grâce à sa position, à la fois sur une mer intérieure qui lui permet de communiquer avec l'Europe et sur le grand Océan extérieur, par lequel elle prolonge vers le nord l'Europe atlantique, l'**Europe septentrionale** ou *Scandinavie* fait partie plus intégrante du bloc. Non qu'elle ne s'en distingue par la rigueur plus accentuée de son climat ou sa pénurie relative en hommes, mais il y a, entre elle et lui, cet élément qui rapproche beaucoup plus qu'il ne sépare, la mer ; car c'est moins l'isthme lapon que son collier d'îles ou ses rivages marins qui rattachent la Scandinavie au reste du continent. Et voilà pourquoi ses enfants, Goths, Normands, Varègues, pouvaient revendiquer une place glorieuse dans l'histoire, comme navigateurs et conquérants, à une époque où ceux de la Russie plongeaient encore dans les ténèbres de la barbarie.

Leçon I

Europe méridionale : Grèce. Presqu'île des Balkans. Italie. Espagne.

RÉSUMÉ. — 1. La Grèce. — *a*. Superficie et configuration, rôle civilisateur dans l'antiquité. — 65.000 kilomètres carrés. Péninsule brodée d'îles et soudée à une autre de plus vaste ampleur. Petite par ses dimensions, mais grande par l'éclat de son rayonnement littéraire, scientifique et artistique.

b. Climat et richesses naturelles. — La nature pierreuse du sol l'empêche de produire en abondance les espèces qui viennent d'ordinaire sous un ciel doux et tempéré. En dehors de quelques plaines basses ou des étendues boisées du haut pays, le calcaire se montre à nu presque partout, couvert çà et là par une mince couche végétale impropre à nourrir d'autres plants que les *arbres verts* et la *vigne*. De mines point, sauf celles de *plomb argentifère* du Laurium. L'état précaire de l'agriculture et de l'industrie obligeant les Grecs à chercher ailleurs leurs moyens de subsistance, ils appareillèrent une marine marchande supérieure à celle de la plupart des États européens.

c. **Géographie politique.** — 2.433.806 habitants. Monarchie constitutionnelle. Villes : *Athènes* (111.486 hab.) capitale, *Patras* (38.000), *Sparte* et *Thèbes* aujourd'hui déchues.

2. La presqu'île des Balkans. — *a.* **Superficie et configuration.** — 455.000 kilomètres carrés. Corps de la péninsule dont la Grèce est la pointe, mais à peine moins finement ciselé que celle-ci. Sa position, au point de croisement des deux axes passant par les mers intérieures et les masses continentales, fait l'importance de Constantinople.

b. **Dépendances de la Turquie** : en Asie (*Asie Mineure*, *Syrie*, *Arabie*); en Afrique (*vilayet de Tripoli*, droit de suzeraineté sur l'*Égypte*).

c. **Climat et richesses naturelles.** — Les oscillations de la température depuis le nord-est jusqu'au sud-ouest produisent la succession, à travers cette étendue, des *espèces les plus variées*. Plus de verdure, plus de fraîcheur, plus de beauté naturelle qu'en Grèce. Mais l'apathie des Turcs a empêché tout progrès agricole et limité l'industrie à quelques fabriques de *tapis* (Constantinople, Salonique).

d. **Géographie politique.** — La Turquie proprement dite, avec une population de 6.130.200 habitants et *Constantinople* pour capitale (942.900 hab.), est depuis 1908 une monarchie constitutionnelle. Les États récemment issus du démembrement de l'Empire Turc sont : la **Roumanie** (royaume de 5.912.520 hab., capitale *Bukarest*); la **Serbie** (royaume de 2.579.842 hab., capitale *Belgrade*); la **Bulgarie** (royaume de 3.300.000 hab., capitale *Sofia*). Le **Monténégro** (227.841 hab., capitale *Cettigné*) est une principauté indépendante depuis le XIVe siècle.

3. L'Italie. — *a.* **Superficie et configuration, absence de centre géographique naturel, morcellement jusqu'à nos jours.** — 286.588 kilomètres carrés. Un tronc continental (vallée du Pô), une partie péninsulaire (Apennins), une partie insulaire (Sicile et Sardaigne), le tout allongé dans le sens du nord-ouest au sud-est. Par suite, pas de centre naturel également distant des diverses parties de l'ensemble et difficultés pour les habitants de se grouper en un corps politique unique. Aussi, la constitution du royaume d'Italie est-elle un fait contemporain.

b. **Climat et richesses naturelles.** — Climat plutôt *continental* au nord (hivers froids, étés chauds), *maritime* au sud (écarts peu sensibles entre les saisons). Au nord, *céréales* et *prairies*; au sud, cultures méditerranéennes (*orangers, citronniers, oliviers, vigne*). Si les richesses du sous-sol (*fer* en Lombardie et île d'Elbe, *soufre* en Campanie et Sicile, *cuivre* en Vénétie, *marbre* en Toscane) étaient comparables en abondance à celles de la surface, l'Italie serait un pays industriel autant qu'agricole. L'absence complète de houille a empêché qu'il en fût ainsi.

c. **Colonies.** — A défaut de quoi, l'Italie a trouvé dans l'expansion coloniale un dérivatif à son besoin d'activité (fondation de comptoirs à *Massouah* et *Assab* sur la mer Rouge, espoir fondé sur la renaissance prochaine de l'Adriatique).

d. **Géographie politique.** — 32.961.247 habitants. Monarchie constitutionnelle. Villes : *Rome* (462.783 hab.) capitale, *Naples* (563.540), *Milan* (491.460), *Turin* (335.656), *Palerme* (309.692), *Gênes* (234.710), *Florence* (205.589), *Venise* (151.840), *Bologne* (152.009), *Messine* (149.778), *Catane* (149.295).

4. L'Espagne. — *a.* **Superficie et configuration, séparation d'avec le continent par les Pyrénées, morcellement intérieur par des chaînes et des plateaux.** — 499.500 kilomètres carrés. Un plateau moins séparé de l'Afrique par le détroit de Gibraltar que par les Pyrénées de l'Europe. Quoique dominant presque de toutes parts la mer par ses talus, ce plateau a un caractère essentiellement continental.

b. **Climat et richesses naturelles.** — Partant, le climat est **excessif**. Il ne s'adoucit que là où se font sentir l'influence de l'Océan (*forêts* et *pâturages* de la région cantabrique) et celle de la Méditerranée (*vignes* de la région ibérique). Dans la région bétique, la *végétation* a une fougue tout *africaine*. Richesses souterraines abondantes (*houille* des Asturies et de la Sierra Morena, *fer* de Navarre, *plomb* d'Oviédo et de Linarès, *mercure* d'Almaden, *cuivre* du Rio-Tinto, *marbres* des Pyrénées et de l'Andalousie). L'état de l'agriculture et de l'industrie reste cependant stationnaire.

c. **Colonies.** — De son empire colonial, jadis si vaste, l'Espagne n'a conservé que *Ifni*, *Ceuta* et *Mélilla* dans le Maroc, les *Canaries* dans le Nord-Ouest africain, *Fernando-Po* et *Annobon* dans le golfe de Guinée.

d. **Géographie politique.** — 18.608.000 habitants. Monarchie constitutionnelle. Villes : *Madrid* (539.585 hab.) capitale, *Barcelone* (533.000), *Valence* (213.550), *Séville* (148.315), *Cordoue* (58.275).

Récit. — **1. La Grèce.** — *a*. **Superficie et configuration, rôle civilisateur dans l'antiquité.** — Une péninsule toute brodée d'îles, fermée du côté du nord par des barrières transversales de montagnes et que la mer pénètre partout ailleurs en profondes entailles, voilà la Grèce. La Grèce, c'est ce petit morceau de terre par lequel s'effile au sud la presqu'île balkanique, insignifiant en comparaison des grands empires qui l'avoisinent, plus grand qu'aucun par les souvenirs. Qu'importe qu'elle ne compte que pour un dix-millième de la surface terrestre (65.000 kilomètres carrés) si, après vingt siècles de déchéance, elle continue d'éclairer la pensée humaine? La gloire des plus brillants faits d'armes n'a pas plus effacé de la mémoire des hommes celle de Marathon, des Thermopyles ou de Platée, que l'explosion de l'esprit d'aventure manifestée à l'ère moderne par les expéditions maritimes n'a fait oublier les hardies migrations des marins de la Béotie, de l'Attique, de la Corinthie ou d'Eubée. Aucune grande œuvre n'a été produite dans le domaine littéraire ou artistique qui n'ait été, de près ou de loin, inspirée par la Grèce. Aucun progrès n'a été réalisé dans les sciences dont elle n'ait été l'initiatrice. En même temps que les premiers soldats et les premiers colons du monde, les Grecs ont été les plus impeccables des écrivains, les plus profonds des penseurs, les plus délicats des artistes. On a pu, depuis, enrichir le patrimoine de l'humanité par l'exploitation d'idées qui leur furent étrangères; mais c'est à eux toujours qu'il a fallu revenir; et s'il n'est plus nécessaire aujourd'hui, comme au temps des Romains, d'avoir étudié à Athènes pour mériter la réputation d'homme bien élevé, du moins la familiarité du génie hellénique n'a-t-elle rien perdu de son efficacité.

Mais toute médaille a son revers. Ce même peuple qui montra la voie à tous les autres fut le plus divisé en soi. Chaque cité, enfermée comme dans un casier par un mur de montagnes, ayant son fleuve à elle, ses champs à elle, son acropole à elle, ne regardait guère au delà. Elle en sortait moins pour voler au secours de la voisine que pour lui disputer une passagère hégémonie. L'histoire grecque n'est qu'un long récit de luttes fratricides qu'explique la constitution physique du pays.

Double preuve du rapport qui existe entre les conditions géographiques et les destinées des nations : la position de la Grèce au centre du monde connu des anciens et la forme heureuse de ses contours favorisaient son rayonnement, mais la disposition de son relief intérieur la condamnait au morcellement.

La Grèce subit ainsi le joug successif des Macédoniens, des Romains, des Turcs, jusqu'à l'époque récente où son indépendance fut reconnue (1830).

b. Climat et richesses naturelles. — Par la faute d'un sol pierreux, aride, fissuré; la *douceur* du climat n'y produit pas ses effets ordinaires. Presque partout la roche nue, le profil blanc des hauteurs, et, dans l'air, un nuage de fine poussière. La Grèce est l'école non du paysagiste, mais du sculpteur. Celui-ci trouve en abondance les matériaux de son art dans le calcaire ou le marbre des montagnes, ses modèles dans les temples dont leurs cimes sont couronnées. Les *champs* ne s'étendent qu'en quelques plaines basses et humides comme celles de Thèbes ou de Livadie; les *forêts* sont limitées aux montagnes de l'intérieur et du littoral ionien; le reste ne porte qu'arbustes épineux, bouquets d'*arbres verts*, *oliviers*, *orangers*, *figuiers*, et plants de *vigne* (Malvoisie).

L'industrie qui, à l'exception des mines de *plomb argentifère* du Laurium, ne trouve en quantité suffisante aucun des combustibles ou des métaux qui la feraient vivre, est restée stationnaire.

Les Grecs seraient donc morts de faim si, par leur activité maritime et commerciale, ils n'avaient suppléé à l'insuffisance de leur agriculture et de leur industrie. Mais leur marine marchande figure parmi les **premières des marines de l'Europe**. En prenant dans les eaux de la Méditerranée le rôle lucratif de porteurs, ils atteignent aujourd'hui un chiffre d'affaires supérieur à 200 millions. Ce n'est pas avec les quelques routes tracées depuis la proclamation de l'indépendance ni même avec leurs 1.035 kilomètres de voies ferrées qu'ils en seraient arrivés là.

c. **Géographie politique.** — 2.433.806 habitants descendant des anciens Hellènes, mais modifiés par des mélanges avec les divers peuples qui occupèrent le pays. — Monarchie constitutionnelle. — Parmi les grandes villes d'autrefois, *Thèbes* et *Sparte* sont en pleine décadence; *Patras* (38.000 hab.) a dû au commerce des raisins secs le maintien de sa prospérité; et l'*Athènes* moderne (111.486 hab.), avec ses larges rues, ses quartiers neufs ouverts à l'air et à la lumière, occupe un rang fort honorable parmi les capitales de l'Europe. Les îles comptent environ pour un cinquième dans la répartition globale de la population.

2. La presqu'île des Balkans. — *a.* **Superficie et configuration.** — La Turquie et les États balkaniques nouvellement créés (Roumanie, Serbie, Bulgarie), auxquels il convient d'ajouter le Monténégro, occupent, par 455.000 kilomètres carrés, le corps de la péninsule dont la Grèce est la pointe. Mais c'est à peine si ce corps perd en franges ou en dentelures ce qu'il gagne en étendue. L'avantage résultant de la proximité et du parallélisme des rivages européens et asiatiques y est même plus accentué qu'au sud. Baigné par quatre mers, et à peine plus séparé de l'Asie Mineure par la Marmara, le Bosphore et les Dardanelles qu'il ne le serait par un immense lac et deux larges courants fluviaux, il marque le point de croisement de deux axes, celui des mers intérieures et celui des masses continentales. Et quelle beauté de la nature en comparaison de l'artificielle beauté faite uniquement de la gloire des ancêtres! On ne regarde pas les Balkans parce qu'ils portent, comme leurs voisins, un nom célèbre, mais parce qu'ils sont beaux à voir sous leur parure de forêts. On s'arrête au bord des ruisseaux, non pour entendre le bruissement des siècles écoulés, mais le vivant ruissellement de l'eau claire. Aussi bien, mieux même qu'en Grèce, nous trouvons là réunis tous les éléments favorables à l'action civilisatrice. Il ne fallut rien moins que le fatalisme insouciant des Turcs, leur promptitude à imposer la servitude ou leur docilité à la subir, pour en tarir jusqu'à la source.

Avez-vous quelquefois songé à ce qu'aurait pu devenir Constantinople en d'autres mains?

b. **Dépendances de la Turquie.** — La vraie force de l'Empire turc est en Asie où il possède l'*Asie Mineure*, la *Syrie*, l'*Arabie*. Il comprend en Afrique le *vilayet de Tripoli* et a conservé un droit de suzeraineté sur l'*Égypte*.

c. **Climat et richesses naturelles.** — La remarquable variété du climat, résultant de l'extrême complication du relief, aurait permis à une race mieux trempée de multiplier les présents

8. — États Balkaniques.

de la Terre. Car le corps de la péninsule est sous le rapport agricole plus favorisé que la pointe. Comme le climat ne cesse de gagner en modération du nord-est au sud-ouest, on rencontre entre la mer Noire et l'Adriatique toute la série des productions naturelles, depuis les *végétaux de l'Europe centrale* jusqu'aux *espèces méditerranéennes*. Mais les procédés de culture sont restés primitifs, et le commerce, desservi par des routes et des voies ferrées en nombre tout à fait insuffisant, est loin de correspondre aux ressources du pays. La Turquie ne possède encore que 2.000 kilomètres de lignes ferrées, simples tronçons des grandes voies internationales de Paris à Constantinople et de Paris à Salonique; la Bulgarie n'en a pas plus de 1.600 ni la Serbie plus de 600. A part quelques fabriques de *tapis* à Constantinople et à Salonique, l'industrie n'existe pas. C'est encore la Roumanie qui, depuis son émancipation, a fait les plus grands progrès. Après avoir donné à l'agriculture et à l'élevage un essor inouï, consenti d'énormes sacrifices pour la construction d'un réseau routier de 20.000 kilomètres et ferré de 3.200, elle commence à exploiter la *houille*, le *pétrole* et le *sel gemme* de ses montagnes.

d. **Géographie politique.** — Faut-il voir dans ce développement économique un gage plus ou moins lointain de la prépondérance de la Roumanie, sinon de son hégémonie, parmi les États issus du démembrement de l'Empire turc?

L'avenir seul le dira.

Il n'est pas en Europe de situation politique plus instable que celle des Balkans. Il n'en est pas qui fixe davantage l'attention des chancelleries. D'un instant à l'autre, un coup d'État militaire, comme celui du 11 juin 1903 dans lequel périt la famille royale de Serbie[1], ou un coup d'État national, comme celui qui aboutit en 1908 à la proclamation du prince Ferdinand comme tsar de Bulgarie, risquent d'allumer l'incendie. Tandis que les races non encore émancipées, comme la race bulgare macédonienne et la race albanaise, rêvent de

---

1. Assassinat du roi Alexandre Obrenovitch et de la reine Draga suivi de l'avènement de Pierre Karageorgevitch.

liberté[1], les nationalités nouvelles aspirent à déborder au delà des limites tracées à leur domination. Quoi qu'il arrive, les puissances interviendront dans le conflit des intérêts en présence. De son côté, la Turquie, pour si déchue qu'elle soit, ne se laissera pas achever sans résistance.

Dans son état actuel, la péninsule comprend :

1° **La Turquie** proprement dite (168.000 kilomètres carrés, pour 6.130.200 hab.), réduite à l'*Albanie*, la *Macédoine*, la *Chalcidique*, la Roumélie méridionale et quelques *îles de l'Archipel* dont *Thasos* et la *Crète* ou *Candie* sont les principales. Capitale : *Constantinople* (942.900 hab.). Grandes villes : *Salonique* (105.000), *Andrinople* (81.000), *Monastir* (45.000). — Monarchie constitutionnelle depuis 1908, incapable d'enrayer le déficit régulier de ses finances, de moderniser son armée (330.000 hommes en temps de paix, 500.000 sur pied de guerre), ni de fortifier sa flotte (15 cuirassés, 50 navires en bois).

2° **La Roumanie** (130.000 kil. carrés pour 5.912.520 hab.), formée, sur la rive gauche du bas Danube, par la jonction de la Moldavie et de la Valachie, affranchie par le traité de Berlin (1878) et érigée en *royaume* indépendant en 1881. Capitale : *Bukarest* (281.717 hab.). Villes principales : *Iassi* et *Galatz*.

3° **La Serbie** (48.000 kilomètres carrés pour 2.579.842 hab.), quadrilatère montagneux au sud du Danube et de la Save, affranchie par le traité de Berlin (1878) et érigée en *royaume* indépendant en 1882. Capitale : *Belgrade* (69.790 hab.[2]). Villes principales : *Nich* et *Kragouiévats*.

4° **La Bulgarie**, correspondant, sur la rive droite du bas Danube, à la Roumanie sur la rive gauche, érigée au traité de Berlin (1878) en principauté autonome mais vassale de la Turquie, agrandie depuis 1885 de la Roumélie orientale et devenue *royaume* indépendant en 1908, à la suite de la rupture du lien de vassalité par le prince Ferdinand (100.000 kilomètres

---

1. Mouvement insurrectionnel de 1903 en Macédoine et en Albanie.
2. La population de Belgrade a plus que doublé depuis 1880.

carrés pour 3.300.000 hab.). Capitale : *Sofia* (67.920 hab.).
Villes principales : *Philippopoli*, *Varna* et *Rouchtchouk*.

5° Le Monténégro (9.000 kilomètres carrés pour 227.841 hab.), massif montagneux avec un jour sur l'Adriatique, administré depuis le xive siècle par un *prince* indépendant. Capitale : *Cettigné* (3.000 hab.).

Cet État est à la merci du premier incident.

3. L'Italie. — *a. Superficie et configuration, absence de centre géographique naturel, morcellement jusqu'à nos jours.* — Quoique plus sobre en ses lignes, l'Italie est, comme la presqu'île des Balkans, composée d'un tronc continental (vallée du Pô), d'une péninsule allongée entre deux mers (Apennins), d'une partie insulaire (Sicile et Sardaigne)[1]. Mais, au lieu de regarder l'orient, elle est tournée surtout vers l'ouest. La mer Tyrrhénienne est, par rapport à l'Italie, ce qu'est la mer Égée par rapport à la Turquie et à la Grèce, le foyer d'appel. Plus silencieux est le double versant adriatico-ionien. De ce côté, les deux péninsules semblent se tourner le dos. Deux mondes sont là se touchant et cependant aussi éloignés l'un de l'autre qu'à l'époque des dernières croisades : à l'occident, la Chrétienté ; à l'orient, l'Islam.

L'absence d'un centre géographique naturel explique pourquoi l'Italie, après avoir été unifiée une première fois par les armes romaines, resta si longtemps morcelée. Le défaut de proportions entre sa largeur et sa longueur, la division par les Apennins en deux bandes parallèles privées de communications faciles, les bordures montagneuses qui entourent les plaines, les escarpements dressés entre les côtes et l'intérieur étaient autant d'éléments favorables à la formation d'États distincts, où les populations provenant de souches diverses, gauloise, étrusque, latine, pélasgique, grecque ou sicule, cherchaient naturellement à vivre de leur vie propre. Rome même n'était

---

1. Au bassin du Pô correspond la Turquie ; à l'Apennin, la Grèce ; à la Sicile et à la Sardaigne, les Cyclades.

pas prédestinée par sa position au rôle de capitale. Outre qu'elle est trop éloignée de la Calabre ou de la Lombardie,

9. — Italie.

les hauteurs qui s'élèvent en demi-cercle autour de sa campagne paralysent la rapidité de son action sur les régions circonvoisines. Il fallut le grand mouvement des nationalités au xix⁰ siècle pour faire d'une simple « expression géographique », une réalité politique. Sans l'énergie de la maison de Savoie et la lassitude inspirée à la longue aux Italiens par les dominateurs étrangers, Espagnols, Français, Allemands, Autrichiens, les frontières administratives du pays ne coïncideraient pas encore avec ses frontières naturelles [1]. Aujourd'hui, l'Italie unifiée forme, y compris les îles, un royaume d'une superficie égale à 286.588 kilomètres carrés.

b. Climat et richesses naturelles. — Comme elle s'étend sur 10 degrés de latitude, elle ne saurait avoir partout le même climat. Au nord, la plaine lombarde, adossée au rempart des Alpes, participe du *climat de l'Europe centrale* : la neige tombe l'hiver à Milan ; les lacs Majeur, de Côme, de Garde se couvrent d'une légère pellicule glacée ; et l'été le thermomètre atteint une moyenne supérieure à celle des régions les plus chaudes de France. Soumise à l'influence de la Méditerranée, la partie péninsulaire jouit, au contraire, d'une *température plus égale* ; la moyenne hivernale de Naples et de la Sicile est égale à la moyenne annuelle de la température de la France ; il n'y fait vraiment froid que les jours où souffle le vent du nord ; de même que la chaleur n'y devient intolérable qu'aux heures où le siroco y fait sentir sa brûlante haleine.

La nature de la végétation se ressent de cette variété du climat. Le nord, impropre en raison de ses rigueurs hivernales à la culture des orangers et des citronniers, est merveilleusement approprié à celle des céréales, *blé*, *maïs*, *riz*. Il est couvert de *prairies* entrecoupées de rivières et de canaux, où se nourrit presque tout le bétail italien. Le sud, plus sec, est la patrie de l'*oranger*, du *citronnier*, de l'*olivier*, du *dattier*, du *figuier*, du *mûrier*. La *vigne*, dont le rendement annuel oscille entre 35 et 45 millions d'hectolitres, remplace ici les prairies.

---

1. L'unification de l'Italie complétée en 1870 par l'occupation de Rome est l'œuvre du roi Victor-Emmanuel II (1849-1878).

Les vins de Sicile (Marsala, Syracuse) sont parmi les plus renommés d'Europe.

Mais il s'en faut que les richesses du sous-sol soient comparables à celles de la surface. L'Italie a quelques mines de *fer* en Lombardie, dans l'île d'Elbe, dans la Sardaigne ; du *soufre* en Campanie et en Sicile ; du *plomb* et du *zinc* en Sardaigne ; du *cuivre* en Vénétie ; des *marbres* en Toscane (Carrare) ; mais la houille indispensable au développement industriel lui fait totalement défaut.

Il résulte de là que, malgré le réveil de la vie économique dû à l'établissement de l'unité italienne, l'industrie n'a pas suivi dans la péninsule une progression analogue à celle de l'agriculture. Tandis que celle-ci a fait un peu partout des conquêtes, en Toscane, dans les Marais Pontins, sur le littoral de Tarente, celle-là est restée concentrée dans la plaine septentrionale où on utilise, à défaut de houille, les eaux courantes comme force motrices (*établissements métallurgiques* de Saint-Pierre d'Aréna, de Milan, de Lecco ; *filatures* de Milan, de Gênes, de Florence ; *soieries* de Milan, de Gênes, de Côme). Tout compte fait, le commerce a prospéré de plus du double en l'espace d'un demi-siècle, non le commerce par terre où les voies ferrées (16.000 kil.), pour la plupart voisines de la côte, sont concurrencées par le cabotage, mais le commerce par mer appuyé sur une marine de près de 6.000 bateaux, dont 501 à vapeur. Sa valeur, qui n'atteignait pas 1.500 millions en 1871, s'élève aujourd'hui à 3 milliards.

c. **Colonies.** — Déjà l'Italie, comme les puissances de plus vieille date, s'intéresse aux entreprises coloniales ; elle a fondé sur la mer Rouge des comptoirs à *Massouah* et *Assab* ; et, si elle a été déçue dans son espoir d'étendre son protectorat sur l'Abyssinie, elle compte sur la renaissance prochaine de l'Adriatique, préparée au sud par le percement de l'isthme de Suez, au nord par les trouées du mont Cenis, du Saint-Gothard et du Simplon, pour prendre la tête de la grande navigation internationale vers l'Amérique et vers l'Inde. Déjà, le sifflet des locomotives qui dévalent des Alpes résonne sur les bords de l'Adriatique, et le temps n'est peut-être pas loin où Venise reverra dans ses ports les flottes triomphantes qu'elle pleure depuis des siècles.

d. **Géographie politique.** — 32.961.247 habitants, dont la complexité ethnographique s'explique par la diversité des populations primitivement installées dans la péninsule, puis par le flot des invasions. — Monarchie constitutionnelle ayant une armée nombreuse (300.000 hommes en temps de paix, 3.000.000 sur le pied de guerre) et une flotte dont le contingent ne cesse de s'accroître (80 vapeurs, 174 torpilleurs, 27.000 matelots). — Principales villes : *Naples* (563.540 hab.), la plus peuplée de l'Italie entière, *Milan* (491.460), *Turin* (335.656), *Palerme* (309.692), *Gênes* (234.710), *Florence* (205.589), *Venise* (151.840), *Bologne* (152.009), *Catane* (149.295), *Messine* qui ne comptait pas moins de 149.678 habitants avant le cataclysme de 1909. A des degrés divers, ces villes se distinguent parmi toutes les autres de la Terre en ce qu'elles possèdent le plus merveilleux amoncellement de palais, le plus abondant trésor de statues, de tableaux, de décorations de toute espèce qu'il soit donné au voyageur de contempler. Mais la palme revient encore à la capitale, *Rome* (462.783 hab.), non moins curieuse par ses monuments tout rayonnants de la gloire de l'antiquité, ou du moyen âge, que par son abominable Transtévère où l'humanité en tas pourrit, auprès duquel les quartiers les plus immondes de Paris ou de Londres sont des eldorados!

4. L'Espagne. — *a*. **Superficie et configuration, séparation d'avec le continent par les Pyrénées, morcellement intérieur par des chaînes et des plateaux.** — L'Espagne se distingue des deux autres péninsules de la Méditerranée à deux traits essentiels.

Tandis que l'Italie et la Turquie se relient par leur relief à celui de l'Europe, l'Espagne en est *séparée* par les Pyrénées. Cette chaîne constitue au nord une barrière autrement sérieuse que le détroit de Gibraltar au sud. Ici, une fente d'une largeur minima de 13 kilomètres ; là, un mur épais de 120 au

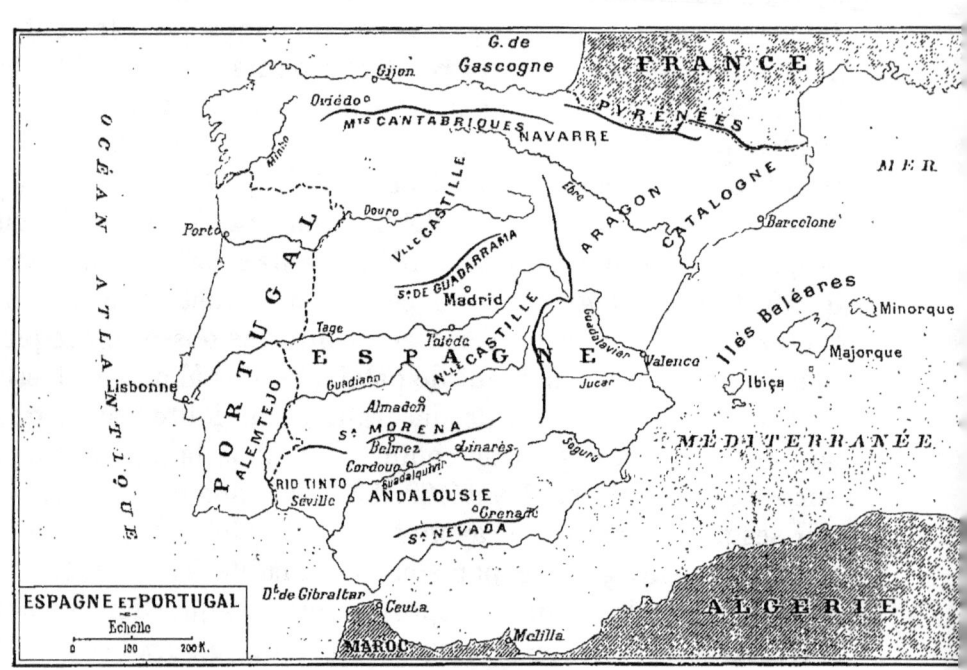

10. — ESPAGNE. — PORTUGAL.

centre et de 50 aux extrémités. L'Espagne appartient plus à l'Afrique qu'à l'Europe.

Quoique environnée presque entièrement par les eaux marines, elle est une terre aussi continentale que l'Autriche-Hongrie, qui ne possède qu'une étroite bande littorale, ou la Suisse qui n'en a aucune. Si ce n'est par les plaines du Tage portugais, du Guadalquivir andalou ou du bas Èbre, l'intérieur de la péninsule est sans communications faciles avec la mer. Les crêtes montagneuses par lesquelles se terminent les plateaux avoisinent les côtes. La conséquence est que celles-ci sont moins visitées par les navires qu'on ne s'y attendrait à la vue de leur fertilité, et que les habitants, obligés de descendre des hauteurs, y sont peu attirés. La zone littorale entre pour une part insignifiante dans le décompte des 499.500 kilomètres carrés représentant la superficie de l'Espagne[1].

La constitution physique n'a pas été, dans ce pays, un moindre obstacle qu'en Italie à l'établissement d'une domination unique. Sans doute, Madrid est un centre géographique naturel, alors que Rome n'en est pas un. Mais le dédale des chaînes ibériques n'a rien à envier à celui de l'Apennin ou des hauteurs qui s'en détachent. A sa faveur, les trois royaumes chrétiens de Castille, d'Aragon, de Navarre, ont pu se développer isolément jusqu'au xvie siècle, sans autre lien que la haine commune d'un quatrième, le royaume musulman de Grenade. En toute autre condition, il n'eût été besoin ni du hasard des mariages, ni de la haine religieuse[2], pour opérer l'unité territoriale et politique d'une contrée aussi nettement séparée par ses frontières extérieures du reste de l'Europe et formant, pour ainsi dire, bloc à part.

b. **Climat et richesses naturelles.** — Aux signes qui pré-

---

1. Baléares comprises. Avec le Portugal, on arrive, pour l'ensemble de la péninsule ibérique, au chiffre de 588.500 kilomètres carrés. Soit, pour l'Espagne seule, la proportion des 5/6.

2. Réunion de la Navarre à l'Aragon par le mariage de Jean II d'Aragon avec Blanche d'Évreux (1425) ; de l'Aragon à la Castille par celui de Ferdinand avec Isabelle (1469) ; prise de Grenade par ces princes (1492).

cèdent, on devine combien le climat et la végétation varient d'un bout à l'autre de l'Espagne.

La région cantabrique, soumise à l'influence de l'Océan, est la plus européenne de la péninsule par le climat, l'abondance des pluies, la fraîcheur des *pâturages*, la verdure des *forêts*.

La région bétique est celle qui l'est le moins. L'action combinée du soleil et de l'eau [1] explique la fougue de la végétation dans cette zone de transition entre les deux continents. Les tiges de *blé* et de *maïs* se dressent à des hauteurs inconnues sur les autres points de l'Europe, tandis que les plantations de *canne à sucre*, les *rizières*, les haies de *lauriers-roses*, les *vignes*, les bois d'*orangers*, d'*oliviers*, de *dattiers* et de *figuiers*, forment un fouillis dont l'Afrique peut seule donner l'idée.

Entre les deux, la région des plateaux subit toutes les rigueurs du climat continental. « Madrid, dit un proverbe castillan, c'est l'hiver pendant neuf mois, l'enfer pendant trois ! » Trop chauds de juin à septembre, et trop froids de septembre à mai, les hauts plateaux ne montrent le plus souvent que des landes monotones, de maigres *bouquets de bois*, et, de loin en loin, quelques champs de *céréales*. « Si l'alouette, dit encore le proverbe castillan, ne veut pas mourir dans son vol au-dessus des Castilles, elle doit emporter son grain. »

La région ibérique jouit, au contraire, du climat méditerranéen. Protégée par le double écran de ses montagnes contre les influences océanique et africaine, elle se couvre des espèces communes aux contrées de l'Europe méridionale.

La variété des richesses souterraines ne le cède pas à celle de la surface : *houille* des Asturies (Gijon) et de la Sierra Morena (Belmez); *fer* de la Navarre; *plomb* d'Oviédo et de Linarès; *mercure* d'Almaden; *cuivre* du Rio-Tinto; *marbres* des Pyrénées et de l'Andalousie.

---

1. Les pluies sont rares dans la Bétique, mais les habitants emmagasinent l'eau dans les *pantanos* de la montagne, d'où ils la distribuent dans les campagnes au fur et à mesure des besoins. Un *tribunal des eaux* préside même à cette distribution.

L'Espagne n'en demeure pas moins un des pays les plus arriérés de l'Europe sous le triple rapport du développement agricole, industriel et commercial. Un tiers seulement de la péninsule est cultivé ; les *filatures* de Barcelone, les *soieries* de Madrid, Grenade, Séville et Barcelone, les *fabriques d'armes* de Tolède, les ateliers de Cordoue où se travaille le *cuir*, les *usines métallurgiques* de Séville, sont à peu près les seuls centres industriels capables de soutenir la comparaison avec ceux de l'étranger ; et le commerce extérieur ne s'élève encore qu'à un milliard.

Cette infériorité résulte de la faible longueur des artères navigables, de la rareté des canaux, du mauvais entretien des routes, de l'insuffisance des voies ferrées transversales.

c Colonies. — L'Espagne compte moins par la place qu'elle occupe en Europe que par la remarquable expansion de sa race dans le monde. La perte successive de l'Amérique centrale et de l'Amérique du Sud au commencement du xxe siècle, de Cuba, de Porto-Rico et des Philippines en 1898, des Carolines et des Mariannes en 1899 n'empêche pas que l'espagnol soit encore aujourd'hui, après l'anglais et le russe, la langue parlée par le plus grand nombre d'hommes. Mais, comme colonies proprement dites, l'Espagne ne possède plus que *Ifni*, *Ceuta* et *Mélilla* au Maroc, les *Canaries* au nord-ouest de l'Afrique, *Fernando-Po* et *Annobon* dans le golfe de Guinée.

d. **Géographie politique.** — 18.608.000 habitants. — Monarchie constitutionnelle ne disposant que de 90.000 hommes en temps de paix, 805.000 en temps de guerre et de 10 cuirassés. — Principales villes : *Barcelone* (533.000 hab.), la seconde ville d'Espagne pour le chiffre de la population [1], *Valence* (213.550), *Séville* (148.315), *Cordoue* (58.275). *Madrid* (539.585), quoique reliée depuis peu aux principales stations du littoral, est une des capitales les moins en harmonie avec les modes du temps.

---

1. En tenant compte des annexions relativement récentes (quartiers de Gracia, de Saint-Martin, Pueblo-Nuevo, etc.).

L'ombre du taciturne monarque qui, du fond de sa cellule de l'Escurial, rêva d'en faire le centre politico-religieux du monde [1], semble toujours planer sur elle, comme pour enrayer son essor vers un peu plus de plaisir, de travail et de vie.

LECTURE

1. *Panorama de Rome du haut du Janicule.* — « Là, sous ses pieds, le Transtévère s'étendait, au bas du Janicule, avec le chaos de ses vieilles maisons rougeâtres, dont les tuiles mangées de soleil cachaient le cours du Tibre. Pierre restait un peu surpris de l'aspect plat de la ville, regardée ainsi du haut de cette terrasse, comme nivelée par cette vue à vol d'oiseau, à peine bossuée des sept fameuses collines, une houle presque insensible au milieu de la mer élargie des façades. Là-bas, à droite, se détachant en violet sombre sur les lointains bleuâtres des monts Albains, c'était bien l'Aventin avec ses trois églises à demi cachées parmi des feuillages ; et c'était aussi le Palatin découronné, qu'une ligne de cyprès bordait d'une frange noire. Le Cœlius, derrière, se perdait, ne montrait que les arbres de la villa Mattéi, pâlis dans la poussière d'or du soleil. Seuls, le mince clocher et les deux petits dômes de Sainte-Marie-Majeure indiquaient le sommet de l'Esquilin, en face et très loin, à l'autre bout de la ville ; et tandis que, sur les hauteurs du Viminal, il n'apercevait, noyée de lumière, qu'une confusion de blocs blanchâtres, striés de petites raies brunes, sans doute des constructions récentes, pareilles à une carrière de pierres abandonnée. Longtemps, il chercha le Capitole, sans pouvoir le découvrir. Il dut s'orienter ; il finit par se convaincre qu'il en voyait bien le campanile, en avant de Sainte-Marie-Majeure, là-bas, cette tour carrée, si modeste qu'elle se perdait au milieu des toitures environnantes.

1. Philippe II, fils de Charles-Quint, roi d'Espagne de 1556 à 1598.

Et, à gauche, le Quirinal venait ensuite, reconnaissable à la longue façade du palais royal, cette façade d'hôpital ou de caserne, d'un jaune dur, plate et percée d'une infinité de fenêtres régulières.

« Mais, comme il achevait de se tourner, une soudaine vision l'immobilisa. En dehors de la ville, au-dessus des arbres du jardin Corsini, le dôme de Saint-Pierre lui apparaissait. Il semblait posé sur la verdure ; et, dans le ciel d'un bleu pur, il était lui-même d'un bleu de ciel si léger qu'il se confondait avec l'azur infini. En haut, la lanterne de pierre qui le surmonte, toute blanche et éblouissante de clarté, était comme suspendue.

« Pierre ne se lassait pas et ses regards revenaient sans cesse d'un bout de l'horizon à l'autre. Il s'attardait aux nobles dentelures, à la grâce fière des monts de la Sabine et des monts Albains, semés de villes, dont la ceinture bornait le ciel. La campagne romaine s'étendait par échappées immenses, une et majestueuse, tel qu'un désert de mort, d'un vert glauque de mer stagnante ; et il finit par distinguer la tour basse et ronde du tombeau de Cæcilia-Metella, derrière lequel une mince ligne pâle indiquait l'antique voie Appienne. Des débris d'aqueducs semaient l'herbe rase dans la poussière des mondes écroulés. Et il ramenait ses regards, et c'était la ville de nouveau, le pêle-mêle des édifices, au petit bonheur de la rencontre. Ici, tout près, il reconnaissait, à sa loggia tournée vers le fleuve, l'énorme cube fauve du palais Farnèse. Plus loin, cette coupole basse, à peine visible, devait être celle du Panthéon. Puis, par sauts brusques, c'étaient les murs reblanchis de Saint-Paul-hors-les-Murs, pareils à ceux d'une grange colossale, les statues qui couronnent Saint-Jean-de-Latran, légères, à peine grosses comme des insectes ; puis, le pullulement des dômes, celui du Gésu, celui de Saint-Charles, celui de Saint-André de la Vallée, celui de Saint-Jean des Florentins ; puis, tant d'autres édifices encore, resplendissants de souvenirs, le château Saint-Ange dont la statue étincelait, la villa Médicis qui dominait la ville entière, la terrasse du Pincio où blanchissaient des marbres parmi des arbres rares, les grands ombrages de la villa Borghèse, au loin, fermant l'horizon de leurs cimes vertes. Vainement il chercha le Colisée.

« Le petit vent du nord, qui soufflait très doux, commençait pourtant à dissiper les buées matinales Sur les lointains vaporeux, des quartiers entiers se dégageaient avec vigueur tels que des promontoires dans une mer ensoleillée. Çà et là, parmi l'amoncellement indistinct des maisons, un pan de muraille blanche éclatait, une rangée de vitres jetait des flammes, un jardin étalait une tache noire, d'une puissance de coloration surprenante. Et le reste, le pêle-mêle des rues, des places, des îlots sans fin, semés en tous sens, s'emmêlaient, s'effaçaient dans la gloire vivante du soleil, tandis que de hautes fumées blanches, montées des toits, traversaient avec lenteur l'infinie pureté du ciel. » (E. Zola, *Rome*, **Fasquelle**, éditeur.)

2. *Le Transtévère*. — « Ah! ce cloaque de misère et d'ignorance! Rien n'approchait de cette stagnation dans l'insouciance et dans l'ordure. Par les plus beaux jours de ce pays de soleil, une ombre humide glaçait les ruelles tortueuses, étranglées, pareilles à des couloirs de cave; et l'odeur était affreuse, surtout une nausée qui prenait le passant à la gorge, faite des légumes aigres, des graisses rances, du bétail humain parqué là, parmi ses fientes. C'étaient d'antiques masures irrégulières, jetées dans un pêle-mêle aimé des artistes romantiques, avec des portes noires et béantes qui s'enfonçaient sous terre, des escaliers extérieurs qui montaient aux étages, des balcons de bois tenus comme par miracle en équilibre sur le vide. Et des façades à demi écroulées qu'il avait fallu étayer à l'aide de poutres, et des logements sordides dont les fenêtres crevées laissaient voir la crasse nue, et des boutiques d'infime commerce, toute la cuisine en plein air d'un peuple de paresse qui n'allumait pas de feu : les fritureries avec leurs morceaux de polenta et leurs poissons nageant dans l'huile puante, les

marchands de légumes cuits étalant des navets énormes, des paquets de céleris, de choux-fleurs, d'épinards, refroidis et gluants. La viande des bouchers, mal coupée, était noire, des cous de bête hérissés de caillots violâtres, comme arrachés. Les pains des boulangers s'entassaient sur une planche, ainsi que des pavés ronds ; de pauvres fruitières n'avaient d'autres marchandises que des piments et des pommes de pin, à leurs portes enguirlandées de tomates séchées et enfilées ; tandis que les seules boutiques alléchantes étaient celles des charcutiers, dont les salaisons et les fromages corrigeaient un peu, de leur odeur âpre, l'infection des ruisseaux.

« Les bureaux de loterie où les numéros gagnants étaient affichés alternaient avec les cabarets, des cabarets tous les trente pas, qui annonçaient en grosses lettres les vins choisis des châteaux romains, Genzano, Marino, Frascati. Et, par les rues du quartier, une population grouillante, en guenilles et malpropre, des bandes d'enfants à moitié nus que la vermine dévorait ; des femmes en cheveux, en camisole, en jupon de couleur, qui gesticulaient et criaient, des vieillards, assis sur des bancs immobiles sous le vol bourdonnant des mouches, toute une vie oisive et agitée, au milieu du continuel va-et-vient de petits ânes traînant des charrettes, d'hommes conduisant des dindes à coups de fouet, de quelques touristes inquiets, sur lesquels se ruaient aussitôt des bandes de mendiants. Des savetiers s'installaient tranquillement, travaillaient sur le trottoir. A la porte d'un petit tailleur, un vieux seau de ménage était accroché, plein de terre, fleuri d'une plante grasse. Et, de toutes les fenêtres, de tous les balcons, sur des cordes jetées d'une maison à l'autre, en travers de la rue, pendaient les lessives des ménages, un pavoisement de loques sans nom, qui étaient comme les drapeaux symboliques de l'abominable misère. » (E. Zola, *Rome*, Fasquelle, éditeur.)

Leçon II

Europe occidentale : Portugal. France. Iles Britanniques. Belgique. Hollande.

RÉSUMÉ. — 1. Le Portugal. — *a*. Superficie et configuration, différence avec l'Espagne. — 90.000 kilomètres carrés. Quadrilatère régulier nettement séparé de l'Espagne par le climat, l'uniformité de la zone littorale, la physionomie particulière de l'intérieur.

b. **Climat et richesses naturelles**. — Plus modéré qu'en Espagne, le climat est favorable à la culture de la *vigne*, des *céréales, orangers, citronniers, oliviers ;* mais l'insignifiance des gisements miniers, jointe à la mauvaise exploitation, maintient l'industrie dans un état précaire. Pays agricole plutôt qu'industriel.

c. **Colonies**. — Les établissements d'Afrique (*Açores, Madère, Iles du Cap-Vert, San-Thomé, Ile du Prince*, postes de *Sénégambie* et de *Guinée, Angola, Mozambique*), et quelques comptoirs épars en Asie (*Goa, Diu, Macao*) ou dans l'Insulinde (partie de *Timor*) sont les épaves d'un empire qui compta jadis parmi les plus glorieux.

d. **Géographie politique**. — 5.021.657 habitants. Monarchie constitutionnelle. Villes : *Lisbonne* (357.000 hab.) capitale, *Porto* (172.421).

2. **La France**. — 536.408 kilomètres carrés. Isthme entre l'Atlantique et la Méditerranée. L'excellence de sa position, l'harmonie de sa forme, la douceur de son ciel, la fécondité de son sol compensent la médiocrité de son étendue. Cependant il ne faudrait pas que la conscience de ses avantages naturels la laissât indifférente au spectacle des efforts accomplis en d'autres pays moins privilégiés, mais qui déjà la dépassent dans la voie du progrès économique. 39.252.267 habitants. *Paris* (2.763.393) capitale.

3. Les îles Britanniques. — *a.* **Superficie et configuration.** — 315.000 kilomètres carrés. Un archipel reposant sur un plateau sous-marin et composé d'une grande terre ou **Grande-Bretagne**, d'une autre plus petite ou **Irlande** et de nombreux îlots annexes.

b. **Climat et richesses naturelles.** — Climat *maritime* se distinguant entre tous les climats similaires par son extrême *humidité* (moyenne de $0^m,84$ en Grande-Bretagne, 0^m91 en Irlande, 2 mètres sur les monts de Galles ou d'Écosse) et par son *égalité* (température moyenne de juillet 18°, de janvier 4°). Favorisée par l'humidité, la culture des *céréales* donne d'abondants rendements et les *prairies* ne cessent de s'étendre (*chevaux*, *bœufs* et *moutons* renommés). Mais les richesses du sous-sol (*étain, fer, houille* surtout) l'emportent de beaucoup sur celles de la surface. C'est à son industrie (Sheffield, Birmingham, Merthyr-Tydfil, Glasgow, Leeds, Halifax, Bradford, Manchester, Londres) et à son commerce (22 milliards et demi) que l'Angleterre doit sa prééminence dans le monde.

c. **Colonies.** — En Europe, *Gibraltar* et *Malte*; en Asie, *Chypre*, *Aden*, *Périm*, *Inde*, *Birmanie*, *Singapour*, *Hong-Kong*, *Weï-haï-Weï*; en Afrique, *Sénégambie*, *Guinée*, *Bas-Niger*, *Soudan oriental*, *Égypte*, *Grands Lacs*, *Cap*, *Transvaal*, plusieurs îles; en Amérique, *Canada*, *Honduras*, plusieurs *Antilles*, *Guyane*; en Océanie, *Australie*, *Nouvelle-Zélande*, moitié sud-orientale de la *Nouvelle-Guinée*, quelques *îles* du Pacifique.

d. **Géographie politique.** — 42.422.000 habitants. Monarchie constitutionnelle. Villes : *Londres* (4.579.107 hab.) capitale, *Glasgow* (760.423), *Liverpool* (684.947), *Manchester* (543.969), *Birmingham* (522.182), *Leeds* (428.953), *Sheffield* (380.717), *Edimbourg* (316.479), *Dublin* (373.179).

4. La Belgique. — *a.* **Superficie et configuration.** — 29.457 kilomètres carrés, répartis entre deux régions distinctes, une plaine et un plateau.

b. **Climat et richesses naturelles.** — *Humide* et égal dans la plaine, le climat est déjà *continental* et plus rude sur le plateau. L'agriculture est assez pauvre, sauf en Hesbaye, à laquelle sa générosité a valu le nom de Beauce belge ; mais l'industrie, alimentée par les trésors souterrains (*houille, fer, plomb, cuivre*) est des plus prospères.

c. **Colonies**. — L'*État du Congo*, d'abord propriété personnelle du roi, a été cédé à la Belgique en 1908.

d. **Géographie politique**. — 6.700.000 habitants divisés en deux races et en deux langues (wallonnes au sud, flamandes au nord). Monarchie constitutionnelle. Villes : *Bruxelles* (550.000 hab.) capitale, *Anvers* (283.000), *Liège* (167.000), *Gand* (161.000).

5. La Hollande. — *a*. **Superficie et configuration**. — 33.000 kilomètres carrés. Terre basse, conquise par l'homme sur la mer et sur les fleuves, formée de terrains d'alluvions.

b. **Climat et richesses naturelles**. — Climat *humide* et quelquefois rigoureux. Dans un pays où, faute de minerais, l'industrie ne pouvait naître, l'agriculture a pris une remarquable extension (*légumes, fruits, fleurs, prairies*). L'établissement d'une infinité de canaux facilite la mise en circulation de ces produits.

c. **Colonies**. — *Indes orientales* et *Indes occidentales*.

d. **Géographie politique**. — 5.104.137 habitants. Monarchie constitutionnelle. Villes : *La Haye* (222.477 hab.) capitale, *Amsterdam* (538.815), *Rotterdam* (348.474).

Le **Grand-Duché de Luxembourg**, indépendant depuis 1890, a pour capitale *Luxembourg* (20.928 hab.).

Récit. — **1. Le Portugal**. — *a*. **Superficie et configuration ; différences avec l'Espagne**. — Il semblerait à première vue que la séparation du Portugal d'avec le reste de la péninsule fût une anomalie. Cependant elle s'explique par des raisons d'ordre géographique.

La partie du rivage devenue portugaise se distingue nettement des côtes espagnoles par l'extrême uniformité de ses plages et l'analogie des conditions atmosphériques. La communauté des besoins et des aspirations des habitants fut une conséquence de la communauté du milieu. Soumis aux mêmes influences, ceux-ci s'accoutumèrent au même genre de vie et tendirent naturellement à se grouper en un corps politique.

La zone intérieure qui suivit la destinée des campagnes du littoral n'est pas moins bien délimitée par la nature. Elle s'arrête à l'endroit précis où l'atmosphère humide de l'Océan cesse de se faire sentir, et où les plaines dénudées succèdent à la riche végétation forestière, où les fleuves abondants et même navigables se changent en pauvres filets d'eau au cours obstrué de pierres.

Les limites de l'Espagne et du Portugal coïncident avec celles que les rapides ont tracées à la navigation du Minho, du Douro, du Tage, du Guadiana. C'est pourquoi le Portugal, loin qu'il ait pris, en se séparant de l'Espagne, une forme capricieuse, s'est constitué en un quadrilatère régulier d'environ 90.000 kilomètres carrés. Tel un cristal prenant sous l'action d'un précipité chimique une existence distincte et se limitant par des arêtes précises [1].

b. **Climat et richesses naturelles.** — Sous un climat généralement chaud, mais plus modéré que celui de l'Espagne, *vignobles* (Douro), *céréales*, *orangers*, *citronniers*, *oliviers*, croissent en abondance. Mais, malgré l'existence de gisements de *fer* et de *cuivre* dans l'Alemtejo, la production minérale est insignifiante et l'industrie peu active.

c. **Colonies.** — Le Portugal, après avoir occupé jadis la toute première place dans l'histoire de la découverte et de la conquête du nouveau monde, dans les explorations d'Afrique, d'Inde et d'Extrême-Orient, paraît être frappé d'une déchéance irrémédiable. Les possessions d'Afrique (*Açores*, *Madère*, *îles du Cap-Vert*, *San-Thomé*, *Ile du Prince*, établissements de *Sénégambie* et de *Guinée*, *Angola* et *Mozambique*) sont le plus clair de son empire colonial. Le reste ne se compose que de

---

[1]. Élisée Reclus, *Europe méridionale*.

comptoirs épars, *Goa* et *Diu* aux Indes, *Macao* sur la côte de Chine, la partie orientale de *Timor* dans les îles de la Sonde.

d. **Géographie politique.** — 5.021.657 habitants. Monarchie constitutionnelle possédant une armée de 35.000 hommes en temps de paix, 125.000 sur le pied de guerre et une flotte de 55 navires. Principales villes : *Lisbonne* (357.000 hab.), capitale, port immense et sûr aux bouches du Tage, *Porto* (172.421), cité de grand commerce.

2. La France. — La France, qui fait ailleurs l'objet d'une étude détaillée [1], doit son rang dans le monde non à son étendue, qui est médiocre (536.408 kilomètres carrés) [2], mais à l'excellence de sa position semi-atlantique et semi-méditerranéenne ainsi qu'à son harmonique structure. Elle est, d'une part, l'isthme européen le plus étroit qui permette de passer des mers du sud aux plages océaniques. D'autre part, le merveilleux équilibre entre ses frontières de terre et de mer en fait à la fois une puissance continentale et une puissance maritime.

Comme son climat est l'un des meilleurs qu'il soit donné à l'homme de respirer, son sol est un des plus généreux qu'il puisse travailler ou fouiller, elle a réussi, le génie de ses habitants aidant, à accomplir ses glorieuses destinées. Sans doute, elle s'est laissé devancer par d'autres pays d'Europe sous le rapport du développement industriel et commercial ; le taux d'accroissement de sa population (39.252.267 hab.) a été moindre que celui de la plupart d'entre eux ; et il y a là pour elle un avertissement dont elle serait impardonnable de ne point tenir compte. Elle ne s'est pas pour cela endormie dans l'insouciance du lendemain ; elle n'a pas été, en ces dernières années, moins ardente que ses voisines à la curée coloniale ; si sa capitale, *Paris*, n'est que la seconde ville de l'Europe après Londres pour le nombre des habitants (2.763.393),

---

1. *Troisième année (Géographie de la France et de ses colonies).*
2. Corse comprise.

elle est la première du monde par la suprématie de l'esprit.

La France est devenue l'héritière des traditions de la Grèce.

3. Les îles Britanniques. — *a. Superficie et configuration.* — Groupe insulaire composé d'une grande terre ou **Grande-Bretagne** (*Angleterre, Pays de Galles, Écosse*), d'une île plus petite (**Irlande**) et de nombreux îlots annexes (*Wight* et *Archipel anglo-normand* dans la Manche, îles *Scilly* ou *Sorlingues* en avant du cap Land's End, *Man* et *Anglesey* dans la mer d'Irlande, *Hébrides, Orcades* et *Shetland* au nord).

Bien que reposant sur le plateau sous-marin de l'Europe occidentale, cet ensemble est nettement séparé du reste du continent. La mer, en le fouillant de toutes parts, lui a donné sa forme élégante et svelte. La Grande-Bretagne n'est qu'une succession d'isthmes entre les golfes qui la pénètrent. Pour si massive qu'elle soit en comparaison de sa voisine, l'Irlande ne se distingue pas moins parmi les terres similaires par la beauté de ses contours. Ici comme là, l'homme n'est nulle part assez éloigné de la mer pour échapper à son attrait. Tout l'invite à la navigation, depuis la douce inclinaison des pentes qui conduisent sans encombre de l'intérieur à la côte jusqu'à la nature de cette dernière accessible presque partout aux plus forts navires. Il n'est pas douteux qu'indépendamment du génie particulier de la race, l'Angleterre n'ait été prédestinée par sa configuration même au rôle de grande puissance maritime.

Cette remarque explique en partie comment un pays, dont la surface totale (315.000 kilomètres carrés) ne représente guère plus du seize centième de la superficie terrestre et à peine un trentième de l'étendue de l'Europe, peut exercer sur le reste du monde une influence si considérable et l'emporter par sa puissance d'expansion sur les autres grands États européens.

b. Climat et richesses naturelles. — Que les Iles Britanniques soient soumises à l'influence du climat *maritime*, cela

11. — ILES BRITANNIQUES.

n'a rien que de très naturel. Mais à ne déterminer ce climat que par l'éloignement graduel de l'équateur au pôle, sans tenir compte des effluves du Gulf-Stream, on se tromperait sur son caractère véritable. Il se reconnaît, en effet, à deux traits particuliers : son extrême *humidité* et sa remarquable *égalité*.

Si on réfléchit que la vapeur dont les vents se sont chargés au-dessus des mers environnantes se déverse toute sur l'archipel, on comprendra que la moyenne générale de la pluie soit notablement supérieure à celle de la France ($0^m,84$ en Grande-Bretagne, et $0^m,91$ en Irlande[1]). La hauteur de l'eau tombée sur les monts de Galles, de Cumberland et d'Écosse atteint un niveau de 2 mètres; elle dépasse encore 1/2 mètre dans le district de Lincoln, l'endroit le plus sec de l'Angleterre. Par l'épaisseur de ses brumes, la fréquence de ses pluies, la pâleur de son soleil, l'Angleterre apparaît comme l'antithèse de la si pure, si ensoleillée et si claire Italie. Milieu propice aux idées noires! Ce n'est pas là que les phtisiques peuvent escompter une longue vie. Parfois le brouillard est tel qu'il faut éclairer en plein midi. On a vu sur les marchés de Londres des troupeaux de bestiaux périr étouffés sous le poids de son épaisseur[2].

En revanche, les saisons sont d'une incomparable douceur. Pendant l'été, les couches d'air qui reposent sur la Grande-Bretagne étant plus chaudes que l'eau marine, celle-ci rafraîchit les rivages et modère la chaleur. En hiver, les eaux, ayant à leur tour une température plus élevée que l'air, viennent adoucir le climat hivernal de l'Irlande et de l'Écosse. La conséquence est que l'acclimatation est beaucoup moins redoutable d'une région à une autre, dans l'archipel britannique, qu'en aucun pays d'Europe. Alors que le Provençal et le Breton n'échangent pas toujours leur résidence sans dan-

---

1. Elle n'est en France que de $0^m,77$.
2. Le fait s'est produit en décembre 1873, sur le marché de Smithfield, au cœur de Londres.

ger, l'Écossais et l'Anglais passent dans la patrie l'un de l'autre sans presque s'apercevoir, sous le rapport de la température, du changement de milieu.

Ce sont là des conditions favorables à la végétation. Le sol, peu riche naturellement, puise dans l'atmosphère humide et tempérée qui l'enveloppe un élément de fécondité. Les *forêts* dont parle César ont à peu près disparu aujourd'hui [1]. Mais à côté des *céréales*, de la *pomme de terre* et du *lin*, les *pâturages* gagnent chaque jour en étendue. Là paissent 11 millions 1/2 de *bêtes à cornes* (Durham), 2 millions de *chevaux* (Irlande, York, Lincoln), 29 millions de *moutons* (Cheviots et South-Downs). Dans les campagnes d'Irlande, des *porcs* énormes rôdent autour des maisons.

« A l'exception de l'olivier, écrit Tacite, et de quelques autres productions qui exigent un climat plus chaud, tout vient abondamment sur le sol de Bretagne [2]. » Encore l'historien n'avait-il pas observé ces curieux phénomènes de végétation manifestés par la croissance du *bambou* à Anglesey, du *figuier*, du *myrte* et du *laurier-rose* à Wight, du *camelia* en Cornouaille, du *palmier* dans les Sorlingues [3].

Mais la principale richesse de l'archipel britannique, celle qui lui vaut la prééminence sur les autres pays d'Europe, lui vient de son sous-sol. Aux temps les plus reculés, l'*étain* de la Cornouaille donnait déjà lieu à un commerce actif avec les rivages de la Méditerranée. Plus tard, César faisant l'inventaire des mines de la Bretagne citait le *fer* en première ligne. Jusqu'à ces dernières années, l'Angleterre n'était dépassée par aucun autre État du monde pour la production de la *houille* (bassins du Northumberland ou de Newcastle, du Lan-

---

1. « Dans ce pays, écrit César, croissent, comme en Gaule, des arbres de toute espèce, à l'exception du hêtre et du sapin. » Il en est de ces forêts comme de celles de Gaule qui ont été défrichées.
2. Tacite, *Vie d'Agricola*.
3. On sait que cette végétation est due à l'action du Gulf-Stream (*Première année*, p. 18).

cashire, du Yorkshire, du Staffordshire, de Cardiff, de Glasgow) ; mais depuis 1898 le rapport annuel des États-Unis est supérieur au sien de 101 millions de tonnes ; l'Angleterre avec 232 millions est passée au second rang.

Ce qui ne l'empêche pas d'être restée le foyer le plus intense de l'activité industrielle. Sheffield, Birmingham, Merthyr-Tydfil, Glasgow traitent le fer et l'acier, construisent *machines*, *locomotives* et *rails*, jettent par milliers dans les magasins, dans les wagons, dans les navires, *clous*, *couteaux*, objets de *quincaillerie*. Leeds fabrique les *draps*, Halifax les *flanelles*, Bradford divers *tissus* mêlés, Glasgow les *châles*. Liverpool et Greenwich ont leurs *chantiers de construction*. Une armée d'ouvriers travaille le *coton* à Manchester, la *soie* à Londres. Ce ne sont que ruches humaines partout, essaims pressés partout de cheminées gigantesques. Tours nouvelles d'une féodalité moderne, ni ecclésiastique ni militaire, marchande avant tout! Actes de foi d'un autre genre dressés vers le ciel en signe d'une irrésistible poussée vers l'action! Il y a là, au milieu d'un bruit assourdissant, sous un nuage imprégné de vapeur de charbon, un spectacle inouï, inattendu, qui surprend le voyageur malgré tout ce qu'on a pu lui dire. Et le commerce (22 milliards et demi) est à proportion de l'industrie. C'est un tiers de plus que l'Allemagne et un peu plus du double de la France. Il est vrai qu'après s'être élevé jusqu'en 1900, il a commencé à fléchir en 1901 où une diminution de 311½ millions a été constatée. Mais ce phénomène, résultant de la récente guerre de l'Angleterre dans le Sud-Africain, peut n'être qu'un accident. N'oubliez pas que sur 100 francs d'échanges qui se font sur la Terre, il y a encore 73 francs pour les Anglais. Ceux-ci n'ont pas construit 36.000 kilomètres de lignes ferrées ni ouvert à la navigation 6.500 kilomètres de rivières ou de canaux pour s'arrêter en si belle voie. Pourquoi faut-il que la fortune soit, chez eux, aussi inégalement distribuée et que la plus hideuse misère y coudoie la plus extravagante opulence ?

c. **Colonies.** — Pour écouler ses produits, l'Angleterre dispose d'un empire colonial 100 fois plus vaste que la mère patrie. L'Angleterre n'est pas seulement à l'extrême occident de l'Europe, mais dans toutes les parties du monde. Elle est, en Europe, à *Gibraltar* et à *Malte* ; dans l'Asie, à *Chypre*, à *Aden*, à *Périm ;* dans l'*Inde*, en *Birmanie*, à *Singapour*, *Hong-Kong* et *Weï-haï-Weï ;* dans l'Afrique, en *Sénégambie*, en *Guinée*, au *Bas-Niger*, dans le *Soudan oriental*, en *Égypte*, aux *Grands Lacs*, au *Cap*, au *Transvaal*, dans les *îles* ; en Amérique, au *Canada*, aux *Honduras*, aux *Antilles*, dans la *Guyane ;* en Océanie, dans l'*Australie*, la *Nouvelle-Zélande*, la moitié sud-orientale de la *Nouvelle-Guinée*, *l'archipel polynésien*. Avec l'empereur de Chine, le roi d'Angleterre est le souverain qui **commande au plus grand nombre d'hommes.**

d. **Géographie politique.** — 42.422.000 habitants, dont, en chiffres ronds, 33.400.000 pour l'Angleterre et le pays de Galles, 4.500.000 pour l'Écosse, 4.400.000 pour l'Irlande. — Monarchie constitutionnelle disposant d'une armée de 250.000 hommes et d'une flotte de 500 navires montés par 70.000 matelots. — Pays du monde qui compte le plus de grandes villes : *Glasgow* (760.423 hab.), *Liverpool* (684.947), *Manchester* (543.969), *Birmingham* (522.182), *Leeds* (428.953), *Sheffield* (380.717), *Édimbourg* (316.479), *Dublin* (373.179). Avec ses 4.519.107 habitants, la capitale, *Londres*, ressemble moins à une ville qu'à une « province couverte de maisons ». Il n'en est pas au monde de plus populeuse ni de plus vaste ; il n'en est pas non plus dont l'accroissement en surface ou en habitants soit plus rapide ni plus continu [1].

Est-ce à dire que le colosse britannique ne présente aucun symptôme menaçant ? Le long martyre de l'Irlande a mal soudé cette île à l'Angleterre ; le vent de révolte qui souffle dans l'Inde peut, d'un instant à l'autre, emporter ce joyau de

---

1. Londres compte 1.865.039 habitants de plus que Paris et s'étend sur une superficie quatre fois plus grande.

la couronne ; et la nécessité d'ouvrir sans cesse de nouveaux débouchés au commerce ou à l'industrie condamne le gouvernement à une politique d'extension, à outrance où risque de sombrer la fortune de la nation.

4. La Belgique. — a. **Superficie et configuration.** — Toute petite enclave de 29.457 kilomètres carrés, sans frontières naturelles, s'élevant par degrés, des plaines du littoral où quelques champs endigués se trouvent même au-dessous du niveau moyen des eaux jusqu'au plateau des Ardennes. C'est la 4.500^e partie de la superficie des terres.

b. **Climat et richesses naturelles.** — *Océanique* dans la partie basse, le climat subit sur les hauteurs l'effet de la réaction *continentale*. Anvers et Bruxelles reçoivent des pluies plus abondantes et jouissent d'une température plus égale que Dinant ou Liège ; et la neige, dans la plaine, couvre en moyenne pendant trente jours par an les pentes du plateau.

Au vrai, la surface du sol n'est véritablement riche ni dans l'une ni dans l'autre de ces régions. La Flandre est trop mouillée pour porter autre chose que des *pâturages*, aucun arbre ne croît dans les *sables* de la Campine, aucune verdure n'égaye les *fagnes* moroses de l'Ardenne. Seule la Hesbaye, surnommée la *Beauce belge*, tranche par sa fertilité naturelle sur la pauvreté d'alentour.

Sans ses trésors souterrains, la Belgique ne compterait pas. Ils sont, à eux seuls, toute la Belgique, et toute la Belgique est en eux. A l'étendue de ses *bassins houillers* (Liège, Charleroi, Mons, de Campine [2]) et à l'abondance de ses mines de *fer* (Charleroi, Liège), de *plomb* et de *cuivre*, elle doit ses nombreuses usines. Les facilités d'approvisionnement que lui donnent ses ports ont multiplié ses manufactures (*laine* à Verviers, Bruxelles, Tournai, *lin* à Bruxelles et Gand). Près de 5.000 kilomètres de lignes ferrées et 2.200 kilomètres de

---

1. Dépressions comblées par des étangs.

2. Ce bassin, découvert en 1903, s'étend sur une superficie de 750 kilomètres carrés.

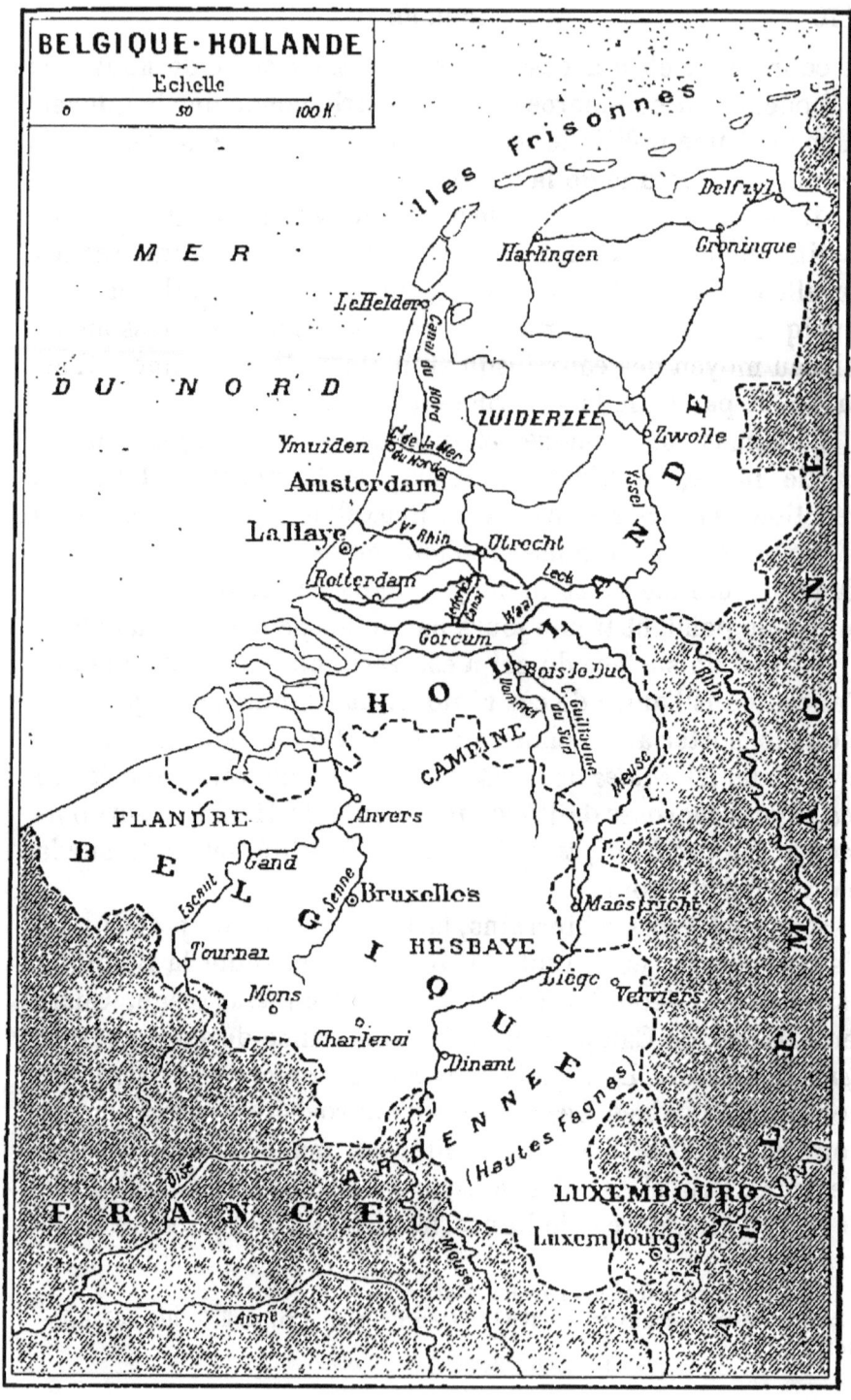

12. — Belgique. — Hollande.

voies navigables mettent ses produits en circulation. Par certaines industries manufacturières aussi bien que par son commerce extérieur représentant une valeur de cinq milliards, **la Belgique est, relativement au nombre de ses habitants, le premier pays de l'Europe.** Elle est, à cet égard, supérieure à l'Angleterre elle-même. Depuis 1903, Anvers, atteignant un mouvement de 18.139.184 tonnes, a dépassé Hambourg et est devenu le troisième port du monde [1].

c. Colonies. — La Belgique, le plus pauvre en étendue territoriale des Etats de l'Europe après le Monténégro, est devenue le premier de tous par son importance comme intermédiaire de commerce. La désignation de son roi comme chef de l'*État du Congo* lui avait donné plus d'occasions qu'aux autres Etats européens d'exploiter cette partie presque vierge de l'Afrique. Depuis 1908 est intervenu le traité de transfert du Congo à la Belgique.

d. Géographie politique. — 6.700.000 habitants, soit 227 en moyenne par kilomètre carré, proportion atteinte en aucune autre contrée de la Terre si ce n'est dans la Basse-Égypte. Ils sont divisés en deux races et en deux langues, celle de Wallonie au sud (41 0/0) et de Flandre au nord (45 0/0). Vers Bruxelles il existe une zone intermédiaire où les deux éléments se pénètrent et se fondent (14 0/0). Monarchie constitutionnelle formant depuis 1830 un État indépendant neutre.

— En dehors de la capitale, *Bruxelles*, qui compte avec ses faubourgs plus de 550.000 habitants, trois villes ont une population supérieure à 100.000 : *Anvers* (283.000), *Liège* (167.000), *Gand* (161.000). Leur essor contemporain n'a pas fait oublier leur glorieux passé.

1. La Hollande. — *a. Superficie et configuration, conquête du pays sur la mer.* — Hollande (*holl land*, pays creux) ou Néerlande (*neder land*, pays bas) est l'appellation qui convient le mieux à cette région indécise de l'Europe que la terre

---

[1]. Avant Anvers, Hong-Kong (19.204.889 tonnes) et Londres (18.639.159)

et l'eau se disputent sans cesse. Pour en faire une demeure habitable, les hommes ont dû la protéger à la fois contre les fleuves et contre l'Océan. Là où il n'y avait pas de terre, ils en ont fait une. En Hollande, ce n'est pas l'homme qui est né de la terre, c'est la terre qui est née de lui. Et cette terre nage entre deux océans, l'un d'eau douce, l'autre d'eau salée, également prêts à la revanche et auxquels un moment d'oubli de la part de leurs vainqueurs suffirait à rendre l'empire ! Singulier pays où, à part quelques chaussées établies sur les digues et pavées en briques, les routes sont des canaux, suivis l'été par les barques, et, à l'époque des gelées, par les traîneaux ! Sa superficie, légèrement supérieure à celle de la Belgique, ne dépasse pas 33.000 kilomètres carrés.

b. Climat et richesses naturelles. — Humide, comme tous les climats maritimes, le climat hollandais est déjà moins tempéré que celui de la Belgique ou de l'archipel britannique. Tandis que la neige ne couvre guère pendant plus de trente jours le plateau ardennais, elle séjourne jusqu'à trois mois en Hollande, s'y congèle et y interrompt quelquefois la navigation.

Au contraire de la Belgique, pays industriel, la Hollande est une région agricole. Les terres d'alluvion qui ne renferment pas de minerais sont, en revanche, éminemment favorables à la culture. A défaut de champs de céréales, la Hollande a les *légumes* de ses polders, les *fruits* de ses vergers, les *tulipes* et les *jacinthes* de ses jardins. Elle a surtout des *prairies* qui sont parmi les mieux aménagées de l'Europe et où l'élevage est en honneur (*chevaux, moutons, bêtes à cornes*). Son industrie est tout agricole : fabrique de *beurre* et de *fromage*, distilleries *d'alcool, huileries*. Avec cela elle fait un chiffre d'affaires de 9 milliards. Elle s'est donné, malgré les difficultés de l'entreprise, près de 3.000 kilomètres de chemins de fer et 2.800 kilomètres de voies navigables, dont 2.300 en canaux (*canal du Nord*, d'Amsterdam au Helder ; *canal de l'Y*, d'Amsterdam à Zandvoort ; *canal d'Amsterdam* à Rotterdam ; canal d'Amsterdam à Ymuiden ; Zederick-Canal, d'Utrecht à Gorcum ; canal d'Harlingen à Delfzyl ; canal de Groningue à Swolle ; canal Guillaume-du-Sud, de Bois-le-Duc à Maëstricht.

c. **Colonies.** — Elles' comprennent deux groupes : les *Indes orientales*. (*Sumatra*, *Java*, *les petites îles Malaises*, *Célèbes*, les *Moluques*, la plus grande partie de *Bornéo*, la moitié occidentale de la *Nouvelle-Guinée*) avec *Batavia* pour capitale ; les *Indes occidentales* (*Guyane* et quelques *Antilles*) avec, pour capitale, *Paramaribo*.

d. **Géographie politique.** — 5.104.137 habitants, soit 157 par kilomètre carré, ce qui fait de la Hollande un des pays les plus peuplés de l'Europe après la Belgique. — Monarchie constitutionnelle possédant une armée de 60.000 hommes et une flotte de 148 navires montés par 14.000 matelots. — Trois illes ont une population supérieure à 100.000 habitants : *Amsterdam* (538.815), *Rotterdam* (348.474), *La Haye* (222.477) capitale.

Le **Grand-Duché du Luxembourg**, après avoir appartenu jusqu'en 1890 au roi des Pays-Bas, est aujourd'hui un pays indépendant, dont la capitale, *Luxembourg*, ne compte que 20.928 habitants.

LECTURE

La lutte des Hollandais contre la mer. — « De longue date, les habitants de la Hollande ont entrepris, contre les flots, une lutte restée longtemps inégale. On a la preuve que, dès l'an 640 de notre ère, des digues avaient été construites sur certains points menacés. Mais il a fallu des siècles pour compléter le système de défense et le rendre efficace. C'est surtout depuis 1579, date de l'indépendance de la Hollande[1], que les progrès furent constants. L'organisation de la défense put alors être

---

1. Union d'Utrecht (23 janvier 1579).

conduite d'après un plan d'ensemble. Elle fut confiée à un corps spécial d'ingénieurs d'élite, appelé le Waterstaat, institution originale qui compte déjà plusieurs siècles d'existence. Son activité ne se borne pas à l'entretien et à la surveillance des digues, tâche assez laborieuse pourtant, comme le prouvent les accidents qui de temps à autre se produisent encore de nos jours.

« Passant de la défensive à l'offensive, les Hollandais construisent des endiguements d'un autre genre pour accroître leur domaine: Il s'agit, en ce cas, soit de dessécher des marais intérieurs, soit de fixer les alluvions que la mer et les fleuves déposent dans les bas-fonds vaseux, et avec ces miettes de sol laborieusement réunies et soigneusement égouttées, d'étendre la nappe verdoyante des polders. C'était autrefois à l'aide de moulins à vent qu'on procédait à l'épuisement des eaux; les machines à vapeur remplissent aujourd'hui cet office. Elles ont permis de dessécher en sept ans (1848-1855) l'ancien lac de Haarlem, et de conquérir à la culture 18.000 hectares d'un sol excellent, dont le niveau est inférieur de plus de 4 mètres à celui de la mer. La vigilance du Waterstaat s'exerce avec un égal succès sur l'aménagement des eaux courantes; elle s'occupe de procurer aux masses fluviales un écoulement distinct et régulier. L'eau qui passe avec quelque raison pour l'ennemie intime de la Hollande est combattue systématiquement sous toutes ses formes. » (Vidal-Lablache, *États et Nations de l'Europe, Autour de la France*, Delagrave, éditeur.)

Leçon III

Europe centrale : Allemagne. Danemark. Suisse. Autriche-Hongrie.

RÉSUMÉ. — 1. L'Allemagne. — *a*. Superficie et configuration. — 540.743 kilomètres carrés. Immense plane inclinée vers le nord et confinant au sud, par l'entremise de plateaux médiocres, à la région alpestre.

b. **Climat et richesses naturelles.** — Climat peu variable du nord au sud, l'altitude s'élevant à mesure qu'on descend en latitude, mais très variable de l'ouest à l'est, à mesure qu'on s'éloigne de l'Océan. L'application des Allemands aux travaux agricoles a eu raison des aptitudes plutôt médiocres de leur sol (*vignes* de la région rhénane; *houblon* d'Alsace-Lorraine, de Bade, du Wurtemberg, de Bavière; *betteraves* de Saxe, de Silésie, du Brunswick; *céréales, pommes de terre* et *pâturages* un peu partout). Mais ils n'ont eu qu'à se baisser pour puiser à la source intarissable de leurs richesses souterraines (*houille, fer, plomb, cuivre*, etc.). Des *usines, fonderies* et *manufactures* couvrent des régions entières (Essen, Kœnigsberg, Stettin, Kiel, Elberfeld, Mulhouse, Berlin, Breslau). L'exécution d'importants travaux publics (25.300 kilomètres de voies navigables, 425.000 kilomètres de routes, 54.000 kilomètres de lignes ferrées) permet le transport rapide des produits aux quatre coins de l'empire. **Le développement économique de l'Allemagne est l'un des faits les plus saillants du siècle.**

c. **Colonies.** — En Afrique : *Togoland, Cameroun, Damaraland, Namaqualand, Est-Africain*; en Asie, *Kiao-Tchéou*; en Océanie, moitié nord-orientale de la *Nouvelle-Guinée, îles Bismarck, Salomon, Marshall, Mariannes* et *Carolines*.

d. **Géographie politique.** — 60.605.183 habitants. Monarchie fédérale constitutionnelle. Villes : *Berlin* (2.034.000 hab.) capitale, *Hambourg*, supérieure à 872.000; *Munich*, à 538.000; *Dresde*, à 502.000; *Breslau*, à 487.000; *Leipzig*, à 470.000; *Cologne*, à 426.000; *Francfort-sur-le-Mein*, à 337.000; *Nuremberg*, à 265.000; *Hanovre*, à 250.000; *Essen*, à 230.000; *Brême*, à 180.000.

2. Le Danemark. — *a*. **Superficie et configuration.** — 38.279 kilomètres carrés. Une partie péninsulaire (**Jutland**) et une partie insulaire (**Seeland, Fionie, Laaland, Bornholm,** etc.).

b. **Climat et richesses naturelles.** — L'humidité du climat favorise la culture des *céréales* et l'extension des *prairies* (*chevaux* et *bêtes à cornes*); mais le manque de houille entrave tout essor industriel. Les Danois ont trouvé une compensation dans le merveilleux développement de leur marine supérieure à celle de la Grèce même.

c. **Colonies.** — En Europe : les îles *Féroër* et *Islande*; en Amérique, le *Groënland, Sainte-Croix, Saint-Thomas* et *Saint-Jean*.

d. **Géographie politique.** — 2.464.770 habitants. Monarchie constitutionnelle. Villes : *Copenhague* (378.235 hab.) capitale, seule grande ville.

3. La Suisse. — *a*. **Superficie et configuration.** — 41.000 kilomètres carrés. Amoncellement de montagnes coupées de vallées magnifiques. Terre promise des touristes.

b. **Climat et richesses naturelles.** — Climat froid ou glacé sur les montagnes, plus tiède dans les vallées, mais jamais assez chaud pour provoquer, sans le secours du *fœhn*, la fonte des neiges. Les *champs* et les *cultures* commencent à s'étendre à côté des *pâturages* et des *forêts* qui furent pendant longtemps la seule richesse de la Suisse. Les Suisses, à défaut d'abondantes mines de houille, utilisent pour le travail industriel les chutes d'eau de leurs torrents (*horlogeries* et *soieries*).

c. **Géographie politique.** — 3.315.443 habitants. République fédérale de 22 cantons formant, malgré leur autonomie, une nation homogène. Villes : *Berne* (67.603 hab.) capitale, *Zurich* (163.967), *Genève* (109.199), *Bâle* (117.500).

4. L'Autriche-Hongrie. — *a*. **Superficie et configuration, différences géographiques et ethnographiques.** — 676.665 kilomètres carrés. Amalgame de contrées géographiquement distinctes, peuplées de races diverses, sans frontières naturelles.

b. **Climat et richesses naturelles.** — Trois zones climatériques principales : la côte, soumise à la douce influence de la Méditerranée; la plaine, sujette aux rigueurs continentales; la montagne, plus froide mais de température plus égale. La Hongrie est la partie agricole par excellence; la Bohême, la région industrielle. *Céréales, vignes, plantes industrielles, pâturages* de la première; *houille, argent, étain, plomb, fer, cuivre* de la seconde. *Forges, verreries, cristalleries, filatures* de Bohême. En dehors de la Hongrie, les *forêts* croissent sur les montagnes; en dehors de la Bohême, la *houille* abonde en Moravie, en Styrie, en Carinthie, le *pétrole* et le *sel* en Galicie. Malgré ces conditions premières favorables, l'industrie est dépassée par celle de l'Angleterre, de l'Allemagne, de la France. Le commerce est à peu près égal à celui de la Belgique et inférieur à celui de la Hollande. L'Autriche-Hongrie n'a pas de colonies.

c. **Géographie politique.** — 45.405.267 habitants, appartenant à un très grand nombre de races diverses. — Le gouvernement est un *dualisme* depuis la réunion dans la même famille de la couronne impériale d'Autriche et de la couronne royale de Hongrie. — Villes : *Vienne* (1.674.957 hab.) capitale, *Buda-Pesth* (716.476), *Prague* (201.589), *Lemberg* (159.877), *Grätz* (138.080), *Trieste* (134.143).

Récit. — 1. **L'Allemagne.** — *a*. **Superficie et configuration.** — Vaste ensemble de 540.743 kilomètres carrés, régulièrement incliné de la base des Alpes aux rives de la mer du Nord et de la Baltique, et composé de deux régions très différentes : au sud, le haut pays, avec ses plateaux, ses torrents, ses lacs; au nord, la plaine que couvrent les prairies, les bruyères et les tourbes. Aucune égalité d'ailleurs entre ces deux parties d'un tout : la première ne représente que 1/5 de la superficie totale, la seconde les 4/5. L'Allemagne est donc surtout un pays plat. Les diagonales menées d'une extrémité à l'autre du continent, des Hébrides à Constantinople, de l'Oural à Gibraltar, de la pointe septentrionale de la Scandinavie à la Sicile, de la Bretagne à la Caspienne, se croisent sur son territoire.

b. **Climat et richesses naturelles.** — Malgré le contraste physique entre le nord et le sud, le climat est à peu près éga-

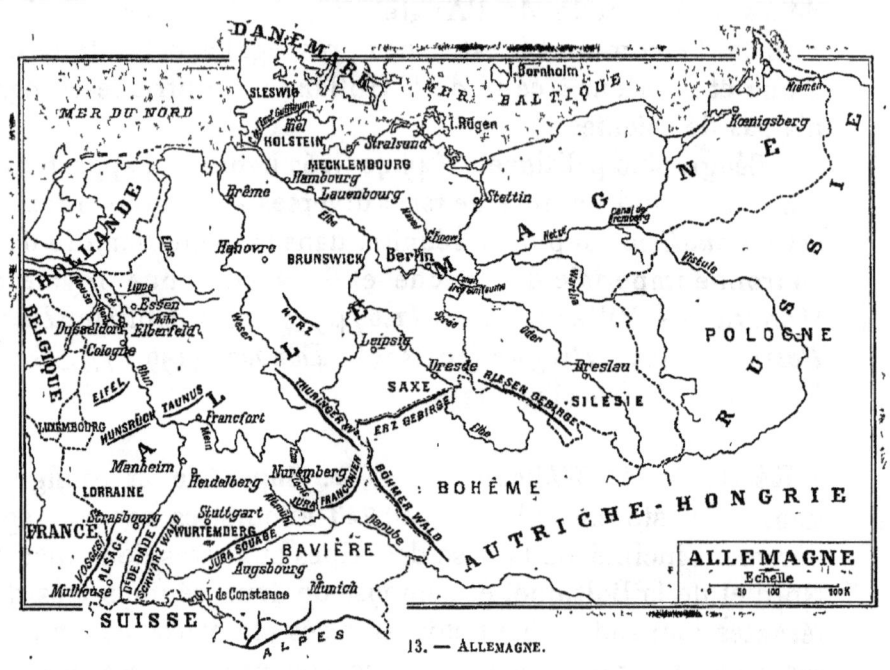

13. — ALLEMAGNE.

lisé par la compensation réciproque des effets de la latitude et de l'altitude. Munich, Augsbourg ou Ratisbonne ont la même température moyenne (8°,6) que Breslau, Stralsund ou Hambourg. De Bâle jusqu'à son entrée en Hollande, c'est-à-dire sur un espace de 500 kilomètres en ligne droite, le Rhin coule sous le même ciel invariable. C'est entre l'occident et l'orient, des bords du Rhin aux bords de la Vistule, bien plus qu'entre le sud et le nord, que contrastent les climats. A mesure qu'on s'éloigne de l'Océan, les pluies deviennent plus rares, les variations plus brusques, les écarts plus accentués. A l'occident, c'est encore le climat *modéré* de la France; à l'orient, c'est déjà le climat *plus dur* de la Russie. L'Allemagne ménage ainsi la transition entre les deux climats atlantique et continental.

Il dépendait de ses habitants de faire tourner à leur profit des conditions physiques ni tout à fait mauvaises ni particulièrement privilégiées. Là paraît avoir été, depuis leur victoire de 1870-1871 sur la France, leur pensée dominante. Ils l'ont réalisée avec un tel succès que le **développement économique** de l'Allemagne apparaît aujourd'hui comme l'**un des faits les plus saillants** de ce siècle.

Sans doute l'agriculture, médiocrement favorisée par un sol plutôt pauvre, ne suffit pas à nourrir ses habitants. Mais des aménagements de toute sorte ont porté la fertilité à des terres regardées jusqu'ici comme improductives; le patient labeur du paysan a fini par avoir raison des sables et des marécages les plus ingrats, à ce point qu'une égale application en un pays mieux avantagé par la nature eût versé la richesse à pleins bords. Aujourd'hui, les neuf dixièmes du sol sont utilisés. Si la culture de la *vigne* ne dépasse guère la région rhénane, celle des *céréales* gagne chaque jour du terrain et celle de la *pomme de terre* prospère sans arrêt. Le goût des Allemands pour la *bière* les incite à produire une quantité prodigieuse de *houblon*, notamment en Alsace-Lorraine, dans le duché de Bade, dans le Wurtemberg, en Bavière. L'abondance de la *betterave* en Saxe, en Silésie, dans le Brunswick, ailleurs encore, a placé leur pays au premier rang des producteurs de *sucre*. La *race chevaline* du Mecklembourg compte parmi les plus réputées, et les *bêtes à cornes* trouvent en Bavière, dans le Wurtemberg, dans les provinces rhénanes, les *pâturages* nécessaires à leur alimentation.

Du sous-sol, infiniment plus riche que la surface, l'industriel allemand n'a pas tiré moindre parti. Nous voyons la production de la *houille* passer en Allemagne de 20 millions de tonnes en 1871 à 135 millions en 1903[1]. Pendant le même intervalle de temps, le nombre des ouvriers occupés à l'extraction du fer a quintuplé[2]. Des régions entières se sont couvertes d'usines et de fonderies. Telles, dans le bassin de la Rühr, l'usine Krupp à Essen, **le plus grand établissement métallurgique du vieux monde**, qui valut à ses maîtres le titre de « rois du canon[3] », et, près de la mer, celles de Kœnigsberg, Stettin, Kiel, d'où sortent toutes les pièces nécessaires aux constructions navales. Parmi les industries textiles, la fabrication des *lainages* et des tissus de *coton* a pris en Saxe, en Silésie, dans la province du Rhin (Elberfeld), en Alsace-Lorraine (Mulhouse), une extension considérable. A Berlin et à Breslau, la *confection* dépasse déjà la confection parisienne. Dans les industries *chimiques*, l'Allemagne laisse loin derrière elle toutes les autres nations.

Un admirable système de voies de communication rend aisée la circulation de tant de richesses. L'Allemagne est, sans conteste, **le pays le mieux desservi de l'Europe**. Ses grandes voies fluviales, développées sur une longueur de 25.300 kilomètres, auraient pu suffire à assurer en d'assez

---

1. Pour la production de la houille, l'Allemagne vient au troisième rang, après les États-Unis (333 millions de tonnes) et l'Angleterre (232 millions).
2. 250.000 ouvriers occupés en 1903 à l'extraction du fer.
3. Longtemps le nom de Krupp eut en Allemagne, à la suite de la guerre de 1870, une sorte de signification nationale, comme celui de Bismarck ou de Moltke; mais, depuis la disparition de Frédéric Krupp, fils d'Alfred, mort en 1902, la prospérité semble s'être arrêtée.

bonnes conditions la navigation intérieure. Elle ne s'en est pas contentée. Tout un réseau de canaux transversaux relie les fleuves entre eux. Depuis longtemps le *canal Louis* unissait le Rhin au Danube par le Mein et l'Altmühl, le *canal de Finow* et le *canal de Frédéric-Guillaume*, l'Elbe à l'Oder par le Havel et la Sprée, le *canal de Bromberg*, l'Oder à la Vistule par la Netze. Bientôt la Meuse fut mise en communication avec le Rhin par le *canal du Nord*. Le *canal de l'Empereur-Guillaume*, récemment ouvert entre Kiel et l'embouchure de l'Elbe, permet aux navires de passer de la Baltique à la mer du Nord sans contourner le Jutland. Il ne reste plus qu'à unir l'Elbe à l'Ems ou au Rhin. Le jour prochain où Guillaume II aura désarmé l'opposition du Reichstag hostile à ce projet, les bateaux se rendront de la Meuse à la Vistule en traversant l'Empire dans sa plus grande largeur. Aux travaux déjà réalisés, Hambourg avait gagné d'être devenu le premier port du continent, avant qu'Anvers le dépassât. Il est, du moins, resté le second depuis 1903. Son exemple offre un sujet de méditation à toutes les nations, à la France en particulier. Alors que le mouvement de batellerie dans nos canaux du nord n'a pas été sans influence sur l'essor de Dunkerque, nos autres grands ports, Le Havre, Nantes, Bordeaux, Marseille, n'ont pas prospéré depuis vingt-cinq ou trente ans, parce qu'ils ne sont pas rattachés *directement* à l'ensemble de notre réseau de voies navigables. Hambourg, qui a derrière lui un système habilement combiné d'artères artificielles et naturelles, devait, au contraire, s'acheminer à une prospérité inouïe.

Inférieure à la France par le nombre et l'état de ses routes [1], l'Allemagne n'est distancée sous ce rapport par aucune autre nation; la longueur de son ruban ferré (54.000 kil.) est légèrement supérieure à celle du nôtre [2]; et son service des

---

1. 425.000 kilomètres de routes en Allemagne contre 700.000 kilomètres en France.

2. 54.000 kilomètres de lignes ferrées en Allemagne contre 45.000 kilomètres en France.

postes n'est inférieur en importance qu'à celui de l'Union américaine [1].

Faut-il s'étonner, dans ces conditions, que le commerce, qui n'était que de 7 milliards 450 millions en 1872, et de 10 milliards 600 millions en 1891, ait atteint en 1903 14 milliards, et en 1906 17 milliards et demi ?

c. **Colonies**. — Il n'est pas jusqu'à la situation des colonies allemandes qui ne s'améliore tous les jours : en Afrique, *Togoland, Cameroun, Damaraland, Namaqualand, Est-Africain ;* en Asie, *Kiao-Tchéou*, dans la presqu'île de Chan-Toung ; en Océanie, partie nord-orientale de la *Nouvelle-Guinée*, archipel *Bismarck, Salomon, Marshall, Mariannes* et *Carolines*. Déjà deux voies ferrées de pénétration ont été exécutées à Kiao-Tchéou et dans le Sud-Ouest africain ; une autre est en construction entre la côte de l'Est africain et les Grands Lacs ; enfin des services réguliers de paquebots unissent Brême et Hambourg aux divers points du monde où flotte le pavillon allemand.

d. **Géographie politique**. — Le mouvement ascensionnel de la population a marché de pair avec le développement économique et colonial. Les statistiques accusent de 1875 à 1895 une augmentation de près de 11 millions, de 1895 à 1900 une autre de 4 millions, et de 1900 à 1905 une troisième de 4 millions et demi. Soit, aujourd'hui, une masse de 60.605.183 Allemands [2], contre 39.252.267 Français [3]: ceux-ci émigrant de plus en plus dans les villes, ceux-là grossissant l'effectif des grands centres sans détriment pour la population agricole ou rurale. — Monarchie fédérale constitutionnelle composée de 25 États avec pour chef un empereur héréditaire qui est le roi de Prusse. Armée permanente de 585.000 hommes, à laquelle une réserve et une landwehr d'environ 3 millions

---

1. 21.455 bureaux de poste en Allemagne contre 56.000 aux États-Unis. La France n'en possède que 10.995.
2. Recensement de décembre 1905.
3. Recensement de décembre 1906.

d'hommes se joindraient en temps de guerre[1]. Marine militaire de plus de 100 navires et 160 torpilleurs montés par 46.954 hommes d'équipage. — Parmi les plus grandes villes, *Brême* dépasse 180.000 habitants; *Essen*, 230.000; *Hanovre*, 250.000; *Nuremberg*, 265.000; *Francfort-sur-le-Mein*, 337.000; *Cologne*, 426.000; *Breslau*, 487.000; *Leipzig*, 470.000; *Munich*, 538.000; *Dresde*, 532.000; *Hambourg*, 872.000. La capitale *Berlin* est passée de 1.677.000, en 1895, à 1.888.848 en 1900, et à 2.034.000 en 1905. Il n'y a en Allemagne aucune ville de l'importance de Paris; mais il y en a un plus grand nombre qu'en France de la valeur de Marseille, Lyon, Bordeaux, Lille ou Toulouse. En outre, Berlin se distingue, le soir, entre toutes les capitales de l'Europe, y compris Paris, par l'éclairage éblouissant de ses magasins et de ses rues. D'autres villes, comme *Heidelberg* et *Manheim*, étaient grandes autrefois, et populeuses, et puissantes. Si elles ne sont plus les déserts qu'en fit Louvois, elles n'ont pas, du moins, recouvré leur ancienne splendeur.

À ce tableau de l'épanouissement d'une nation dont on ne saurait trop admirer l'opiniâtre génie, il est une ombre angoissante pour ses gouvernants. La répugnance de certains États à la centralisation des bureaux de Berlin rend précaire l'unité impériale. Il n'est pas dit que ces milliers d'ouvriers, adeptes fervents des théories sociales, se plieront longtemps sous l'autorité du Kaiser. Il n'est pas prouvé que le vent qui souffle des Universités ne renversera pas quelque jour le régime du sabre au profit de la pensée libre.

2. Le Danemark. — *a*. **Superficie et configuration.** — Débris historique réduit à la péninsule du **Jutland** et à un archipel dont **Seeland, Fionie, Laaland** et **Bornholm** sont les principales îles. Après avoir successivement perdu la Suède, la Norvège, le Sleswig-Holstein-Lauenburg, il ne s'étend plus que sur une

---

1. La France dispose de forces à peu près égales: ses 20 corps d'armée forment un effectif de 530.000 hommes susceptible d'être porté sur le pied de guerre à 3.000.000.

superficie de 38.279 kilomètres carrés[1]. Sans l'importance de sa situation à la porte de la Baltique, il ne compterait guère plus en Europe que le Monténégro. Il doit même partager aujourd'hui avec ses voisins le privilège stratégique qu'il était seul à posséder avant le démembrement : le Sund n'appartient au Danemark que par l'une de ses rives ; la Prusse est ins-

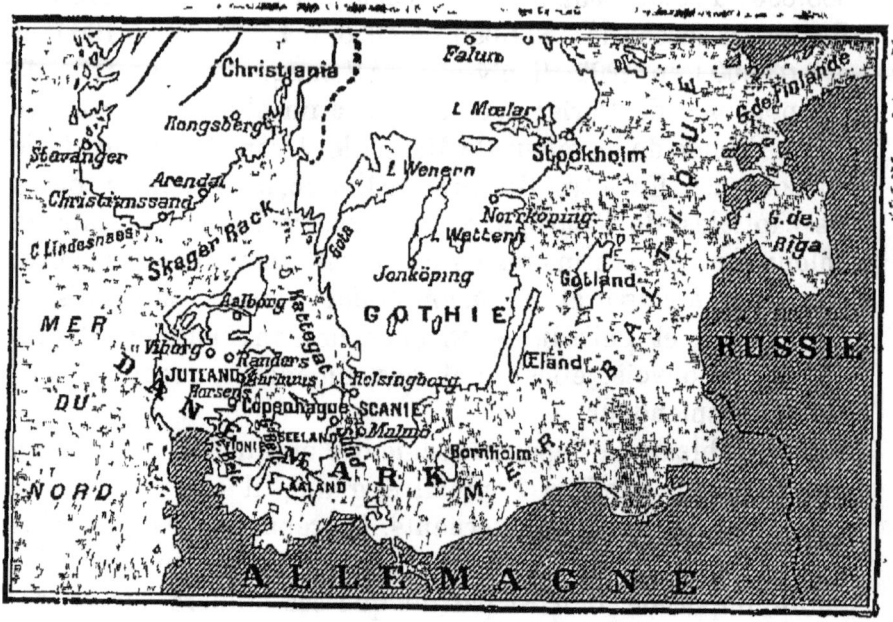

14. — DANEMARK.

tallée à l'ouverture méridionale du Petit Belt ; et le Grand Belt, largement ouvert entre Fionie et Seeland, peut être forcé sans peine par une flotte de guerre.

b. **Climat et richesses naturelles.** — Environné de toutes parts par la mer, le Danemark jouit d'un climat *tempéré*. Les

---

1. Suède centrale perdue en 1523 par la révolte de Gustave Wasa contre Christian II ; Suède méridionale, aux traités de Bromsebroe (1645), de Rœskilde (1658), de Copenhague (1660) ; Norvège, en 1814, par punition de l'alliance du Danemark avec Napoléon Iᵉʳ ; Sleswig-Holstein-Lauenburg, en 1864, à la suite de la guerre avec la Prusse.

années 1658 et 1871, pendant l'hiver desquelles les détroits restèrent barrés par la glace, furent des années exceptionnelles. La modération de la température, la persistance de l'humidité, la libre circulation à travers les chenaux marins réservaient au Danemark une valeur agricole et maritime.

En l'absence de ressources minérales, ce pays a, en effet, développé son agriculture (*céréales* nombreuses) et pratiqué l'élevage sur une grande échelle (*chevaux* et *bêtes à cornes*); il a accaparé pour sa marine (3.200 voiliers et 430 vapeurs) la plus grande partie du cabotage de la Baltique, à tel point que la Grèce même ne vient qu'après lui.

Quel que soit l'avenir auquel il est destiné, il réalise dès à présent un chiffre annuel d'affaires de 850 millions. L'énergie du petit groupe d'hommes qui l'exploite a suffi, malgré les malheurs du passé, à le sauver d'un complet effacement.

c. **Colonies.** — Le Danemark a d'ailleurs conservé quelques terres lointaines : en Amérique, le *Groënland* et trois des Antilles, *Sainte-Croix*, *Saint-Thomas* et *Saint-Jean*[1]; en Europe, les *Féroër* et l'*Islande*. Encore mal connue, l'Islande, dont les pêcheries, les volcans et les geysers avaient fait jusqu'à ce jour toute la réputation, se révèle petit à petit à la curiosité des chercheurs[2].

d. **Géographie politique.** — 2.164.770 habitants. — Monarchie constitutionnelle appuyée sur une armée de 14.000 hommes en temps de paix, 60.000 en temps de guerre, et sur une flotte de 45 vapeurs de guerre montés par 2.000 matelots. — La capitale, *Copenhague* (378.235 hab.), est la seule grande ville. Les autres, *Aalborg*, *Randers*, *Aarhuus* et *Viborg*, lui restent bien inférieures.

---

1. Par une convention de janvier 1902, le gouvernement danois avait vendu ces îles aux États-Unis moyennant 5 millions de dollars; mais le *Landsthing* (Chambre Haute) a, par un vote du 22 octobre de la même année, rejeté ce projet.
2. Voyage de MM. Thoroddsen et Garde en 1896.

3. La Suisse. — *a*. **Superficie et configuration.** — Pays unique au monde par l'incroyable amoncellement de montagnes dont il est constitué. C'est à peine si les terrains bas occupent un tiers des 41.000 kilomètres carrés représentant la superficie totale. Les forces souterraines se sont manifestées ailleurs par des soulèvements de l'écorce terrestre à des hauteurs plus considérables ou sur de plus vastes étendues ; elles n'ont produit nulle part pareil enchantement des yeux. Ailleurs, la nature peut être plus vierge et plus sauvage ; elle ne saurait être ni plus belle, ni plus éblouissante de couleur, ni surtout plus variée. Le décor change en Suisse à chaque détour, mais toujours splendide, avec, comme toile de fond, tantôt la nappe limpide de quelque lac où se détachent les voiles blanches, tantôt la chaîne des Alpes profilant sur l'azur la neigeuse théorie de ses pics. Merveille de dentelures comme la Grèce est une merveille de découpures ! Aucun jour sur la mer bleue du sud ni sur l'Océan du nord, mais une infinité de petites mers intérieures dont certaines, dans leurs parties les plus creuses, égalent presque la grande en profondeur ou sont agitées des mêmes mouvements [1].

b. **Climat et richesses naturelles.** — A sa grande élévation, la Suisse doit un climat froid et des pluies fréquentes. Il fait presque aussi froid dans les hautes régions alpestres qu'aux terres polaires, et la plaine elle-même est loin d'avoir la tiédeur des autres pays d'Europe à même latitude. La chute annuelle des pluies, qui atteint une moyenne variant de 1 à 2 mètres au Jura, 2 à 3 mètres aux Alpes, ne descend pas au-dessous de $0^m,80$ dans la plaine. Le souffle du *fœhn* est seul

---

[1]. Le lac de Genève, dont la profondeur extrême atteint, au large d'Ouchy, 375 mètres, a ses tempêtes, ses courants de houle, ses vagues formidables ou *seiches* s'élevant parfois à plus de 2 mètres de hauteur. Quoique de moindre profondeur, le lac de Constance descend encore jusqu'à 276 mètres, et ses eaux présentent le phénomène des seiches, connues dans le pays sous le nom de *rhussen*. Toutefois aucun changement de niveau rappelant le phénomène des marées n'a pu être observé jusqu'à ce jour.

capable de relever la température[1]. Alors, les hauteurs secouent leur manteau de neige, l'eau ruisselle de toutes parts, le vent fait en quelques heures ce que le soleil n'avait pu faire en plusieurs mois.

Les *forêts* et les *pâturages* sont la principale richesse de la

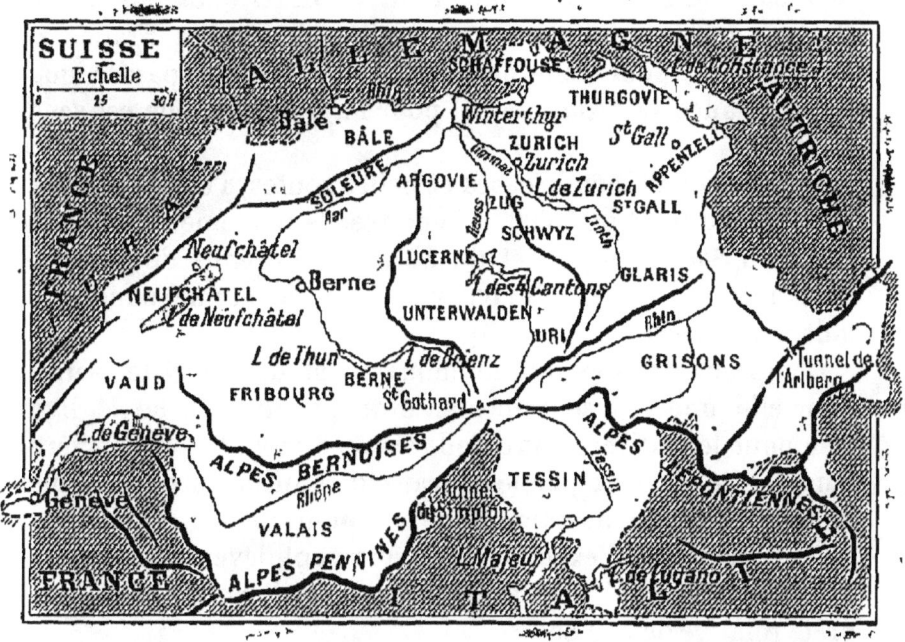

15. — Suisse.

Suisse, après avoir été la seule pendant longtemps. Aujourd'hui, les champs de *céréales*, de *tabac*, de *lin*, de *chanvre*, les *arbres fruitiers* et les *vignobles* (coteaux de Vaud et de Zurich) s'étendent sur un quart du pays. Il s'en faut, malgré ce progrès, que l'agriculture suffise aux besoins de la consommation

A défaut d'abondantes mines de *houille* (Alpes d'Appenzell), l'industrie utilise les nombreuses chutes d'eau des torrents.

1. Voir, sur ce vent, *Première année*, p. 22.

Grâce à quoi son état est sensiblement supérieur à celui de l'agriculture : *horlogeries* célèbres des cantons de Genève et de Neufchâtel; *soieries* prospères de Zurich et de Bâle; *filatures* de Winterthur et de Saint-Gall; *usines métallurgiques* de Zurich et de Winterthur. Pour l'industrie du coton, la Suisse vient immédiatement après l'Angleterre, la France et l'Allemagne; pour celle de la soie, elle n'est dépassée que par la France et l'Angleterre; pour l'horlogerie, elle est sans rivale.

La création de nombreuses et belles routes, l'établissement d'un réseau ferré de 3.500 kilomètres, le percement de l'Arlberg, du Saint-Gothard et du Simplon, devenus de grandes voies internationales[1], lui ont valu un trafic annuel supérieur à deux milliards.

Comprenant enfin que le mouvement des touristes serait pour elle une source importante de profits, elle ne néglige rien pour les attirer, soit qu'elle les reçoive de façon princière dans ses hôtels, soit qu'elle les transporte au moyen de chemins de fer électriques au sommet de ses montagnes[2].

La Suisse offre l'exemple de ce que peut devenir un peuple bien résolu à suppléer, à force d'activité et d'énergie, à la pauvreté relative de son sol.

c. **Géographie politique.** — 3.315.443 habitants, dont la plupart parlent l'allemand (nord, est, centre) et les autres le français (Genève, Vaud, Fribourg, Neufchâtel, partie de Berne et du Valais), l'italien (vallée du Tessin), le romanche (Grisons). — République fédérale de 22 cantons dont le Congrès de 1815 proclama la neutralité, et régie par une assemblée fédérale maîtresse du pouvoir législatif, un Conseil fédéral de 7 membres dont le président est le chef du pouvoir exécutif, un Tribunal fédéral de 11 membres pour l'administration de la justice. Mais chaque canton n'en forme pas moins un petit

1. Voir plus haut, p. 28.
2. Chemins de fer de Zermatt au Gornergrat et de Zermatt à la Jungfrau inaugurés en 1898.

État démocratique, autonome, disposant à son tour des trois pouvoirs, législatif, exécutif et judiciaire. Il n'est pas d'exemple de confédération dans laquelle le double principe de l'indépendance des États et de l'individu ait été mieux sauvegardé.

La Suisse est même, parmi les grands États modernes, le seul où fonctionne le gouvernement direct, cher aux démocrates les plus avancés, du peuple par le peuple (réunion du premier dimanche de mai des citoyens des cantons de Glaris, d'Unterwald, d'Appenzell et d'Uri en *Landsgemeinde* pour élaborer leurs lois et régler leur gouvernement). — La capitale, *Berne* (67.603 hab.), n'est la première ville de Suisse ni par le chiffre de sa population, ni par le mouvement de son industrie, ni même par son rôle historique. A tous ces points de vue, *Zurich* (163.967 hab.), *Genève* (109.199) et *Bâle* (117.500) la dépassent. N'était sa situation intermédiaire entre la Suisse allemande et la Suisse française, elle n'eût jamais été désignée comme siège du gouvernement.

4. **L'Autriche-Hongrie.** — *a.* **Superficie et configuration, différences géographiques et ethnographiques.** — L'Autriche-Hongrie est le type de l'État politique constitué à l'encontre de toutes les lois géographiques.

En effet, ses frontières, sauf sur le littoral adriatique, ne coïncident avec aucun obstacle naturel : au nord-est, elles débordent par la Galicie au delà des Karpates, comme au sud-ouest par la Croatie-Esclavonie et la Bosnie-Herzégovine au delà des larges sillons de la Drave et de la Save. De même que la Bohême fait l'effet d'une protubérance empiétant sur l'Allemagne, ainsi le Tyrol apparaît comme une pointe avancée entre la Suisse, l'Italie et la Bavière.

Au surplus, ces parties d'un même ensemble appartiennent aux régions naturelles les plus distinctes. Tandis que le Tyrol, la Carinthie et la Styrie sont, à l'instar de la Suisse, enclavés dans le système des hautes Alpes, la plus grande partie de la Hongrie s'épanouit en plaine. D'un côté, la Galicie ne se

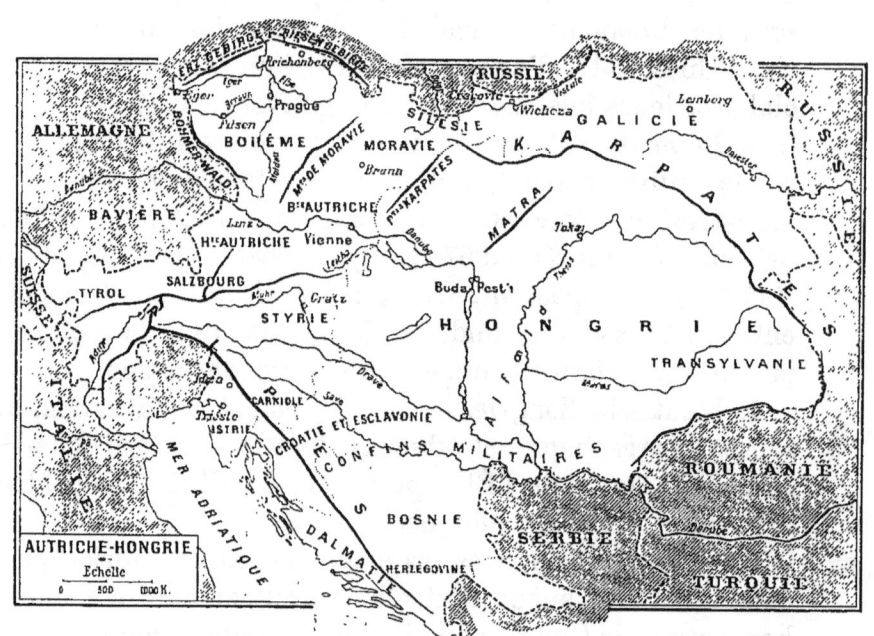

16. — Autriche-Hongrie.

distingue pas des terrains plats qui conduisent à travers toute la Russie jusqu'à la Baltique et à l'Océan Glacial ; de l'autre, la Dalmatie, la Bosnie et l'Herzégovine tiennent étroitement à la montagneuse presqu'île des Balkans. Quelque trait d'union que le Danube établisse par lui-même ou par ses affluents entre les provinces centrales, celles de la périphérie échappent à son attraction pour obéir, la Bohême à celle de l'Elbe, la Galicie à celle de la Vistule et du Dniester, le Tyrol à celle de l'Adige. Ainsi, des pays se touchent qui se tournent le dos : Linz et Vienne regardent vers l'orient, Prague, vers la mer du Nord.

N'ayant point d'unité naturelle, l'Autriche-Hongrie n'a pas d'unité nationale. Si les liens administratifs qui retiennent les unes aux autres les diverses parties de la monarchie venaient à se briser, le nom d'Autriche-Hongrie disparaîtrait aussitôt. A la place d'un vaste empire de 676.665 kilomètres carrés, on verrait surgir autant de peuples distincts qu'il existe de régions naturelles différentes. L'Autriche-Hongrie ne survivrait même plus en tant qu' « expression géographique », comme survécut l'Italie durant de longs siècles de servitude ou d'anarchie.

b. **Climat et richesses naturelles.** — Le défaut d'uniformité dans la configuration autrichienne explique la *variété* du climat. L'Istrie et la Dalmatie, soumises au régime méditerranéen, n'ont de grands froids qu'aux jours de *bora*, et de chaleur étouffante qu'aux heures de *siroco*[1]. La Hongrie, protégée par l'écran circulaire de ses montagnes contre les influences maritimes, subit au contraire les rigueurs du climat continental : non seulement les hivers y sont fort rudes et les étés fort chauds, mais il n'est pas rare qu'en une même journée le thermomètre oscille de 20 ou 25°. La zone des Alpes et des Karpates est plus froide par suite de l'effet de l'altitude sur la température, mais on n'y souffre pas de cette inconstance

---

1. Voir, sur ces vents, *Première année*, p. 22.

si préjudiciable en Hongrie aux santés délicates. Trois grandes zones se peuvent donc reconnaître au milieu de tant de variété : la côte, tiède et tempérée; la plaine, sujette aux excès ; la montagne, plus froide, mais de température plus égale.

Pays à la fois agricole et industriel selon les régions : agricole surtout en Hongrie, industriel surtout en Bohême.

La plaine hongroise, formée d'alluvions, se prête à merveille à la culture des *céréales* (Alfœld), des *vignes* (Tokai), des *plantes industrielles*, et à l'établissement des *pâturages*. Les *forêts*, qui couvraient autrefois d'immenses espaces en Hongrie, ne s'aperçoivent plus que sur les versants des chaînes alpestres, des Karpates, ou du Böhmer-Wald. On cultive encore le *houblon* en Moravie, la *pomme de terre* en Galicie et une telle variété d'espèces au Tyrol que Lewald a pu dire de ce pays qu'il « avait tous les végétaux qui croissent de l'Espagne au Spitzberg[1] ».

La Bohême doit sa prééminence industrielle, parmi les provinces de la monarchie austro-hongroise, aux métaux que recèle son sous-sol. Jadis elle passa pour le pays d'Europe le plus riche en *or* et en *argent*; l'argent et l'*étain* s'y trouvent encore en abondance ; le *plomb*, le *fer*, le *cuivre* s'y rencontrent également ; la *houille* surtout y existe en gisements étendus le long de la Beraun, de la Moldau, de l'Eger, de l'Elbe. La Moravie, la Styrie et la Carinthie en fournissent leur bonne part. La Galicie a son *pétrole*, Grätz son *fer*, Idria son *mercure*, et Wielicza les *salines* les plus renommées de l'Europe.

Malgré ces conditions premières favorables, l'industrie est loin d'être aussi avancée qu'en Angleterre, en Allemagne et même en France. Longtemps elle se borna à l'extraction des minerais du sous-sol, et cela explique que les usines et les manufactures soient de date relativement récente. Les *forges* de Vienne, de Prague, de Grätz, les *cristalleries* et *verreries* de

---

1. Lewald, *Le Tyrol, depuis le lac de Garde jusqu'à celui de Constance*, Munich, 1835. — Écrivain allemand de la première moitié du xix° siècle.

Pilsen et d'Eger, les *filatures* de Reichenberg et de Brünn méritent d'être citées parmi les principales. Sauf en Bohême, où il existe un réseau ferré comparable à celui de la Silésie allemande, les chemins de fer allongés sur 36.000 kilomètres n'ont qu'un médiocre trafic. Le commerce ne s'élève encore qu'à quatre milliards. C'est à peine si l'Autriche-Hongrie, malgré son immensité, dépasse, au point de vue économique, un petit État comme la Belgique; et elle reste sensiblement inférieure à la Hollande. De colonies, point. Ses habitants regardent la mer par une fenêtre trop étroite pour avoir pris le goût des entreprises maritimes et des excursions lointaines.

c. **Géographie politique.** — 43.405.267 habitants appartenant à des races très diverses et toujours prêtes à s'entrechoquer ou à se débander. D'un côté de la petite rivière de Leitha, qui sert de frontière politique aux deux grandes divisions de l'Empire, les Allemands prétendent à la domination; de l'autre côté, commandent les Magyars. Mais Tchèques et Ruthènes, Polonais et Croates, Dalmates et Serbes, Italiens, Roumains et Istriotes ont également leurs droits, celui surtout de n'être point sacrifiés à la puissance des deux races dominatrices. Cette diversité ethnographique, qui aggrave la confusion résultant déjà du groupement forcé de contrées géographiquement distinctes, est pour l'empereur un sujet de perpétuels soucis, malgré le compromis *dualiste* qui réunit depuis 1867 dans la même famille la couronne impériale d'Autriche et la couronne royale de Hongrie. L'armée austro-hongroise compte 360.000 hommes sur le pied de paix et 1.800.000 en temps de guerre; la marine militaire, 50 navires et 78 torpilleurs montés par 13.500 hommes. — Après la capitale, *Vienne* (1.674.957 hab.), les grandes villes sont *Buda-Pesth* (716.476), *Prague* (201.589), *Lemberg* (159.877), *Grätz* (138.080), *Trieste* (134.143).

La Bosnie et l'Herzégovine, territoires d'occupation, dont le traité de Berlin (1878) avait retiré l'administration à la

Turquie pour la confier à l'Autriche, ont été annexés par cette dernière en 1908.

LECTURE

1. *Destruction de Heidelberg.* — « Je ne crois pas que de huit jours mon cœur se retrouve dans sa situation ordinaire. Je prends la liberté de vous parler naturellement ; mais je ne prévoyais pas qu'il en coûtât autant pour faire exécuter soi-même le brûlement d'une ville peuplée, à proportion de ce qu'elle est, comme Orléans. Vous pouvez compter que rien du tout n'est resté du superbe château d'Heidelberg. Il y avait, hier à midi, outre le château, quatre cent trente-deux maisons brûlées ; le feu y était encore. Le pont est si détruit qu'il ne pourrait l'être davantage. » (*Lettre du comte de Tessé à Louvois*, du 4 mars 1689, publiée dans *Histoire de Louvois* par C. Rousset.)

« Quand je songe à tout ce qu'on a fait sauter dans Heidelberg et dans Manheim, cela me remplit d'une telle horreur que chaque nuit, aussitôt que je commence à m'endormir, il me semble y être et voir les ravages qu'on y a commis. Je me réveille en sursaut, et je suis plus de deux heures sans pouvoir me rendormir. Je me présente comme tout était de mon temps et dans quel état on l'a mis aujourd'hui ; et je ne puis m'empêcher de pleurer à chaudes larmes ! » (*Lettre de la Princesse Palatine*, du 20 mars 1689, publiée dans *Lettres nouvelles et inédiles de la Princesse Palatine* par A. Rolland.)

2. *L'Autriche vue à vol d'oiseau du haut de la tour de la cathédrale de Vienne.* — « A cette hauteur, le bruit de la ville ressemble à la respiration sourde de l'Océan ; et, au milieu de ce fouillis, de cet encombrement, de cet entassement de maisons aux toits soulevés et penchés comme des vagues, la cathédrale se dresse pareille à un récif ; on dirait que les cheminées des fabriques qui fument çà et là indiquent des paquebots à l'ancre ; et les faubourgs aux agglomérations blanches moutonnent à l'horizon comme les flots couverts d'écume.

« En cherchant les rives de cette mer, le regard glisse au nord sur les plaines de la Hongrie, et va se perdre jusqu'en Galicie et dans les défilés des Karpates . . . .

« Cette Hongrie est la terre de l'indépendance, c'est le pays des mâles courages, des cœurs généreux et dévoués, des âmes hautes et enthousiastes. La race est superbe, pleine d'énergie, d'ardeur belliqueuse et d'élans chevaleresques ; dévouée à ses maîtres, elle est fière de ses anciennes prérogatives et de ses vieilles libertés.

« La Galicie est aussi un beau et noble pays, avec ses lacs bleus qui sommeillent au fond des vallées noires, ses montagnes abruptes, couvertes de neige et de forêts vierges, de pins durs et serrés, où le vent roule ses longs gémissements, où l'ours se réfugie quand il est poursuivi par le chasseur. Le climat y est rude, la terre ingrate ; c'est une terre de roc, de cascades et d'avalanches. Disséminée dans ses petits châteaux, une noblesse innombrable et prodigue, de mœurs légères, passe sa vie dans les plaisirs : le moyen âge y meurt en se couronnant de roses.

« A l'est s'étend la Bohême, contrée sévère, laborieuse, adonnée à l'agriculture, au commerce et à l'industrie. Dans ses champs fertiles et cultivés vit une honnête et intelligente population, riche et prospère. Les fermes sont vastes, remplies de récoltes et de provisions. Les abeilles bourdonnent dans le jardin, les pigeons et les canards se disputent le grain tombé dans la cour, sous les chariots chargés de gerbes blondes, et attelés de grands bœufs au regard paisible et doux. La Bohême est le coffre-fort de l'Autriche. L'aurore de la littérature slave s'est élevée à l'université de Prague, berceau du panslavisme. Dans ce pays d'aspect rude, les caractères sont fortement trempés, les haines politiques et religieuses ardentes. Jean Ziska, quoique aveugle, se fait amener un prêtre catholique, pris à Colline, et le tue lui-même d'un coup de massue. Puis, quand il meurt, le grand chef hussite recommande à ses partisans d'écorcher son cadavre, et d'employer sa peau à recouvrir un tambour pour qu'il « les conduise encore à la victoire ». Quels hommes sans entrailles que ces soldats hussites! Partout où ils passent, ils sèment l'incendie, la dévastation, la mort ; ils massacrent jusqu'au dernier enfant de la ville ou du château qui a refusé de se rendre; ils sont armés de grands fléaux garnis de pointes de fer et portent de longues perches munies de crochets pour arracher les cavaliers de leur monture ; ils marchent accompagnés d'une foule de chariots et de voitures qu'ils poussent au galop sur les lignes ennemies, afin de les envelopper dans une barrière mouvante; ils ne font pas de quartier et achèvent les blessés. La panique prend les plus braves à la vue de leurs poitrines teintes de sang. Cent mille Allemands assiègent un jour le rocher de Prague et donnent l'assaut; les femmes, qui défendent un étroit défilé, les repoussent et les obligent à prendre la fuite.

« Si nous nous tournons maintenant vers le sud, nous apercevons la dentelure lointaine et vaporeuse des montagnes de la Styrie, derrière laquelle les Alpes du Tyrol forment comme un double rempart. La Styrie nourrit dans ses pâturages des troupeaux magnifiques, et recèle dans ses flancs des monceaux de cuivre, de fer, de plomb. Sibérie en hiver, Italie en été.

« Le Tyrol! Qui ne connaît le Tyrol, cette Bretagne de l'Autriche? Peuple vaillant, libre et fier, peuple de guerriers et de chasseurs. Les sommets de cette vieille et héroïque terre sont d'un puissant attrait. Est-il chose plus douce à entendre que ses poétiques ballades quand elles sortent, le soir, de la bouche pure et souriante des jeunes filles? Dans le Tyrol du sud, où l'on cultive le ver à soie, où la vigne se marie au châtaignier, les brises italiennes apportent sur leurs ailes les parfums de l'oranger et les chants du rossignol. Cette province, comme la Suisse, a deux aspects : l'un austère et grandiose avec ses pics neigeux, ses précipices que franchit le chamois et au-dessus desquels l'aigle construit son aire inaccessible; l'autre gracieux, doux, serviable, avec ses collines aux suaves ondulations, ses coteaux verts où rit le soleil du midi, ses ruisseaux dociles qui murmurent toute l'année la joyeuse idylle du printemps.

« Quel merveilleux spectacle que celui de cette Autriche, vue ainsi à vol d'oiseau, du haut de la tour de Saint-Étienne! On se croirait sur un phare, au milieu de cet archipel de peuples, et quand on pénètre avec le raisonnement là où le regard s'arrête, quand on examine de près ces provinces si différentes de mœurs, de langage, de sentiments et d'idées, on découvre encore tant de force, de vitalité chez chacune d'elles, qu'il est impossible de ne pas croire à leur durée et à l'avenir de l'Autriche, si le choc ne vient pas du dehors. Malgré elles, ces provinces disparates se font équilibre, et leur opposition est synonyme de conservation. » (Victor Tissot, *Vienne et la Vie viennoise*, A. Fayard, éditeur.)

Leçon IV

Europe orientale : Russie.

RÉSUMÉ. — **1. Superficie et configuration.** — La Russie se distingue des États de l'Europe occidentale par l'énormité de ses dimensions (5,500,000 kilomètres carrés), la massivité de ses formes, l'uniformité de sa surface, le parallélisme régulier de ses couches souterraines, la monotonie de ses aspects.

2. Climat et richesses naturelles. — Le climat est en grande partie la résultante de cette configuration : *continental* et *extrême*, tour à tour plus chaud et plus froid que celui des autres régions d'Europe situées sous la même latitude, médiocrement humide. Agriculture prospère sur les **terres noires** (blé) et dans les **prairies**, impraticable dans les **toundras** du nord et les **steppes** du sud. Élevage (*chevaux* surtout) et depuis peu industries dérivées de l'élevage (*laiterie* et *fromagerie*). Grande industrie naissante, et disposant de richesses minérales appréciables (*houille, pétrole, fer, cuivre, platine, or*). Pour réaliser un chiffre d'affaires supérieur à 4 milliards, la Russie devra multiplier et perfectionner ses voies de communication qui, à l'exception de son réseau navigable, laissent à désirer sous le double rapport du nombre et de la qualité.

3. **Géographie politique.** — 115 millions d'habitants. — Monarchie parlementaire. — Villes : *Saint-Pétersbourg* (1.439.375 hab.), capitale politique; *Moscou* (1.038.591), centre religieux; *Varsovie* (638.208); *Odessa* (405.041); *Riga* (282.943); *Kiev* (247.432).

4. **Dépendances de la Russie.** — Les possessions extérieures de la Russie sont la *Sibérie*, l'*Asie centrale russe*, la *Caucasie*, pays annexés plutôt que colonies au sens propre du mot. En *Extrême-Orient*, la Russie a reculé récemment devant le Japon.

Récit. — 1. **Superficie et configuration.** — La Russie est en opposition avec les États de l'Europe occidentale pour l'ensemble des conditions physiques. Ses dimensions colossales (5.500.000 kilomètres carrés) sont hors de proportion avec leur petitesse. Sa massivité tranche sur leur structure découpée : adhérente au massif de l'Asie, bornée au nord et au nord-ouest par des mers dont les glaces laissent à ses rivages peu des avantages d'un littoral, au sud par une mer fermée et une autre dont la clef ne lui appartient pas, elle constitue la partie essentiellement continentale d'un continent plutôt maritime. L'uniformité générale de sa surface contraste avec les grands ridements de l'ouest : du revers oriental des Karpates jusqu'au sud de la Crimée d'une part, jusqu'à l'Oural de l'autre, où se dressent des altitudes de plus de 1.000 mètres, on ne rencontre que la plaine d'une altitude moyenne de 168 mètres. Ses différents étages géologiques demeurent horizontalement superposés, en commençant par les plus anciens, cambriens, siluriens, jusqu'aux formations tertiaires, post-tertiaires ou modernes, au lieu d'affleurer fréquemment à la surface. Enfin, tandis que les autres fractions de l'Europe ont entre elles ce caractère commun d'offrir le plus curieux mélange de formes, la Russie se caractérise par une remarquable ressemblance d'aspect depuis les rives de l'Océan Glacial jusqu'à celles de la mer Noire et de la Caspienne. A la variété des premières s'oppose l'unité de la seconde. L'ouest est plus tempéré, l'est plus aride ; le nord est plus froid, le sud plus chaud ; mais le contraste résultant de l'influence prédominante de l'Europe ou de l'Asie n'est pas tel entre l'ouest et l'est ni le sud tellement protégé contre les vents du nord que la végétation puisse différer sensiblement d'une région à l'autre.

2. Climat et richesses naturelles. — Que la Russie ait un climat essentiellement *continental* et *extrême*, cela s'explique aisément. D'une part, la platitude de son relief permet aux vents que rien n'arrête dans leur course d'en balayer la surface ; or, ces vents sont les vents froids du nord ou les vents continentaux de l'est, tour à tour brûlants ou glacés. D'autre part, l'humidité ne pénètre pas jusqu'à elle : les hauteurs scandinaves absorbent au passage celle qu'entraînent les vents d'ouest ; l'Atlantique est trop loin pour que l'influence océanique du Gulf-Stream se fasse sentir ; et les mers Baltique et Caspienne, emprisonnées dans l'intérieur des terres, n'apportent aucun correctif aux excès du continent. On relève des différences très sensibles entre la température des villes de Russie et celles des autres villes d'Europe situées sous la même latitude. A Bergen, par exemple, le thermomètre descend rarement au-dessous du point de glace, tandis qu'à Saint-Pétersbourg l'abaissement moyen est de — 9° et l'abaissement extrême de — 40°. En revanche, la chaleur moyenne de l'été, qui atteint à peine + 14° à Bergen, dépasse + 18° à Saint-Pétersbourg. A Édimbourg, la moyenne de la température hivernale est de 2°,8 ; à Moscou, elle descend à — 10° ; et la température estivale, qui n'est pas même de 15° dans la capitale de l'Écosse, monte au-dessus de 18° à Moscou. Quant aux écarts entre les jours les plus chauds et les jours les plus froids

de l'année, ils sont encore beaucoup plus marqués; ils peu-

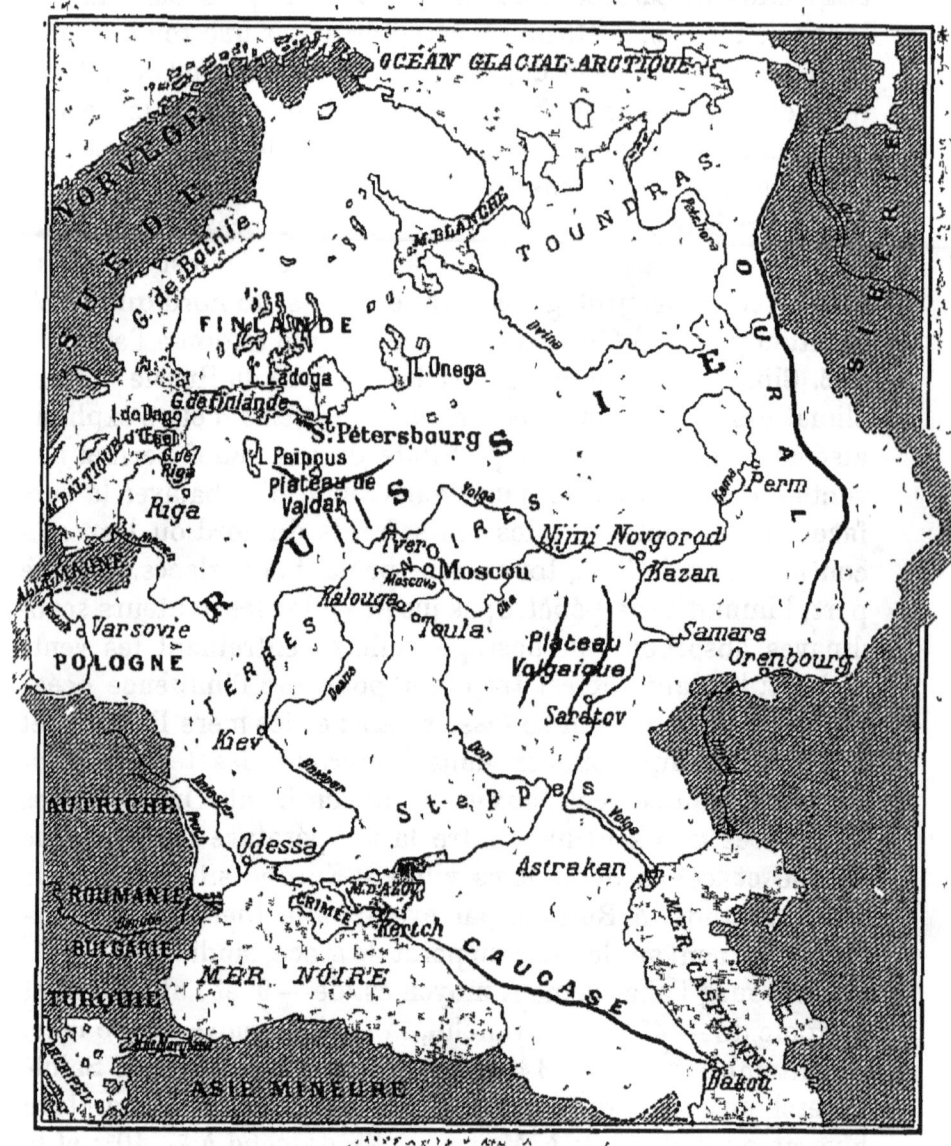

17. — RUSSIE.

vent dépasser à Moscou 50° (—25° en hiver, + 30° en été), 70°

et même 80° à Astrakan (— 30° en hiver, + 40° en été). L'hiver, le sol de Russie n'est plus accessible qu'aux traîneaux; en été, 42 jours suffisent pour faire les semailles et récolter le blé.

Entre deux régions rebelles au travail agricole, celle des toundras au nord, celle des steppes sablonneux au sud, s'intercalent deux zones de caractère différent, mais d'égale fécondité : les **terres noires**[1] et les prairies. Étendues depuis le Pruth jusqu'à la Volga, sur une superficie supérieure à celle de la France, les premières sont les plus belles terres à *blé* de l'Europe. Les secondes, prolongées au sud jusqu'à une faible distance de la mer Noire, nourrissent un bétail nombreux (*bêtes à cornes, moutons, porcs, chevaux* surtout.) Les industries dérivées de l'élevage (*laiterie* et *fromagerie*) paraissent, quoique de date récente, grosses de promesses. Deux autres cultures sont d'ailleurs répandues sur presque toute la surface de la Russie : celle de la *pomme de terre* et celle des *forêts*.

L'agriculture demeure donc la principale source de richesse. Ce n'est pas que les productions minérales fassent défaut (*houille* de Pologne, du pays de Moscou, du bassin du Donetz, du Caucase; *pétrole* de Bakou, de Tiflis, de Kertch; *fer* du gouvernement de Perm et d'Orenbourg; *cuivre, platine* et *or* de l'Oural), mais elles sont encore peu exploitées, et l'industrie n'a guère plus d'un demi-siècle d'existence. Des *usines métallurgiques* commencent à se développer à Saint-Pétersbourg, Moscou, Nijni-Novgorod, Varsovie, Toula. Des *filatures* s'organisent à Tver, à Moscou, à Saint-Pétersbourg. Les ouvriers de Kalouga, Kazan, Moscou et Saint-Pétersbourg travaillent les *maroquins* et les *cuirs* de façon remarquable. Il est visible que la Russie s'apprête à entrer dans le grand mouvement industriel où l'ont devancée les autres États de l'Europe.

---

[1]. Les **terres noires** ou tchernoziom sont une sorte d'humus noirâtre, épais de 0^m,50 à 1 mètre, et résultant de la décomposition des herbes des steppes sur le sol primitivement siliceux. Les matières végétales qu'elles contiennent leur donnent une fertilité prodigieuse, supérieure même à celle du limon tant de fois vanté du Nil.

Son commerce, qui ne s'élève encore qu'à un peu plus de 4 milliards, n'est pas en proportion avec l'abondance de ses ressources naturelles. Là encore la Russie a besoin de progresser. Il faut qu'après s'être pendant longtemps contentée de son admirable réseau navigable [1], elle perfectionne son système routier qui est un des plus mal entretenus de l'Europe et étende son réseau de chemins de fer. C'est une entreprise digne du grand peuple qui l'a conçue que celle du *canal de la Baltique à la mer Noire* dont les travaux, commencés en 1898, sont poursuivis avec activité [2]. Mais cela ne suffira pas aux besoins croissants de l'agriculture et de l'industrie modernes. La Russie, dont le ruban ferré est inférieur en longueur à celui de l'Allemagne et légèrement supérieur à celui de la France (52.000 kilomètres), doit se hâter de le ramifier en tous sens si elle veut, toutes proportions gardées, le rendre comparable à ces derniers.

3. Géographie politique. — 115 millions d'habitants, chiffre énorme par comparaison avec celui des autres États européens, mais médiocre relativement à l'étendue territoriale. Monarchie parlementaire depuis la révolution de 1904-1905 disposant de l'armée la plus considérable qui soit en Europe et au monde (800.000 hommes en temps de paix [3] et 2.500.000 sur le pied de guerre), d'une flotte qui, avant d'avoir été à peu près anéantie au cours de la guerre japonaise, ne comprenait pas moins de 200 navires et 160 torpilleurs montés par 37.000 hommes d'équipage. — La Russie a peu de grandes villes par rapport à son immensité : *Varsovie* (638.208 hab.), *Odessa* (405.041), *Riga* (282.943), *Kiev* (247.432). Située en plein cœur de la Russie, *Moscou* (1.038.591) paraissait convenir à merveille comme capitale de l'Empire ; mais elle était trop éloignée de

---

1. Voir plus haut, p. 89.
2. Ce canal, parti de Riga, remontera la Duna jusqu'à Dunaborg, gagnera la Bérésina, et, en la descendant, le Dniéper. Il constituera une voie navigable de plus de 1.600 kilomètres qui permettra aux vapeurs fluviaux d'aller en six jours de la Baltique à la mer Noire.
3. 530.000 en France et 585.000 en Allemagne.

l'Europe, et c'est pour donner à cet empire une « fenêtre » sur l'Occident, que Pierre le Grand lui préféra *Saint-Pétersbourg* (1.439.375). Avec ses tours, ses églises, ses coupoles, son Kremlin, Moscou est restée le centre religieux ; Saint-Pétersbourg est la capitale politique et administrative[1] et, par surcroît, la plus propre des capitales de l'Europe[2].

4. Dépendances de la Russie. — La Russie n'a pas de colonies proprement dites. Appliqué à la Russie, le mot *colonisation* a un sens particulier. Il signifie l'effort pour l'assimilation, non de pays lointains et plus ou moins nouveaux, mais de pays soudés physiquement à la Russie, parmi lesquels certains furent jadis le foyer de civilisations plus avancées que la sienne. La colonisation russe s'est opérée par la guerre, par l'établissement de colons, par la transformation économique. C'est ainsi que la Russie avança en *Sibérie* sur 12 millions et demi de kilomètres carrés peuplés de 10 millions d'habitants, dans l'*Asie centrale russe* sur 3.816.000 kilomètres carrés peuplés de 9 millions d'habitants, en *Caucasie* sur 472.000 kilomètres carrés peuplés de 9.289.000 habitants. A la suite de sa guerre avec le Japon, elle a reculé en *Extrême-Orient*. La paix de Portsmouth (5 septembre 1905), en donnant au Japon le protectorat de la Corée, le bail de Port-Arthur et de Dalny, le tronçon jusqu'à Kouang-Tcheng-Tse du chemin de fer mandchourien et la possession de la partie sud de Sakhalin, eut pour effet de substituer dans le nord de la Chine l'influence japonaise à l'influence russe. L'évacuation de la Mandchourie équivalut à la perte pour la Russie d'une étendue superficielle de 942.000 kilomètres carrés.

Avec ses 21 millions et demi de kilomètres carrés, l'Empire des tsars n'en est pas moins grand encore comme deux fois l'Europe ou quarante fois la France !

1. Les monuments appartenant à la couronne sont tellement nombreux, à Saint-Pétersbourg, qu'ils suffiraient à eux seuls à former une ville.
2. Les rues de Saint-Pétersbourg sont tenues avec la propreté d'un salon. Des *gardavoï* ou sergents de ville obligent les *dvornik* ou concierges des immeubles à faire disparaître de la chaussée toute trace de souillure.

LECTURE

Un coin de la foire de Nijni-Novgorod. — « Un premier comptoir est couvert de ces chalets suisses que nous connaissons tous depuis notre enfance, d'églises, de chamois, de chèvres et d'autres objets en corne sculptée de fabrique suisse. Le marchand fait l'article au public dans le patois de l'Oberland.

« Le compartiment suivant est occupé par un disciple barbu du faux prophète, un naturel de Boukhara, assis majestueusement et silencieusement au milieu de soieries, de cachemires, d'écharpes et d'autres chiffons indiens.

« En face de lui est un Tartare à la figure d'oiseau de proie, à l'expression rapace, qui a apporté de Perse une cargaison de turquoises ; il a pour voisin un gigantesque russe d'Ekatérinbourg en Sibérie ; ce léviathan est en même temps un gros négociant, car il étale devant lui un assortiment de pierres précieuses de grand prix ; vient ensuite un Circassien, aux traits délicats et aux longs cheveux, vêtu du costume pittoresque de son pays ; des objets en filigrane d'argent sont exposés devant lui ; nommons encore un adorateur du feu, de Shiraz, qui vend des tapis perses fabriqués par lui ; un Parisien qui offre des gants de Paris, en chevreau ; un soi-disant Anglais dont la boutique est pleine de joujoux allemands ; un marchand de lunettes et un opticien de Berlin, etc. ; toutes les nationalités sont représentées ; et à chaque boutique nous trouvons un type nouveau.

« Tous ces gens sont affairés, se mentent effrontément à la face l'un de l'autre et s'efforcent d'attraper le public. Le marchand de Boukhara cache ses soieries persanes sous son comptoir et s'efforce de faire passer des contrefaçons fabriquées à Moscou. Le Circassien a des imitations de Toula qui ne sont ni aussi solides, ni aussi coûteuses que le vrai filigrane de son pays ; il n'est pas jusqu'à ce dévot Persan, si plein de dignité, qui ne vende aux profanes des tapis qui ne portent pas le cachet de plomb de la douane auquel on reconnaît les marchandises véritablement étrangères. Bref, ils sont tous également voleurs, et, pour acheter à cette foire, il est bon d'avoir d'excellents yeux ou d'être connaisseur, à moins de se résigner à être trompé.

« J'entends d'ici le lecteur s'écrier, en refermant son porte-monnaie avec un sourire complaisant ; « Bah! quand on me volerait un peu ! le plaisir d'avoir affaire aux représentants de tant de grandes nations vaut bien quelques louis. »

« Il y a de la cruauté à lui enlever ses illusions ; c'est pourtant ce que je suis obligé de faire.

« Ce beau Circassien est un marchand arménien, domicilié à Saint-Pétersbourg où il est bien connu. Le vrai croyant est natif de Nijni-Novgorod même. Le Tartare aux turquoises, dont la physionomie semble révéler toute une vie de dangers et d'aventures, est un paisible citoyen de Moscou, qui tient une petite boutique dans le gostini-dvor [1] de cette ville. Quant au géant sibérien, il est plus authentique que certaines de ses marchandises, car je l'ai vu moi-même en Sibérie, où il ramassait probablement ses pierres.

« Nous mettons à l'épreuve notre habileté.

« Combien ces peaux, Ivan?

« — Vingt roubles [2].

« — Vingt roubles ! C'est une volerie !

« — Par le diable ! elles m'en coûtent 18.

« — Je vous en donne 5.

« — Barine [3], vous vous moquez de moi. Tenez (avec un autre juron), je vous les laisse pour 15. Elles m'en coûtent 13.

« — Eh bien, je vous en donne 10 roubles, mais pas un seul kopeck [4] de plus.

« Il me les laissa sans hésitation à ce prix, et je crus avoir

---

1. *Gostini-dvor*, bazar.
2. *Rouble*, pièce de monnaie d'argent valant 2 fr. 70.
3. *Barine*, seigneur, monsieur.
4. *Kopeck*, monnaie de cuivre qui équivaut à la centième partie du rouble ou à un peu moins de 3 centimes de notre monnaie (0 fr. 027).

fait une bonne affaire, jusqu'au moment où Ivan, ayant empoché son argent, m'offrit vingt autres peaux semblables à 8 roubles pièce. Sur mon refus, nouveau rabais : il ne les fait plus que 5. Je finis par penser que les peaux ne valent pas même 1 kopeck. » (Herbert Barry, *La Russie contemporaine*, trad. Arvède Barine, Germer Baillère, éditeur.)

Leçon V

Europe septentrionale : Suède et Norvège.

RÉSUMÉ. — 1. Superficie et configuration. — 776.000 kilomètres carrés, dont 325.000 pour la Norvège terminée en pentes brusques à l'ouest, et 451.000 pour la Suède doucement inclinée vers l'est.

2. Climat et productions. — Quoique *rude* en général, le climat est plus tempéré sur le versant norvégien que sur le versant suédois. La nature rocailleuse du premier le rend cependant moins apte que le second au travail agricole. Tandis que les trois quarts de la Norvège sont improductifs, la Suède a des *champs* dans sa partie méridionale, des *prairies* dans sa partie moyenne, des *forêts* dans toutes les deux. Mais Suède et Norvège se valent sous le double rapport de l'abondance et de la variété des richesses minérales ; la houille seule y fait presque totalement défaut.

3. Géographie politique. — 7.438.784 habitants, dont 5.198.752 en Suède et 2.240.032 en Norvège. — Monarchies constitutionnelles. — Capitales : *Christiania* (227.606 hab.) en Norvège, *Stockholm* (305.819) en Suède. Villes principales : *Stavanger, Bergen, Trondhjem*, en Norvège ; *Malmö, Jonköping, Norrkoping, Gêfle*, en Suède.

RÉCIT. — 1. Superficie et configuration. — Péninsule partagée en deux régions naturelles d'aspect opposé : la Suède, longue déclivité s'abaissant en pentes douces vers la Baltique ; la Norvège, amas de plateaux et de montagnes tournant leur versant brusque vers l'Atlantique. D'un côté, une plaine assez ouverte pour que des fleuves véritables aient pu s'y développer à travers un chapelet presque ininterrompu de lacs ; de l'autre, une terre montagneuse, déchiquetée, impropre à la formation d'autres cours d'eau que les torrents. Dans chacune, un peuple différent, jaloux de son indépendance politique et auquel l'ancienne obéissance au même souverain n'a rien fait perdre de ses usages ni de son genre de vie particuliers. Mais le contraste physique et la séparation politique n'empêchent pas la Norvège et la Suède de ne former, dans l'organisme européen, qu'un seul et même membre. Le nom de Scandinavie réservé autrefois à l'extrémité méridionale de la Suède n'aurait jamais prévalu pour l'ensemble sans le rapprochement naturel des parties. Rien n'atteste mieux que cette communauté du nom combien les régions baignées à l'ouest par l'Atlantique, à l'est par la Baltique, se confondent, si différentes qu'elles soient, en un agrégat géographique unique.

Sur 776.000 kilomètres carrés de superficie totale, la Suède en couvre 451.000, la Norvège 325.000.

2. Climat et richesses naturelles. — Considéré dans son ensemble, le climat scandinave est assez *rude* pour incommoder les hommes des régions tempérées. Tous les organismes ne résisteraient pas aux tourbillons soulevés par les sauvages vents du nord. Descartes, venu en Suède pour initier la reine Christine à son système, mourut de froid à Stockholm[1]. Il faut observer que la Scandinavie est à une distance considérable de l'équateur et qu'avec le Groënland ce pays forme la porte marine qui fait communiquer l'Océan Atlantique avec l'Océan Glacial. Il ne faut pas oublier que, sans l'afflux des

---

1. **Descartes** (René), philosophe français, né à La Haye (Indre-et-Loire) en 1596, mort à Stockholm en 1649, auteur du *Discours sur la méthode*. Christine de Suède, fille de Gustave-Adolphe, qui aimait à jouer à la reine savante, l'avait attiré à sa cour.

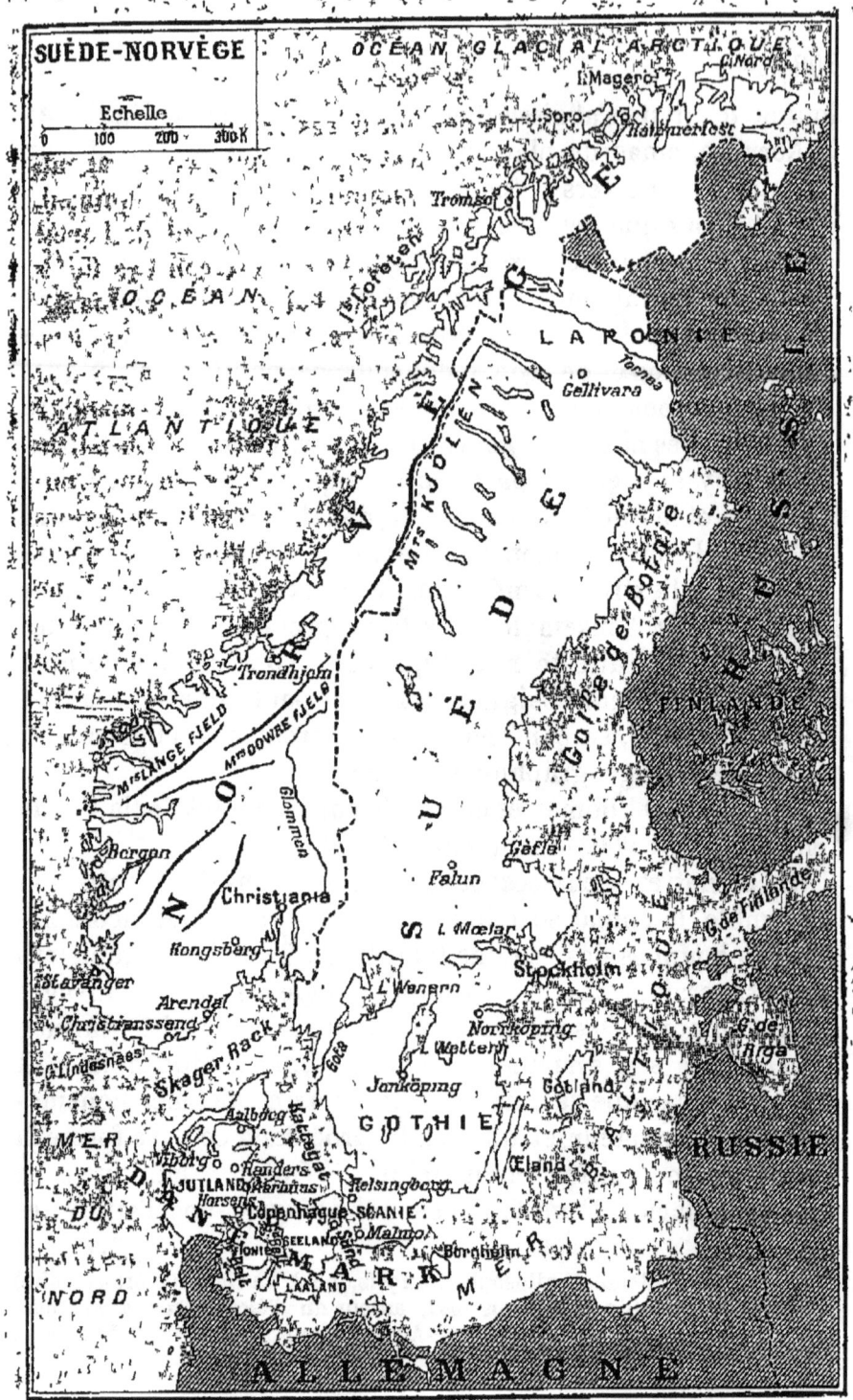

18. — SUÈDE-NORVÈGE. — DANEMARK.

eaux tropicales, les bords des fiords resteraient obstrués par les glaces, et que, sans les tièdes vapeurs qui s'en dégagent, la Norvège, vide d'habitants, s'engourdirait dans le sommeil.

Aussi, la rigueur du climat va-t-elle s'aggravant de l'ouest à l'est à mesure qu'on s'éloigne de l'Océan. L'eau des fiords est à une température plus élevée que l'atmosphère ambiante, à tel point qu'on a pu comparer ces réservoirs extérieurs à un immense « appareil de chauffage[1] », auquel la Norvège doit d'être moins froide que les autres pays situés à égale distance du pôle. En certaines parties du littoral, comme à Christiansand, près du cap Lindesnaës, on ne compte en moyenne aucun jour de l'année où le thermomètre descende au-dessous du point de glace : à Bergen, il n'y a pas plus de 24 jours froids par an; même à Hammerfest, près du cap Nord, un ruisseau ne cesse de couler pendant toute l'année, auquel les habitants vont puiser de l'eau en plein hiver. Mais déjà Falun a une température inférieure de 5° en moyenne à celle de Bergen situé sous la même latitude, et le golfe de Botnie, quoique moins rapproché du pôle qu'Hammerfest, est pris chaque année par les glaces durant des mois entiers. Par contre, il fait en été, à latitude égale, un ou deux degrés de plus sur les bords de la Baltique que sur ceux de l'Océan. Différente de la Norvège par le relief, la Suède ne l'est donc pas moins par le climat. Tandis que la première jouit d'une douceur atmosphérique relative, la seconde souffre, surtout au nord-est, des mêmes excès que la Russie. *Maritime* en Norvège, le climat devient *continental* dans la Suède.

Le versant norvégien est cependant moins propice à l'agriculture. Sur ses rochers de gneiss, la terre végétale est si pauvre que les *champs* ne représentent que 1 1/2 0/0 du sol, les *prairies* 4 0/0, les *forêts* même 20 0/0. En Suède, au contraire, les *champs* de *blé*, d'*avoine*, d'*orge*, de *chanvre*, de *colza*, de *betterave* recouvrent la partie méridionale (7 0/0), les *prai-*

---

1. E. Reclus, *L'Europe Scandinave et Russe.*

ries s'étendent à perte de vue dans la région moyenne (5 0/0); les *forêts*, bien qu'une exploitation trop avide y ait pratiqué de larges clairières, développent encore leur rideau depuis les plaines de Gothie jusqu'en Laponie (40 0/0). Les pins des forêts de Gêfle sont recherchés entre tous pour fournir du bois de mâture aux marines d'Europe. L'aptitude agricole de la Suède permettrait à ses habitants de se passer des revenus de la *pêche* (saumons et truites des rivières, harengs du golfe de Botnie) ; sans la capture des morues qui vivent en troupes aux abords des Lofoten, la Norvège ne pourrait pas nourrir les siens.

Sous le rapport des richesses minérales, les deux pays sont également bien partagés. La Norvège a des gisements d'*or* à Arendal, d'*argent* à Kongsberg, de *nickel* dans les Lange-Fjeld, de *fer* à Skjœrstad. La Suède possède à Falun des mines de *cuivre rouge* qui sont avec celles du Vénézuela les plus belles du monde, des gisements de *fer* au sud du lac Wettern et dans la ville laponne de Gellivara. Mais comme la *houille* ne se rencontre que sur un seul point, à Helsingborg, l'industrie, obligée de s'alimenter au bois des forêts, est peu prospère.

Le commerce dépasse à peine 900 millions pour la Suède et 400 millions pour la Norvège. En dehors de la pointe méridionale qui sépare la Baltique des détroits, les voies de communication sont rares. Là, canaux et chemins de fer s'entrecroisent merveilleusement ; le reste est le domaine de l'immobilité et du silence. A l'instar de la Grèce et du Danemark, la Suède et la Norvège n'ont réussi à se faire une place parmi les États européens que grâce au **développement de leur marine** (4.400 navires en Suède, 8.000 en Norvège). Mais, comme si le génie de la race s'était tari au cours des aventureuses expéditions du moyen âge, elles ne possèdent aujourd'hui **aucune colonie**.

3. **Géographie politique**. — 7.438.784 habitants, dont 5.198.752 pour la Suède et 2.240.032 pour la Norvège. Après n'avoir formé avec la Suède en vertu de l'acte d'union de 1814

qu'une monarchie constitutionnelle unique disposant d'une armée de 50.000 hommes et 80 navires de guerre, la Norvège s'est séparée depuis 1905 de la Suède pour former un État indépendant. En Norvège, les villes, à l'exception de celles que l'exploitation des mines a fait établir dans l'intérieur, s'élèvent au bord de la mer, de préférence sur quelque fiord : *Christiania* (227.606 hab.), capitale, *Stavanger*, *Bergen*, *Trondhjem*. En Suède, où l'espace est moins compté, elles se pressent au sud dans la zone maritime : *Stockholm* (305.819 hab.), capitale, *Malmö*, *Jonköping*, *Norrköping*, *Gèfle*. Villes de bois, elles offrent une proie facile aux flammes. Il n'est pas de pays au monde où l'incendie ait plus beau jeu. Sa dernière victime fut la cité d'*Aalesund* (12.000 hab.), devenue en quelques heures un brasier (janvier 1904)[1].

LECTURE

Aspect des villes en Norvège et en Suède. — « A l'exception de Christiania, cité moderne, et de Bergen, l'ancien marché hanséatique, toutes les villes du littoral norvégien se ressemblent. Placées à l'extrémité d'un fiord, sur une grève arrondie et près d'une eau profonde où mouillent les gros bâtiments, elles s'élèvent en amphithéâtre sur les pentes d'une colline, et se composent uniformément de maisons en bois, grandes et petites, peintes en blanc, en gris, en jaune, en rose, la plupart en rouge de sang. Nulles sculptures ni ornements extérieurs comme sur les chalets suisses : seulement un cadre découpé entoure chaque fenêtre. Les maisons ne sont autre chose que de grandes boîtes posées sur un soubassement de pierre ; mais elles sont ornées à l'intérieur et les fenêtres sont fleuries de roses, de verveines, de géraniums. Les églises, toutes dominées par flèche, coupole ou tourelles, sont d'une

---

1. Parmi les sinistres de ce genre, on peut citer ceux de Londres (1666), Rennes (1720), Moscou (1548 et 1812), Chicago (1871), Ottawa (1903), Baltimore (1904).

architecture un peu lourde ; les blocs massifs de granit qui portent l'édifice et les poutres qui en forment la charpente ne se prêtent guère à la fantaisie de l'artiste ; pour donner le mouvement et la vie à l'ensemble, l'architecte a dû élever nef sur nef, les hérisser de clochetons et de creux de bois découpés s'ouvrant en bouches de dragons. . . . .

« En Suède, les villes ont eu plus d'espace qu'en Norvège pour se fonder ; elles ne sont pas obligées de se blottir au pied des montagnes ou d'empiéter sur les grèves ; les plaines de l'intérieur leur sont ouvertes. Presque toutes, disposant largement de l'espace, occupent une superficie aussi considérable que celle des grandes cités en France ou en Italie : leurs rues seraient ailleurs des avenues ou des places ; les maisons séparées les unes des autres, du moins dans les faubourgs, sont basses et spacieuses. Elles sont, en général, d'une grande propreté, peintes en jaune, en vert, le plus souvent en rouge sombre, et munies d'une échelle extérieure pour faciliter le sauvetage au moindre signal d'incendie. » (E. Reclus, *L'Europe Scandinave et Russe*, Hachette, éditeur.)

Leçon VI

Grandes voies de communication d'une extrémité à l'autre de l'Europe.

RÉSUMÉ. — 1. Les différentes espèces de voies. — D'une extrémité de l'Europe à l'autre, il y a les routes de terre naturelles, les voies ferrées transcontinentales, les lignes télégraphiques transcontinentales. Entre l'Europe et les autres continents il y a les lignes de navigation et les lignes télégraphiques sous-marines.

2. Les routes de terre naturelles. — Deux principales : celle *de l'embouchure de la Seine à l'embouchure du Rhône*, celle *du fond de l'Adriatique aux bouches de la Vistule.*

3. Les voies ferrées transcontinentales. — Également deux directions principales : celle du *sud-ouest au nord-est* (Lisbonne-Paris-Berlin-Saint-Pétersbourg), celle du *nord-ouest au sud-est* (Londres-Gênes, Londres-Brindisi, Paris et Londres et Berlin et Saint-Pétersbourg à Vienne, Salonique et Constantinople). Le record de la vitesse appartient aux grands express européens.

4. Les lignes télégraphiques transcontinentales. — Elles s'amorcent aux lignes nationales de manière à relier les extrémités de l'Europe.

5. Les lignes de navigation. — A travers l'Atlantique, entre l'Angleterre et l'Amérique du Nord, l'Allemagne et l'Amérique du Nord, la France et l'Amérique du Nord, l'Angleterre et les Antilles, la France et les Antilles, la France et l'Amérique du Sud, etc. — **Vers l'Extrême-Orient**, de l'Angleterre, l'Allemagne, la France, l'Autriche, la Hollande, l'Italie à la Chine, le Japon, l'Insulinde et l'Australie. — **Vers l'Afrique**, de l'Angleterre au Cap, de la France à Dakar, de la Belgique au Congo, de l'Allemagne au Cameroun et au Cap, etc.

6. Les lignes télégraphiques sous-marines. — La *France* et l'*Allemagne* commencent à se créer des réseaux nationaux de câbles sous-marins dont le monopole avait été détenu jusqu'en ces derniers temps par l'*Angleterre*.

RÉCIT. — **1. Les différentes espèces de voies.** — Les États de l'Europe sont mis en relations les uns avec les autres ainsi qu'avec le reste du monde par plusieurs grandes voies de communication sur lesquelles le moment est venu de jeter un rapide regard. Entre les États il y a les routes de terre naturelles, les voies ferrées transcontinentales, les lignes télégraphiques transcontinentales. Les lignes de navigation et les lignes télégraphiques sous-marines relient les ports européens entre eux et ces derniers aux autres grands ports de la Terre.

2. Les routes de terre naturelles. — Deux routes naturelles principales traversent l'Europe. La première, *de l'embouchure de la Seine à celle du Rhône*, emprunte l'isthme français et met en communication le monde méditerranéen avec le monde océanique. La seconde, *du fond de l'Adriatique aux bouches de la Vistule*, par les cols des Alpes, ouvre aux pays d'Orient un débouché sur la Scandinavie.

3. Les voies ferrées transcontinentales. — L'Europe, qui ne vient qu'après l'Amérique pour la longueur de son réseau (300.000 kilomètres contre 440.000 en Amérique) reprend l'avantage sous le double rapport de la densité et de la puissance économique. Dans les grandes lignes internationales qui relient entre eux les réseaux nationaux on peut reconnaître deux directions principales : l'une va *du sud-ouest au nord-est*, ligne de Lisbonne-Paris-Berlin-Saint-Pétersbourg ; l'autre *du nord-ouest au sud-est*, par les percées alpines, lignes de Londres à Gênes, de Londres à Brindisi, de Paris par l'Arlberg, de Londres par la Bavière, de Berlin par la Bohême, de Saint-Pétersbourg par la Pologne à Vienne et de là à Salonique ou à Constantinople. La première est parallèle, la seconde perpendiculaire à l'axe européen. Entre tous les chemins de fer, c'est l'Europe qui possède ceux sur lesquels a été réalisée jusqu'à ce jour la plus grande vitesse. Le train le plus rapide du monde roule en France à raison de 100 kilomètres à l'heure sur le réseau du Nord (*Rapide* Paris-Calais); puis viennent, le *Rapide* Paris-Lille atteignant 90 kilomètres, et le *Sud-Express*, de Paris à Bordeaux, 86. L'Angleterre arrive immédiatement après la France (North Eastern Railway entre Londres et Édimbourg, 84). L'Espagne et la Turquie sont au dernier rang.

4. Les lignes télégraphiques transcontinentales. — Les frais d'établissement et d'entretien des lignes télégraphiques étant moins élevés que ceux des chemins de fer, il n'est aucun point, si extrême soit-il, de l'Europe qui ne soit relié par ce moyen aux autres points. Pour cela, il a suffi d'amorcer les lignes télégraphiques transcontinentales aux lignes nationales possédées par chaque État à l'intérieur de ses limites.

5. Les lignes de navigation. — L'établissement des grandes voies ferrées transcontinentales a eu pour effet de concurrencer les voies maritimes. Ce serait cependant une erreur de croire que l'avènement des unes fût mortel aux autres, l'emploi de la vapeur n'ayant pas été moins fécond dans ses applications à la navigation maritime que dans le perfectionnement des procédés de traction sur terre. Aujourd'hui les steamers ont mis l'Angleterre à 1 heure de la France, à 4 heures de la Belgique, à 24 heures de Hambourg ; ils ont mis Marseille à 46 heures de Naples, à 3 jours et demi d'Athènes, à 7 jours de Constantinople. Moins de 6 jours suffisent à franchir les 5.500 kilomètres qui séparent la sortie de la Manche de New-York. On va de Bordeaux ou de Marseille à Dakar en 11 jours, de Constantinople à Pernambouc en 12, de Liverpool à Para en 15 et à Rio de Janeiro en 19, de Southampton au Cap ou à la Jamaïque en 16, de Marseille à Buenos-Ayres en 23, de l'Angleterre à l'Australie et à la Nouvelle-Zélande en 40 ou 45.

Parmi les lignes de navigation à travers l'Atlantique citons celles de Liverpool et de Southampton à New-York et Québec, de Cuxhaven et de Bremerhafen à New-York, du Havre à New-York (*Compagnie générale transatlantique*), de Southampton aux Antilles, de Saint-Nazaire à la Guadeloupe, de Bordeaux et du Havre à l'Amérique du Sud (*Messageries maritimes* et *Chargeurs réunis*). Parmi les **lignes d'Extrême-Orient**, celles reliant l'Angleterre, l'Allemagne, la France, l'Autriche, la Hollande, l'Italie à l'Inde, à la Chine, au Japon, à l'Insulinde, à l'Australie. Parmi les **lignes d'Afrique**, celles de Southampton au Cap, de Bordeaux et de Marseille à Dakar, d'Anvers à Matadi (160 kilomètres en amont de l'embouchure du Congo), de Hambourg au Cameroun et au Cap.

6. Les lignes télégraphiques sous-marines. — Après que fut immergé un premier câble en 1851 entre Douvres et Calais, un second en 1852 entre Dublin et Holyhead, un troisième suivit entre l'Europe et l'Amérique du Nord qui fonctionne régulièrement depuis 1866. L'Angleterre possède à l'heure actuelle un réseau de câbles modèle, propriété d'une même Compagnie, l'*Eastern Telegraphy C°*: La *France* et l'*Allemagne*, conscientes du péril dont le monopole britannique des câbles menaçait les puissances coloniales, commencent à se créer des réseaux particuliers.

LECTURE

L'Europe sur l'axe principal du grand courant d'échanges mondial. — « Le globe terrestre enveloppé de voies ferrées, de lignes de navigation et de fils télégraphiques est ceint tout entier aujourd'hui d'un large courant d'échanges (marchandises, voyageurs, idées) dont l'axe principal traverse l'Europe occidentale, la Méditerranée, l'isthme de Suez, l'Inde, longe la Chine et le Japon, puis, par les États-Unis et par l'isthme de Panama, rejoint l'Atlantique et l'Europe centrale, étendant ses bras toujours grandissants vers d'autres régions telles que l'Amérique du Sud et l'Australie. Par ces communications de plus en plus nombreuses et rapides, la planète et l'humanité qui l'habite tendent à l'*unité* de *pensée*, d'*action*, de *personnalité.* » (P. Foncin, *Géographie générale*, **Armand Colin**, éditeur.)

TABLEAU SYNOPTIQUE

DESCRIPTION DES ÉTATS

I. Europe méridionale

1. Grèce

1° *Superficie :* 65.000 kilomètres carrés. — Configuration : péninsule rattachée au continent par l'intermédiaire d'une autre plus vaste.

2° *Climat :* maritime et doux. — Richesses naturelles.
 - a. du sol : assez maigres (forêts sur les hauteurs, arbres verts et vigne dans les plaines basses).
 - b. du sous-sol : plus maigres encore (plomb argentifère du Laurium). Le merveilleux développement de la marine contraste avec l'état précaire de l'agriculture et de l'industrie résultant de la nature du pays.

3° *Géog. politique*
 - a. Population : 2.433.806 habitants.
 - b. Forme gouvernementale : monarchie constitutionnelle.
 - c. Villes : Athènes capitale, Patras, Sparte, Thèbes.

4° *Colonies :* Néant.

2. Péninsule des Balkans

1° *Superficie :* 455.000 kilomètres carrés. — Configuration : péninsule directement soudée au continent.

2° *Climat :* très variable du nord-est (continental) au sud-ouest (maritime). Richesses naturelles.
 - a. du sol : végétaux de l'Europe centrale au nord-est, de la Méditerranée au sud-ouest.
 - b. du sous-sol : exploités nulle part, sauf en Roumanie (houille, pétrole, sel gemme).
 Aucune manifestation de l'activité humaine ne compense l'état précaire de l'agriculture et de l'industrie résultant de l'apathie de la race.

3° *Géog. politique*
 - a. Turquie : 6.130.200 habitants. — Monarchie constitutionnelle. — Constantinople capitale, Salonique, Andrinople, Monastir.
 - b. Nouveaux États :
   - Royaume de Roumanie : 5.912.120 hab. (Bukarest capitale, Iassi, Galatz).
   - Royaume de Serbie : 2.379.849 hab. (Belgrade capitale, Nich, Kragoujevats).
   - Royaume de Bulgarie : 3.300.200 hab. (Sofia capitale, Philippopoli, Varna, Rouchtchouk).
   - Principauté du Monténégro d'origine ancienne : 227.841 hab. Cettigne capitale.

4° *Dépendances de la Turquie :* en Asie (Asie Mineure, Syrie, Arabie); en Afrique (vilayet de Tripoli, droit de suzeraineté sur l'Égypte).

DESCRIPTION DES ÉTATS (Suite)

I. Europe méridionale (Suite)

3. ITALIE

1° *Superficie :* 286.588 kilomètres carrés. — Configuration : un tronc continental (vallée du Pô), une partie péninsulaire (Apennins), une partie insulaire (Sicile et Sardaigne).

2° *Climat :* continental au nord, maritime au sud. — Richesses naturelles.
   a. du sol : céréales et prairies au nord ; cultures méditerranéennes (orangers, citronniers, oliviers, vigne) au sud.
   b. du sous-sol : fer (Lombardie et île d'Elbe), soufre (Campanie et Sicile), cuivre (Vénétie), marbre (Toscane).
La pauvreté relative du sous-sol (absence complète de houille) maintient l'industrie dans un état d'infériorité par rapport à l'agriculture dont les progrès s'affirment tous les jours.

3° *Géog. politique*
   a. Population : 32.961.247 habitants.
   b. Forme gouvernementale : monarchie constitutionnelle.
   c. Villes : Rome capitale, Naples, Milan, Turin, Palerme, Gênes, Florence, Venise, Bologne, Messine, Catane.

4° *Colonies :* d'Afrique (Massouah et Assab.)

4. ESPAGNE

1° *Superficie :* 499.500 kilomètres carrés. — Configuration : plateau séparé par une chaîne en deux morceaux (Vieille-Castille, Nouvelle-Castille).

2° *Climat :* continental et extrême, sauf dans la région littorale. — Richesses naturelles.
   a. du sol : landes monotones sauf dans la région cantabrique (forêts et pâturages), dans la région ibérique (vigne), dans la région bétique (plantes africaines).
   b. du sous-sol : houille (Asturies et Sierra Morena), fer (Navarre), plomb (Oviédo et Linarès), mercure (Almaden), cuivre (Rio-Tinto), marbre (Pyrénées et Andalousie).
L'agriculture et l'industrie demeurent, malgré la variété des richesses naturelles, dans un état stationnaire.

3° *Géog. politique*
   a. Population : 18.008.000 habitants.
   b. Forme gouvernementale : monarchie constitutionnelle.
   c. Villes : Madrid capitale, Barcelone, Valence, Séville, Cordoue.

4° *Colonies :* d'Afrique (Ifni, Ceuta, Mélilla ; Canaries ; Fernando-Po et Annobon).

II. Europe occidentale

1. PORTUGAL

1° *Superficie :* 90.000 kilomètres carrés. — Configuration : quadrilatère régulier nettement séparé par son climat et sa physionomie propres du reste du corps ibérique.

2° *Climat :* plus modéré qu'en Espagne. — Richesses naturelles.
   a. du sol : vigne (Douro), céréales, orangers, citronniers, oliviers.
   b. du sous-sol : fer et cuivre (Alemtejo).
Pays agricole plutôt qu'industriel.

3° *Géog. politique*
   a. Population : 5.021.657 habitants.
   b. Forme gouvernementale : monarchie constitutionnelle.
   c. Villes : Lisbonne capitale, Porto.

4° *Colonies :* d'Afrique (Açores, Madère, îles du Cap-Vert, San-Thomé, Île du Prince, postes de Sénégambie et de Guinée, Angola, Mozambique) ; d'Asie (Goa, Diu, Macao) ; d'Insulinde (partie de Timor).

DESCRIPTION DES ÉTATS (Suite)

II. Europe occidentale (Suite)

2. France

1° *Superficie* : 536.408 kilomètres carrés. — Configuration : isthme entre Méditerranée et Océan.

2° *Climat* : maritime et tempéré. — Richesses naturelles.
- a. du sol : cinq grandes zones (de l'olivier, du mûrier, du maïs, de la vigne, du froment).
- b. du sous-sol : fer, houille, carrières, salines, eaux médicinales.

Pays *naturellement* agricole, *devenu* par l'application de ses habitants un pays industriel.

3° *Géog. politique*
- a. Population : 39.252.267 habitants.
- b. Forme gouvernementale : république démocratique.
- c. Villes : Paris capitale, Marseille, Lyon, Bordeaux, Lille, Toulouse, Saint-Étienne, Roubaix.

4° *Colonies* : d'Afrique (Algérie-Tunisie, Afrique occidentale française, Afrique australe française, côte des Somalis) ; d'Asie (Inde française, Indo-Chine française) ; d'Amérique (Saint-Pierre et Miquelon, plusieurs Antilles, Guyane française) ; d'Océanie (archipel néo-calédonien, plusieurs îles du Pacifique).

3. Iles Britanniques

1° *Superficie* : 315.000 kilomètres carrés. — Configuration : archipel reposant sur un plateau sous-marin et composé d'une grande terre (Grande-Bretagne), d'une autre plus petite (Irlande) et d'îlots annexes (Wight, archipel anglo-normand, Sorlingues, Man, Anglesey, Hébrides, Orcades, Shetland).

2° *Climat* : se distinguant parmi les climats maritimes par son humidité et sa régularité. — Richesses naturelles.
- a. du sol : céréales, pommes de terre, lin, pâturages (bêtes à cornes, chevaux, moutons, porcs).
- b. du sous-sol : étain, fer, houille surtout.

L'abondance des richesses minières, supérieures à celles de la surface, explique le remarquable essor industriel de l'Angleterre et sa prééminence sur les autres pays d'Europe.

3° *Géog. politique*
- a. Population : 42.422.000 habitants.
- b. Forme gouvernementale : Monarchie constitutionnelle.
- c. Villes : Londres capitale, Glasgow, Liverpool, Manchester, Birmingham, Leeds, Sheffield, Edimbourg, Dublin.

4° *Colonies* : d'Europe (Gibraltar et Malte) ; d'Asie (Chypre, Aden, Périm, Inde, Birmanie, Singapour, Hong-Kong, Wei-haï-Weï) ; d'Afrique (Sénégambie, Guinée, Bas-Niger, Soudan oriental, Égypte, Grands Lacs, Cap, Transvaal, plusieurs îles) ; d'Amérique (Canada, Honduras, plusieurs Antilles, Guyane anglaise) ; d'Océanie (Nouvelle-Zélande, partie de la Nouvelle-Guinée, plusieurs îles du Pacifique).

DESCRIPTION DES ÉTATS (Suite)

II. Europe occidentale (Suite)

4. Belgique

1° *Superficie* : 29.457 kilomètres carrés. — Configuration : une plaine vers le littoral, un plateau à l'intérieur.

2° *Climat* : humide et égal en plaine, continental et plus rude sur le plateau. — Richesses naturelles.
- a. du sol : pauvres sauf en Hesbaye (blé).
- b. du sous-sol : abondants partout (bassins houillers de Liège, Charleroi, Mons, de Campine ; mines de fer de Charleroi et Liège ; plomb, cuivre). L'agriculture végète, mais l'industrie, alimentée par les trésors souterrains, est des plus prospère.

3° *Géog. politique*
- a. Population : 6.700.000 habitants, divisés en deux races et en deux langues (wallonnes au sud, flamandes au nord).
- b. Forme gouvernementale : monarchie constitutionnelle.
- c. Villes : Bruxelles capitale, Anvers, Liège, Gand.

4° *Colonies* : État du Congo placé d'abord sous la souveraineté du roi des Belges puis cédé à la Belgique en 1908.

5. Hollande

1° *Superficie* : 33.000 kilomètres carrés. — Configuration : terre alluvionnaire, conquise par l'homme sur la mer et sur les fleuves.

2° *Climat* : humide, mais quelquefois rigoureux. — Richesses naturelles.
- a. du sol : légumes, fruits, fleurs, prairies (chevaux, moutons, bêtes à cornes).
- b. du sous-sol : néant.
Par l'effet d'un phénomène inverse de celui qui se produit en Belgique, l'industrie n'existe pas, sauf en ses manifestations de caractère agricole ; mais l'agriculture, favorisée par la nature du sol, est des plus prospères.

3° *Géog. politique*
- a. Population : 5.104.137 habitants.
- b. Forme gouvernementale : monarchie constitutionnelle.
- c. Villes : La Haye capitale, Amsterdam, Rotterdam.
Le grand-duché de Luxembourg, indépendant depuis 1890, a pour capitale Luxembourg.

4° *Colonies* : Indes orientales (Sumatra, Java, petites Îles Malaises, Célèbes, Moluques, partie de Bornéo, partie de la Nouvelle-Guinée) ; Indes occidentales (Guyane et plusieurs Antilles).

DESCRIPTION DES ÉTATS (Suite)

III Europe centrale

1. ALLEMAGNE

1° *Superficie* : 540.743 kilomètres carrés. — Configuration : plaine inclinée vers le nord et confinant au sud, par l'entremise de plateaux médiocres, aux grandes Alpes.

2° *Climat* : moins variable du nord au sud, où l'altitude compense l'effet de la latitude, que de l'ouest à l'est, où la réaction continentale combat l'influence océanique. — Richesses naturelles.
- a. du sol : vigne (Rhin), houblon (Alsace-Lorraine, Bade, Wurtemberg, Bavière), betteraves (Saxe, Silésie, Brunswick, céréales, pommes de terre, pâturages.
- b. du sous-sol : fer, plomb, cuivre, houille surtout. Pays *naturellement* industriel, *devenu* par l'application de ses habitants un pays agricole.

3° *Géog. politique*
- a. Population : 60.605.183 habitants.
- b. Forme gouvernementale : monarchie fédérale constitutionnelle.
- c. Villes : Berlin capitale, Hambourg, Leipzig, Munich, Dresde, Cologne, Breslau, Brême, Francfort-sur-le-Mein, Nuremberg, Hanovre, Heidelberg, Manheim.

4° *Colonies* : d'Afrique (Togoland, Cameroun Damaraland, Namaqualand, Est-Africain) ; d'Asie (Kiao-Tchéou) ; d'Océanie (partie de la Nouvelle-Guinée, les Bismarck, Salomon, Marshall, Mariannes, Carolines).

2. DANEMARK

1° *Superficie* : 38.279 kilomètres carrés — Configuration : une partie péninsulaire (Jutland) et une partie insulaire (Seeland, Fionie, Laaland, Bornholm, etc.).

2° *Climat* : maritime et tempéré. — Richesses naturelles.
- a. du sol : céréales et prairies (chevaux et bêtes à cornes).
- b. du sous-sol : néant.
Le Danemark, empêché par l'absence de ressources minérales de se livrer au travail industriel, a développé sa marine, aujourd'hui supérieure à celle de la Grèce.

3° *Géog. politique*
- a. Population : 2.184.770 habitants.
- b. Forme gouvernementale : monarchie constitutionnelle.
- c. Villes : Copenhague capitale, Aalborg, Randers, Aarhuus, Viborg.

4° *Colonies* : d'Europe (Féroër, Islande) ; d'Amérique (Groënland, Sainte-Croix, Saint-Thomas, Saint-Jean).

DESCRIPTION DES ÉTATS (Suite)

III Europe centrale (Suite)	3. Suisse	1° *Superficie* : 41.000 kilomètres carrés. — Configuration : amoncellement de montagnes coupées de vallées magnifiques. Incomparable beauté du paysage.	
		2° *Climat* : froid et même glacé sur les montagnes, plus tiède au fond des vallées. — Richesses naturelles.	*a.* du sol : forêts, pâturages, champs de céréales, de tabac, de lin, de chanvre, vignobles (Vaud et Zurich). *b.* du sous-sol : peu abondantes (houille d'Appenzell). Par l'utilisation des chutes d'eau, les Suisses ont suppléé à l'insuffisance de houille et créé une industrie prospère.
		3° *Géog. politique*	*a.* Population : 3.315.443 habitants. *b.* Forme gouvernementale : république fédérale de 22 cantons. *c.* Villes : Berne capitale, Zurich, Genève, Bâle.
		4° *Colonies* : Néant.	
	4. Autriche-Hongrie	1° *Superficie* : 676.665 kilomètres carrés. — Configuration : Amalgame de contrées géographiquement distinctes, peuplées de races diverses, sans frontières naturelles.	
		2° *Climat* : méditerranéen le long de la côte, continental et extrême en plaine, plus froid, mais plus égal sur la montagne. — Richesses naturelles.	*a.* du sol : céréales, vignes, plantes industrielles et pâturages de Hongrie ; forêts des montagnes ; houblon de Moravie ; pommes de terre de Galicie. *b.* du sous-sol : houille, argent, étain, plomb, fer et cuivre de Bohême. Pays à la fois agricole en Hongrie et industriel en Bohême.
		3° *Géog. politique*	*a.* Population : 45.405.267 habitants. *b.* Forme gouvernementale : monarchie constitutionnelle reposant sur le compromis dualiste de 1867. *c.* Villes : Vienne capitale, Buda-Pesth, Prague, Trieste, Lemberg, Gratz.
		4° *Colonies* : Néant.	
IV Europe orientale	1. Russie	1° *Superficie* : 5.500.000 kilomètres carrés. — Configuration : plaine d'aspect uniforme, étendue depuis l'Océan Glacial jusqu'aux steppes de la Caspienne et de la mer Noire.	
		3° *Climat* : continental et extrême, tour à tour plus chaud et plus froid que celui des autres régions d'Europe situées sous la même latitude. — Richesses naturelles.	*a.* du sol : terres noires entre Pruth et Volga (blé) ; prairies dans la direction de la mer Noire (bétail) ; forêts et pommes de terre un peu partout ; toundras au nord ; steppes au sud. *b.* du sous-sol : variés (houille, pétrole, fer, cuivre, platine, argent), mais encore peu exploitées. Agriculture déjà ancienne et prospère, industrie naissante.

DESCRIPTION DES ÉTATS (Suite)

IV Europe orientale (Suite).	1. Russie	3° *Géog. politique*	a. Population : 115.000.000 d'habitants. b. Forme gouvernementale : monarchie parlementaire. c. Villes : Saint-Pétersbourg capitale, Moscou, Varsovie, Odessa, Riga, Kiev.
		4° *Dépendances* :	Pays annexés plutôt que colonies au sens propre du mot : Sibérie, Asie centrale russe, Caucasie. Au total pour l'ensemble de l'Empire russe : 21 millions et demi de kilomètres carrés.
V Europe septentrionale	1. Suède-Norvège	1° *Superficie* :	776.000 kilomètres carrés, dont 325.000 pour la Norvège et 451.000 pour la Suède. — Configuration : bombement de terrains cristallins et primaires s'abaissant brusquement à l'ouest, mais par une longue déclivité vers l'est.
		2° *Climat* : Plus tempéré en Norvège, plus rude en Suède. — Richesses naturelles.	a. du sol : pauvres en Norvège, plus abondantes en Suède (champs, pâturages, forêts). b. du sous-sol : abondantes et variées dans les deux pays où l'on trouve à peu près tous les minéraux, sauf la houille. L'agriculture ne nourrit la population que parce que celle-ci est peu nombreuse. L'industrie, manquant de houille, est encore dans l'enfance.
		3° *Géog. politique*	a. Population : 7.438.784 habitants, dont 5.198.752 en Suède et 2.240.032 en Norvège. b. Forme gouvernementale : monarchies constitutionnelles. c. Villes : en Norvège, Christiania capitale, Stavanger, Bergen, Trondhjem ; en Suède, Stockholm capitale, Malmö, Jönköping, Norrköping, Gefle.
		4° *Colonies* : Néant.	
VI Grandes voies de communication	1. Routes de terre naturelles		de l'embouchure de la Seine à l'embouchure du Rhône. du fond de l'Adriatique aux bouches de la Vistule.
	2. Voies ferrées Voies continentales		du sud-ouest au nord-est : ligne de Lisbonne-Paris-Berlin-Saint-Pétersbourg. du nord-ouest au sud-est : lignes de Londres à Gênes ; de Londres à Brindisi ; de Paris par l'Arlberg, de Londres par la Bavière, de Berlin par la Bohême, de Saint-Pétersbourg par la Pologne à Vienne, Salonique ou Constantinople.
	3. Lignes télégraphiques transcontinentales :		amorcées aux lignes nationales.
	4. Lignes de navigation		A travers l'Atlantique : de Liverpool et de Southampton à New-York et Québec ; de Cuxhaven et de Bremerhafen à New-York ; du Havre à New-York ; de Southampton aux Antilles ; de Saint-Nazaire à la Guadeloupe ; de Bordeaux et du Havre à l'Amérique du Sud. Vers l'Extrême-Orient : entre l'Angleterre, l'Allemagne, la France, l'Autriche, la Hollande, l'Italie et l'Inde, la Chine, le Japon, l'Insulinde, l'Australie. Vers l'Afrique : de Southampton au Cap, de Bordeaux et de Marseille à Dakar, d'Anvers à Matadi, de Hambourg au Cameroun et au Cap.
	5. Lignes télégraphiques sous-marines		Les câbles sous-marins, monopole presque absolu de l'Angleterre (Eastern Telegraphy Cº). Efforts tardifs de l'Allemagne et de la France pour le lui disputer.

Sujets de devoirs. — *Les vallées alpestres : nature, caractère, description.*

Importance comparée des principaux passages des Alpes.

Étude des lacs d'Europe.

Valeur comparée du littoral russe sur les mers du nord, de l'ouest et du sud.

Classement par ordre d'importance des principaux ports européens avec indication des raisons du classement.

Faites la synthèse de vos connaissances sur la mer Baltique. — Croquis de cette mer.

Même question, avec croquis, pour la mer du Nord, la mer Adriatique, l'Archipel, la mer Noire.

Étude des principaux deltas méditerranéens.

Étude des îles d'Europe, grandes, moyennes et petites.

Richesse hydrographique comparée de l'Espagne et de l'Allemagne. Recherchez dans lequel de ces deux pays les cours d'eau sont le plus utilisables et dites pourquoi.

Au lieu de faire la description physique des quatre plus grands fleuves d'Europe (Rhin, Danube, Dniéper, Volga), vous essayerez de définir la valeur économique des régions qu'ils desservent.

Montrez l'influence du relief sur la distribution des races et le groupement des populations.

Montrez par des exemples choisis à votre gré, parmi les pays d'Europe, la relation qui existe entre l'abondance des richesses minières et le développement industriel.

Essayez de classer par ordre décroissant d'importance les pays d'Europe considérés sous le rapport des aptitudes agricoles. Vous légitimerez votre classement.

Dites les États d'Europe qui, à l'heure actuelle, vous paraissent en progrès et pourquoi.

Même étude pour les États en décadence.

Les capitales de l'Europe : situation, importance comparée, traits distinctifs.

Opposez les caractères de la nature méditerranéenne à ceux de la nature atlantique : climat, aspect, productions, populations, etc.

Un voyage par eau en Allemagne, le plus long qu'il soit possible d'effectuer en l'état actuel des voies navigables. Indication des pays, villes et sites traversés.

Lequel vous paraît le plus intéressant à faire de deux voyages en diagonale à travers l'Europe, des Hébrides à Constantinople ou de l'Oural à Gibraltar ? Indiquez les raisons de votre préférence.

Vous avez étudié séparément la géographie physique, économique et politique de l'Europe. Vous ferez la synthèse de vos connaissances en vous limitant à l'étude : 1° de chacune des cinq grandes régions naturelles ; 2° de chacun des États constitués dans ces régions. Un croquis sera joint à votre récit[1].

Rapports entre la géographie physique et économique[2].

Comparez la force d'expansion coloniale des puissances européennes.

---

[1]. On aperçoit toute la série de devoirs dérivant de cette conception : 1° Europe méridionale ; 2° Europe occidentale ; 3° Europe centrale ; 4° Europe orientale ; 5° Europe septentrionale ; 6° Péninsule balkanique ; 7° Italie ; 8° Péninsule ibérique ; 9° Îles Britanniques ; 10° Belgique et Pays-Bas ; 11° Allemagne ; 12° Danemark ; 13° Suisse ; 14° Autriche-Hongrie.

[2]. On établira ces rapports en étudiant à tour de rôle chacune des grandes régions naturelles de l'Europe ou chaque État en particulier.

DEUXIÈME PARTIE

ASIE

CHAPITRE I

DESCRIPTION GÉNÉRALE DU CONTINENT ASIATIQUE

NOTIONS GÉNÉRALES

Voici venir, après ce foyer de vie intense qu'est l'Europe, la partie du monde entre toutes vénérable qui, avant que celle-ci fût seulement entrée dans l'histoire, l'avait remplie déjà du bruit de sa renommée. L'Asie, berceau de l'humanité, témoin de la gloire de tant d'empires, de la course folle de tant d'armées, de l'enthousiasme délirant de tant de religions !

Est-ce à dire que l'Asie va nous offrir l'exemple d'une civilisation parvenue, par l'effet d'une progression séculaire, au plus haut degré d'éclat ? Allons-nous donc y rencontrer, presque à chaque pas, des capitales magnifiques en même temps que nous prendrons contact avec des peuples laissant loin derrière eux tous les autres dans les manifestations de la vie politique, économique ou sociale ?

Illusion des choses !

La réalité nous fera voir des cités qui ne sont plus que l'ombre d'elles-mêmes. Que notre regard embrasse les vallées immenses, suive les pentes des hautes montagnes ou le courant des grands fleuves, il reconnaîtra partout, à côté des signes de la puissance de la nature, ceux de la lassitude des hommes; et, quand il voudra se reposer sur quelques-unes des choses qui valurent à l'Asie sa réputation, c'est dans les légendes enchantées ou dans les vieilles histoires, non sur le sol, qu'il les devra chercher.

Cependant, nous ne serons pas longs à nous apercevoir que, sur cette terre en ruines, tout n'est pas fini. Alors qu'on la croyait bien morte, l'Asie dormait seulement d'un sommeil léthargique. Un phénomène dont l'importance fixe à cette heure l'attention de l'Occident, en attendant qu'il éveille ses inquiétudes, est en train de renouveler la face de toute une portion du globe. Ces Orientaux que nous avions pris l'habitude de considérer, non sans quelque nuance de dédain, du haut de notre supériorité incontestable, sont à la veille de nous prendre nos arts, nos procédés, nos armes, notre structure mentale. Déjà leur sol, fécondé à la surface ou fouillé dans les profondeurs par l'application des méthodes scientifiques modernes, verse çà et là des richesses hier encore insoupçonnées. Toutes entrent en ligne à la fois par la création simultanée des nouvelles voies ferrées transcontinentales. C'est partout une sorte d'éruption commerciale donnant naissance à des besoins nouveaux. De l'Oural au Pacifique, de l'Océan glacé du nord à la mer des Indes, tout s'éveille, tout s'ébranle; et si jamais le mouvement s'accélère au point de briser toute résistance, il est possible qu'en raison des centaines de millions d'individus qui grouillent à l'intérieur de ses limites, l'Asie, revenue de sa torpeur, devienne une menace pour les grands États des deux mondes.

Pays où naquit la civilisation, d'où elle fut chassée, où elle rentre aujourd'hui.

Leçon I.

Situation et étendue. — Relief. — Climat.

RÉSUMÉ. — **1. Situation et étendue.** — Orientée dans le sens de l'équateur, l'Asie mesure dans ses limites (*Océan Glacial Arctique* au nord, *Océan Pacifique* à l'est, *Océan Indien* au sud, *mer Rouge, Méditerranée, mer Noire, Caucase, mer Caspienne, Oural* à l'ouest) 42 millions de kilomètres carrés. C'est la plus vaste des cinq parties du monde.

2. Relief. — *a.* **Les montagnes.** — C'est aussi la plus élevée. Au centre un **quadrilatère**, aux extrémités cinq systèmes de hauteurs formant cinq **appendices**.

Le **quadrilatère** est constitué par l'**Altaï** (3.350^m à la *Béloukha*), le **Thian-Chan** déjà plus élevé et plus largement épanoui (7.200^m au *Khan-Tengri*), le **Kouen-Loun** dont les échancrures ne descendent guère au-dessous de 600 mètres, l'**Himalaya** qui porte les plus hautes cimes du globe (*Davalaghiri*, 8.810^m; *Kantchindjinga*, 8.478^m; *Gaourisankar*, 8.840^m).

Les **appendices** sont : l'**Oural**, aux saillies peu accentuées que coupent des dépressions sans nombre (*Denejkin-Kamen* 1.633^m); le **Caucase**, antithèse du précédent par la rigoureuse continuité de sa barrière (*Kasbeck*, 5.000^m; *Elbrouz*, 5.600^m; *passe du Dariel*, 2.430^m); le **plateau Arabique** dont l'altitude moyenne s'abaisse à 2.000 mètres (chaînes brûlées de l'*Idumée*, du *Madian*, de l'*Hedjaz*, de l'*Yémen*); le **système Indien**, semblable au précédent par son origine volcanique mais plus fertile que lui (*monts Vindhia, Ghats de Malabar* et *de Coromandel* s'abaissant de 2.000 mètres d'altitude à 1.000 mètres vers l'orient); le **système Indo-Chinois**, plus déprimé (*passe d'Aï-Lao* à 410 mètres, *chaînes de l'Arrakan-Yoma* et des *Chan* à 1.500) et se prolongeant vers l'Australie par les volcans de l'Insulinde.

b. **Les côtes.** — Beaucoup plus articulée que l'Afrique ou l'Amérique méridionale, l'Asie l'est un peu moins que l'Europe.

Sur l'Océan Glacial : *mer de Kara, estuaires des fleuves sibériens ; cap Oriental ;* résistance victorieuse de la terre aux assauts de la masse liquide.

Sur l'Océan Pacifique : *mers de Behring, d'Okhotsk, du Japon, Jaune, de Chine ; golfes de Petchili, du Tonkin (baie d'Along), de Siam ;* au large, *îles Kouriles, du Japon, Formose, Haïnan ;* pénétration d'un des deux éléments par l'autre.

Sur l'Océan Indien : *mers d'Oman, Rouge ; golfes du Bengale, Persique ; caps Romania, Comorin ; presqu'île* remarquablement découpée *d'Indo-Chine ;* saillies plus accentuées et entailles plus profondes qu'en aucun autre point du coprs asiatique.

Entre la mer Noire, l'Archipel et la Méditerranée : *presqu'île d'Asie Mineure.*

Les meilleurs abris se rencontrent au fond des anfractuosités rocheuses des côtes d'Asie Mineure (*Trébizonde, Sinope, Smyrne*); de Chine (*Canton, Amoy, Fou-Tchéou, Ningpo, Hangtchéou, Shanghaï*), d'Indo-Chine (*Singapour, Saïgon, Tourane, Hué*), du Japon (*Nagasaki, Osaka, Tokio, Yokohama*).

3. Climat. — Continental, par suite extrême. Nord *relativement peu arrosé ;* sud *abondamment mouillé* par la mousson ; centre *privé d'eau*. On reconnaît à ces signes la succession de **trois zones climatériques**.

Récit. — **1. Situation et étendue.** — Au contraire de l'Amérique disposée dans le sens du méridien, l'Asie, semblablement à l'Europe, a son orientation générale dans le sens de l'est à l'ouest. C'est à peine si ses trois péninsules terminales atteignent au sud la latitude de l'isthme de Panama. Elle est donc tout entière comprise dans l'hémisphère boréal, entre l'*Océan Glacial Arctique* au nord, l'*Océan Pacifique* à l'est, l'*Océan Indien* au sud, la *mer Rouge*, la *Méditerranée*, la *mer Noire*, le *Caucase*, la *mer Caspienne* et l'*Oural* à l'ouest. Elle y couvre, par les 2° et 78° de latitude nord, 24° de longitude est et 178° de longitude ouest, une superficie de 42 millions de kilomètres carrés et près de 45 en comptant les îles Malaises et le Japon. C'est de toutes les parties du monde la **plus considérable** : l'Afrique lui est inférieure d'un quart ; l'Amérique, elle-même, avec sa double masse, est dépassée ; il ne faudrait guère moins de cinq Europes pour l'égaler. A elle seule, l'Asie représente à peu près exactement le tiers de l'ensemble des terres émergées.

2. **Relief.** — *a.* **Les montagnes.** — L'Asie se distingue encore entre les autres continents, par son **altitude générale supérieure**. Tandis que la hauteur moyenne de l'Afrique ne dépasse pas 673 mètres, celle de l'Amérique 600, celle de l'Europe 340, la sienne est voisine de 1.000. Soit environ, par comparaison avec l'Afrique et l'Amérique, une moitié en plus ; avec l'Europe trois fois autant.

Il y a à cette supériorité une double raison : là sont non seulement les chaînes les plus hautes du globe, mais aussi les plus hauts plateaux. Si le relief terrestre s'immergeait uniformément dans les eaux de l'Océan, le centre asiatique émergerait encore sur un immense espace ininterrompu alors que le reste du monde aurait disparu ou ne serait plus signalé de loin en loin que par d'étroites îles et de maigres pointes.

Dans cet amoncellement de plateaux et de chaînes, dont quelques parties d'ailleurs sont encore mal connues, on aperçoit une disposition générale : au centre, un **quadrilatère** constitué par quatre grandes chaînes parallèles deux à deux et talutant, pour ainsi dire, les flancs du grand plateau asiatique **Altaï, Thian-Chan, Kouen-Loun, Himalaya** ; aux extrémités, cinq autres systèmes de hauteurs beaucoup moins considérables, sortes d'appendices du précédent, l'**Ouralien**, le **Caucasien** ou **Taurique**, l'**Arabique**, l'**Indien**, l'**Indo-Chinois** se prolongeant jusque dans les îles de la Sonde.

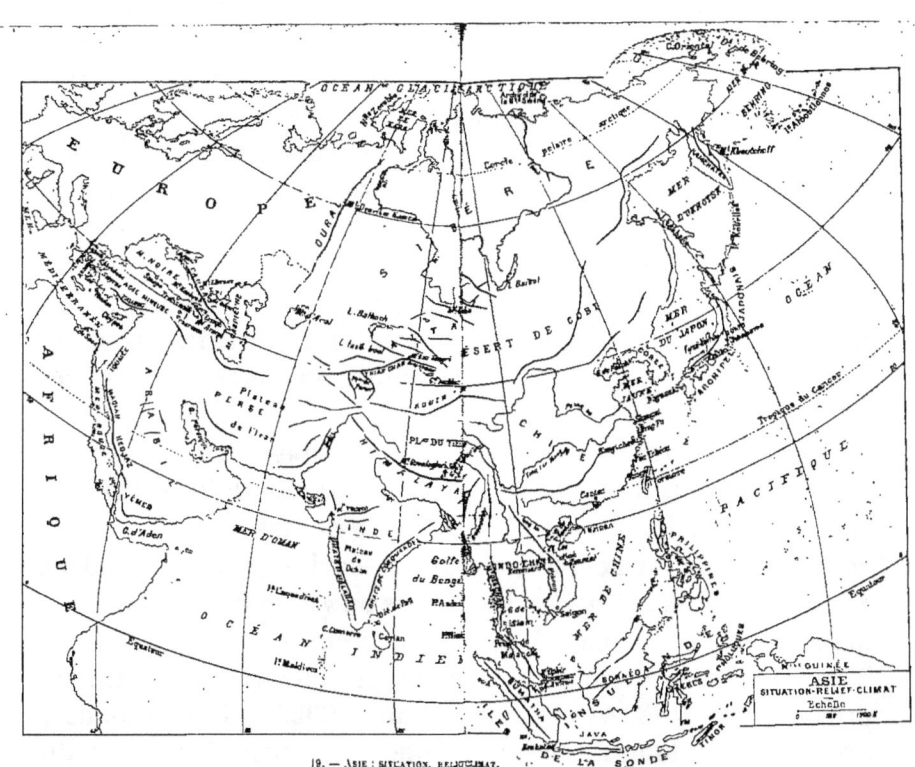

19. — ASIE : SITUATION, RELIEF, CLIMAT.

Par leur structure, ces chaînes, question de proportions à part, rappellent assez exactement notre Jura. Elles se composent pour la plupart d'arêtes distinctes, toutes parallèles entre elles. C'est ainsi que dans l'Himalaya les crêtes secondaires, obéissant pour ainsi dire à l'attraction de la crête principale, ne rompent pas la perfection de l'arc de cercle formé par le système montagneux et dont le centre serait dans le plateau de Gobi. La même uniformité se retrouve dans le profil des crêtes de Kouen-Loun comme dans celui de presque tous les systèmes montagneux de la Sibérie, de la Chine, de l'Inde, de l'Asie antérieure. D'une manière générale, on peut dire que les chaînes asiatiques affectent deux directions principales : celle du sud-est au nord-ouest, comme l'Himalaya, l'Altaï, le Caucase ; celle du nord-est au sud-ouest, comme les Thian-Chan et les monts sibériens. L'évidence du parallélisme et la régularité de la direction sont les deux caractères essentiels de l'architecture montagneuse de l'Asie.

Le quadrilatère. — Comparable aux Alpes d'Europe par le développement de ses crêtes et la longueur de ses vallées, l'Altaï ne les rappelle ni par l'altitude de ses cimes ni par la variété de ses formes. Les premiers oscillent entre 1.800 et 2.700 mètres ; la *Béloukha* elle-même ou « Montagne Blanche », malgré ses neiges persistantes et la présence d'un glacier de 2 kilomètres et demi de longueur, est encore inférieure de près de 1.500 mètres au mont Blanc (3.350^m). Les secondes, arrondies en longues croupes que parsèment des blocs de granit ou que coupent des marécages, ont l'aspect d'une Ardenne grandiose mais plus désolée. Cette alternance de la pierre et de l'eau a valu à l'Altaï le nom significatif de « marais de pierres ».

Plus élevé que l'Altaï, le **Thian-Chan** (**Monts Célestes**) montre des échancrures (*Kochéti, Narat, Zaouka*) à des niveaux où n'atteignent pas toujours les cimes des hautes montagnes (2.734^m, 2.987^m, 3.895^m) ; des prairies comme les *Youldouz*, théâtre des exploits de Tamerlan[1], à plus de 2.000 mètres ; des lacs tels que l'*Issik-Koul* à 1.500. Sa cime maîtresse, le *Kan-Tengri*, atteint 7.200 mètres, et l'une de ses chaînes, les *Katoun* ou *Katin*, est dans son ensemble si uniformément redressée qu'aucun passage n'y a été pratiqué. Force est aux caravanes de la contourner à l'est ou à l'ouest. Et la puissance du Thian-Chan ne le cède pas à son élévation : c'est, ou peu s'en faut, la superficie de la France ajoutée à la superficie de l'Espagne. Toutes dimensions y sont énormes ; l'Issik-Koul est grand dix fois comme le lac de Genève.

L'altitude s'accentue encore avec le Kouen-Loun, épine dorsale du continent (6.000 mètres en moyenne ; 6.000 et 6.500 à plusieurs cols, 7.000 aux points culminants). Masse épaisse que caractérise l'insignifiance de la différence de niveau entre les crêtes suprêmes et les brèches.

S'il lui est inférieur par son altitude moyenne, l'Himalaya le surpasse par celle de ses pics, la sublimité de ses formes, l'abondance de ses neiges et de ses glaces. Nul système ne peut à cet égard rivaliser avec lui. Développé sur une longueur presque égale à celle de la Méditerranée et recouvrant une superficie légèrement supérieure à celle de la France, il est hors de pair parmi les protubérances terrestres. Quarante sommets y sont supérieurs à 7.000 mètres et dix-sept à 8.000, parmi lesquels le *Davalaghiri* (8.180^m), le *Kantchindjinga* (8.478^m), le *Gaourisankar*, point culminant du monde (8.840^m). Deux fois la hauteur du mont Rose, près de deux fois celle du mont Blanc[2]. En même temps ses seuils, quoique tracés plus bas que ceux du Kouen-Loun, n'en demeurent pas moins infranchissables aux époques où le vent soulève les neiges en tour-

1. Tamerlan, conquérant tartare (1336-1405).
2. Il est intéressant de constater que c'est à une profondeur de plus de 9 kilomètres qu'a été découvert, à l'est des îles Mariannes, dans l'Océan Pacifique, le plus grand abîme océanique connu jusqu'à ce jour. Ce qui donne, entre le point culminant et la plus profonde dépression du monde, un écart d'environ 18 kilomètres et demi (Gaourisankar, 8.840^m ; fosse des Mariannes, 9.636^m ; écart, 18.476^m).

billons. Il est même certains d'entre eux que l'on évite en toute saison à droite ou à gauche par des détours de 50 kilomètres ; telle la *percée de l'Aroun* à l'est du Gaourisankar. Un large bras de mer ne séparerait pas mieux les habitants des deux versants.

Voilà de superbes talus à l'imposant plateau asiatique que son étendue jointe aux inégalités de son relief a permis de fractionner en plateaux partiels : *Tibet* entre l'Himalaya et le Kouen-Louen, *Gobi* entre le Kouen-Louen et le Thian-Chan, *Pamir* point de liaison de toutes ces hauteurs que l'*Iran* prolonge vers l'ouest.

Les appendices du quadrilatère. — L'Oural, loin qu'il soit un soulèvement continu, se divise en fragments séparés par des dépressions tellement accentuées que la chaîne semble quelquefois disparaître. S'il atteint dans le nord à une altitude de 1.000 mètres en moyenne, il ne montre plus au sud qu'une suite de croupes élevées d'environ 300 mètres au-dessus des régions basses ; on les peut gravir sans avoir l'impression qu'on marche en pays de montagne. Le *Denejkin-Kamen* (1.633^m) se dresse sur le versant sibérien à une plus grande hauteur que tout autre sommet de la ligne de faîte. Aussi, n'opposant aucun obstacle à la marche des hommes ni aux échanges du commerce, l'Oural a-t-il favorisé l'établissement d'une même puissance sur ses deux versants. Des deux côtés c'est le tsar qui commande.

Paraissant s'être dressé d'un seul jet hors d'une fissure de la terre entre la Caspienne et la mer Noire, le Caucase constitue, au contraire, une barrière de tout premier ordre. Avec des cols perchés à 3.000 mètres, des géants portant comme le *Kasbeck* et l'*Elbrouz* leur tête altière jusqu'à 5.000 et 5.600 mètres, on conçoit qu'il ait pu devenir une limite entre deux civilisations, la borne de deux mondes. Longtemps les soldats du tsar se heurtèrent au mur formidable ; ils avancèrent lentement, payèrent durement chaque progrès ; et, après des siècles, le mur toujours debout s'est, dans l'imagination de ces vaillants, comme estompé d'une poésie sauvage. Une seule grande voie de communication a été tracée à travers le Caucase, c'est le *Dariel*. Encore ne descend-elle pas au-dessous de 2.430 mètres ; des parois de pierre l'enferment dans leur froid défilé ; aucun autre son que la clameur rauque du Térek aux prises avec les roches ; pour le voyageur, la crainte d'être l'hiver arrêté à chaque pas par quelque bloc d'avalanches. Le *plateau arménien*, qui joue au sud l'office de contrefort, est plus riche en laves qu'en terre végétale. Raboteux et tourmenté, comme toutes les régions d'origine volcanique, il s'étale dans les pays d'*Erzeroum*, de *Kars*, d'*Érivan* pour culminer à 5.000 mètres avec l'*Ararat*. Sur la rive droite de l'Euphrate supérieur, le *Taurus* s'en détache pour courir vers l'ouest. Du Caucase à l'Anti-Caucase la nature n'a rien perdu de sa rudesse.

Le **plateau Arabique** n'a pas été moins éprouvé par le travail des forces souterraines. Peu de contrées sont aussi brûlées que le *Herra*. Les chaînes bordières de l'ouest, *Idumée*, *Madian*, *Hedjaz*, *Yémen*, d'une altitude moyenne de 2.000 mètres, gardent également la trace de l'activité volcanique.

Plateau encore le **système Indien**, en grande partie aussi d'origine volcanique, mais combien plus fertile et généreux ! Le Dekan affecte la forme d'un triangle dont le sommet serait le cap *Comorin*, la base les *monts Vindhia* et les côtés les *Ghats*[1] *de Malabar* à l'occident, *de Coromandel* à l'orient ; le tout incliné dans cette direction (2.000^m d'altitude moyenne à 1.000^m).

Dans le **système Indo-Chinois** la forme du plateau n'apparaît plus qu'à l'est, dans le Tonkin méridional et dans l'Annam où l'interrompt l'importante *dépression d'Aï-Lao* (410^m) entre Hué et Kemmarat. A l'ouest se dressent à une hauteur moyenne de 1.500 mètres les *chaînes de l'Arrakân-Yoma* et des *Chan*

---

1. *Ghats*, ou Escaliers. Ces chaînes sont ainsi nommées parce qu'elles ressemblent, vues de la mer, aux gradins d'un escalier.

prolongées dans la presqu'île de Malacca par le *Roi* et l'*Ophir*, dans l'Insulinde par le chapelet de volcans échelonnés de Sumatra à Timor.

b. **Les côtes.** — L'uniformité des lignes de la masse centrale n'empêche pas l'Asie d'être plus richement découpée que l'Afrique et l'Amérique du Sud. Sa côte méridionale se projette en trois péninsules, *Arabie*, *Inde*, *Indo-Chine*, entre les flancs desquelles la mer pénètre à l'aise. Sur la côte orientale deux autres péninsules, *Kamchatka* et *Corée*, encore que de moindres dimensions, et *Sakhalin*, île en apparence mais dont le seuil de jonction avec le continent fait en réalité une presqu'île, augmentent d'autant la proportion des dentelures. Partout, même sur l'Océan glacé du nord, des îles émergent du sein des flots. L'*archipel Japonais* et la *péninsule Indo-Chinoise* que termine au sud la *terre de Malacca* sont, à l'instar de la Grande-Bretagne et de la Grèce, des chefs-d'œuvre d'articulation. Toutefois, l'Asie le cède sous ce rapport à l'Europe. Comme pays ramifié, elle est intermédiaire entre l'Europe d'une part, l'Afrique et l'Amérique méridionale d'autre part.

L'**Océan Glacial** est encore celui aux empiétements duquel la terre d'Asie a le mieux résisté : une seule mer, celle *de Kara*, entre la *Nouvelle-Zemble* et la Sibérie, pouvant à peine compter comme mer intérieure; pas d'autres golfes bien formés que les *estuaires des fleuves sibériens*; de loin en loin quelques éminences mal dessinées dont la plus saillante, le *cap Oriental*, fend les eaux du *détroit de Behring*; l'archipel massif de la *Nouvelle-Sibérie*.

L'**Océan Pacifique** creuse, au contraire, de véritables mers : de *Behring* entre le Kamchatka et les îles Aléoutiennes, d'*Okhotsk* entre la Sibérie et les Kouriles, *du Japon* entre la Corée et l'archipel Japonais, *Jaune* avec l'enfoncement du *golfe de Petchili*, *de Chine* avec les *golfes du Tonkin* et de *Siam*. L'entrée de la *baie d'Along*, sur le premier des deux, offre un des plus beaux décors qu'il soit donné aux marins de contempler. Tout le long, des îles : *Kouriles*, du *Japon*, *Formose* séparée du continent par le détroit du même nom, *Haïnan*.

Plus pénétrant encore l'Océan Indien avec sa *mer d'Oman* et sa *mer Rouge*, ses *golfes du Bengale*, *Persique* et *d'Aden* qui mériteraient le nom de mers par leurs dimensions. Ici les saillies s'accentuent : *cap Romania* à la pointe indo-chinoise, *cap Comorin* à celle de l'Inde. Les îles, par contre, se font plus rares : à l'exception de *Ceylan*, séparée de l'Inde par le *détroit de Palk*, ce ne sont plus que des îlots volcaniques comme *Nicobar* et *Andaman*, ou madréporiques comme les *Laquedives* et les *Maldives*.

A l'ouest, la *presqu'île d'Asie Mineure* projette sa masse entre la **mer Noire**, l'**Archipel**, la **Méditerranée** proprement dite. Relativement peu découpée vers la mer Noire que surplombent les falaises du plateau intérieur, elle dessine vers l'Archipel une foule de caps et de presqu'îles pour ne redevenir plus lourde en ses formes qu'au sud sur la Méditerranée. *Lemnos*, *Mytilène*, *Chio*, *Samos*, *Cos*, *Rhodes* sont des îles détachées du continent.

Considérées au point de vue de la facilité de l'abord, les côtes d'Asie ne sont ni des meilleures ni des plus mauvaises. C'est la même valeur moyenne que sous le rapport de la richesse des articulations. Si la Sibérie est inhospitalière par l'effet de sa haute latitude et de l'épaisseur de ses contours, l'Arabie à cause des falaises de la mer d'Oman ou des récifs madréporiques de la mer Rouge, l'Inde, sous l'influence des miasmes que dégagent ses marécages de Malabar et de Coromandel, l'Asie Mineure, l'Indo-Chine et la Chine offrent aux navires d'excellents abris au fond des anfractuosités rocheuses de leurs côtes, tandis que la profondeur des mers environnantes évite au Japon les sinistres occasionnés par les écueils. *Trébizonde*, *Sinope* et *Smyrne* en Asie Mineure ; *Singapour*, *Saïgon*, *Tourane*, *Hué* en Indo-Chine ; *Canton*, *Amoy*, *Fou-Tchéou*, *Ningpo*, *Hangtchéou*, *Shanghaï* dans la Chine ; *Naga-*

saki, *Osaka*, *Tokio* et *Yokohama* au Japon, ont des rades merveilleuses. Ce n'est pas à dire que toutes soient également accessibles, et les marins savent faire la différence d'un débarquement dans la Chine et d'un débarquement au Japon. Pour pénétrer dans les ports du Céleste-Empire, ils doivent attendre que la marée permette de franchir la barre des fleuves. Les hauts fonds qui encombrent l'entrée du Hoang-ho ou du Yang-tsé-Kiang rompent toute liaison entre la navigation fluviale et la navigation maritime. Avec ses estuaires envasés, les tempêtes qui assaillent ses côtes, les brumes qui les enveloppent, et, dans le nord, les glaces hivernales du golfe de Petchili, la Chine semble vraiment repousser l'étranger. Au Japon tout l'appelle, l'hospitalité du littoral comme l'attrait du décor : montagnes vertes où les arbres laissent apercevoir les petits chalets de bois, îles rocheuses couronnées de pins aux formes variées, rades enfouies sous la verdure et qu'anime le joyeux va-et-vient des jonques blanches. D'un côté, la contemplation attristante de mers croupissantes et boueuses ; de l'autre l'impression du charme que dégagerait un « immense paravent [1] ».

Une ligne de volcans sur les côtes orientales (*Kliouicheff* du Kamchatka, *Fusi-Yama* du Japon. *Kiaï-Chan* ou « Montagne brûlante » de Formose, *Krakatoa* des îles de la Sonde).

3. Climat. — Plus grande et plus massive de formes que l'Europe, moins exposée par suite aux influences océaniques, l'Asie doit recevoir en proportion une part d'humidité moindre que sa voisine de l'hémisphère boréal. D'autre part, la quantité de pluie qui tombe sur les différentes contrées de ce continent n'est pas assez forte pour suppléer à cette infériorité relative. Les vents du nord et du nord-est apportent peu d'eau à l'Asie septentrionale où la faiblesse du relief est insuffisante à produire la condensation. L'Asie occidentale, exposée aux vents du sud-ouest qui soufflent du Sahara, est encore plus

---

1. Pierre Leroy-Beaulieu, *La Rénovation de l'Asie*.

sèche. Il n'est que le sud-est sur lequel la mousson indienne, après s'être refroidie au contact des hautes montagnes, verse d'abondantes pluies.

Ainsi s'établissent trois zones bien tranchées : la **zone septentrionale relativement peu arrosée**, à laquelle correspond la Sibérie ; la **zone méridionale abondamment mouillée** par la mousson océanique, s'étendant sur l'Inde, l'Indo-Chine, la Chine méridionale ; entre les deux, la **zone désertique**, continuant par l'Arabie, l'Iran, le Tibet, le Gobi, la bande de régions arides ou insuffisamment arrosées qui occupe presque toute la largeur du continent africain entre le littoral méditerranéen et le Soudan.

Dans son ensemble, l'Asie est soumise au régime du climat continental. La Sibérie et le Turkestan se distinguent entre les régions habitables par les excès de leur température.

LECTURE

1. *Tamerlan aux Youldouz*. — « C'est dans ces immenses cirques de prairies que Tamerlan, marchant contre le souverain de Kachgar, donna rendez-vous à cinq armées qui s'avançaient par des routes différentes à travers les monts Célestes et qui avaient reçu pour mission d'exterminer tous les habitants qu'ils trouveraient entre le lac Zaïsan au nord et celui de Karachar au sud. La tente impériale fut dressée au centre de la plaine, et le « Destructeur de l'Univers » monta sur son trône étincelant de pierreries. Autour du somptueux pavillon se pressaient, moins hautes, mais toutes splendides d'ornements et d'étoffes, les tentes des émirs ; le sol disparaissait sous les tapis. Dès qu'on eut terminé les préparatifs de la fête, les seigneurs furent admis à la faveur de baiser la trace des pas du souverain ; tous reçurent des présents, et les soldats furent transportés d'enthousiasme. » (Elisée Reclus, *L'Asie Russe*, Hachette et Cie, éditeurs.)

2. *Poésie du Caucase*. — « A l'horizon des plaines nues

ternes et inertes de la Russie méridionale, le Caucase déroule, de la mer Noire à la Caspienne, la chaîne de ses montagnes âpres, tourmentées, crispées par une main de cyclope. Le mur est d'un seul bloc, inexpugnable. Il semble que ce soit la borne d'un monde. Lorsqu'on chemine dans les steppes et qu'on ne trouve devant soi jusqu'au formidable rempart qu'une mer toute plate de sable pierreux, on embrasse la chaîne d'un regard, on saisit la grandeur et la beauté de l'ensemble. Toute pensée est prise par les montagnes. On se demande dans quel accès de fièvre la Terre a, là-bas, soulevé hors de ses entrailles ces êtres monstrueux. Ils s'écrasent les uns contre les autres et débordent en bosselures, mais leurs hautes aiguilles s'élancent d'un jet vers le ciel. L'Elbrouz à droite, le Kasbeck en face montent au plus haut de l'air sublime.

« Habitués aux grands espaces vides, sans horizons distincts, sans contours arrêtés, les Russes éprouvent à la vue de ces montagnes de solennelles émotions. Naguère le tableau les saisissait d'autant plus que, parmi ces rocs où, selon la légende, Prométhée vaincu avait continué de braver Jupiter et de prophétiser sa ruine, vivaient des hommes vaillants et beaux qui, depuis des générations, tenaient la puissance russe en échec. Longtemps la valeur taciturne du soldat russe vint se heurter contre le Caucase. La Russie avançait sans doute ; mais elle avançait lentement, péniblement ; elle payait d'un sang précieux chaque pouce de terrain qu'elle envahissait, et elle n'était jamais sûre le lendemain de sa conquête de la veille. La nature conspirait contre elle. Rappelez-vous cette pièce originale et forte de Lermontof, *Les Dons du Térek*. Le Térek qui coule en mugissant a horreur du soldat étranger, et la mer Caspienne gronde de joie quand le fleuve lui porte des cadavres moscovites. Le Térek porte à la mer Caspienne un morceau de granit arraché au Dariel, mais ce n'est pas ce qu'elle désire. Il lui porte le cadavre d'un jeune Tcherkesse, d'un héros de la Kabardah, avec son armure de grand prix ;

mais ce n'est pas le cadeau qu'elle réclame. Il lui porte enfin le corps d'une jeune femme cosaque, percé d'un poignard. La mer tressaille, un gémissement de joie s'échappe de ses abîmes, et elle entr'ouvre son sein pour recevoir le Térek.

« La vue du Caucase, la guerre contre ses tribus exerça une grande influence sur la poésie russe dans la première moitié du xixe siècle. Que d'enfants du nord, tristes sans raison, fatigués d'être, se plurent à émigrer vers cette contrée mystérieuse, pour y poursuivre leur chimère de mélancolie et de beauté ! Ils y trouvaient ce qu'ils convoitaient le plus ardemment : du soleil et de la liberté. La police ombrageuse de Nicolas Ier, toujours prête à sévir contre les écrivains, exila Pouchkine et Lermontof au Caucase. Ils se prirent de passion pour cette terre d'aventure et de rêves. La nature grandiose leur suggéra de fortes conceptions, de brillantes images, elle les convia à lutter avec elle d'énergie. Leurs poèmes, c'est tout le souvenir et l'amour du Caucase épanché de leur cœur dans un livre. » (Pierre Morane, *Au seuil de l'Europe, Finlande et Caucase*, E. Plon-Nourrit et Cie, éditeurs.)

Leçon II

Hydrographie. — Caractères généraux et classification des fleuves. — Fleuves glacés du nord, fleuves tièdes de l'est et du sud. — Leur action.

RÉSUMÉ. — 1. **Caractères généraux.** — *a.* **Longueur.** — Pas de fleuve aussi grand que le Missouri-Mississipi américain ou le Nil africain, mais un plus grand nombre de grands fleuves qu'en aucune autre partie de la Terre : **Yang-tse-Kiang**, le plus long des cours d'eau asiatiques (5.300 kilomètres), **Amour** (5.000), **Léna** (4.830), **Hoang-ho** (4.700), **Obi** (4.350), **Iénissei** (4.300), **Indus** (2.900), **Gange** (2.550), **Euphrate et Tigre**

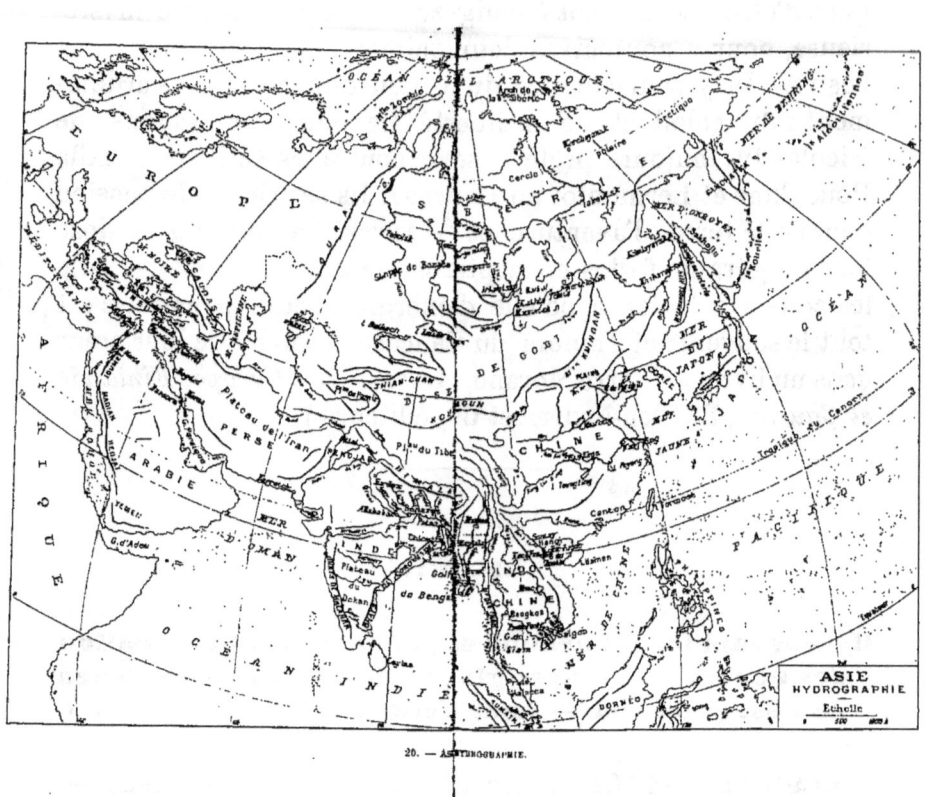

20. — ASIE HYDROGRAPHIE.

(2.800 et 2.000), **Amou-Daria** (2.500), **Iraouaddy, Salouen, Mékong** et de plus petits comme le **Si-Kiang** atteignant encore 1.500 kilomètres.

b. **Volume.** — Aucun fleuve dont la masse liquide égale celle de l'Amazone d'Amérique ou du Congo d'Afrique, mais un plus grand nombre de fleuves abondants (**Mékong, Gange, Brahmapoutre,** etc.) que sur l'un ou l'autre de ces deux continents. Il est vrai que l'écart dans le débit n'est nulle part plus accentué entre la saison des pluies et le temps de la sécheresse.

c. **Action.** — Moins subordonnée à la longueur ou au volume qu'à la situation. Les **fleuves glacés du nord**, Obi, Iénissei, Léna, ne servent guère qu'à la navigation intérieure ; l'Amour est à peine plus utile, car, quoique coulant déjà sous un climat plus propice, il a son embouchure fermée pendant la moitié de l'année ; villes et villages s'échelonnent à de longues distances sur leurs rives. Au contraire, des foules humaines se pressent dans les vallées alluviales et les plaines deltaïques des **fleuves tièdes de l'est et du sud**, la Chine doit la fécondité de son sol à l'union du Hoang-ho et du Yang-tse-Kiang, l'Inde au Gange, la Mésopotamie au Tigre et à l'Euphrate.

2. **Classification.** — Quatre groupes que déterminent quatre versants : celui de l'**Océan Glacial Arctique**, celui de l'**Océan Pacifique**, celui de l'**Océan Indien**, celui de la **Méditerranée**. En outre, groupe des **bassins fermés**.

Récit. — 1. **Caractères généraux.** — Le quadrilatère étalé au centre de l'Asie forme le faîte suprême autour duquel s'équilibrent les plaines.

Les courants fluviaux qui les sillonnent sont dignes des puissantes chaînes qui les encadrent. Chacun des deux spectacles a sa grandeur et sa majesté.

a. **Longueur.** — Sans doute il n'y a en Asie aucun fleuve égal en longueur au Missouri-Mississipi d'Amérique ou au Nil d'Afrique puisque le premier de tous, le **Yang-tse-Kiang**, ne dépasse pas 5.300 kilomètres ; mais il y a un plus grand nombre de grands fleuves que dans ces deux pays. L'Amour avec 2.500 kilomètres, la Léna avec 4.830, le Hoang-ho avec 4.700, l'Obi avec 4.350, l'Iénissei avec 4.300 sont supérieurs au Congo et au Niger africains, au Saint-Laurent et au Parana américains. L'Indus et le Gange, longs respectivement de 2.900 et 2.550 kilomètres, l'Euphrate et le Tigre de 2.800 et 2.000, l'Amou-Daria de 2.500, l'Iraouaddy, le Salouen et le Mékong, quoique incomplètement reconnus dans leurs cours supérieurs, méritent aussi d'être rangés au nombre des artères principales du globe. C'est à peine même si le Si-Kiang, développé sur un parcours de 1.500 kilomètres, le cède au Sénégal [1].

b. **Volume.** — Pour le volume d'eau, l'Asie possède, après l'Amazone et le Congo, le fleuve le plus abondant de la Terre : c'est le **Mékong**. Le **Gange-Brahmapoutre** passe avant le Niger. On a calculé que la masse liquide portée par ce double fleuve à la mer équivalait au quadruple de celle de tous les fleuves français réunis. Cela n'empêche ni le Mékong ni le Gange-Brahmapoutre d'être à certaines époques de l'année des cours d'eau plutôt pauvres. Le premier est réduit au sixième de sa valeur pendant le temps de la sécheresse. D'un volume évalué à 50.000 mètres cubes en temps de crue, le second tombe à 15.000 à l'état moyen, à moins de 1.000 pendant la saison sèche. Comme c'est là un caractère commun à tous les fleuves chinois, on peut dire que l'Asie, plus qu'aucun autre continent, se distingue par l'importance des écarts dans le débit.

c. **Action.** — Mais l'action d'un fleuve n'est pas toujours en rapport avec son développement ou son débit. Au nord comme à l'est ou au sud, l'Asie a de longs et puissants fleuves ; cependant, il s'en faut que leur action soit partout également efficace. Glacés au nord, tièdes à l'est et au sud, ils ne se res-

---

[1]. Missouri-Mississipi, 7.275 ; — Nil, 6.500 ; — Congo, 4.200 ; — Niger, 4.200 ; — Saint-Laurent, 3.500 ; — Parana, 3.560 ; — Sénégal, 1.700.

semblent pas en tant qu'agents de vie physique, aussi rayonnante ici que languissante là.

Au nord, l'Obi, l'Iénisseï et la Léna, que glace le vent polaire, restent fermés à la navigation, sous les latitudes voisines de l'Océan, pendant les trois quarts de l'année. Sans compter que la rareté des agglomérations urbaines, la maigreur des cultures, l'insuffisance de l'organisation industrielle éloignent de leurs eaux les navigateurs en quête de voyages moins longs et moins pénibles. Impasses plutôt que rues percées entre la mer et l'intérieur, ils n'ont à l'estuaire aucun grand port, ordinaire débouché des grands fleuves. Les fleuves des bassins fermés n'offrent guère moins de ressources à l'homme que ces fleuves d'un bassin largement ouvert. L'Amour, incliné vers la mer d'Okhotsk, coule déjà sous un climat plus propice que ses frères sibériens, mais l'embâcle annuelle qui ferme sa bouche pendant la moitié de l'année neutralise en partie les avantages offerts par le développement de ses voies navigables. Sans cette circonstance, le port de Nikolayevsk, où des négociants américains se sont établis, aurait pu prendre une importance de tout premier ordre. Mais que faire sous un ciel que n'éclaire pendant des mois entiers aucun rayon de soleil? Que devenir en une ville où les tourmentes de neige, alternant avec des brouillards de pluies fines, rendent les communications presque impraticables de maison à maison?

Au contraire, l'est et le sud sont le pays des vallées alluviales et des grasses plaines deltaïques. En faisant de leurs deux grands fleuves les représentants des deux principes qui, d'après eux, se partagent le monde, les Chinois ont exprimé une vérité géographique. C'est l'union du Hoang-ho « fleuve femelle » et du Yang-tse-Kiang « fleuve mâle » qui a fécondé le sol de Chine. Si l'État chinois n'a pas été fondé à l'intérieur de leurs limites, il y a du moins trouvé les ressources nécessaires au développement de sa puissance. Sur leurs rives croissent mieux qu'en aucune autre partie de l'Empire toutes les cultures qui ont fait sa fortune, cependant que des flottilles portant des centaines de mille bateliers fendent leurs eaux. Dans l'Inde, la plaine septentrionale est à ce point fertilisée par le Gange qu'elle réussit à nourrir en moyenne 250 habitants par kilomètre carré; la proportion pour une même surface est à peine d'un habitant dans la région de l'Obi. On pourrait dire de l'Inde ce que l'on a dit de l'Égypte, qu'elle est un présent de son fleuve. Sans le Gange, les forêts hindoues et les cultures tropicales n'auraient ni cette épaisseur, ni cette élévation. De même que le nom d'Inde suscite l'image du Gange, de même celui de Mésopotamie évoque le souvenir des deux fleuves jumeaux qui virent la gloire de la Chaldée et de l'Assyrie. Sans le Tigre et sans l'Euphrate, les populations disparates établies dans les plaines comprises entre le Taurus et le golfe Persique n'auraient vraisemblablement pas réussi à se constituer en nations. L'histoire de la civilisation antique compterait deux joyaux de moins.

Pays de transition entre des climats, des faunes, des flores différents, la Mésopotamie ne doit qu'à ses deux fleuves son individualité géographique. Aussi, tandis que tombe Nikolayevsk et que la population des premières villes de Sibérie n'excède guère 30.000 habitants, les cités situées dans le rayon des fleuves chinois ou hindous, Tien-Tsin, Nganking, Nan-King, Lucknow, Bénarès, Calcutta, d'autres encore, ne cessent de prospérer. Il est vrai que la Mésopotamie ne renferme plus aujourd'hui que des villes déchues; le mouvement s'est déplacé vers la côte méditerranéenne; mais l'ancienne splendeur de Ninive et de Babylone indique assez que la région du Tigre et de l'Euphrate n'est pas placée dans des conditions naturelles moins favorables que les deux précédentes à l'érection de grandes puissances. En dépit des déprédations auxquelles les nomades pillards se livrent presque sans risque dans le bas pays, l'Euphrate ouvre entre la Méditerranée et le golfe Persique une route naturelle qui, après avoir été il y a vingt siècles la principale voie commerciale du monde, est devenue un objet de convoitise pour les Anglais en marche vers l'Inde.

Karl Ritter a signalé la disposition par groupes des fleuves du versant de l'Asie tourné vers le Pacifique et vers l'Indien. Hoáng-ho, Yang-tse-Kiang, Si-Kiang, Mékong, Salouen, Iraouaddy naissent au cœur de la Chine en des massifs peu éloignés les uns des autres; Brahmapoutre, Gange, Indus, Satledj partent à peu près du même point de l'Himalaya; Euphrate et Tigre des mêmes montagnes arméniennes. Cette disposition, quoique moins apparente, se retrouve sur le versant nord où la distance est moindre entre les sources des trois grandes artères sibériennes qu'entre leurs embouchures.

2. **Classification.** — Ces divers fleuves peuvent se répartir en quatre groupes d'après les mers dont ils sont les tributaires : **Océan Glacial Arctique, Océan Pacifique, Océan Indien, Méditerranée.** A ces quatre groupes il convient d'ajouter celui des **bassins fermés.**

LECTURE

L'Inde présent du Gange. — « Le cœur de l'Inde, si l'on peut parler ainsi, le théâtre où elle déploie les trésors de son inépuisable fécondité, le terrain sur lequel se sont élevés ses grands empires, c'est la plaine immense qui s'étend du Brahmapoutre à l'Indus et des montagnes de l'Himalaya à la chaîne des monts Vindhia au sud, sur une longueur de plus de cinq cents lieues et sur une largeur moyenne de cent à cent cinquante. Après la région qu'arrosent en Chine le Yang-tse-Kiang et le Fleuve Jaune, c'est peut-être la plus féconde et la plus belle qui soit au monde. Toute cette immense superficie ne présente partout qu'un tapis de verdure, d'une incroyable richesse et sur lequel des fleuves majestueux, au cours presque insensible, promènent lentement le volume grandiose de leurs eaux.

« Nulle part l'aspect de ces magnifiques plaines de l'Inde ne se produit avec plus d'effet que dans le Bengale. Là rien ne borne un horizon toujours sans limite, où la vue se perd sans jamais s'arrêter sur une ondulation du terrain ni même sur un rocher isolé. Le Gange traverse cette grande province, augmentant à chaque pas la largeur de son cours et pendant la saison des pluies couvrant une grande étendue de terrain de ses eaux fertilisantes. Frappant ce sol si riche, si profond, si bien arrosé, de ses rayons énergiques, le soleil y éveille une puissance de végétation presque incroyable; et il en fait, au temps de la moisson, comme une mer d'épis et de verdure mollement balancés sous les brises languissantes du tropique. » (Xavier Raymond, *Inde*, *Univers pittoresque*, **Firmin Didot et Cie**, éditeurs.)

Leçon III

Hydrographie (*Suite*). — **Description des fleuves.**

RÉSUMÉ. — 1. **Tributaires de l'Océan Glacial Arctique.** — L'Obi, descendu de l'Altaï par deux branches, *Obi* proprement dit et *Irtich*, s'épanche dans les *lacs Ouloungour* et *Zaïsan*, traverse les steppes de Baraba et finit à la mer par un estuaire. Station principale : Tobolsk.

Né à peu de distance du précédent, l'Iénissei alimenté par la *Selenga* sinon le plus vaste, du moins le plus profond des lacs de la Terre (*Baïkal*); il en sort sous le nom d'*Angara*, puis de *Toungouska*, et après s'être grossi de *deux autres Toungouska* se termine en estuaire. Stations principales : Maïmatchin, Kiakhta, Irkoutsk, Krasnoyarsk, Yénisseisk.

La **Léna**, qui a son cours supérieur encaissé entre des escarpements rocheux, s'élargit dès que lui arrive le tribut des rivières affluentes, *Vitim, Olokma, Aldan, Vilioui.* Delta et non estuaire. Station principale : Yakoutsk.

2. Tributaires de l'Océan Pacifique. — L'**Amour** coule dans un pays plus accidenté, partant plus pittoresque ; il est même peu de fleuves au monde qui aient autant d'obstacles à briser pour s'unir à la mer ; l'apport de nombreux affluents (*Chilka, Soungari, Oussouri*) l'aide à en triompher. Estuaire. Stations principales : Tchita, Nertchinsk, Khabarovka, Nikolayevsk.

Fleuve médiocre en comparaison des précédents, mais remarquable par la grandeur de son rôle historique (Péking), le **Peï-ho** finit en forme de delta dans le golfe de Petchili.

Le **Hoang-ho**, ou **Fleuve Jaune**, issu du Tibet, ne traverse dans son cours supérieur que des cluses étranglées où des espaces désertiques. Bien différent le *Wei* qui, par l'activité de son mouvement et la direction de sa vallée, mériterait d'être considéré comme la branche maîtresse. En aval du confluent, le fleuve s'engage dans les « terres jaunes », au delà desquelles il finit dans le golfe de Petchili par une embouchure qui s'est maintes fois déplacée. Stations principales : Lan-Tchéou, Kaïfong.

Originaire du même plateau, le **Yang-tse-Kiang** ou **Fleuve Bleu** se grossit d'affluents considérables, *Yaloung, Min, Han-Kiang*, serpente au pied de villes nombreuses comme Han-Kéou, Nan-King, Tchen-Kiang et dessine son estuaire dès son entrée dans la zone maritime.

Encaissé depuis ses sources jusqu'à la région voisine de la mer, le **Si-Kiang** a vu, au contraire, peu de villes s'élever sur les bords de son cours supérieur et moyen, mais il arrose à son embouchure le grand port de Canton.

Plus peuplé est le cours inférieur du **Song-Koï** ou **Fleuve Rouge** sur le delta duquel s'élèvent les cités tonkinoises de Hanoï, Hong-Yan, Haï-Phong.

Le **Mékong** est un fleuve très puissant, mais malheureusement peu utilisable pour la navigation à cause des rapides qui l'encombrent. Immense delta (*rivière de Bassac, Tien-Giang, deux Vaïco, Donnaï, rivière de Saïgon*).

Libre de rapides à partir du cours moyen, le **Ménam** se termine au fond du golfe de Siam par un delta sur lequel est bâti Bangkok, mais il n'est pas comparable par ses dimensions aux artères voisines.

3. **Tributaires de l'Océan Indien.** — Le **Salouen**, la plus impraticable des artères.

L'**Iraouaddy**, après avoir échappé par des rapides au plateau tibétain, devient navigable à Bhamo, arrose les cités commerçantes de Mandalay et Prome, et se termine par un delta près duquel est bâti Rangoun.

Par 4.206 mètres d'altitude, le **Gange** descend de l'Himalaya au golfe du Bengale où son delta se mêle à celui du **Brahmapoutre** venu du revers opposé des mêmes monts. Entré en plaine à Hardwar où il n'est déjà plus qu'à 311 mètres, il baigne Allahabad où conflue la *Djemna*, Bénarès, Patna, Colgong et, grossi désormais de tous ses affluents, s'achève en un delta immense dont les branches ont subi pendant la période historique d'incessantes variations. La principale d'entre elles est le *Hougly* qui porte Calcutta.

Le **Sindh** ou **Indus** dont le trésor d'eau va s'appauvrissant depuis la région montagneuse jusqu'au confluent des *cinq rivières du Pendjab*, finit par un delta à peine moins vaste que celui du Gange et dont les fièvres font un dangereux séjour.

Les autres fleuves de l'Inde sont sans grande valeur : **Mahanaddy**, **Godavery**, **Kistna**, **Cavery**, **Nerbuddah**, filets d'eau en été, torrents à la saison des pluies.

L'**Euphrate** et le **Tigre** versent au contraire à la mer par une embouchure commune, le **Chat-el-Arab**, la majeure partie des eaux de l'isthme compris entre la mer Noire et la Méditerranée et le golfe Persique. Principales stations : Kiebán-Maaden, Samsat, Biradchik, Babylone sur l'Euphrate ; Mossoul

(Ninive), Bagdad sur le Tigre ; Bassora sur le Chat-el-Arab.

4. Tributaires de la Méditerranée. — N'ont pas une importance comparable à celle des tributaires des trois autres versants : Oronte (Antioche), Léontès (Tyr), Caystre (Éphèse), Sakaria, Kisil-Yrmak, Yeschil-Yrmak.

5. Bassins fermés. — *a.* Mer Caspienne : Atrek, Koura, Araxe, Héri-Roud finissant dans les sables. — *b.* Mer d'Aral : Syr-Daria et Amou-Daria. — *c.* Mer ou lac Balkach : Ili. — *d.* Mer Morte : Jourdain.

RÉCIT. — **1. Tributaires de l'Océan Glacial Arctique.** — L'Obi est formé de deux branches, *Obi* proprement dit et *Irtich*. Celle-ci est la branche maîtresse. Né par elle sur le versant méridional de l'Alaï en territoire chinois, l'Obi s'écoule presque aussitôt dans le *lac Ouloungour*, l'un des plus vastes de l'Asie. A peine entré sur territoire russe, il se mêle à nouveau aux eaux d'une autre nappe, encore plus étendue que la précédente mais sans profondeur et l'une des plus poissonneuses du monde, le *lac Zaïsan*[1]. La région de Baraba qu'il traverse ensuite montre, quoique qualifiée « steppe », sinon des bois, du moins des massifs de pins et de bouleaux distribués en un pittoresque désordre. Ce n'est pas l'abondance des contrées forestières, mais ce n'est pas non plus l'habituelle pauvreté des steppes. A 500 kilomètres en aval de Tobolsk, l'Irtich et l'Obi, désormais réunis, finissent à la mer par une seule bouche.

De même que l'Obi par l'Irtich, l'**Iénissei** descend par la *Selenga* du revers méridional des monts qui limitent au sud les plaines de la Sibérie. Le *lac Baïkal*, que cette source lointaine alimente, est une mer en comparaison des Ouloungour et Zaïsan. Il n'est pas vrai, comme le prétendent la plupart des ouvrages de géographie russes, que le Baïkal (35.000 kilomètres carrés) occupe le premier rang parmi les

---

1. Voir plus loin, p. 270.

lacs du monde ; le Supérieur, le Michigan et l'Huron de l'Amérique [1], les Victoria-Nyanza et Tanganika d'Afrique [2] le dépassent en superficie ; mais, à son tour, il les dépasse tous par sa profondeur qui, dans les cavités les plus basses, est supérieure à celle de l'Océan (moyenne, 250^m ; extrême, 1.373^m). Sorti du lac sous le nom d'*Angara*, puis de *Toungouska supérieure*, il se dirige vers la mer où, après avoir reçu l'apport de *deux autres Toungouska*, il finit, à l'instar de l'Obi, par un estuaire en forme de fiord. Les cités chinoise et russe de Maïmatchin et Kiakhta, comptoirs d'échanges aux frontières des deux empires, Irkoutsk, centre industriel, Krasnoyarsk, centre administratif, Yénisseisk, au milieu de gisements de fer et de lavages d'or, sont les principales étapes.

A la différence de l'Obi et de l'Iénissei, la **Léna** se forme au nord des chaînes bordières du plateau. Encore étroite à Katchouga, elle double son volume par le tribut du *Vitim*. D'autres rivières également puissantes et à courant rapide, l'*Olokma* et l'*Aldan* à droite, le *Vilioui* à gauche, se mêlent à elle en accélérant sa vitesse. Elle prend dès lors sa direction normale sur la pente océanique pour se terminer non plus en estuaire, mais en delta. Rares les bourgades assises sur ses rives, si tant est qu'on puisse appeler ainsi les groupes de maisons ou de cabanes que de loin en loin le voyageur rencontre sur son chemin. Une seule ville, Yakoutsk, attire chaque année à l'époque de sa foire des milliers de marchands adonnés au commerce des pelleteries. Mais ce n'est là qu'une affluence passagère ; la population régulière est de 5.000 habitants seulement, pour la plupart soldats, fonctionnaires ou bannis. C'est qu'avec Werchojansk, autre village de la Sibérie orientale, Yakoutsk est **la ville la plus froide du monde**. Les minimums de — 60° y sont fréquents en hiver. Par contre, le soleil d'été la chauffe au point d'en brûler le sol. Le climat de Yakoutsk est celui

---

1. Voir *Première année*, p. 229.
2. Voir *Première année*, p. 74.

qui représente le mieux le type des climats continentaux ou extrêmes : on se croirait l'hiver au sommet du mont Blanc ; l'été on a, en marchant, l'impression de mettre le pied sur la lave.

En dehors de ces trois artères, la Sibérie n'envoie à l'Océan Glacial que des cours d'eau dont l'importance économique est à peu près nulle. Tel l'*Olenok* ne reliant entre eux que des campements de pêcheurs et de chasseurs.

2. Tributaires de l'Océan Pacifique. — L'Amour est le seul grand fleuve de Sibérie orienté vers l'est. Russe par ses origines, il forme frontière dans la partie moyenne de son cours entre la Sibérie et la Chine pour finir, ainsi qu'il a commencé, sur territoire russe. Il est peu de fleuves qui aient autant d'obstacles à briser pour descendre de degré en degré jusqu'à la mer : Grand-Khingan, Petit-Khingan, chaîne littorale du Sankhote-Alin. Autant d'éléments de pittoresque qui manquent aux autres fleuves sibériens. Dans la mer, nouvel et dernier obstacle dressé par l'île de Sakhalin que le chenal doit contourner par deux bras, l'un passant au nord de l'île, l'autre courant au sud par la manche de Tartarie. On dirait que la Terre et l'Océan conspirent pour faire refluer le courant fluvial vers la source. Heureusement est-il aidé dans son œuvre de démolition par le contingent que lui apportent à gauche la *Chilka*, à droite la *Soungari* et l'*Oussouri*. La région amourienne doit à cette victoire de son fleuve le droit d'aspirer au premier rang des régions naturelles de la Sibérie sous le rapport commercial et politique. Tchita, lieu central d'étape entre le Baïkal et l'Amour, la commerçante Nertchinsk, où Russes et Toungouses se coudoient, Khabarovka, capitale de tout le bas pays et du littoral, Nikolayevsk, malgré la défaveur due aux causes que l'on sait[1], ont une activité inconnue de la plupart des villes de la plaine septentrionale.

Insignifiant comme artère fluviale entre l'Amour d'une part, le Hoang-ho et le Yang-tse-Kiang de l'autre, le **Peï-ho** mérite

---

1. Voir plus haut, p. 248.

une mention spéciale par l'importance de son rôle historique. Il a été la route des invasions en Chine. C'est dans ses campagnes, qu'après leurs victoires, les envahisseurs, attentifs à maintenir les communications avec leur patrie, établirent le siège de leur puissance. La région du Peï-ho doit à cette circonstance l'honneur de posséder la capitale, Péking.

Mais on sait que là n'est pas le cœur de la Chine[1] ; les deux fleuves qui en ouvrent le chemin sont au sud.

Le premier, **Hoang-ho** ou **Fleuve Jaune**, ne fait pas prévoir dans la partie supérieure de son cours la valeur des cours moyen et inférieur.

A la région des sources vainement cherchées jusqu'à ce jour par les voyageurs européens succèdent en effet les étranglements des cluses, puis les terres infertiles du désert. Une seule station de quelque valeur, Lan-Tchéou. On ne reconnaît pas à ces signes l'approche d'une vallée qui fut le berceau de la civilisation chinoise. Mais si, au lieu de descendre le plateau par le fleuve, on emprunte la voie de son affluent le *Weï*, on jouit du spectacle d'une activité ininterrompue depuis les sources jusqu'à l'embouchure. Le Weï, en effet, mériterait d'être considéré, à certains égards, comme la branche maîtresse ; c'est lui qui, refluant le fleuve vers l'est, lui maintient sa direction primitive ; sa vallée est un des sillons réguliers qui s'ouvrent parallèlement aux arêtes de la Chine centrale, et son mouvement de batellerie dépasse en importance celui du Hoang-ho. Le Weï joue à l'égard du Hoang-ho un rôle analogue à celui de la Saône à l'égard du Rhône. Devenu, en aval du confluent, fleuve considérable, le Hoang-ho s'engage dans une contrée argileuse connue sous le nom de « terres jaunes » à cause de la couleur générale qu'elle revêt. Là, en effet, tout est jaune, les collines, les routes, les champs, les rivières chargées d'alluvions, et le fleuve, et la mer qu'ont baptisée les boues de ce fleuve.

---

1. Voir plus haut, p. 248.

Jaunes les maisons bâties en argile. Jaune même la poussière soulevée par le vent dans les airs et retombant en poudre sur les cultures. Ne dirait-on pas que les choses de la nature aient voulu s'harmoniser dans leurs nuances avec le teint des hommes?

Le fleuve qui ronge les falaises abruptes de ces terres n'a, comme *travailleur*, aucun rival. Son travail est double, érosion des bords, exhaussement du fond. Aussi, lorsque surviennent les crues, la surface du courant est-elle plus élevée que les campagnes voisines. Comme les riverains du Mississipi, du Pô ou de la Loire, ceux du Hoang-ho ont établi un réseau de digues latérales, hautes sur certains points de 22 mètres, pour se protéger contre les débordements. Soixante mille ouvriers sont employés sans relâche à son entretien. Mais que vienne une crue extraordinaire ou qu'une brèche se produise dans l'épaisseur du mur protecteur, et des provinces entières, comme cela arriva en 1888-1889, disparaissent sous l'eau. Une armée d'invasion qui voudrait mettre cette partie de la Chine à sa merci n'aurait qu'à renverser les digues. Au XIIIe siècle, une irruption du fleuve dans le camp de Djenghiz-Khan entraîna une des rares défaites de ce conquérant. Au XVIIe, un mandarin noya 200.000 habitants dans la ville de Kaïfong; et, cent ans plus tard, l'empereur Kanghi fit périr de la même manière un demi-million de ses sujets. Si bien que le Hoang-ho, dont les alluvions fécondes renouvellent les campagnes, est aussi pour elles une cause de désastres. Fléau en même temps que bienfait, promesse et menace tout à la fois! Aujourd'hui il finit dans le golfe de Petchili par une seule embouchure, mais si l'on comptait tous les sillons par lesquels il s'est successivement écoulé, soit au nord, soit au sud, sur une étendue d'environ 900 kilomètres de la bouche de Peï-ho à celle du Yang-tse-Kiang, on découvrirait le tracé d'un immense delta. Les déplacements du cours inférieur du Hoang-ho offrent un des exemples les plus frappants de l'action physique des eaux.

Né sur le même plateau inexploré que le Hoang-ho et traversant, avant de se mêler à l'Océan, les mêmes plaines alluviales, le **Yang-tse-Kiang** ou **Fleuve Bleu** déroule la partie moyenne de son cours au milieu de régions toutes différentes. En aval des rapides par lesquels il échappe à la zone montagneuse et des gorges grandioses de Lon Kan et de Mitau, il pénètre en plaine, mais n'y cause nulle part des désastres pareils à ceux qui suivent les inondations ou les déplacements du Hoang-ho. Ce n'est pas que des levées y aient été moins nécessaires ; du moins les anciennes annales n'ont conservé le souvenir d'aucune grande catastrophe.

De Han-Kéou à Nan-King le fleuve, que des îles verdoyantes divisent en plusieurs bras, serpente entre des rives chargées de pagodes. Au delà de Nan-King l'estuaire commence, profond de 40 à 100 mètres, promettant malheureusement plus qu'il ne tient, car le lit se relève peu à peu en se rapprochant de la mer, et des seuils de vase séparent l'estuaire des eaux du large. Des changements, quoique inférieurs en importance à ceux du Hoang-ho, ont eu lieu dans cette partie du cours. A une époque antérieure de l'histoire de la Terre, le fleuve finissait au golfe de Hangtchéou qui a conservé l'apparence d'une embouchure fluviale. Il se grossit des deux côtés d'affluents considérables : à gauche, le *Yuloung* à l'allure rapide, le *Min* utilisé pour la navigation sur la plus grande partie de son cours ; à droite, des rivières de moindre étendue, mais apportant à travers les *lacs Toung-ting* et *Poyang*, les eaux des deux provinces du Hou-Nan et du Kiang-Si. Entre tous, la prééminence appartient au *Han-Kiang* venu du nord, qui, outre qu'il est le plus abondant, ouvre au commerce une voie naturelle aux trois quarts navigable entre les deux grands fleuves de la Chine.

Le **Si-Kiang** n'a plus rien qui ressemble à ces cours d'eau. Encaissé presque jusqu'à la mer entre un double rempart, il garde, comme notre Dordogne, quelque chose du fleuve de montagne. Rarement les villes ont trouvé sur ses bords l'espace nécessaire à leur construction ; plus rarement encore les vallées latérales ont réussi à s'ouvrir vers l'intérieur. La contrée qu'il dessert, comprise en partie dans la zone tropicale, se distingue des précédentes par les conditions du climat et les productions du sol. Il n'est pas jusqu'à l'histoire de ses habitants qui ne soit différente de celle des Chinois du nord. Le Si-Kiang a souvent appartenu à d'autres maîtres que le Peï-ho, le Hoang-ho et le Yang-tse-Kiang ; c'est de là que partit la formidable insurrection des Taïping contre la dynastie mandchoue (1848-1862) ; Canton qui en fut le foyer peut être considéré à maints égards comme faisant équilibre à Péking.

Quoique rappelant le précédent par son aspect général, le **Song-Koï** ou **Fleuve Rouge** s'élargit davantage dans la contrée voisine de la mer. Au-dessous de Sontay, il se divise même en une multitude de branches dont les principales passent devant les cités tonkinoises d'Hanoï, Hong-Yan, Haï-Phong. Si on considère que ce fleuve constitue une voie d'approche vers la Chine, on comprend l'intérêt attaché par la France à la possession du Tonkin. Voie imparfaite cependant, coupée de rapides qu'il faudra tourner à l'aide de canaux, ou interrompue par des crues périodiques dont il nous sera plus difficile de triompher.

Avec le **Mékong**, autre fleuve de montagnes et de plateaux, on pénètre en Indo-Chine. Les cataractes qui l'encombrent le rendent peu utilisable pour la navigation. Celle-ci, malgré les travaux d'art pratiqués sur la grande partie du cours, n'est sûre encore qu'en aval des chutes de Khong, à 600 kilomètres de l'embouchure. A la hauteur de Pnom-Penh, le fleuve se ramifie en deux bras : la *rivière de Bassac* à l'ouest, le *Tien-Giang* à l'est. A ces deux branches s'unissent d'autres rivières dont les *deux Vaïco*, le *Donnaï* et la *rivière de Saïgon* sont les principales. Le Mékong forme ainsi le plus vaste des deltas étalés vers le Pacifique.

Le **Ménam** n'est guère remonté par les grands navires que

sur une quinzaine de kilomètres. Sur l'une des branches de son delta s'élève Bangkok.

De tous les fleuves du versant asiatique du Pacifique les plus utiles sont encore ceux de la Chine.

3. Tributaires de l'Océan Indien. — La série s'ouvre par une artère impraticable entre toutes, le **Salouen**. Les eaux du fleuve déroulent, comme par un escalier, des hauts plateaux à la mer.

Mais, presque aussitôt, l'**Iraouaddy** ouvre au commerce indo-chinois une voie de première valeur : il n'y a pas moins de 1.200 kilomètres entre Bhamo, aux frontières de la Chine, point extrême où remonte facilement la navigation, et l'Océan. Cela explique l'activité et l'importance de la population des stations échelonnées sur la route, comme Mandalay (190.000 hab.) et Prome. Entré en plaine vers Prome, il se termine par un delta mesurant plus de 40.000 kilomètres carrés de superficie près duquel s'élève Rangoun (180.000 hab.).

Par leur embouchure commune, le **Gange** et le **Brahmapoutre**, quoique issus des deux revers opposés de l'Himalaya, paraissent ne former qu'un seul fleuve. Mais si la fin est la même, aucune analogie n'est à établir entre le reste du cours autrement fertile et peuplé au sud qu'au nord de la barrière.

Né à 4.206 mètres d'altitude, le Gange, après avoir traversé la région des hautes vallées ou *douns*, entre en plaine à Hardwar où il n'est déjà plus qu'à 311 mètres. Réuni aux eaux du canal, puis à celles de la *Djemna* qui conflue à Allahabad, le fleuve, désormais considérable, se heurte près de Tchanar et de Bénarès aux derniers escarpements des Vindhia, mais se rejette aussitôt à l'est pour suivre dans cette direction, en passant par Patna, la lisière de l'Himalaya. Tous ses grands affluents lui arrivent en amont de Colgong : *Gogra*, *Gumti*, *Gandak*, *Baghmati*, *Kosi*, descendus des monts himalayens; *Sone*, des Vindhia. Mais, tandis que les premiers roulent en tout temps une masse abondante, la dernière, presque entièrement privée d'eau pendant la saison des sécheresses, se gonfle pendant celle des pluies à l'égal du Gange lui-même.

Grossi du tribut de ces rivières, le fleuve déroule ses méandres dans une plaine qui fut le théâtre d'importants changements accomplis pendant la période historique. Au milieu de l'avant-dernier siècle, le Gange passait à une grande distance des collines de Radjmahal; en 1788, il s'attaquait aux collines et ne tardait pas à s'ouvrir un chemin à travers la masse rocheuse; en 1798, une île s'élevait à la place même où passait dix ans plus tôt le courant principal; les villes de Pandouah, Gaour, Laknaoution, Djanalabad, délaissées dans l'intérieur des terres, tombaient en décadence. Autre exemple : Gaour marquait jadis le point de bifurcation des branches supérieures du delta; aujourd'hui la tête du delta est à 28 kilomètres au sud des ruines de cette ville. Le *Hougly* lui-même, branche occidentale du delta sur laquelle est bâti Calcutta, a subi plusieurs variations depuis le jour où des commerçants européens établirent des comptoirs sur ses bords : nombre de cités assises aujourd'hui sur des chenaux envasés ne voient plus que des barques mouiller devant leurs quais; il n'en serait pas autrement de la partie du Hougly qui forme l'entrée de Calcutta si les Anglais n'apportaient au maintien et à l'approfondissement des passes du chenal une attention égale à celle que nous dépensons nous-mêmes à notre port du Havre; d'autant que le mascaret qui remonte le courant avec une vitesse de 8 mètres par seconde accroît le danger de la navigation. La *Meghna*, branche orientale, emportant avec les eaux du Gange celles de Brahmapoutre et se ramifiant à son tour en plusieurs bras sur une centaine de kilomètres de largeur, mérite d'être considérée comme la continuation du grand fleuve. Le Sanderban, région méridionale du delta, est une terre indécise, moitié solide, moitié liquide, de temps à autre entièrement recouverte par les eaux.

A la différence du Gange et semblable en cela au Brahmapoutre, le **Sindh** ou **Indus** se forme, soit par lui-même, soit par le Satledj, sur le versant tibétain de l'Himalaya. Après avoir percé la chaîne il reçoit à Attok le *Kaboul*, s'appauvrit en longeant les confins du désert, mais reforme son trésor d'eau par le tribut des *cinq rivières du Pendjab* dont la plus puissante est le *Satledj*. Près du delta, Karratchi, grande ville de 100.000 habitants.

Les autres fleuves indiens **Mahanaddy**, **Godavery**, **Kistna**, **Cavery** (côte de Coromandel), **Nerbuddah** (côte de Malabar), offrent ce commun caractère d'être alternativement de pauvres ruisseaux ou des torrents que les pluies rendent redoutables. Aucun d'eux ne se développe d'ailleurs sur une étendue comparable à celle du Gange-Brahmapoutre ou de l'Indus.

Il faut pousser jusqu'au fond du golfe Persique pour rencontrer un débouché commun à deux nouveaux grands fleuves, l'**Euphrate** et le **Tigre**. Le premier, formé par la réunion du *Kara-Sou* et du *Mourad*, descend de chute en chute le plateau d'Arménie. Encore étroitement encaissé à Kiéban-Maaden, il ne se développe en circuits qu'à la hauteur de Samsat, en même temps que ses rives s'élargissent. A Biradchik, il entre en plaine, devient navigable et, après avoir arrosé Babylone, pâle reflet de la capitale chaldéenne, s'unit au Tigre près de Korna. Le second, issu du même plateau auquel il échappe par une série de cluses, baigne Mossoul élevée sur l'emplacement de Ninive, et à l'entrée de l'Iran, Bagdad. Réunis dans le **Chat-el-Arab**, l'Euphrate et le Tigre finissent, au-dessous de Bassora, comme les autres tributaires de l'Océan Indien, en forme de delta.

A l'est, comme à l'ouest, plus rien. Pas de rivières permanentes en Arabie; dans l'Iran, de maigres filets d'eau pouvant se traverser à pied. Des deux côtés, la même pauvreté.

4. **Tributaires de la Méditerranée.** — L'Asie n'ayant jour sur la Méditerranée que par la péninsule d'Asie Mineure et le littoral syrien, la richesse hydrographique de ce versant est notablement inférieure à celle des trois autres. En Syrie : l'**Oronte**, rivière d'Antioche, et le **Léontès** qui finit près de Tyr,

issus l'un et l'autre de l'Anti-Liban. En Asie Mineure, le **Caystre**, si célèbre autrefois, mais aujourd'hui pauvre rivière, souillée, boueuse, endormie dans le désert où se dressent les ruines d'Éphèse le **Sakaria**, le **Kisil-Yrmak**, le **Yeschil-Yrmak**, ruisseaux et torrents tour à tour, sans autre intérêt que celui des gorges ou *boghaz* creusées à travers l'épaisseur des chaînes bordières. On a calculé que le débit total des affluents asiatiques de la Méditerranée représentait environ le tiers du débit des fleuves français. Qu'est cela en comparaison de la masse liquide portée à l'Indien, au Pacifique, voire au Glacial Arctique ?

5. **Bassins fermés.** — *a*. **Mer Caspienne.** — A 26 mètres au-dessous du niveau de la Méditerranée. A l'est et au sud des montagnes bordent la mer de trop près pour permettre aux fleuves persans, **Atrek** et **Héri-Houd**, de se développer sur un long parcours. Encore ce dernier meurt-il dans les sables avant d'arriver à la mer. Seule, la **Koura** russe, empruntant la dépression qui s'ouvre au sud du Caucase, constitue avec sa rivière jumelle l'**Araxe** une artère de la dimension de notre Loire. La majeure partie de son bassin où les steppes rocheux alternent avec les champs d'herbes n'en demeure pas moins stérile.

b. **Mer d'Aral.** — A 48 mètres au-dessus du niveau de la Caspienne. Le **Syr-Daria**, et l'**Amou-Daria**, Iaxarte et Oxus des anciens, n'ont pas davantage, au point de vue économique et commercial, une importance en rapport avec leur développement. L'évaporation et l'irrigation pratiquée à l'excès contribuent simultanément à les appauvrir ; la fange des deltas obstrue leur entrée ; et la navigation, sur le Syr surtout, est trop souvent incertaine et périlleuse. Les glaces qui recouvrent ce fleuve pendant les mois d'hiver, les nuées de cousins qui mettent en fuite les mariniers pendant l'été, l'insuffisance de profondeur de la barre sont autant d'obstacles à l'établissement d'une navigation régulière. « Les bateaux, dit-on en parlant du Syr, ne portent pas les voyageurs, ce sont les voyageurs qui traînent les bateaux. » A remarquer les changements accomplis dans le cours de ces fleuves depuis l'époque historique et auxquels les déplacements périodiques du Hoang-ho peuvent seuls être comparés. Quoi qu'en aient dit un grand nombre de savants, il paraît exact que le Syr et l'Amou aient jadis coulé vers la Caspienne. En tout cas, on n'en saurait douter pour ce dernier dont l'ancien lit a été suivi sur un espace de plus de 300 kilomètres.

c. **Mer ou lac Balkach**[1]. — A 238 mètres d'altitude. Son principal affluent est l'Ili, mieux alimenté par les pluies que les deux fleuves de la dépression touranienne, accessible aux petites embarcations sur plus de la moitié de son cours, grand chemin de pénétration dans le Turkestan chinois.

d. **Mer Morte**. — Entre 392 et 395 mètres d'altitude suivant les saisons. Le Jourdain qui s'y achemine par un chapelet de lacs traverse une contrée plus célèbre par son histoire que par ses dons naturels. Partout, des escarpements ravinés surplombent la vallée et son point d'aboutissement. Mais, tandis que le Jourdain coule encore entre deux rideaux d'arbres, la mort paraît planer, des monts de Moab aux monts de Judée sur la mer à laquelle elle a donné son nom. Ses eaux trop imprégnées de sel (20,58 0/0)[2] sont mortelles aux poissons, et le voyageur lui-même se sent pris sur ses bords d'une « espèce d'épouvante physique du désert[3] ».

LECTURE

La mer Morte. — « Sur cette sinistre grève, la mort s'indique vraiment imposante et souveraine. Il y a d'abord, comme une ligne de défense qu'il faut franchir, une ceinture de bois flottés, de branches et d'arbres dépouillés de toute écorce,

---

1. Qualifié *mer* par les Chinois et les Kirghiz.
2. Voir *Première année*, p. 46, où il est expliqué que, par suite de l'intensité de l'évaporation produite à la surface, la mer Morte est parmi les plus salées des mers du globe.
3. Pierre Loti, *Jérusalem*.

presque pétrifiés dans les bains chimiques, blanchis comme des ossements, — et on dirait des amas de grandes vertèbres. Puis, ce sont des cailloux roulés, comme au bord de toutes les mers ; mais pas une coquille, pas une algue, pas seulement un peu de limon verdâtre, rien d'organique, même au degré le plus inférieur, et on n'a vu cela nulle part ; une mer dont le lit est stérile comme un creuset d'alchimie ; c'est quelque chose d'anormal et de déroutant. Des poissons morts gisent çà et là, durcis comme les bois, momifiés dans le naphte et les sels : poissons du Jourdain que le courant a entraînés ici et que les eaux maudites ont étouffés aussitôt. Et devant nous, cette mer fuit, entre ses rives de montagnes désertes, jusqu'à l'horizon trouble, avec des airs de ne pas finir. Ses eaux blanchâtres, huileuses, portent des taches de bitumes, étalées en larges cernes irisés. D'ailleurs, elles brûlent, si on les boit, comme une liqueur corrosive ; si on y entre jusqu'aux genoux, on a peine à y marcher, tant elles sont pesantes ; on ne peut y plonger ni même y nager dans la position ordinaire, mais on flotte à la surface comme une bouée de liège. Jadis l'empereur Titus y fit jeter, pour voir, des esclaves liés ensemble par des chaînes de fer, et ils ne se noyèrent point. » (Pierre Loti, *Jérusalem*, Calmann Lévy, éditeur.)

Leçon IV

Richesses naturelles.

RÉSUMÉ. — 1. **Produits du sol**. — *a*. **Flore**. — Trois zones de végétation correspondant aux trois zones climatériques : **agricole du nord, désertique du centre, des cultures tropicales au sud et au sud-est**. — *b*. **Faune**. — *Animaux à fourrure* et *chevaux* au nord ; *chèvres* (Tibet) et *antilopes* au centre ; *grands mammifères* représentés par *l'éléphant* (Térai, Siam), le *rhinocéros* (Bengale), le *tigre royal*, le *léopard*, la *panthère*, l'*hyène* au sud et au sud-est. Plus ou presque plus de *lions*, sauf dans les vallées entre l'Iran et le Tigre ou sur les confins du désert arabique. *Huîtres perlières* dans le golfe de Persique, à Ceylan.

2. **Produits du sous-sol.** — *Houille* (Turkestan, Bengale, Annam, Tonkin, Japon, Chine surtout). *Étain* (Malacca). *Pétrole* (Birmanie et Caucase). *Or* (Corée, Afghanistan, Sibérie surtout). *Pierres précieuses* (Ceylan).

Récit. — **1. Produits du sol.** — *a*. **Flore.** — Les trois zones climatériques que nous avons distinguées [1] déterminent trois zones de végétation.

Au nord, une **zone agricole** enveloppe sur une largeur de 150 à 400 kilomètres les vallées supérieures des fleuves sibériens. Sur cette terre noire de bonne qualité, la plupart des plantes de l'Europe tempérée peuvent prospérer, mais l'état arriéré des méthodes agricoles paralyse la force de production. Il en sera ainsi tant que les paysans, se bornant à ensemencer le sol, négligeront d'en renouveler les qualités en le fumant. On en cite qui aiment mieux, en présence de l'épuisement, s'en aller au loin chercher des contrées neuves que d'améliorer sur place leur système d'agriculture. La Sibérie agricole est interposée d'une part entre la région glacée des *toundras* où ne croissent que *mousses*, *lichens* et *bouleaux nains*, d'autre part la *région forestière* de l'Altaï et de l'Amour (*pins, cèdres, bouleaux*).

Au centre, la **zone élevée des déserts** offre cette particularité d'être coupée de distance en distance par des régions plus basses, naturellement arrosées et fertiles. Les escarpements froids du Caucase se dressent au-dessus du paradis de verdure qu'est la Mingrélie ; les sables de l'Arabie et de l'Iran confinent aux champs de la Mésopotamie et au jardin du Ma-

---

[1] Voir p. 240 et 241.

zandéran; les arbrisseaux chétifs du Tibet conduisent aux forêts superbes des vallées du sud-est; et on passe presque sans transition des steppes du Gobi aux grasses prairies de la vallée de la Soungari. Non que le désert manque d'étendue. Dans l'Iran, il couvre plus du tiers du pays et se profile au Gobi sur 2.200 kilomètres de longueur. Longue et fastidieuse la traversée d'un pareil espace lorsque aucune palme d'oasis n'en vient altérer la désolante monotonie! Le raid accompli en huit jours, au mois d'août 1902, par le comte Jacques de Lesdain, de Kalgan à Ourga, restera l'un des plus curieux du genre.

Au sud et au sud-est s'étend la zone des cultures tropicales. Nulle part ailleurs la terre n'étale une magnificence de verdure et de fleurs, une variété de production supérieures ou même égales à celles des deux péninsules indiennes et des îles enchantées qui les prolongent dans les flots. Nulle part ailleurs le sol n'a moins besoin d'être fécondé par l'engrais que dans cette contrée des « terres jaunes » dont les annales célébraient déjà la fertilité il y a quatre mille années et qui a conservé jusqu'à maintenant la vigueur productive des premiers âges. Tandis qu'aux Indes l'atmosphère marine, saturée de vapeurs, a vite réparé les dommages causés aux campagnes par les ouragans, par les tremblements de terre ou par les coulées de lave, les éléments constitutifs de la « terre jaune » sont à ce point nourriciers qu'elle sert elle-même d'engrais aux champs qui en sont dépourvus. Le Bengale, la Birmanie britannique, la Cochinchine française, la Chine méridionale produisent une quantité prodigieuse de *riz*. La culture du *thé* s'étend sans cesse dans la Chine du nord, le Japon, l'Inde, Ceylan. Le Dekan a son *coton*, le Bengale son *indigo*, l'Assam ses *forêts* de palmiers et de bambous atteignant à des hauteurs considérables. Enfin des bois de teck et de santal, recherchés, le premier pour la construction des navires, le second pour les travaux d'ébénisterie, couvrent de grands espaces dans l'Inde et l'Indo-Chine.

b. **Faune.** — L'Asie est avec l'Afrique le continent où vivent les espèces animales de plus grandes dimensions. Elle présente une preuve de plus de cette éternelle harmonie établie

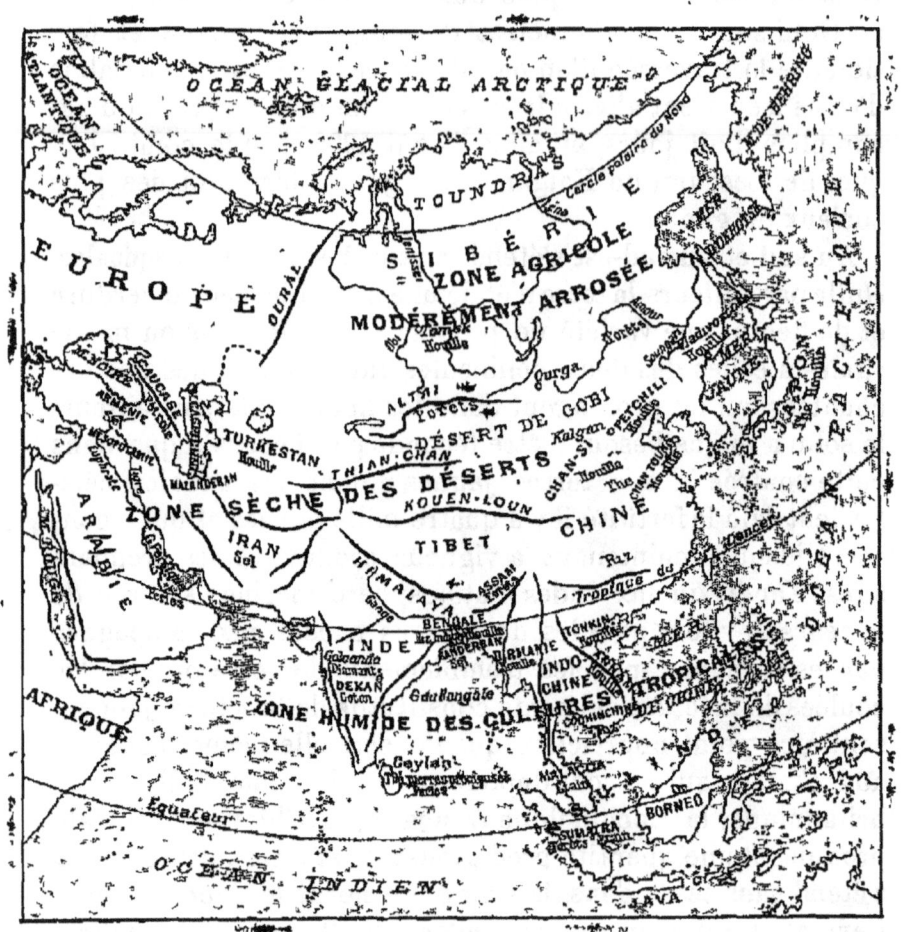

21. — ASIE : RICHESSES NATURELLES.

par la nature entre les spécimens de la flore et ceux de la faune [1]. Dans les pays indiens la majesté de l'une le dispute à la richesse de l'autre ; *éléphants* du Teraï, du Siam

1. Voir *Première Année*, p. 60-64 et 222.

rhinocéros du Bengale, des plaines indo-chinoises ; *grands carnassiers* représentés par le tigre royal, le léopard, la panthère, l'hyène. Le lion, commun en Afrique, est devenu très rare en Asie et ne se rencontre plus que dans les vallées entre l'Iran et le Tigre ou sur les confins du désert arabique. Sur la maigre végétation des steppes du Turkestan courent des *animaux grêles* à longues pattes comme l'antilope ; dans les froides plaines de Sibérie, les *animaux à fourrure* comme l'écureuil, le renard noir, la martre zibeline. *Chevaux* en Perse, en Arabie, dans le Turkestan, surtout en Sibérie où leur nombre est devenu considérable ; *bêtes à cornes* dans l'Inde et l'Indo-Chine ; *porcs* d'Indo-Chine ; *chèvres* du Thibet ; *vers à soie* de Chine et du Japon ; un peu partout *oiseaux* au plumage éclatant.

La *pêche* donne des produits non moins variés : *baleines* sur les côtes d'Indo-Chine, *carpes* et *saumons* renommés dans le lac Zaïsan, *huîtres perlières* dans le golfe Persique et à Ceylan.

2. **Produits du sous-sol.** — Les richesses minérales de l'Asie, incomplètement découvertes, sont dignes de celles de la surface.

Pour la production de l'*or* qui s'éleva en 1895 à 125 millions de francs, la Sibérie ne le cède qu'aux États-Unis et à l'Australie. L'or, du reste, se rencontre encore, à côté de l'*argent*, en Corée (7 millions) et sous forme de paillettes dans les eaux de l'Afghanistan. La *houille* est répandue en gisements énormes au Turkestan, au Bengale, au Japon, dans l'Annam, au Tonkin, dans la Chine surtout où les gisements du Petchili, du Chan-Toung, du Chan-Si ne couvrent pas moins d'un million de kilomètres carrés, près de deux fois la France. Depuis quelques années on l'a reconnue dans l'ouest de la Sibérie, près de Kouznetsk, de Tomsk, et, à l'autre extrémité, près de Vladivostok. L'*étain* est recueilli à Malacca ; le *sel* en Arménie, dans l'Iran, au Petchili, dans le Sanderban du Gange ; le *pétrole* en Birmanie et dans les pays du Caucase; çà et là le *fer*, le *cuivre*, le *plomb*. La découverte, au xvie siècle, de mines de *diamant* valut à Golconde (Nizam), ville aujourd'hui détruite, une réputation universelle et une éclatante prospérité. Il n'est guère enfin de contrée plus riche en *pierres précieuses* que Ceylan. Les rivières de la côte méridionale roulent dans leurs sables une si grande quantité de rubis, de saphirs et de grenats que certaines plages en sont presque entièrement composées.

Au surplus, ces richesses minérales sont encore imparfaitement exploitées. En Sibérie, les chercheurs d'or ne se sont portés jusqu'à ce jour que sur les placers sans s'attaquer aux filons eux-mêmes. Les bassins houillers de la Chine sont loin de fournir des rendements proportionnés à leur étendue, même depuis la concession d'exploitations minières accordée en 1898 aux instances de l'Angleterre. Pour mettre le sous-sol en valeur, les gouvernements asiatiques devront établir de bons moyens de transports, introduire les machines, appliquer surtout les méthodes scientifiques. Ni les ressources naturelles, ni la main-d'œuvre ne font défaut au point de vue minier, non plus qu'au point de vue agricole. Ce qui manque, c'est l'adaptation des procédés modernes au travail d'exploitation. Il suffira à l'Asie de le vouloir pour accroître, en de notables proportions, la force de production de son sous-sol aussi bien que de son sol.

LECTURE

Les pêcheries de perles à Ceylan. — « Chaque année, vers le mois de février, les pêcheurs de perles, qui se recrutent surtout parmi les Malabars et les Arabes, se réunissent au petit port d'Aripo, et de là se dispersent au milieu des bancs d'huîtres, où ils se livrent à leur industrie sous la surveillance des fonctionnaires anglais. Le mode de pêche est des plus simples. Le pêcheur saisit une corde à l'extrémité de laquelle est fixée une grosse pierre ; il plonge rapidement, laboure avec son panier le fond de la mer pour détacher les huîtres ; puis, dès que la respiration est sur le point de lui manquer, il agite la corde que ses camarades hissent au plus vite, et qui le ramène à la surface. Quelques auteurs ont raconté des merveilles sur les poumons des pêcheurs de Ceylan ; les uns ont affirmé que les Malabars restaient de cinq à six minutes sous l'eau ; d'autres, deux minutes ; un écrivain portugais a pieusement déclaré qu'ils « s'y tenaient l'espace de deux *credo* ». Sir J. Emerson Tennent [1], dont le témoignage nous semble plus digne de foi tout en étant moins catholique, dit simplement qu'il n'a vu aucun pêcheur plonger pendant une minute entière ; la moyenne était de cinquante-six secondes. Le métier est d'ailleurs très fatigant et exige des hommes bien exercés. On pourrait craindre les requins ; mais les plongeurs prennent leurs précautions contre ces terribles ennemis. Avant la pêche, ils vont trouver le charmeur de requin (c'est un fonctionnaire très sérieux et très respecté), ils le prient d'exorciser le monstre et cela fait se lancent intrépidement au fond de l'eau. Les accidents sont du reste fort rares, bien que ces parages soient infestés de requins ; probablement, ces animaux, effrayés par le bruit que produit la flottille de bateaux, s'éloignent des lieux de pêche, et l'on a de plus remarqué qu'ils n'aimaient pas les peaux noires. En tous cas, les Malabars demeurent très convaincus de l'efficacité des exorcismes. » (C. Lavollée, *L'Ile de Ceylan*, Revue des Deux-Mondes, 1er septembre 1860.)

1. Auteur d'une étude historique et géographique sur Ceylan, Londres, 1859.

Leçon V

Populations : races et religions. — Explorations.

RÉSUMÉ. — 1. Populations. — 850 millions d'hommes *iné galement répartis* et appartenant à des *races diverses*.

Inégalité de la répartition : pénurie dans les régions froides du nord et sur les plateaux dénudés du centre (3 habitants par kilomètre carré), forte densité dans les pays chauds ou tièdes du sud et de l'est (60, 95, 105 habitants par kilomètre carré).

Diversité des races : deux principales (mongole et aryenne) ; trois secondaires (noire dravidienne, malaise, sémitique).

Diversité des religions : trois principales (mahométisme, brahmanisme, bouddhisme) ; deux secondaires (juive et chrétienne).

2. **Explorations.** — Le mouvement des voyages s'est poursuivi sans interruption depuis l'antiquité jusqu'à nos jours. Temps anciens : *colonies grecques* d'Asie Mineure, *guerres médiques*, *invasion d'Alexandre*, domination des *Séleucides*, rapports des *empereurs romains* avec l'Asie. — Moyen âge : *civilisation arabe, croisades*, voyage de *Marco-Polo*. — Temps modernes : expéditions de *Niccolo Conti, Vasco de Gama, Yermak, Dupleix*, missions des *jésuites*. — Époque contemporaine : voyages de *Tchihatcheff, Goldsmith, Garnier, Dupuis, Prijevalsky, Brenier, Madame Dieulafoy, Bonvalot, Chaffanjon, Marcel Monnier, Bonin* et de tant d'autres, commerçants, officiers, missionnaires.

RÉCIT. — 1. **Populations.** — Pour mettre ses richesses en valeur, l'Asie ne manque pas de bras. 850 millions d'habitants, soit un peu plus de la moitié de la population totale du globe, y sont groupés.

Mais, en vertu de la loi qui veut que les hommes s'établissent de préférence là où ils peuvent vivre et respirer à l'aise, les groupes sont inégalement distribués. Il suffit de n'avoir pas oublié ce qui a été dit de la nature du sol asiatique, de la forme du relief, du caractère des climats, pour faire soi-même, sans danger d'erreur, la répartition : peu d'hommes (moyenne de 3 au kilomètre carré) dans les régions froides du nord ou sur les plateaux dénudés du centre; des fourmilières (moyenne de 60, 95 et même 105 au kilomètre carré) dans les pays chauds ou tièdes du sud et de l'est, Inde, Chine, Japon.

Deux grandes races : **mongole** ou **jaune** (575 millions) représentée par les Chinois, les Japonais, les Coréens, les Annamites, les Birmans ; **aryenne** (200 millions) par les Hindous, les Mahrattes, les Iraniens, les Arméniens. Les **noirs dravidiens** de l'Inde méridionale et de Ceylan, les **malais** de l'Indo-Chine et de l'Insulinde, les **sémites** d'Arabie et de Syrie sont une minorité.

Les populations de l'Asie ne diffèrent pas moins par la religion que par la race : **mahométisme** dans l'Asie occidentale et une bonne partie de l'Asie centrale ; **brahmanisme** dans l'Inde ; **bouddhisme** dans la Chine et le Japon. Les **juifs** et les **chrétiens** ne forment plus que quelques colonies éparses en Asie Mineure, en Arménie, en Sibérie, en Syrie, en Chine, dans l'Inde et dans l'Indo-Chine. L'Asie apparaît ainsi de nos jours comme le réceptacle de toutes les grandes religions après en avoir été le berceau.

2. Explorations. — L'histoire des explorations asiatiques présente cette particularité de n'avoir pas, comme celle d'Amérique ou d'Afrique, une ère de grandeur avant ou après une période plus obscure. C'est au lendemain de la découverte que s'ouvrit vers l'Amérique le glorieux exode de ses pionniers [1] ; en Afrique, notre siècle a vu la plus hardie pha-

---

1. Voir *Première année*, p. 241 et sq.

lange qui puisse être lancée à la reconnaissance du monde [1]; en Asie, au contraire, le mouvement des voyages, sans qu'il se soit quelquefois accéléré, ne s'est jamais ralenti pendant la durée des temps historiques.

L'histoire ancienne est pleine du récit des rapports des Grecs d'abord, des Romains ensuite avec l'Asie : au XIIe siècle avant l'ère chrétienne, création des *colonies grecques* d'Asie Mineure; au Ve, *guerres médiques* ; au IVe, invasion d'*Alexandre*; au IIIe et au IIe; domination des *Séleucides* dans l'Iran ; au IIe ap. J.-C., guerres de *Trajan* et de *Marc-Aurèle* avec les Parthes et ambassade envoyée par cet empereur en Chine; au VIe enfin, établissement des *missions chrétiennes* sur le plateau central d'où fut rapportée à *Justinien* la graine de vers à soie.

Au moyen âge, à la suite des *Arabes*, puis des *Croisés*, le grand voyage du Vénitien *Marco-Polo* (1271-1295) apporta une importante contribution à la connaissance géographique du Turkestan, de la Mongolie, de la Chine, du Bengale.

Dans les temps modernes, quatre grands noms dominent parmi tant d'autres : le Vénitien *Niccolo Conti* (XVe siècle) qui atteignit l'Inde, le Portugais *Vasco de Gama* qui traça, en 1498, la route de ce pays par le Cap, le Cosaque *Yermak* (XVIe siècle) au hardi génie duquel les tsars doivent la Sibérie, le Français *Dupleix* (XVIIIe siècle) dont Louis XV ne sut pas conserver la conquête. Concurremment, les *missionnaires jésuites* de la Chine et du Tibet dressaient avec plus de précision qu'on ne l'avait fait avant eux la carte de l'Asie centrale.

Notre siècle aura marqué l'épilogue des grandes expéditions : *Tchihatcheff* (1848-1853) en Asie Mineure; *Major Goldsmith* (1870-1872) aux confins de la Perse et de l'Afghanistan ; *Garnier, Dupuis, Prijevalsky, Henri Brenier* (1894-1896), le colonel belge *Fivé* (1899-1900) dans l'Indo-Chine, la Chine

---

1. *Première année*, p. 96 et sq.

et le Tonkin; *Madame Dieulafoy* (1881-1882; 1884-1886) en Perse, en Chaldée et en Susiane; *Leroy-Beaulieu* (1896-1897) en Sibérie, au Japon et en Chine; le prince *Bojidur Karageorgevitch* (1896) dans l'Inde; le lieutenant *Grillières* (1899-1900; 1902-1903) en Perse et au Yunnan auront peu laissé à faire à leurs successeurs. L'Asie aura été traversée de la mer de Chine à la mer Noire, de l'Océan Glacial à la mer des Indes par *Bonvalot* (1889-1890), *Chaffanjon* (1894-1896) [1], *Marcel Monnier* (1894-1898), *Eudes Bonin* (1898-1900). On pourra dissiper des erreurs de détail, reconnaître les sources de Hoang-ho, du Yang-tse-Kiang et du Salouen, fixer l'altitude des chaînes montagneuses du Yunnan et du Tibet, pénétrer dans plusieurs gorges encore mal connues de l'Himalaya ; mais il n'y a plus de découvertes sensationnelles à faire ; les grands traits de la géographie de l'Asie sont désormais fixés.

LECTURE

Le tempérament de la race chinoise. — « Une race industrieuse au premier chef, âpre au travail, prête à toutes les besognes, sans pourtant travailler en esclave, marchande avant tout, vendant son labeur comme un article de commerce ; à cela près, disposée à s'employer avec une égale énergie où que ce soit; s'acclimatant indifféremment aux frimas du nord et au soleil du tropique ; d'une frugalité proverbiale, sans pour cela faire fi d'un bon morceau s'il lui tombe sous la dent, mais sachant vivre de peu ; avec cela d'humeur accommodante, facile, insoucieuse du confort, d'une résistance à toute épreuve, et, fait non moins remarquable, témoignant d'une parfaite égalité d'âme dans la bonne comme dans la mauvaise fortune.

« Malgré les misères inhérentes à toute collectivité humaine, et les calamités locales, révolutions, famines, inondations ou

---

1. Déjà connu par son exploration au Vénézuela (*Première année*, p. 242).

sécheresses, la Chine dans son ensemble donne l'impression d'un peuple heureux, en ce sens que la qualité maîtresse du Céleste paraît être d'envisager toujours le bon côté des choses. Bonheur relatif, mais qui suffit à son ambition. Son rêve n'est pas précisément d'être heureux, mais *aussi peu malheureux* que possible dans les diverses circonstances de la vie. Il y arrive, prenant le temps comme il vient, jouissant de ce qui lui échoit sans se tourmenter de ce qui lui manque. Est-ce de sa part fatalisme ou philosophie ? Ni l'un ni l'autre. Un don de nature, tout simplement : l'absence de nerfs. Il est manifeste que son système nerveux est moins éprouvé que celui d'un homme d'Occident. Le Chinois est, par rapport à nous, qui vivons tous, plus ou moins, à l'état de surmenage, de surexcitation, de fièvre, dans une condition analogue à celle de nos aïeux, lesquels n'avaient pas à compter avec les bienfaits et les menus inconvénients de la vapeur, de l'électricité, de la presse quotidienne, et dont l'existence se déroulait non point bruyante et fringante à une allure de train-éclair, mais avec la douce lenteur des coches.

« Cette tyrannie des nerfs, les plus équilibrés d'entre nous la subissent inconsciemment... Le Chinois ignore ces inquiétudes nerveuses, ce que nous appelons les idées noires, et de la neurasthénie ne connaît ni le mot ni la chose. Il est capable de demeurer sans un geste, sans un frisson d'impatience à la même place, dans la même attitude, durant des heures. » (Marcel Monnier, *Le Tour d'Asie*, Plon-Nourrit et Cie, éditeurs.)

TABLEAU SYNOPTIQUE

DESCRIPTION GÉNÉRALE DU CONTINENT ASIATIQUE

I. — RELIEF

I — Les montagnes

1. CARACTÈRE GÉNÉRAL : Quadrilatère central avec cinq appendices aux extrémités.
2. CARACTÈRES PARTICULIERS
   - 1° *Quadrilatère* : Altaï (3.350^m à la Béloukha), Thian-Chan (7.200^m au Khan-Tengri), Kouen-Loun (échancrures à 6.000^m), Himalaya (Davalaghiri, 8.180^m, Kantchindjinga, 8.478^m, Gaourisankar, 8.310^m).
   - 2° *Appendices*
     - a. Oural (Denejkin-Kamen, 1.633^m).
     - b. Caucase (Kasbeck, 5.000^m, Elbrouz, 5.600^m, passe du Dariel à 2.430^m).
     - c. Plateau Arabique (chaînes de l'Idumée, du Madian, de l'Hedjaz, de l'Yémen, altitude moyenne 2.000^m).
     - d. Système Indien (monts Vindhia, Ghats de Malabar et de Coromandel, altitude moyenne 2.000 à 1.000^m).
     - e. Système Indo-Chinois (chaînes de l'Arrakan-Yoma et des Chans, 1.500^m, passe d'Aï-Lao à 410^m).

II — Les côtes

1. Intermédiaires comme richesses d'articulations entre l'Europe et l'Afrique.
   - 1° *Principales saillies* : caps Oriental, Romania, Comorin ; presqu'îles d'Indo-Chine, d'Inde, d'Arabie.
   - 2° *Principaux enfoncements* : mer de Kara, estuaires des fleuves sibériens, mers de Behring, d'Okhotsk, du Japon, Jaune, de Chine, d'Oman, Rouge, golfes de Petchili, du Tonkin, de Siam, du Bengale, Persique.
2. Sécurité et salubrité variables selon les lieux.
   - 1° Deltas malsains (du Song-Koï, du Mékong, de l'Iraouaddy, du Gange, de l'Indus).
   - 2° Bons abris au fond des anfractuosités rocheuses (Canton, Amoy, Fou-Tchéou, Ningpo Hang-tchéou, Shangaï ; Singapour ; Saïgon, Tourane, Hué ; Nagasaki, Osaka, Tokio, Yokohama ; Smyrne, Sinope, Trébizonde.

II. — HYDROGRAPHIE

I — Caractères généraux

1. Plus de grands fleuves que sur aucun autre continent, quoique aucun n'égale en longueur le Missouri-Mississipi ou le Nil.
2. Plus de fleuves abondants que sur aucun autre continent, quoique aucun n'égale en volume l'Amazone ou le Congo.
3. Action médiocre des fleuves glacés du nord, grande action des fleuves tièdes de l'est et du sud.

II — Divisions

1. Fleuves de l'Océan Glacial Arctique.
2. Fleuves de l'Océan Pacifique.
3. Fleuves de l'Océan Indien.
4. Fleuves de la Méditerranée.
5. Groupe des bassins fermés.

III — Description

1 FLEUVES DE L'OCÉAN GLACIAL ARCTIQUE
- 1° Obi. Longueur, 4.350 kilomètres. — Sources : Altaï. — Station principale : Tobolsk. — Affluent principal : Irtich, pouvant être considéré comme une des branches du fleuve. — Estuaire.
- 2° Iénisséi. Longueur, 4.300 kilomètres. — Sources : Monts Saïan. — Stations : Maïmatchin, Kiakhta, Irkoutsk, Krasnoyarsk, Yénisseisk. — Affluents : les Toungouska. — Estuaire.
- 3° Léna. Longueur, 4.830 kilomètres. — Sources : Monts du Baïkal. — Station principale : Yakoutsk. — Affluents : Vitim, Olokma, Aldan, Vilioui. — Delta.

II. — HYDROGRAPHIE (Suite)

III Description (Suite)

2. Fleuves de l'Océan Pacifique
1° Amour. Longueur 5.000 kilomètres. — Sources : Monts du Baïkal. — Stations : Tchita, Nertchinsk, Khabarovka, Nicolayevsk. — Affluents : Chilka, Soungari, Oussouri. — Estuaire.
2° Peï-ho. — Delta.
3° Hoang-ho ou Fleuve Jaune. Longueur, 4.700 kilomètres. — Sources : Tibet. — Stations : Lan-Tchéou, Kaïfong. — Affluent principal : Weï. — Estuaire.
4° Yang-tse-Kiang ou Fleuve Bleu. Longueur, 5.300 kilomètres. — Sources : Tibet. — Stations : Han-Kéou, Nan-King, Tchen-Kiang. — Affluents : Yaloung, Min, Han-Kiang. — Estuaire.
5° Si-Kiang. Longueur, 1.500 kilomètres. — Peu de villes sur ses rives encaissées, mais à l'embouchure Canton.
6° Song-Koï ou Fleuve Rouge. Agglomérations importantes dans la région deltaïque : Hanoï, Hong-Yan, Haï-Phong.
7° Mékong, immense delta (rivière de Bassac, Tien-Giang, deux Vaïco, Donnaï, rivière de Saïgon).
8° Ménam, Bangkok sur l'une des branches du delta.

3. Fleuves de l'Océan Indien
1° Salouen. Impraticable.
2° Irraouaddy. Navigable à partir de Bhamo. — Stations : Mandalay, Prome. — Delta près duquel s'élève Rangoun.
3° Gange. Longueur, 2.550 kilomètres. — Sources : revers méridional de l'Himalaya. — Stations : Allahabad, Bénarès, Patna, Colgong, Calcutta. — Affluents : Djemna, Gogra, Gumti, Gandak, Baghmati, Kosi venus de l'Himalaya ; Sone, des Vindhia. — Delta.
4° Brahmapoutre. Sources :. revers septentrional de l'Himalaya. — Delta conjugué avec celui du Gange.
5° Sindh ou Indus. Longueur, 2.900 kilomètres. — Sources : revers septentrional de l'Himalaya. — Stations : Attok, Karratshi. — Affluents : Satledj, Kaboul, rivières du Pendjab. — Delta.
6° Autres fleuves indiens : Mahanaddy, Godavery, Kistna, Cavery, Nerbuddah.
7° Euphrate et Tigre réunis près de Korna dans le Chat-el-Arab. Longueur, 2.800 et 2.000 kilomètres. — Sources : Monts d'Arménie. — Stations : Kieban-Maaden, Samsat, Biradchik, Babylone sur l'Euphrate ; Mossoul (Ninive), Bagdad sur le Tigre ; Bassora sur le Chat-el-Arab. — Delta.

4. Fleuves de la Méditerranée
1° Oronte (Antioche).
2° Léontès (Tyr).
3° Caystre (Éphèse).
4° Sakaria.
5° Kisil-Yrmak.
6° Yeschil-Yrmak.

5. Groupe des bassins fermés
1° Atrek, Koura, Araxe aboutissant à la mer Caspienne ; Héri-Roud finissant dans les sables.
2° Amou-Daria (2.500 kilomètres) et Syr-Daria aboutissant à la mer d'Aral.
3° Ili, au lac Balkach.
4° Jourdain, à la mer Morte.

III. — CLIMAT ET RICHESSES NATURELLES

I Climat — Trois zones
1. Zone septentrionale relativement peu arrosée.
2. Zone centrale privée d'eau.
3. Zone méridionale abondamment mouillée par la mousson.

III. — CLIMAT ET RICHESSES NATURELLES. (Suite)

II. Richesses naturelles
- **1. Produits du sol**
  - **1° Flore.** Trois zones de végétation et trois zones d'espèces animales correspondant aux trois zones climatériques.
    - a. Zone agricole du nord ; terres noires où croissent la plupart des plantes de l'Europe tempérée (Sibérie), forêts (de l'Altaï et de l'Amour).
    - b. Zone désertique du centre : sables de l'Arabie et de l'Iran, arbrisseaux chétifs du Tibet, steppes de Gobi.
    - c. Zone des cultures tropicales du sud et du sud-est : terres jaunes de Chine ; riz de la Birmanie, du Bengale, de la Chine méridionale ; thé de l'Inde, de Ceylan, de la Chine du nord, du Japon ; coton du Dekan, indigo du Bengale, de l'Assam, forêts de l'Inde, de l'Indo-Chine.
  - **2° Faune**
    - a. Zone septentrionale : animaux à fourrure et chevaux.
    - b. Zone centrale : animaux grêles faits à l'image de la flore (chèvres du Tibet, antilopes du Turkestan).
    - c. Zone méridionale : mammifères aussi puissants que la flore (éléphants, rhinocéros, grands carnassiers des pays indiens)
- **2. Produits du sous-sol**
  - Houille (Chine, Turkestan, Bengale, Annam, Tonkin, Japon) ; huîtres perlières (Golfe Persique, Ceylan).
  - Étain (Malacca ?)
  - Pétrole (Birmanie et pays caucasiques).
  - Pierres précieuses (Ceylan, Sibérie, Corée, Afghanistan).

IV. — POPULATION

- **I. Son chiffre** : 850 millions.
- **II. Inégalité de sa répartition** :
  - 1° Forte densité dans les pays chauds ou tièdes du sud et de l'est (Inde, 60 habitants par kilomètre carré ; Chine, 95 ; Japon, 105)
  - 2° Pénurie dans les régions froides du nord et les plateaux du centre (3 habitants par kilomètre carré).
- **III. Diversité de ses éléments** : Deux races principales (mongole, aryenne). Trois races secondaires (noire dravidienne, malaise, sémitique).
- **IV. Diversité de ses religions** : Trois principales (mahométisme, brahmanisme, bouddhisme). Deux secondaires (juive, chrétienne).

CHAPITRE II

DESCRIPTION DES GRANDES RÉGIONS NATURELLES

NOTIONS GÉNÉRALES

On peut ramener les régions de l'Asie à quatre principales :

1° **L'Asie russe** correspondant à la *Sibérie*, à l'*Asie centrale russe* et à la *Caucasie*;

2° **L'Asie antérieure** composée de deux parties géographiquement et politiquement différentes : **Turquie d'Asie** (*Asie Mineure, Syrie, Mésopotamie, Arabie*) placée sous l'autorité plus ou moins nominale du sultan, au point de jonction entre les trois continents de l'ancien monde ; **Iran** (*Perse, Afghanistan, Baloutchistan*) indépendant, pays de transition entre l'Asie centrale et le monde méditerranéen ;

3° **L'Asie méridionale** correspondant aux deux péninsules indiennes (*Inde et Indo-Chine*) ;

4° **L'Asie centrale et orientale** représentées par les pays de race jaune (*Chine et Japon*).

Leçon I

Asie russe : Sibérie, Asie centrale russe, Caucasie. Le Transsibérien, le Transcaspien et le Transcaucasien.

RÉSUMÉ. — **1. La Sibérie.** — *a*. **Superficie et configuration.** — La reproduction de chaque côté de l'Oural des mêmes formes de relief font de la Russie d'Europe et de la Sibérie un même ensemble géographique. Par 12 millions et demi de kilomètres carrés, la Sibérie prolonge à l'est les plates étendues de la plaine russe tournées vers le pôle.

b. **Climat et richesses naturelles.** — Analogie du climat sibérien et du climat russe, mais aggravation graduelle dans la direction de l'ouest à l'est. Zone de **terres noires** en Sibérie (Tobolsk et Tomsk) correspondant à la terre russe de même formation ; **toundras** et **steppes** comme en Russie et, comme en Russie, richesses minières abondantes (*cuivre, fer, houille*). Mais l'industrie ne s'étant bornée jusqu'à ce jour qu'à l'extraction des produits bruts, il n'existe encore aucun grand centre industriel. Les Russes comptent sur l'achèvement du *Transsibérien* pour donner une vigoureuse impulsion à un mouvement économique né d'hier.

c. **Géographie politique.** — Deux gouvernements généraux, avec pour chefs-lieux *Omsk* et *Irkoutsk*. Parmi les autres villes importantes, *Tomsk* (52.000 hab.), *Strietensk* (8.000) et *Vladivostok* (29.000) ont vu le chiffre de leur population s'élever du double depuis l'établissement de la voie ferrée. Au total, la Sibérie compte 10 millions d'hommes.

2. L'Asie centrale russe. — *a*. **Superficie et configuration.** — Vaste dépression de 3.816.000 kilomètres carrés dont le fond est occupé par des lacs (*Aral, Balkach*).

b. **Climat et richesses naturelles.** — L'Asie centrale est la partie la moins privilégiée de l'Empire russe. Non seulement le climat est *glacial* en hiver et *brûlant* en été, mais les déserts en recouvrent une bonne moitié (*Kisil-Koum* et *Kara-Koum*). Cependant, depuis l'arrivée des Russes et l'établissement du *Transcaspien*, on assiste à un éveil de la vie économique (prodigieux progrès dans la culture du *coton*, des *céréales*, de la *vigne*, du *tabac*). Cependant aucune industrie de type européen.

c. **Géographie politique.** — Gouvernement général du Turkestan. Bien que les villes aient vu s'accroître le nombre de leurs résidants (*Tachkent* 156.000, *Kokan* 82.000, *Namangan* 62.000, *Samarcande* 65.000, *Andijan* 47.000), la population totale ne dépasse pas 9 millions d'habitants.

3. **La Caucasie.** — *a*. **Superficie et configuration.** — Un plateau (*Arménie russe*) et une chaîne de montagnes (*Caucase*) recouvrant une superficie totale de 472.000 kilomètres carrés.

b. **Climat et richesses naturelles.** — Le climat extrême au nord du Caucase est plus modéré au sud. La Caucasie doit à son caractère à la fois agricole (*céréales, riz, vigne, arbres fruitiers, thé, coton*) et industriel (*pétrole, houille, manganèse, cuivre, sel*) d'être le joyau de l'Empire colonial russe. La construction du *Transcaucasien* lui a donné un nouvel essor.

c. **Géographie politique.** — Gouvernement général du Caucase. Densité de la population (19 habitants par kilomètre carré). Au total 9.289.000 habitants. Villes principales : au nord, *Iékatérinodar* (66.000), *Vladikavkase* (44.000), *Stavropol* (42.000) ; au sud, *Tiflis* (160.000), *Bakou* (120.000), *Batoum* (28.000).

Récit. — 1. **Sibérie.** — *a*. **Superficie et configuration.** — La Sibérie est caractérisée par une remarquable analogie de nature avec la Russie d'Europe. Les mêmes formes générales de relief, vastes plaines ou douces ondulations des collines, se reproduisent à l'est comme à l'ouest de l'Oural, médiocre soulèvement dans lequel la routine, en contradiction une fois de plus avec la réalité, fait voir un haut mur de séparation entre deux mondes. Russie et Sibérie, qu'aucun seuil sérieux ne sépare, forment depuis la mer Baltique jusqu'à la mer d'Okhotsk, sur une superficie totale de 18 millions de kilomètres carrés (5 millions et demi pour la Russie, 12 millions et demi pour la Sibérie), une série presque ininterrompue de plates étendues tournées vers le pôle. La ressemblance d'aspect et de climat est d'ailleurs frappante entre ces deux portions d'un même Empire. N'étaient la distance plus espacée

22. — Sibérie.

des lieux habités et la rareté plus grande des cultures, le voyageur qui, parti de la ville russe de Perm, a franchi l'Oural, pourrait croire, à la vue du paysage sibérien, qu'il n'a pas changé de région. Dans la Sibérie occidentale, il fait un peu plus froid et un peu plus chaud qu'en Russie; mais là est toute la différence. Il faut pousser jusque dans la Sibérie orientale pour relever dans la pression barométrique un écart de 20 à 25 millimètres en plus par rapport à l'Europe occidentale.

b. Climat et richesses naturelles. — Mais il ne faudrait pas que la Sibérie évoque seulement l'image d'une vaste solitude, banquise l'hiver où le thermomètre descend jusqu'à — 55°, enfer l'été où il monte à certains endroits jusqu'à + 38°. Il y a autre chose en Sibérie que la toundra glacée. L'alternance des saisons ne donne pas partout aux habitants, au même degré qu'à Yakoutsk ou à Werchojansk, l'impression tour à tour qu'ils résident au sommet du mont Blanc ou qu'ils mettent le pied sur la lave.

Pour si rude qu'il soit, ce bagne des tsars vaut mieux que sa réputation. En le traversant, il y a plusieurs années, Herbert Barry disait la tristesse du voyageur au spectacle de « tant de pauvreté et d'un si déplorable abandon de tant de trésors [1] ». Ce cri fut comme le signal du réveil d'une nature regardée jusqu'à ces derniers temps comme improductive.

On commence, en effet, à s'apercevoir que l'application des procédés agricoles modernes [2] donnerait sur la **terre noire** qui recouvre les provinces de Tobolsk et de Tomsk d'aussi abondants rendements que sur la terre russe de même formation. Les hautes vallées de l'Obi, de l'Iénissei, de l'Oussouri, protégées contre les vents froids du nord, se prêtent aux cultures les plus variées. Il est même, sur le versant russe de l'Oural, plus d'une campagne dont la fertilité naturelle ne saurait rivaliser avec celle de plusieurs centres de la Transbaïkalie, comme Nertchinsk. La zone comprise entre la forêt vierge du nord ou *taïga* et la frontière chinoise produit une quantité de *céréales* supérieure à la consommation, tandis que l'élevage (*moutons, chèvres, chevaux, bêtes à cornes*) fournit à l'exportation un contingent toujours croissant.

La liste des mines anciennement reconnues ne cesse de s'allonger de noms nouveaux : *cuivre* du haut Iénissei, du district de Minousinsk, de l'Irtîch ; *fer* de l'Altaï, de l'Iénissei, de l'Angara ; *houille* de Kouznetsk découverte en 1887 et de Vladi-

---

1. Herbert Barry, trad. Arvède Barine, *La Russie contemporaine*.
2. Voir p. 267 sur l'état arriéré des méthodes agricoles en usage en Sibérie.

vostok. Un jour, sans doute, viendra où la Sibérie, après l'extraction d'une quantité suffisante des produits bruts de son sol, et une recherche plus méthodique de son or, se couvrira de centres industriels qui lui font encore défaut.

Le rapport sous lequel ce pays est resté le plus en retard est celui des moyens de communication. La navigation fluviale, interrompue pendant de longs mois par les glaces, offre naturellement peu de ressources[1]; le canal creusé en 1882 entre l'Obi et l'Iénissei ne dessert qu'une région de 200 kilomètres de longueur; si bien que le mode de locomotion le plus répandu est encore aujourd'hui, en hiver le traîneau, en été la fameuse voiture ou *tarentass* popularisée par le *Michel Strogoff* de Jules Verne. Mais voici que tous les jours le chemin de fer réduit la longueur du trajet. Avant le fameux rescrit impérial du 17 mars 1891 par lequel l'empereur Alexandre III ordonna la construction du *Transsibérien*, une seule ligne ouverte en 1880, reliant Perm à Tioumen par Ékaterinbourg, existait en Sibérie. Depuis, une voie ferrée gigantesque[2] relie Zlatooust à Port-Arthur, aujourd'hui japonais, par Tcheliabinsk, Omsk, Krasnoyarsk, Irkoutsk, Strietensk, Nikolsk, Khabarovka et Vladivostok, sur une longueur d'environ 8.000 kilomètres. Conçue d'abord comme voie purement stratégique et politique, elle est devenue, à la suite de la reconnaissance des richesses naturelles du pays, une voie commerciale destinée à faciliter leur exploitation. Elle sera demain, par l'effet du raccourcissement des distances, une voie internationale de premier ordre. Il fallait un mois pour se rendre de Londres à Shanghaï par l'Amérique du Nord, tandis que dix-sept jours suffisent par la Sibérie. Le trajet de Hambourg à Shanghaï, qui demandait trente-six jours par la voie de Suez, s'effectue désormais en moins de la moitié par le Transsibérien. Il en est résulté une élévation sensible de la population des villes situées sur son

---

1. Voir plus haut, p. 248.
2. Achevée en 1903.
3. Depuis le traité de Portsmouth (5 sept. 1905).

parcours : déjà *Strietensk* est passée de 1.700 habitants à plus de 8.000 ; *Vladivostok*, qui en compte aujourd'hui 29.000, ne sera pas longtemps à devenir l'égale d'Irkoutsk, de Tomsk ou d'Omsk.

c. **Géographie politique:** — Alors la population de la Sibérie, péniblement arrivée depuis peu à 40 millions d'habitants, s'élèvera. Les villes seront plus nombreuses et plus grandes. *Ékaterinbourg*, *Tioumen*, *Tobolsk*, *Barnaoul*, *Yénisseisk*, *Krasnoyarsk*, *Yakoutsk*, *Kiachta*, *Nertchinsk*, *Blagovechtchensk*, *Nikolayevsk*, *Petropavlosk* n'ont pas pour l'instant une population supérieure à celle d'une sous-préfecture française de moyenne importance. Trois seulement, *Irkoutsk*, *Tomsk* et *Omsk*, atteignent ou dépassent 50.000 habitants. Il s'en faut, à la vérité, qu'elles soient toutes également dépourvues des ressources de la civilisation moderne. Simples camps ou grands villages à l'est, elles ne diffèrent guère à l'ouest des villes de province russe. Irkoutsk possède depuis 1899 un théâtre que lui envieraient beaucoup de villes françaises[1] ; Tomsk est doté d'une université qui, quoique de date récente, groupe déjà plus de cinq cents étudiants. Ce n'est assurément ni la ville rêvée des plaisirs ni la ville-lumière, mais ce n'est plus la Sibérie sevrée de toutes les joies du monde ou figée dans l'immobilité.

La Sibérie est divisée en deux gouvernements généraux : Sibérie occidentale chef-lieu Omsk, et Sibérie orientale chef-lieu Irkoutsk.

2. **L'Asie centrale russe.** — a. **Superficie et configuration.** — Elle s'étend par 3.816.000 kilomètres carrés au Turkestan russe, à la province transcaspienne, aux États protégés de Boukhara et de Khiva. C'est proprement une dépression comprise entre la Caspienne, le Thian-Chan, le Pamir et

---

[1]. M. P. Leroy-Beaulieu (*La Rénovation de l'Asie*) nous apprend que ce théâtre dont il vit achever la construction peut contenir 1.000 spectateurs et coûta 800.000 francs. Le seul prix d'une place de fauteuil d'orchestre (8 francs) donne une idée de son confort.

dont le fond est occupé par des lacs, *Balkach* et *mer d'Aral*.

b. Climat et richesses naturelles. — Ce pays ne vaut pas le précédent. Sans parler du climat qui est continental et extrême, deux obstacles presque insurmontables en rendent la pénétration difficile : les déserts de sable imprégnés de sel (*Kisil-Koum* et *Kara-Koum*) qui correspondent à d'anciens fonds de mers intérieures et les énormes montagnes hautes quelquefois de plus de 7.000 mètres dont les multiples ramifications couvrent la partie orientale et l'extrême-sud. Déduction faite de ces deux sortes de terrains, il reste pour la colonisation une surface singulièrement réduite, disposée en îlots ou plutôt en bandes fertiles. Cependant, depuis l'arrivée des Russes, les oasis gagnent sur le désert. D'importants travaux d'irrigation ont été exécutés autour de Khiva, Boukhara, Merv. L'application des Russes au travail agricole a révélé dans ces terres désertiques une valeur productive qu'on ne soupçonnait pas avant leur arrivée. De 76.000 balles en 1888-1889, la culture du *coton* est montée en 1902-1903 à 504.000 balles ; les *céréales* donnent déjà 18 millions d'hectolitres ; la culture de la *vigne* et celle du *tabac* sont en progrès marqué. Il semble bien que le général Annenkov exagère la fertilité naturelle de l'Asie centrale lorsqu'il la compare à celle de la basse Chine [1] ; mais il est d'ores et déjà démontré qu'une culture raisonnée sera capable de provoquer un remarquable développement économique dans toute la région. On ne saurait toutefois à l'heure présente préjuger de l'avenir de l'industrie. Aucune industrie de type européen ne s'est encore greffée sur les industries nationales (*cuirs* et *tapis*). Même la *sériciculture*, qui, avant l'annexion, avait été florissante au Turkestan et dans la province caspienne, notamment à Khiva et à Boukhara, a baissé depuis dans des proportions importantes.

---

[1] Général Annenkov, *L'Asie centrale et les ressources qu'elle offre à la colonisation russe*, 1889.

Le *chemin de fer transcaspien*, œuvre du général Annenkov, relie entre elles les oasis de l'Asie centrale russe. Amorcé en 1885 à Ouzoum-Ada sur la Caspienne, il atteignit en 1888 Samarcande par Géoktépé, Askhabad, Merv, Tchardjoui. Depuis il a été conduit jusqu'à Tachkent, avec embranchement

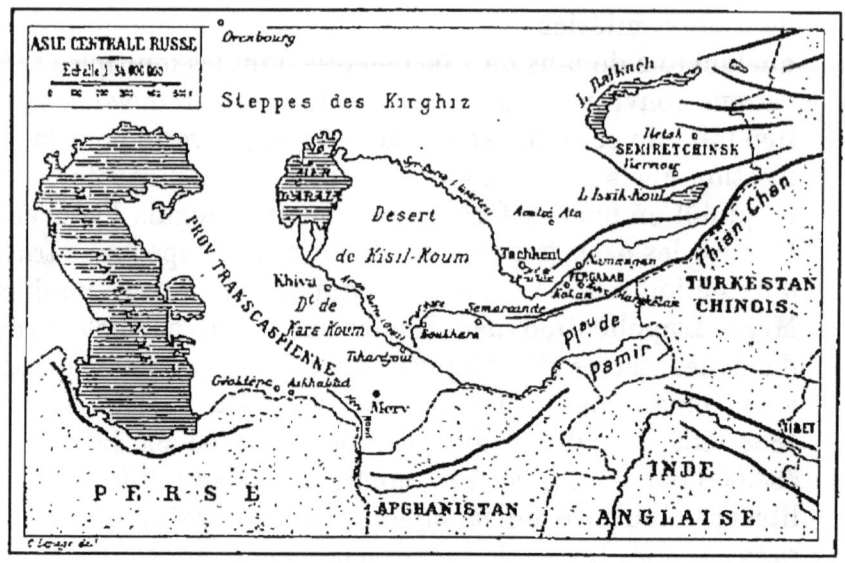

23. — Asie centrale russe.

sur Novi-Marghélan dans le Ferganah, et relié à la ligne de Tachkent à Orenbourg qui, sur une longueur de 1.880 kilomètres, assure la communication par Iletzk, les monts Mougodjar et Kazalinsk, des oasis de Turkestan avec les foyers industriels de la Russie centrale. Un embranchement parti de Merv se dirige vers le sud jusqu'à proximité de la frontière afghane.

c. **Géographie politique.** — Parallèlement les villes ont gagné en propreté, en sécurité, en richesse d'habitants : *Tachkent* (156.000 hab.), *Kokan* (82.000), *Namangan* (62.000), *Samarcande* (55.000), *Andijan* (47.000). Toutefois la population totale ne dépasse pas 9 millions d'habitants.

Le gouvernement général du Turkestan comprend : 1° les

territoires russes du Turkestan et de la Transcaspie; 2° les deux Khanats protégés de Boukhara et de Khiva.

3. La Caucasie Superficie et configuration. — La Caucasie, la plus petite des possessions extérieures de la Russie (472.000 kilomètres carrés) se compose d'un plateau (*Arménie russe*) et d'une chaîne de montagnes (*Caucase*). Limitée à l'ouest par la mer Noire, à l'est par la Caspienne, au nord par la dépression du

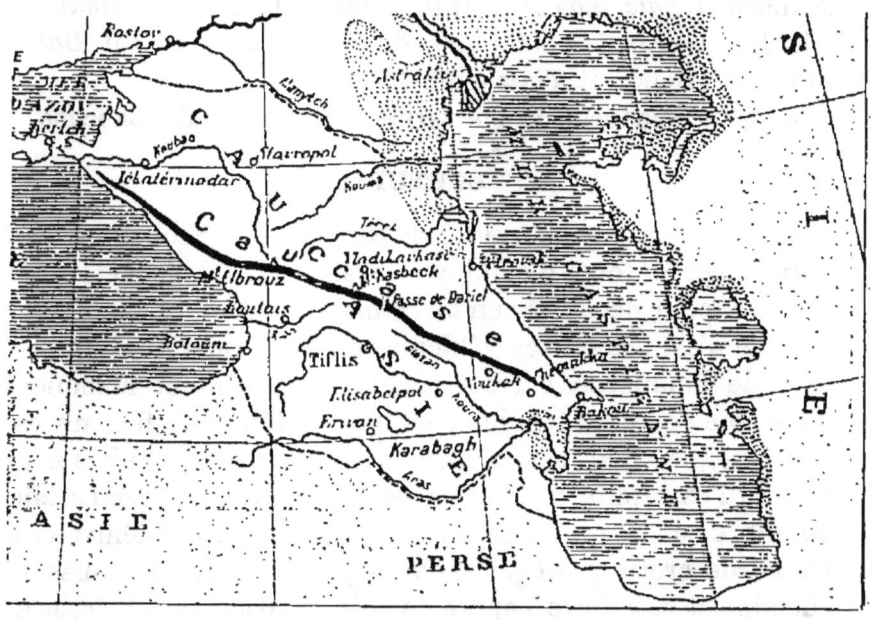

24. — CAUCASIE.

Manytch, elle manque de borne naturelle du côté du sud où elle se confond avec le plateau d'Arménie. Les deux parties dont se compose la Caucasie sont très différentes de relief : au nord du Caucase une plaine basse, au sud un enchevêtrement de montagnes et de vallées encaissées.

b. **Climat et richesses naturelles.** — Le climat diffère comme le relief; extrême au nord du Caucase et plus modéré au sud. La variété des cultures (*céréales, riz, vigne, arbres fruitiers, thé, coton*) s'unit à celle des richesses souterraines (*pétrole* de Bakou, *houille, manganèse, cuivre, sel*) pour faire de la Caucasie une contrée à la fois industrielle et agricole. La construction du *chemin de fer Transcaucasien*, allongé de Bakou à Batoum par Tiflis sur 930 kilomètres, a achevé de faire de la Caucasie la plus riche des dépendances russes.

c. **Géographie politique.** — C'est aussi la plus peuplée. Ses 9.289.000 habitants lui valent une densité kilométrique (19) inférieure d'une unité seulement à celle de la Russie d'Europe. Au nord, *Iékaterinodar* compte 66.000 habitants, *Vladikavkase* 44.000, *Stavropol* 42.000 ; au sud, *Batoum* en a 28.000, *Bakou* monte à 120.000 et *Tiflis* à 160.000.

La Caucasie forme le gouvernement général du Caucase.

LECTURE

En tarentass sur les routes de Sibérie. — « Michel Strogoff aurait bien été forcé d'employer la *télègue* [1], s'il n'eût été assez heureux pour découvrir un *tarentass*.

« Ce n'est pas que ce véhicule soit le dernier mot du progrès de l'industrie carrossière. Les ressorts lui manquent aussi bien qu'à la télègue ; le bois, à défaut du fer, n'y est pas épargné ; mais ses quatre roues, écartées de huit à neuf pieds à l'extrémité de chaque essieu, lui assurent un certain équilibre sur les routes cahoteuses et trop souvent dénivelées. Un garde-crotte protège ses voyageurs contre les boues du chemin, et une forte capote de cuir pouvant se rabaisser et le fermer presque hermétiquement en rend l'occupation moins désagréable par les grandes chaleurs et les violentes bourrasques de l'été. Le tarentass est d'ailleurs aussi solide, aussi facile à réparer que la télègue, et est moins sujet à laisser son train d'arrière en détresse sur les grands chemins.

« Trois chevaux de poste étaient attelés au tarentass. Ces animaux, couverts d'un long poil, ressemblaient à des ours hauts sur pattes. Ils étaient petits, mais ardents, étant de race sibérienne.

---

1. Voiture de qualité inférieure, peu confortable, découverte, faite exclusivement de bois.

« Voici comment le postillon, l'*iemschik*, les avait attelés : l'un, le plus grand, était maintenu entre deux longs brancards qui portaient à leur partie antérieure un cerceau, appelé *douga*, chargé de houppes et de sonnettes ; les deux autres étaient simplement attachés par des cordes aux marchepieds du tarentass. Du reste, pas de harnais, et pour guides, rien qu'une simple ficelle. . . . .

« Ou le tarentass n'aurait pu prendre les bagages ou il n'aurait pu prendre les voyageurs. Il n'était fait que pour deux personnes, sans compter l'iemschik, qui ne se tient sur son siège étroit que par un miracle d'équilibre.

« Cet iemschik change, d'ailleurs, à chaque relais. Celui auquel revenait la conduite du tarentass pendant la première étape était Sibérien, comme ses chevaux, et non moins poilu qu'eux, cheveux longs, coupés carrément sur le front, chapeau à bords relevés, ceinture rouge, capote à parements croisés sur les boutons frappés au chiffre impérial.

« L'iemschik, arrivant avec son attelage, avait tout d'abord jeté un regard inquisiteur sur les voyageurs du tarentass. Pas de bagages ! — et où diable les aurait-il fourrés ? — Donc, apparence peu fortunée. Il fit une moue des plus significatives. Des corbeaux, dit-il sans se soucier d'être entendu ou non, des corbeaux à six kopecks [1] par verste [2] !

« — Non ! des aigles, répondit Michel Strogoff, qui comprenait parfaitement l'argot des iemschik, des aigles, entends-tu, à neuf kopecks par verste, les pourboires en sus !

« Un joyeux claquement de fouet lui répondit. Le « corbeau », dans la langue des postillons russes, c'est le voyageur avare ou indigent, qui, aux relais de paysans, ne paye les chevaux qu'à deux ou trois kopecks par verste. L' « aigle », c'est le voyageur qui ne recule pas devant les hauts prix, sans compter les généreux pourboires. Aussi le corbeau ne peut-il

---

1. *Kopeck*, monnaie de cuivre qui équivaut à la centième partie du rouble ou à un peu moins de 3 centimes de notre monnaie (0 fr. 027).

2. *Verste*, mesure itinéraire de Russie valant 1.067 mètres.

avoir la prétention de voler aussi rapidement que l'oiseau impérial.

« Michel Strogoff prit immédiatement place dans le tarentass. Quelques occasions devaient lui permettre d'atteindre les maisons de postes qui sont confortablement installées sous la surveillance de l'État. La capote fut rabattue, car la chaleur était insupportable, et le tarentass, enlevé par ses trois chevaux, partait au milieu d'un nuage de poussière.

« La façon dont l'iemschik maintenait l'allure de son attelage eût été certainement remarquée de tous autres voyageurs qui, n'étant ni Russes ni Sibériens, n'eussent pas été habitués à ces façons d'agir. En effet, le cheval de brancard, régulateur de la marche, un peu plus grand que ses congénères, gardait imperturbablement, et quelles que fussent les pentes de la route, un trot très allongé, mais d'une régularité parfaite. Les deux autres chevaux ne semblaient connaître d'autre allure que le galop et se démenaient avec mille fantaisies fort amusantes. L'iemschik, d'ailleurs, ne les frappait pas. Tout au plus les stimulait-il par les mousquetades éclatantes de son fouet. Mais que d'épithètes il leur prodiguait, lorsqu'ils se conduisaient en bêtes dociles et consciencieuses, sans compter les noms de saints dont il les affublait. La ficelle qui lui servait de guides n'aurait eu aucune action sur des animaux à demi emportés ; mais « *na prano* », à droite, « *na lévo* », à gauche, — ces mots prononcés d'une voie gutturale — faisaient meilleur effet que bride ou bridon.

« Et que d'aimables interpellations suivant les circonstances. Mais aussi, quand la marche se ralentissait, que d'expressions insultantes, dont les susceptibles animaux semblaient comprendre la valeur !

« Quoi qu'il en soit de ces façons de conduire, qui exigent plus de solidité au gosier que de vigueur au bras de l'iemschik, le tarentass volait sur la route et dévorait de douze à quatorze verstes à l'heure ; car un attelage russe n'évite ni les cailloux, ni les ornières, ni les fondrières, ni les arbres renversés, ni les fossés qui ravinent la route.

« Les aigles de la montagne n'eussent pas trouvé leur nom déshonoré par ces « aigles » de la grande route. » (Jules Verne, *Michel Strogoff*, J. Hetzel, éditeur.)

Leçon II

Asie antérieure : Turquie d'Asie (Asie Mineure, Syrie, Mésopotamie, Arabie). Iran (Perse, Afghanistan, Baloutchistan). — Les grandes voies ferrées.

RÉSUMÉ. — 1. La Turquie d'Asie. — *a*. Superficie et configuration. — Deux millions de kilomètres carrés formés de morceaux dissemblables entre eux : un *plateau péninsulaire* (Asie Mineure), une *lisière montagneuse* (Syrie), une *plaine* (Mésopotamie); un second *plateau* aux formes plus massives que le premier (Arabie).

b. **Climat et richesses naturelles.** — Variable selon la position et la nature des morceaux, le climat est *maritime* en Asie Mineure et en Syrie, *continental* en Mésopotamie (froids de — 6°, chaleurs de + 50°), en Arabie où l'excès de chaleur n'a d'égal que l'excès de sécheresse. D'où il suit qu'à l'abondante végétation d'Asie Mineure et de Syrie (*vigne, oliviers, orangers, mûriers, céréales*) s'oppose la pauvreté de la Mésopotamie et de l'Arabie. Quelques exceptions cependant à la règle générale : l'intérieur du plateau d'Asie Mineure est moins riche que le pourtour ; la montagne de Syrie plus aride que la zone côtière ; un parterre de fleurs recouvre les parties humides de la Mésopotamie, et les oasis du littoral arabique font contraste avec les étendues désolées de l'intérieur. Pays agricoles plutôt qu'industriels (quelques *richesses minières* à peine exploitées).

c. **Géographie politique.** — 20 millions d'habitants, sans unité politique, prêts à secouer le joug de Constantinople. Smyrne (201.000 hab.), en Asie Mineure, *Damas* (140.000), *Beyrouth* et *Jérusalem* en Syrie, *Bagdad* (145.000) et *Mossoul* en Mésopotamie, *La Mecque* (60.000), *Médine* et *Aden* en Arabie, sont les principaux centres. Ils ne sont cependant pas comparables pour le chiffre de leur population avec les grandes villes de l'autre extrémité de l'Asie. Ils auront tout à gagner à l'achèvement du réseau ferré dont quelques tronçons sillonnent déjà le pays (lignes de Constantinople à Konieh, Bagdad et Bassora ; ligne du Hedjaz).

2. **L'Iran.** — *a.* **Superficie et configuration.** — 250.000 kilomètres carrés. Plateau taluté par de hautes chaînes et constitué de trois îlots : *Perse, Afghanistan, Baloutchistan*.

b. **Climat et richesses naturelles.** — Le premier est *continental* et *extrême* sauf dans la zone bordière de la Caspienne. Aussi est-ce là que les secondes se rencontrent de préférence : jardin du *Ghilan* et du *Mazandéran*. Au centre, le désert (*plaine du Désespoir, Lout, Kharan*). Richesses minières : *or, argent, cuivre, plomb, pétrole*.

c. **Géographie politique.** — 12 millions d'habitants distribués surtout dans les villes du pourtour. En Perse : *Téhéran* (280.000 hab.) capitale, *Tabriz* (200.000), *Ispahan* (70.000), *Kachan* (30.000) et *Mesched* (60.000), *Bouchir* et *Chiraz* (30 et 32.000). Dans l'Afghanistan : *Kaboul* (75.000) capitale, *Hérat* (10.000), *Kandahar* (60.000). Dans le Baloutchistan : *Kalat* (14.000) capitale. Projet d'un chemin de fer transcontinental. La Perse obéit au *schah*, l'Afghanistan à l'*émir*, le Baloutchistan au *khan*, mais la rivalité des Russes et des Anglais qui se disputent la prépondérance dans l'Iran rend précaire cette triple domination. Le raccordement du Transcaspien aux lignes anglaises décidé par l'accord de 1907 annonce une ère d'accalmie sur une partie de la Terre où longtemps chaque pas fait par l'un des deux peuples avait semblé une menace pour l'autre.

3. **Grandes lignes de navigation.** — De Beyrouth à Marseille

et aux grands ports méditerranéens ; de Bassora à Bombay ; Aden, point d'attache des paquebots qui font la navette entre l'Occident et l'Extrême-Orient.

Récit. — 1. La Turquie d'Asie. — *a*. Superficie et configuration. — Peu de pays groupés sous une même domination sont constitués de morceaux plus disparates. Ici une *péninsule* projetée en forme de plateau vers le continent européen, c'est l'Asie Mineure ; là une *bande littorale* complétée à l'est par une vallée longitudinale ou *Ghor* qu'emprisonnent deux soulèvements montagneux, c'est la Syrie ; ailleurs une *plaine* plus largement ouverte mais orientée par sa pente vers une direction opposée, c'est la Mésopotamie ; plus loin le *plateau* d'Arabie, sorte de Sahara asiatique, en rapport plus direct avec l'Afrique qu'avec le reste de l'Asie. Au total deux millions de kilomètres carrés.

b. Climat et richesses naturelles. — Cela étant, il faut s'attendre à rencontrer en Turquie d'Asie les climats les plus divers. Tandis que le pourtour de l'Asie Mineure et surtout la Syrie, qu'arrosent d'abondantes pluies, jouissent d'un *climat maritime*, doux et égal, la Mésopotamie, exposée aux rigueurs du *climat continental*, subit des froids de — 6° et des chaleurs de + 50°. Ce qui n'est rien en comparaison de certaines régions de l'Arabie où les puits sont gardés par l'habitant à l'égal d'une forteresse, où la pluie, quand par hasard elle tombe, excite des transports d'enthousiasme au point d'arrêter le travail sur les chantiers. Certes, la pluie n'est pas en Arabie un phénomène aussi extraordinaire qu'au Pérou[1] ; elle y est cependant assez rare pour que des voyageurs aient pu assister au spectacle d'hommes, de femmes et d'enfants faisant, à la suite d'un orage, cortège à l'eau qui ruisselait dans les ravins ! Ce pays est à la fois un des **moins humides et des plus chauds** de la Terre. Çà et là quelques exceptions à

---

1. Voir *Première année*, p. 51.

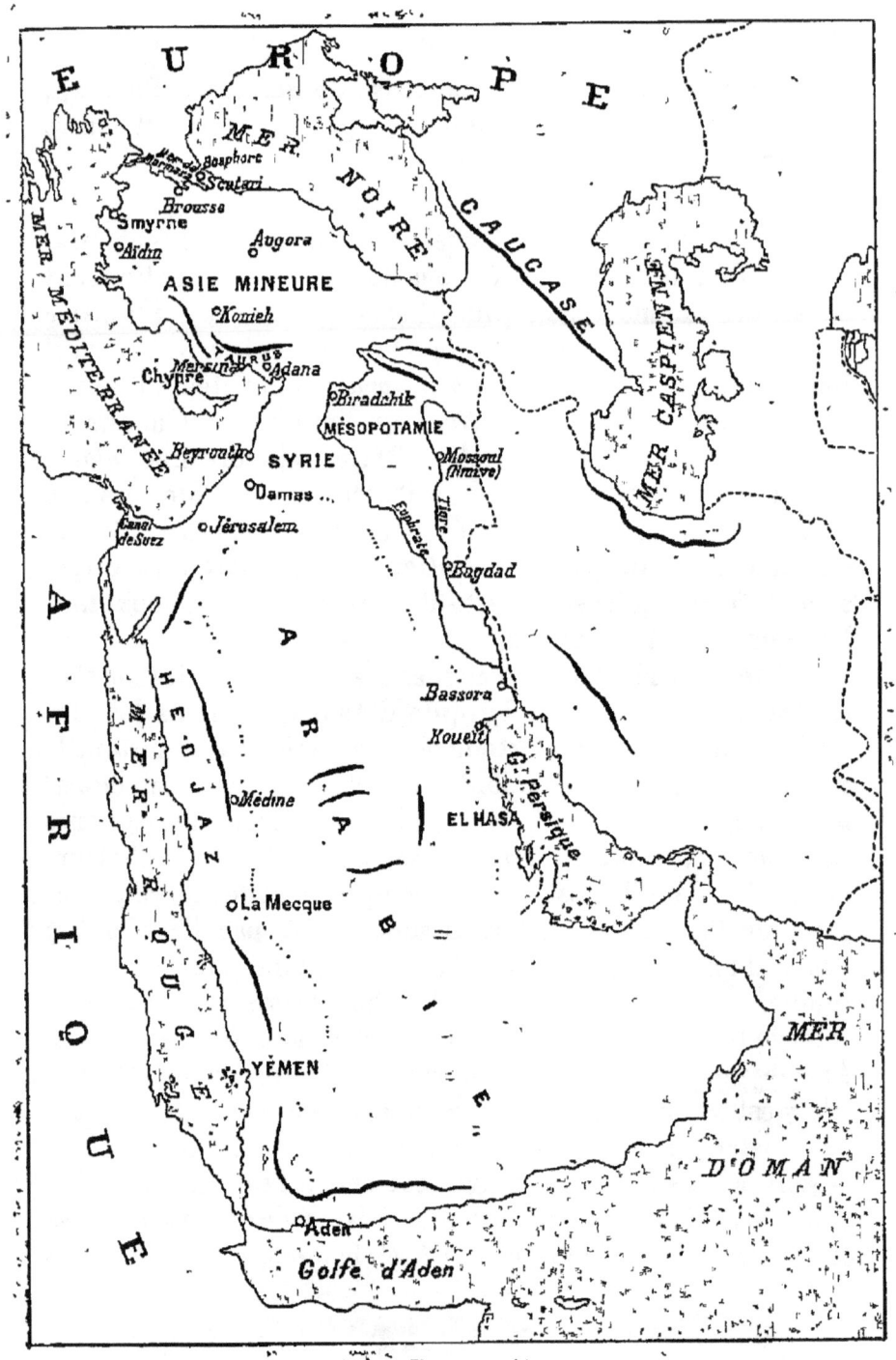

25. — TURQUIE D'ASIE.

la règle générale : en Asie Mineure, l'intérieur du plateau protégé par les chaînes bordières contre l'influence maritime est plus rude que les rivages ; la sécheresse de la montagne syrienne contraste avec l'humidité de la zone côtière ; la partie de la Mésopotamie touchée par les deux fleuves est autrement mouillée que les régions dont ils s'écartent, de même qu'en Arabie les montagnes de l'ouest et du sud-ouest sont moins privées d'eau que le centre.

A chacun de ces climats correspond une végétation différente : abondante sur les rivages d'Asie Mineure et de Syrie (*vigne, jardins d'oliviers, d'orangers et de mûriers, champs de céréales*) ; plus maigre à l'intérieur ; prodigieuse au point que, pour éviter le reproche d'exagération, Hérodote renonçait à en décrire les merveilles dans les parties humides ou irriguées de la Mésopotamie (*céréales, riz, coton, dattes, vignes, fruits*[1]) ; pauvre dans les parties sèches ; nulle enfin en Arabie, sauf dans la région côtière où croissent les *caféiers* et dans les oasis couvertes de *dattiers*. En définitive, pays agricoles plutôt qu'industriels. L'indifférence des Turcs pour les richesses que recèle le sol (*houille* d'Erzeroum, *cuivre* d'Arménie, etc.) explique l'état stationnaire de l'industrie. Les *tapis* de Smyrne, les *soies* de Brousse et de Biradchik, les *mousselines* de Bagdad et de Mossoul sont à peu près les seuls articles qui vaillent la peine d'être mentionnés.

c. **Géographie politique.** — Mais en serait-il autrement des dispositions du gouvernement que les bras manqueraient pour une exploitation régulière. On ne compte en effet que 20 millions d'hommes sur cette vaste étendue, soit 10 au kilomètre carré. C'est que l'unité politique ne fait pas moins défaut à la Turquie d'Asie que l'unité géographique. En Asie Mineure, les Grecs refoulent de plus en plus les Turcs vers l'intérieur,

---

1. Remarquer que le mode de culture pratiqué par l'Arabe est des plus primitifs. Sans labour ou simplement après avoir gratté le sol au moyen d'un bâton recourbé, il jette la semence d'orge dans son champ et 30 ou 40 épis naissent de chaque semence.

pendant que les Anglais, installés à Chypre, exercent virtuellement leur protectorat sur toute la péninsule ; les Arabes de Syrie s'agitent pour secouer la domination religieuse et politique de Constantinople ; le sultan paraît résigné à abandonner la Mésopotamie au brigandage des tribus nomades ; et il a trop de peine à conserver en Arabie les provinces du littoral de la mer Rouge ou du golfe Persique (Hedjaz, Yémen, El-Hasa) pour songer à l'annexion des États indépendants du centre ou du littoral de la mer des Indes.

De là la faiblesse relative de la population des plus grandes villes : *Smyrne* (201.000 hab.) en Asie Mineure, *Damas* (140.000) en Syrie, *Bagdad* (145.000) en Mésopotamie, *La Mecque* (60.000) en Arabie. Le port de *Beyrouth*, la religieuse *Jérusalem*, *Mossoul* sur les ruines de l'ancienne Ninive, *Médine* et le poste anglais d'*Aden* ne viennent qu'en seconde ligne.

Un jour un réseau de lignes ferrées reliera la plupart de ces villes, et la Turquie d'Asie n'aura plus rien à envier, sous le rapport de la facilité ou de la rapidité des communications, à l'Asie russe. Un *transasiatique* de plus aura surgi sur ce vieux continent. Déjà la ligne existe de Haïdar-Pacha, c'est-à-dire de Constantinople à Konieh. Un iradé impérial du 16 janvier 1901 a concédé à un syndicat franco-allemand le soin de la continuer : elle doit traverser le Taurus, atteindre l'Euphrate et par Biradchik, Mossoul, Bagdad et Bassora, aboutir à Koueït. Par Adana elle rejoindra la Méditerranée au petit port de Mersina. Alors le canal de Suez cessera d'être la grande voie de communication entre l'Europe et l'Inde. Une seconde, dont la clef ne sera pas, comme celle de l'autre, aux mains de l'Angleterre, conduira par le Bosphore et le golfe Persique au même point. Il ne faudra pas plus de 11 jours pour aller de Londres à Bombay par le chemin de fer de Bagdad, tandis qu'il en faut 16 par la mer Rouge. Parallèlement les Turcs construisent le *chemin de fer du Hedjaz* de Damas à La Mecque. Depuis longtemps déjà leurs locomotives circulaient d'Aïdin à Smyrne, le long de la côte de Marmara, sur quelques autres tronçons isolés qu'il leur suffira d'amorcer au grand ruban de fer projeté.

2. L'Iran. — *a. Superficie et configuration.* — Plateau de deux millions et demi de kilomètres carrés où les bombe-

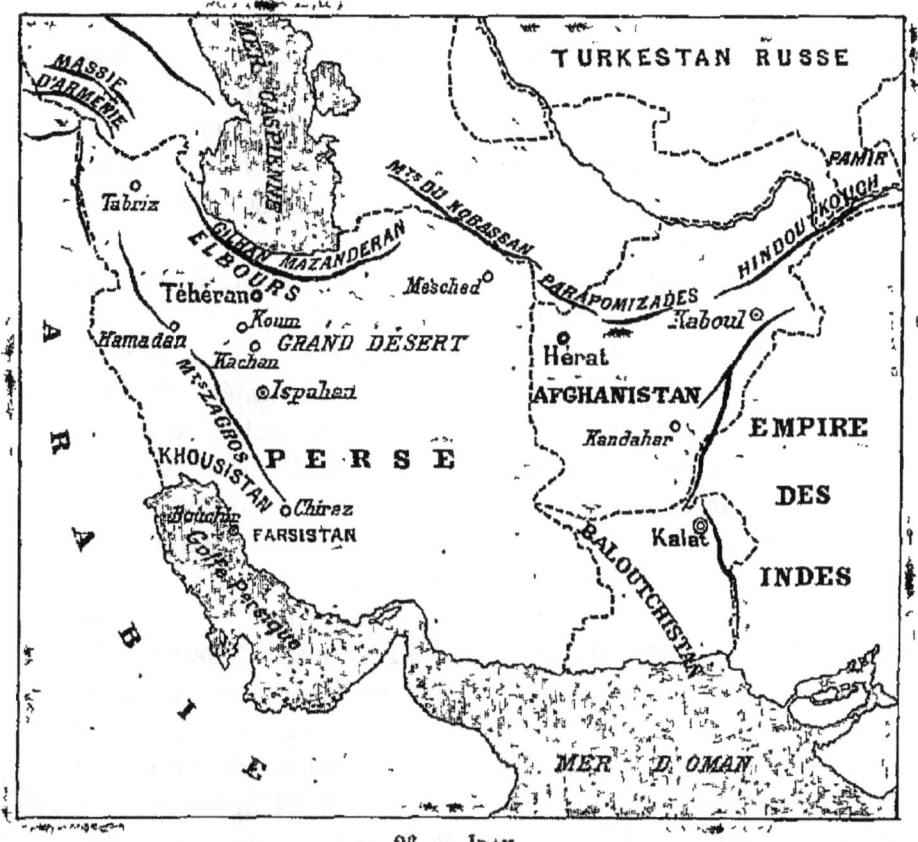

26. — IRAN.

ments alternent avec les dépressions et limité par de hauts talus : monts Soliman et Hindou-Kouch à l'est, Paropamizades, monts du Korassan et Elbours au nord ; massif d'Arménie et monts Zagros à l'ouest. Trois îlots : *Perse, Afghanistan, Baloutchistan*, le premier dégagé en forme d'isthme entre la mer Caspienne et le golfe Persique, les seconds enfoncés dans l'épaisseur du continent.

b. **Climat et richesses naturelles.** — Sur un plateau que ses chaînes bordières protègent contre l'influence adoucissante de la mer, le climat ne peut qu'être *continental* et *extrême*. Les terres voisines de la Caspienne seules sont plus mouillées, partant soumises à un régime plus tempéré. Partout ailleurs, les écarts sont considérables non seulement d'une saison à une autre (été torride, hiver glacial), mais d'une heure à l'autre de la même journée. On a constaté au même point 7° avant le lever du soleil et 62° quelques heures après. Le thermomètre est même monté au mois de mai jusqu'à 72° au soleil. « Il n'est que l'enfer, s'écrie un poète persan, pour donner l'idée d'une pareille fournaise ! »

Aussi, les cultures ne se trouvent-elles que sur le pourtour, *Gilhan* et *Mazandéran* de la Caspienne célébrés par Strabon à l'égal de la Babylonie par Hérodote ; *Khousistan* et *Farsistan* du golfe Persique dont la fraîcheur embaumée offre un thème inépuisable aux poètes persans. Au centre, le désert dont l'habitant recule le plus possible les limites, en amenant jusque dans les villages, au moyen de canaux souterrains ou *karriz* dont quelques-uns ont 40 ou 50 kilomètres de longueur et 40 à 50 mètres de profondeur, les eaux produites par la fonte des neiges sur les montagnes du plateau ; mais il ne viendra jamais à bout du *Naoumed* ou *plaine du Désespoir*, du *Lout*, du *Kharan* dont la poussière aveuglante arrête les caravanes. C'est également dans les montagnes du pourtour que se trouvent les richesses minières (*or*, *argent* et *cuivre* de Mesched dans le Korassan, *argent* et *plomb* de l'Hindou-Kouch, *pétrole* du Farsistan). L'Iran est le type de l'organisme géographique dont la vie aurait reflué du cœur aux extrémités.

c. **Géographie politique.** — Naturellement c'est là que s'est portée la majeure partie d'une population évaluée à 12 millions d'habitants. Là se sont bâties les grandes villes : dans la Perse, *Téhéran* (280.000 hab.), capitale et résidence du *schah*, *Tabriz* (200.000), *Kachan* (30.000), célèbre par les cuivres de son bazar et les étoffes de soie de son caravansérail, *Ispahan*

(70.000), mal relevée de la destruction systématique à laquelle la soumit Tamerlan, *Mesched* (60.000), *Chiraz* (32.000), *Bouchir* (30.000) et d'autres plus petites comme *Koum, Mamounieh, Sebzevar*; dans l'Afghanistan, *Kaboul* (75.000), capitale et résidence de l'*émir*, *Hérat* (100.000), *Kandahar* (60.000); dans le Baloutchistan, *Kalat* (14.000), capitale et résidence du *khan*. Tous les voyageurs ont décrit l'aspect pittoresque de ces villes, et leurs mosquées à coupoles émaillées, et la multitude de leurs dômes que les rayons du soleil éclairent merveilleusement. Mais ils ont dit aussi l'état lamentable des

27. — Raccordement du Transcaspien aux lignes anglaises.

routes et l'absence de canaux. Sous le rapport des voies de communication, l'Iran est la contrée d'Asie la plus arriérée. Il n'a encore que deux lignes de chemins de fer en pleine exploitation, celle de Téhéran au pèlerinage de Chah-Abdoul-Azim et celle de Zulfa-Tabriz-Hamadan. Mais voici que des projets sont à l'étude dont la mise à exécution reliera ce point à Téhéran et consacrera une victoire nouvelle de la civilisation sur la barbarie.

Sous l'effort de cette poussée l'Iran s'appartiendra-t-il longtemps? Placé entre la **Russie** au nord et l'**Angleterre** au sud, il est pour ces deux puissances un égal objet de convoitise. Sa possession permettrait à la première d'atteindre l'Océan Indien, à la seconde d'élever un rempart à ses frontières de l'Inde. Avec son chemin de fer de Quetta, celle-ci est aux portes de Kandahar; avec sa ligne transcaspienne et son embranchement sur Kouchk, celle-là n'est pas beaucoup plus éloignée de Hérat. Déjà l'Angleterre a imposé son protectorat au Baloutchistan; en 1900, la Russie, profitant des difficultés des Anglais au Transvaal, a notifié au gouvernement britannique qu'elle considérait comme périmé l'accord de 1873 par lequel ce pays avait été reconnu comme entrant dans la sphère de l'influence anglaise; l'activité prodigieuse déployée par le gouvernement russe dans le nord de la Perse n'a d'égale que l'ardeur imprimée par le cabinet de Londres dans le sud de l'Iran. Pour l'instant, l'accord conclu en 1907 pour le raccordement du chemin de fer russe transcaspien aux lignes anglaises de l'Inde annonce une ère d'accalmie. L'exécution du projet d'une voie ferrée de 700 kilomètres élaboré par le ministre des voies et communications de Russie n'aura pas seulement pour résultat de permettre à d'anciens adversaires d'évoluer dans la paix. Le trafic universel y trouvera son compte, puisqu'il ne faudra plus que huit jours pour aller de Londres à Calcutta *via* Berlin-Bakou, alors qu'il en faut le double par la voie de Brindisi-Suez.

3. **Grandes lignes de navigation.** — Placée au point de jonction des trois fractions de l'ancien monde, l'Asie antérieure devait être longée par les grandes lignes à vapeur tracées entre l'Europe et l'Asie. Aden est le point d'attache des paquebots sur la route de l'Extrême-Orient à l'Occident; Beyrouth est reliée avec tous les grands ports méditerranéens; Bassora avec Bombay, et l'on procède actuellement à des études sérieuses pour l'établissement d'un service régulier entre les ports russes de la mer Noire et les ports persans du golfe Persique.

LECTURE

1. *Ancienne splendeur de Babylone et fertilité de son territoire.* — « Il y avait en Assyrie beaucoup de grandes villes, mais la plus célèbre, la plus forte était Babylone. Située en

une vaste plaine, elle forme un carré dont chaque côté a cent vingt stades [1]; et aucune ville, que nous sachions, n'est ornée comme elle. D'abord, un fossé profond et large, rempli d'eau courante, coule alentour; au delà s'élève un rempart, large de cinquante coudées [2] royales, haut de deux cents (la coudée royale a trois doigts de plus que la coudée ordinaire). Cent portes y furent percées, toutes d'airain, avec des linteaux et des jambages également d'airain.

« La ville a deux quartiers entre lesquels coule l'Euphrate. Le mur extérieur est ainsi coupé en deux bras qui s'étendent jusqu'au rivage, à partir duquel s'élève intérieurement sur les deux berges un mur en retour construit en briques cuites. La ville elle-même, remplie de maisons à trois ou quatre étages, est coupée de rues droites, les unes transversales, les autres aboutissant au fleuve. Celles-ci rencontrent la muraille intérieure, et, à l'extrémité de chacune, se trouve une petite porte; il y a autant de ces portes que de rues; elles sont toutes d'airain et elles ouvrent sur le fleuve.

« La muraille extérieure est la cuirasse de la ville; le mur intérieur, à peine plus faible, est plus étroit. En outre, çà et là, au milieu des deux quartiers, sur les deux rives, certains édifices sont fortifiés : d'un côté le palais du roi, vaste et solide ; de l'autre le temple de Jupiter-Bélus, percé de portes d'airain. Il est carré et a deux stades de côté. Au centre s'élève une tour massive, longue et large d'un stade; elle en supporte une autre, et celle-ci une autre encore ; ainsi de suite jusqu'à huit. Un escalier en spirale conduit extérieurement de tour en tour. Vers le milieu de la montée, sont une station et des sièges où se reposent les visiteurs; la dernière tour est

---

1. **Stade.** Il existait deux mesures de longueur de ce nom : le petit stade valait 80 pas, le grand 133 ; c'est le premier qu'employait Hérodote.

2. **Coudée,** mesure de longueur en usage chez les anciens, mais dont il n'est guère possible de donner exactement la valeur vu le désaccord des commentateurs. La coudée paraît avoir varié suivant les pays et les époques de $0^m,442$ à $0^m,720$.

surmontée d'une chapelle spacieuse, renfermant un grand lit richement couvert et auprès une table d'or. Les prêtres chaldéens disent que le dieu parcourt le temple et se repose sur le lit.

« Tout le territoire de Babylone est coupé de canaux. De toutes les contrées que nous connaissons, c'est de beaucoup la plus féconde en fruits de Cérès. On n'essaye pas de lui faire porter des arbres, ni figuier, ni vigne, ni olivier ; mais elle est si fertile en blés qu'elle en rend deux cents pour un, elle va même jusqu'à trois cents dans les meilleures récoltes. La feuille du froment et celle de l'orge ont quatre doigts de large et, quoique je sache la hauteur de la tige du millet et du sésame, je n'en ferai pas mention, bien persuadé que ceux qui ne sont point allés en ce pays de Babylone trouveraient incroyable même ce que l'on dit de ses céréales. Dans la plaine entière poussent spontanément des palmiers ; la plupart portent des fruits dont les habitants font certains mets ; ils en font aussi du vin et du miel. » (Hérodote[1], *Histoires*, liv. I.)

2. *Les chemins de fer d'Anatolie.* — « Quelle singulière chose que ce chemin de fer, perdu dans ces solitudes, et qui perce, comme avec une tarière tenace, l'énorme bloc de l'Asie ! La petite locomotive grimpe bravement, de toutes ses forces, le long des âpres montées ; elle dévale, au gré des descentes, avec une joie folle d'écolier en escapade. Elle est agile et fait gaiement son œuvre. Du mouvement, de la vie, *Kara-vapor*[2] apporte tout cela, comme un bon génie, à l'Orient inerte et dévasté. La civilisation avait lentement reflué vers l'Occident, chassée des villes de marbre par les razzias des tribus tartares, arabes, turques. Elle rentre maintenant dans son ancien domaine ; devant les temples en ruines, les statues couchées dans l'herbe, les théâtres ensevelis par les broussailles, les

---

1. **Hérodote**, historien grec né à Halicarnasse en 484, mort en 406 avant Jésus-Christ, auteur d'une *Histoire* en neuf livres qui lui valut de la part des Athéniens le titre de *Père de l'histoire*.
2. Nom que les Turcs donnent au chemin de fer.

églises démolies et les aqueducs écroulés, elle passe sous une forme que les sept sages de la Grèce, les successeurs d'Alexandre, les proconsuls romains et les évêques des sept Églises d'Asie ne pouvaient prévoir. Nous sommes ici au point de jonction de l'Europe et de l'ancien continent. Rien de plus composite et de plus disparate que les rencontres de races encadrées par les planches du wagon. Mon voisin, le négociant chrétien, en « complet » de toile grise, est absorbé par la lecture d'un roman français. Je lis, sur la couverture jaune du livre, ce titre vague : *Suzanne Duchemin*. A côté, l'officier turc sommeille, la bouche ouverte. Son fez, rejeté en arrière, découvre son crâne rasé et moite. Son ceinturon débouclé laisse traîner à terre un grand sabre dont la poignée disparaît dans les plis d'un paletot. Ainsi accoutré, ce Turc a un air mi-bourgeois, mi-belliqueux, du plus singulier effet. Quand on se penche pour regarder au dehors, on voit sortir de toutes les portières des têtes à turbans, dont les yeux vagues et étonnés errent sur la campagne fuyante.

« On s'arrêtait en de petits villages pour prendre, en passant, des cargaisons de Turcs. Les hommes montaient un peu partout selon leur rang social et la quantité de paras que contenait leur ceinture. Quant aux femmes, on les empilait, tout emmaillotées de voiles, dans un wagon spécial, dont le chef du train avait la clef. Défense aux *giaours*[1] de monter sur le marchepied pour explorer les mystères de ce harem très moderne, d'où sortait un murmure de voix dolentes.

« En route. Des landes, à peine vêtues d'arbustes rabougris. Des chameaux, clairsemés dans une plaine. Des chevriers habillés de rouge; beaucoup de nègres venus ici on ne sait dans quel afflux d'hommes et de choses. Une maigre rivière jaune et rampante; c'est le Caystre... Et nous arrivons à Éphèse, gare banale, sous une marquise aux charpentes de

---

[1]. Nom par lequel les Turcs désignent les Infidèles et surtout les Chrétiens.

fer, parmi des odeurs d'huile et de charbon! » (Gaston Deschamps, *Sur les routes d'Asie*, Armand Colin, éditeur.)

3. *Le caravansérail neuf et le bazar de Kachan.* — « Le bazar, largement percé et recouvert de petites coupoles accolées les unes à côté des autres, est coupé de distance en distance par les portes de vastes caravansérails à marchandises, qu'il ne faut pas confondre avec les abris de caravane désignés sous le même nom. Ces derniers bâtiments s'ouvrent à la première réquisition des voyageurs, tandis que les premiers sont des entrepôts, de véritables docks, où l'on ne donne asile ni aux gens ni aux animaux. Autant la construction des uns est simple et peu coûteuse, autant les autres sont bâtis et décorés avec luxe.

« Un des plus beaux types de ce genre d'édifice est le caravansérail Tasa (neuf), élevé aux frais d'une corporation de marchands.

« Il se présente sous la forme d'un prisme carré dont on aurait abattu les angles. Deux des grandes faces parallèles sont occupées par les portes d'entrée; des nefs rectangulaires, terminées à leur extrémité par des demi-octogones réguliers, sont greffées sur les deux autres. Les dômes et tout l'ensemble du monument sont construits en briques. Quelques-uns de ces matériaux, recouverts d'émail clair sur leurs tranches, mettent en relief les nerfs de la voûte et les ornements disposés au milieu de chaque voûtin.

« Le caravansérail est largement éclairé par trois ouvertures circulaires ménagées au sommet du dôme central et des deux demi-coupoles.

« Une construction aussi importante donne mieux que des statistiques une haute idée de la prospérité commerciale de la ville.

« On vend dans le caravansérail neuf des étoffes de soie et des brocarts tissés par les ouvriers de Kachan, renommés à juste titre pour leur habileté et leur propreté.

« Les fabriques sont très curieuses à visiter. A cause de

l'extrême siccité de l'air, les tisserands sont obligés, pour ne point briser les fils de soie, de se retirer dans des chambres souterraines éclairées par un soupirail ne laissant pénétrer que la lumière nécessaire pour voir les métiers. L'eau contenue dans plusieurs bassins posés sur le sol entretient en s'évaporant l'humidité de l'atmosphère.

« Chaque homme, placé devant un métier des plus élémentaires, travaille nu jusqu'à la ceinture et fait à lui seul sa pièce.

« Les étoffes sont de deux qualités, les unes, minces et légères, servent à doubler les vêtements ; les autres, lourdes et épaisses, sont employées à recouvrir de petits matelas capitonnés que les Persans placent debout contre le mur pour appuyer leur dos. Les dessins blancs, verts et jaunes de toutes ces soieries se détachent généralement sur un fond d'un beau rouge ; d'ailleurs les Iraniens, en vrais Orientaux, ne font jamais deux pièces pareilles ; s'ils arrivent à copier les dessins, ils échouent dans l'assortiment des couleurs, car ils n'ont aucune méthode régulière pour préparer les teintures.

« Si le caravansérail neuf est le centre le plus riche du commerce de Kachan, le bazar aux cuivres est certainement le plus fréquenté. Quatre ou cinq cents chaudronniers travaillent dans de longues galeries, animées par le passage continuel des caravanes de chameaux qui apportent de Russie le cuivre roulé en paquets ou viennent prendre des chargements de marmites, qu'on expédie de Kachan dans toutes les villes de Perse.

« Le bruit insupportable des marteaux retombant régulièrement sur le métal sonore ne blesse pas seulement les oreilles des Européens ; les Persans eux-mêmes, ne pouvant traiter leurs affaires au milieu d'un pareil vacarme, se contentent en général de désigner au marchand les pièces qui leur conviennent et les font apporter dans leur maison, afin de discuter à l'aise les conditions du marché.

« Une vieille chronique, malgré son exagération, donne une

juste idée de ce tapage assourdissant. Avicennes[1], alors qu'il habitait Ispahan, vint un jour se plaindre au roi. « Les chaudronniers de Kachan font tant de bruit depuis quelques jours, dit-il, que j'ai été obligé d'interrompre mes études. » — « C'est grand dommage, répondit le schah en souriant; je vais envoyer un courrier pour leur ordonner de suspendre momentanément la fabrication des objets de cuivre; tu pourras ainsi reprendre le cours de tes travaux. »

« Le lendemain Avicennes fit remercier le roi; aucun bruit n'était parvenu jusqu'à lui, et il avait, dans le calme et le silence, écrit un chapitre presque entier de son grand ouvrage médical.

« Cependant, au bout de quatre jours de repos forcé, les chaudronniers de Kachan se plaignirent amèrement du préjudice que leur occasionnait la fantaisie ou la folie d'un homme vivant à trois étapes de leur bazar.

« Le roi a promis une semaine de silence à son médecin, dit le gouverneur; quatre jours se sont déjà écoulés; saisissez sans crainte le marteau, ce n'est pas d'Ispahan que l'on peut entendre le bruit qui se fait ici. En tout cas je vais prévenir Sa Majesté, elle pourra ainsi se convaincre de la mauvaise foi d'Avicennes. »

« Les travaux furent donc repris, et de plus belle le cuivre résonna sur l'enclume.

« Le soir même Avicennes se présenta au palais.

« Votre Majesté est bien mal obéie par ses gouverneurs; dès ce matin les chaudronniers de Kachan ont ouvert leur bazar! » (Mme Jane Dieulafoy, *La Perse, la Chaldée et la Susiane, Tour du Monde*, deuxième semestre 1883.)

---

1. **Avicennes**, corruption d'Ibn-Sina (Abou, Ali-el-Hossein), le plus illustre des médecins arabes et surnommé le *prince des Médecins* (980-1037). Auteur d'un grand nombre d'ouvrages dont le plus considérable est le *Livre du Canon de la Médecine*, qui jouit jusqu'au XVIIe siècle d'une grande renommée.

Leçon III

Asie méridionale : Inde. Indo-Chine.

RÉSUMÉ. — **1. L'Inde.** — *a. Superficie et configuration.* — 3.800.000 kilomètres carrés. Péninsule en forme de triangle dans laquelle trois régions différentes se succèdent du nord au sud : une *zone montagneuse* (Himalaya), une *plaine* (Gange), un *plateau* (Dekan). L'Inde présente dans l'ensemble comme dans le détail une remarquable analogie de formes avec l'Italie, cette autre péninsule méridionale de l'hémisphère boréal.

b. Climat et richesses naturelles. — L'Inde est une des contrées les plus chaudes de la Terre (voisinage de l'équateur) en même temps qu'une des plus humides (influence des moussons). Il n'est pas d'endroit au monde plus mouillé que le **Tcherra-Poundji**, près du Brahmapoutre, où la chute annuelle des pluies s'élève à 16 mètres. Grâce à cette chaleur et à cette humidité, la végétation est également des plus intenses ; *céréales* du Pendjab, du Gange supérieur, du Dekan intérieur ; *thé, opium, café, canne à sucre* de Ceylan, du Gange moyen, des plaines deltaïques ; *rizières* des terres basses ; *forêts* énormes de Ceylan, du Bengale, de l'Assam. Les richesses minières ne valent pas celles de la surface : *houille* du nord-est, *pierres précieuses* dans Ceylan. Pays agricole plutôt que minier.

c. Géographie politique. — 295.213.000 habitants appartenant à deux races principales (*Hindous* et *Dravidiens*), soit à peu près le cinquième de la population totale du globe. D'où la multitude et l'importance des villes : *Calcutta* (1.211.664 hab.), capitale, *Bombay* (776.000), *Madras* (509.000), *Haïderabad, Lucknow, Bénarès, Delhi, Patna, Colombo.* A part quelques enclaves **portugaises** (*Diu, Damao, Goa*), françaises (*Mahé, Karikal, Pondichéry, Yanaon, Chandernagor*), indépendantes (*Bouthan, Népaul*), l'Inde est sous la domination de l'**Angleterre**. L'effort de la colonisation britannique a porté sur deux points : l'extension de l'agriculture et la multiplication des travaux publics. L'industrie, dont le développement eût pu inquiéter la métropole, fut l'objet d'une moindre sollicitude. L'opposition indigène qui a conscience des services rendus réclame des réformes, mais ne va pas jusqu'à envisager la possibilité d'une rupture des liens administratifs avec la Grande-Bretagne.

2. **L'Indo-Chine.** — *a.* **Superficie et configuration.** — 2.175.234 kilomètres carrés. Péninsule composée de deux sections soudées par l'*isthme de Kraw*.

b. **Climat et richesses naturelles.** — Climat *tropical* avec alternance d'une saison humide et d'une saison chaude. Par son abondance comme par sa variété, la végétation rappelle celle de l'Inde (*forêts* aux essences précieuses, *champs de céréales, rizières, café, canne à sucre*), et, comme la valeur du sous-sol ne le cède pas ici à celle de la surface (*houille* du Tonkin, *étain* de Malacca, *pierres précieuses* de Birmanie), l'Indo-Chine a comme pays de rapport cette supériorité sur l'Inde d'être à la fois agricole et minier.

c. **Géographie politique.** — 33.500.000 habitants répartis en cinq races (*Annamites, Siamois* et *Birmans, Kmers* ou *Cambodgiens, Malais*), soit un chiffre insignifiant en comparaison du chiffre correspondant de l'Inde. A l'**Angleterre** : *Birmanie*, capitale *Mandalay* (65.000 hab.); *Établissements du Détroit*, capitale *Singapour* (100.000). A la **France** : *Tonkin*, capitale *Hanoï* (103.000); *Annam*, capitale *Hué* (50.000); *Cochinchine*, capitale *Saïgon* (80.000); *Cambodge*, capitale *Pnom-Penh* (30.000). Le **Siam**, capitale *Bangkok* (400.000), est le seul État indigène resté **indépendant**.

3. **Grandes lignes de navigation.** — De Bombay à Aden et Suez; de Calcutta, de Madras et de Colombo à Hong-Kong; de Colombo à Brindisi et Marseille.

Récit. — **1. L'Inde.** — *a*. **Superficie et configuration.** — L'Inde (3.800.000 kilomètres carrés) est la réunion de trois régions différentes d'origine, de nature et d'aspect : une *zone montagneuse* ou région himalayenne, une *grande plaine* ou région gangétique, un *plateau triangulaire* ou Dekan. Mais les limites naturelles de l'ensemble sont si clairement dessinées que, malgré cette distinction accentuée par la diversité des races et la rivalité des peuples, l'unité de la péninsule ne cessa jamais d'être comprise. Comme l'Italie, l'Inde eut toujours la valeur d'une « expression géographique ». Remarquable exemple de corrélation entre la similitude des destinées et celle des formes ! Car observez combien la ressemblance physique qui, au simple examen des grandes lignes, vous a déjà frappés entre ces deux contrées [1], se poursuit jusque dans les détails. Des deux côtés toutes choses se correspondent : à l'arc de cercle tracé par les Alpes dans le nord de l'Italie, l'arc indien de l'Himalaya ; au Pô, le Gange conjugué avec le Brahmapoutre comme celui-là avec l'Adige ; à l'Apennin, le Dekan, ossature de la presqu'île. La mer d'Oman est à la mer Tyrrhénienne ce qu'est l'Adriatique au golfe du Bengale ; et, de même que par delà le détroit de Messine l'Italie se prolonge au sud par la Sicile, de même l'Inde n'est séparée de Ceylan que par un bras de mer sans profondeur, le détroit de Palk.

b. **Climat et richesses naturelles.** — Mais, par l'effet de la différence de position sur la rondeur du globe, l'analogie ne s'étend ni au climat ni aux productions.

Au voisinage de l'équateur, l'Inde, sans être brûlée comme certaines régions de l'Afrique tropicale, doit d'être **une des contrées les plus chaudes de la Terre.** A sa situation dans la zone des moussons, elle doit d'être **une des plus mouillées.** Le désert du Thar, qui reçoit seulement 0^m,10 de pluie, semble une anomalie à côté du Bengale où la chute d'eau moyenne est de 2 mètres, des pentes occidentales des Ghats où elle

---

1. Voir *Première année*, p. 32.

dépasse 7 mètres, du Tcherra-Poundji près du Brahmapoutre où elle s'élève à 16 mètres, chiffre atteint sur aucun autre point du monde[1].

Chaleur et humidité, voilà la caractéristique du climat hindou, par cela même aussi débilitant pour l'Européen qu'est réparateur le climat de l'Italie. Toutefois, la différence est appréciable du sud au nord entre les températures. A mesure qu'on s'éloigne de la mer ou de la pointe méridionale pour s'enfoncer dans l'épaisseur du continent, l'écart entre les saisons augmente. Alors qu'à Colombo, dans l'île de Ceylan, la variation oscille de 2° seulement et de 4° au Malabar, entre Mangalore et Cochin, on relève dans la plaine de l'Indus et du Gange jusqu'à 50° d'écart entre les extrêmes de l'année.

Mais tel climat qui ne vaut rien pour les hommes de nos contrées est excellent pour la végétation. Il en va ainsi dans l'Inde où le soleil et la pluie, également excessifs, concourent alternativement à donner à ce pays une merveilleuse intensité de vie. Regardez les *céréales* des contrées tempérées comme le Pendjab, la haute vallée du Gange, le Dekan intérieur, les plantations de *thé*, d'*opium*, de *café*, de *canne à sucre* des pays chauds comme Ceylan, la vallée moyenne du Gange et les deltas, les *rizières* des terres basses, surtout les *forêts* énormes des plaines de Ceylan, du Bengale et de l'Assam, domaine des grands mammifères et des serpents gigantesques, vous aurez la sensation d'une explosion des forces de la nature. Le sous-sol est, il est vrai, moins riche. Les *gisements d'or* et de *pierres précieuses*, à force d'être exploités, commencent, sauf dans Ceylan, à s'épuiser, et le bassin *houiller* du nord-est, pour abondant qu'il soit, fournit un combustible de qualité inférieure.

L'Inde est un pays agricole plutôt que minier.

c. **Géographie politique.** — 295.213.000 individus, appartenant à deux races principales (*Hindous* au nord, *Dravidiens* au

---

[1]. En 1861, la tranche d'eau de pluie atteignit même 20^m,44.

sud), y trouvent leur existence. Soit une moyenne de 60 au kilomètre carré. Cela explique le grand nombre des villes dans l'Inde et le chiffre élevé de leur population. Vingt-huit d'entre

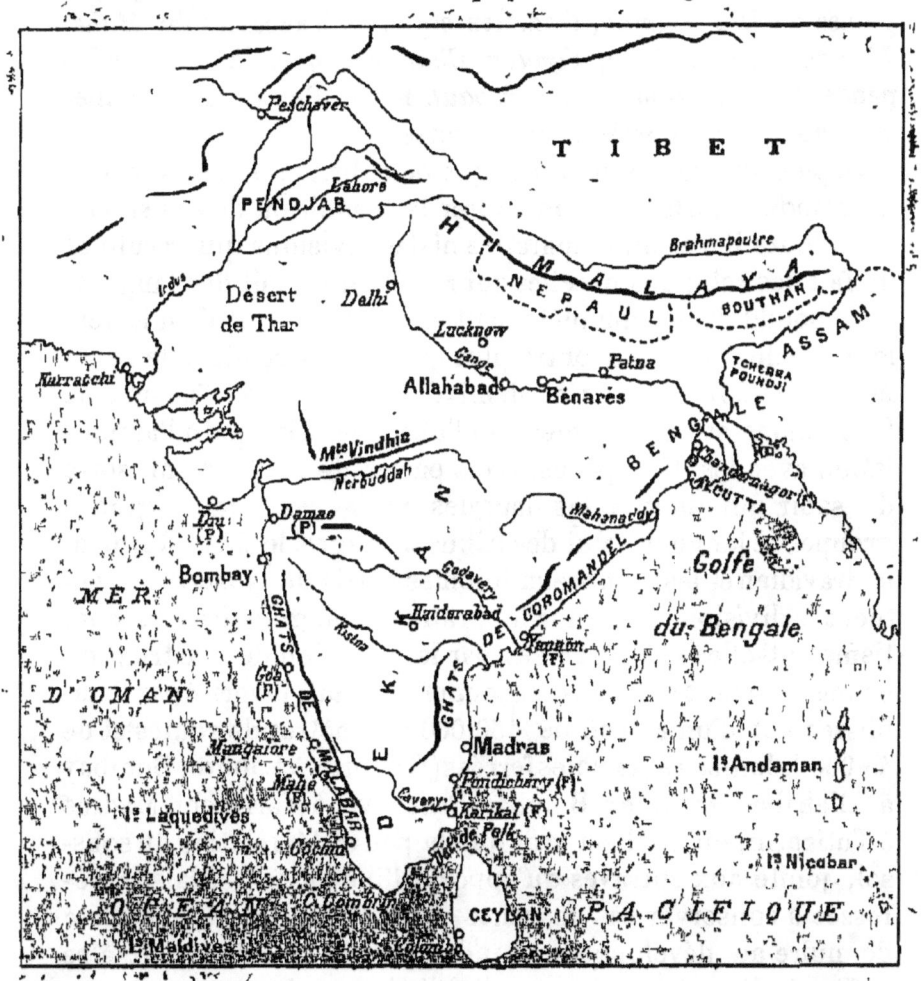

28. — INDE.

elles, situées pour la plupart dans la plaine du nord, dépassent 100.000 habitants : *Calcutta*, la capitale (1.211.664), cité de marchands au tapage de laquelle l'arrivant a peine à se faire, *Bombay* (776.000), *Madras* (509.000), *Haïderabad*, *Lucknow*,

Bénarès, *Delhi*, *Patna*, *Colombo*. Il suffit de 76.000 *Anglais*, moins d'hommes que n'en contient une seule de ces villes, pour commander à cette multitude. A part les colonies **portugaises** de *Diu*, *Damao*, *Goa*, les colonies **françaises** de *Mahé*, *Karikal*, *Pondichéry*, *Yanaon*, *Chandernagor*, les **États indépendants** du *Bouthan* et du *Népaul*, le roi d'**Angleterre**, empereur des Indes, possède tout le reste.

Depuis un siècle, le gouvernement britannique a déployé de grands efforts pour améliorer la condition de ses sujets. Sans doute il n'a fait disparaître ni les divisions qui résultent du fait des religions ni celles qui résultent du fait des langues. Si le bouddhisme, complètement expulsé de la péninsule vers le IXe siècle, ne se rencontre plus qu'à ses extrémités, le brahmanisme (207 millions et demi d'adhérents) et l'islamisme (57 millions et demi) demeurent l'obstacle principal à l'assimilation avec les Européens. Sans parler de l'indoustani, sorte de sabir qui double les langues indigènes, quatre grands groupes de langues, celui des tribus sauvages, le tibéto-birman, le dravidien et les nombreux idiomes sortis du sanscrit, accentuent la division. Du moins les pratiques sanguinaires du fanatisme ont-elles été ébranlées par la diffusion de l'instruction en même temps que l'essor économique était favorisé par l'établissement d'un réseau de 150.000 kilomètres de routes et de 45.000 kilomètres de voies ferrées (Calcutta à Lahore, Bombay à Allahabad, Madras à Bombay, Peschaver à Karratchi, Madras à Tuticorin, etc.). Il est vrai que la pauvreté relative du soussol, jointe aux entraves qu'apporte l'industrie anglaise intéressée à conserver ses marchés d'Extrême-Orient, n'a cessé de nuire au développement industriel. Si l'Inde venait à se suffire à elle-même, c'en serait fait de la puissance commerciale de la Grande-Bretagne. Du coup, les métiers de Manchester et les forges de Birmingham s'arrêteraient ; des milliers et des milliers d'ouvriers anglais se trouveraient du jour au lendemain sans emploi. La perte de l'Inde, même comme débouché économique, pourrait devenir mortelle à l'Angleterre. Voilà pourquoi celle-ci n'a pas apporté aux choses de l'industrie une application comparable à celle dont elle fit preuve dans le domaine agricole ou dans l'établissement des travaux publics.

Cependant l'Angleterre a rendu assez de services à l'Inde pour que l'opposition indigène elle-même accepte le fait accompli. L'Inde n'oublie ni la « paix britannique » dont elle est redevable à ses maîtres et que les anciens souverains avaient été impuissants à lui donner, ni l'ère de prospérité matérielle dans laquelle elle est entrée en perdant sa liberté. Aussi bien, l'opposition ne vise-t-elle pas à la rupture des liens administratifs avec la Grande-Bretagne. Elle réclame des réformes : liberté de la presse, garanties judiciaires, système fiscal combiné de manière à réserver l'emploi des revenus indiens au bénéfice exclusif de l'Inde; rien de plus.

2. **L'Indo-Chine.** — *a. Superficie et configuration.* — A première vue, la péninsule indo-chinoise paraît moins favorisée que la précédente. Outre qu'elle lui est inférieure d'un tiers par la superficie (2.175.243 kilomètres carrés), elle n'a pas la cohésion que donne l'unité géographique. Deux parties distinctes soudées l'une à l'autre par l'*isthme de Kraw* remplacent ici le vaste ensemble dont l'Inde est constituée.

b. Climat et richesses naturelles. — Mais, à considérer les conditions du climat et les ressources naturelles, on s'aperçoit que la nature n'a pas été plus avare de ses dons à l'égard de l'une qu'à l'égard de l'autre. Il semblerait même que la préférence ait été donnée à l'Indo-Chine. Si on y retrouve les mêmes *forêts* à essences précieuses, les mêmes plaines couvertes de *céréales*, les mêmes *rizières*, les mêmes festons de *vignes grimpantes* et de *lianes* que dans l'Inde, on n'y rencontre nulle part ces étendues sablonneuses qui font ressembler le Thar à un désert, ni ces plateaux de laves qu'en maints endroits le Dekan développe à perte de vue. Partout les pluies sont assez abondantes pour nourrir la végétation. Les écarts de température, quoique plus sensibles au nord qu'au sud, ne sont com-

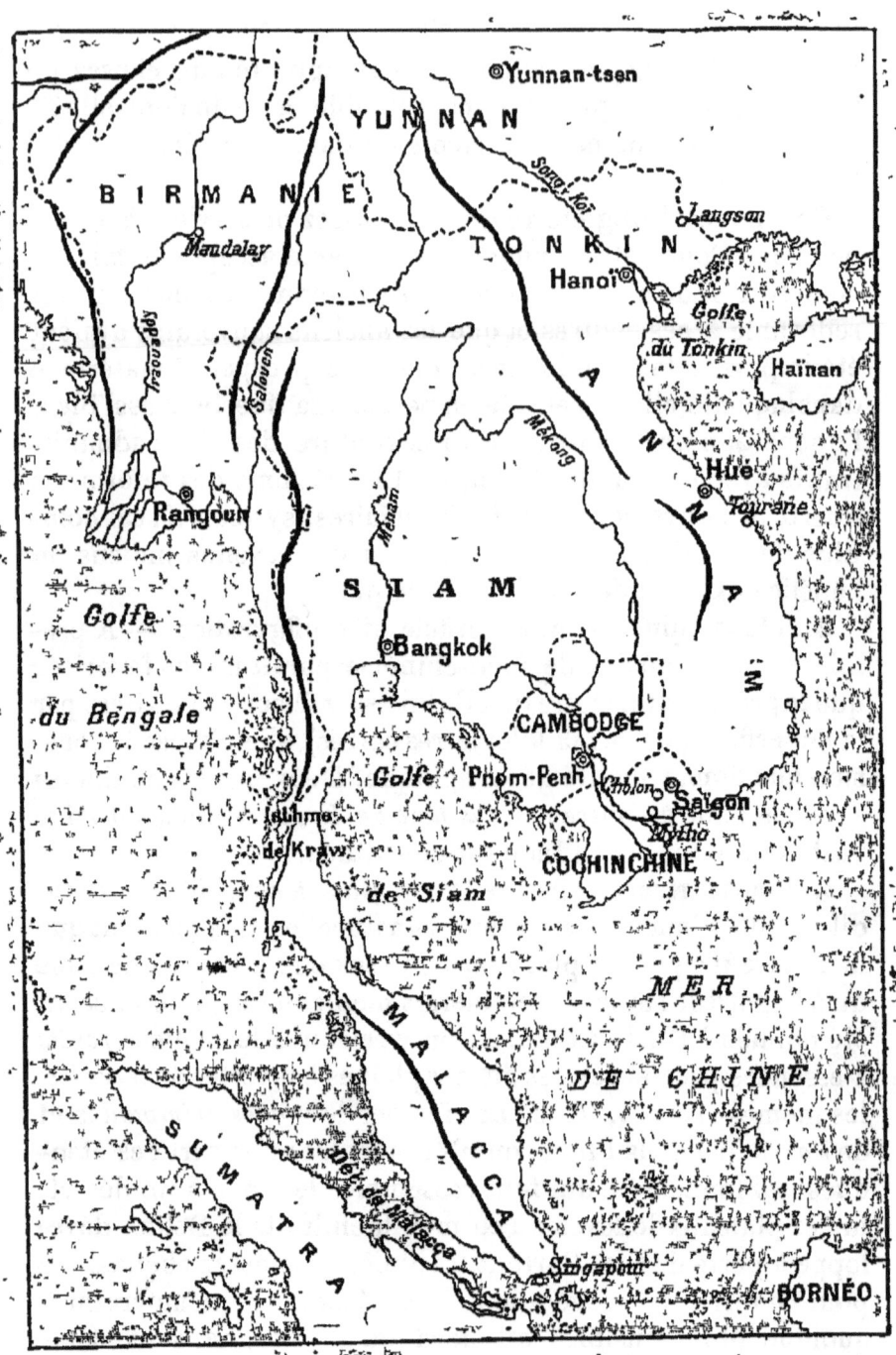

29. — L'Indo-Chine.

parables sur aucun point à ceux que l'on observe dans les plaines du Gange ou de l'Inde. Enfin, comme pays minier, l'Indo-Chine l'emporte sur sa voisine : la *houille* du Tonkin, par son abondance, sa pureté, l'intensité de la chaleur qu'elle dégage, vaut dix fois celle des vallées du Mahanaddy et du Godavery ; les *pierres précieuses* de Birmanie ne le cèdent pas en éclat à celles de Ceylan, et l'*étain* de Malacca est le premier du monde.

Pays agricole et minier à la fois.

c. **Géographie politique.** — Cependant, l'Indo-Chine est pauvre en hommes relativement à l'Inde. Que sont, pour une différence superficielle d'un tiers en moins, 33 millions et demi d'habitants à côté des 289.156,000 individus massés de l'Himalaya à Ceylan ? Ce n'est pas le sol qui manque en Indo-Chine, et ce sol, soit à la surface, soit dans ses couches profondes, est assez généreux pour payer grassement l'agriculteur ou le mineur de sa peine. Qu'est-ce alors ? Et quelle est la raison géographique du contraste que présentent les deux péninsules pour le nombre des habitants et l'importance du rôle dans la civilisation ? Elle est dans l'opposition de direction des vallées fluviales. Tandis que les grands cours d'eau de l'Inde, à l'exception du Sindh, parcourent la péninsule dans le sens de sa largeur, parallèlement aux arêtes montagneuses de l'Himalaya et des Vindhia, les fleuves indo-chinois coulent du nord au sud dans le sens du méridien. Aucune des plaines qu'ils fécondent n'a une largeur comparable à celle de la partie septentrionale de l'Hindoustan, et les hommes, pour aller de l'une à l'autre, doivent suivre des passages difficiles ou traverser de hautes étendues boisées. Voilà pourquoi ils n'ont guère pu former d'agglomérations importantes que dans certaines régions du littoral, dans la Birmanie anglaise, la Cochinchine, l'Annam ou le Tonkin.

Indépendamment de quelques *sauvages* disséminés à l'intérieur, cinq races principales sont représentées : *Annamites*, *Siamois* et *Birmans*, *Kmers* ou *Cambodgiens*, *Malais*, auxquels il convient d'ajouter les *Européens*. L'Europe a si bien pris pied en Indo-Chine que ce pays, à l'instar de l'Inde, est à la veille de ne plus s'appartenir. L'Angleterre y possède la *Birmanie* et les *Établissements du Détroit* ; la **France**, le *Tonkin*, l'*Annam*, la *Cochinchine* et le *Cambodge* [1]. Le Siam est le seul État indigène resté indépendant, mais on imagine ce qu'a de précaire l'indépendance d'un royaume asiatique flanqué de deux puissances européennes également intéressées à s'y disputer l'influence.

Une conséquence de la venue des Européens a été la transformation de l'aspect du pays. Les villages, plus rebelles à nos modes, ont conservé leur cachet original ; mais, dans les villes, les paillotes branlantes qui s'offraient aux regards, il y a quelques années, font place une à une à de claires rangées de hautes maisons à vérandas et à portiques, munies de tous les raffinements nécessaires à la protection contre l'implacable soleil. Que de grandes cités dans ce coin jadis perdu du vieux monde ! *Bangkok* (400.000 hab.), capitale du Siam ; *Mandalay* (65.000), capitale de la Birmanie ; *Rangoun* (181.000), port le plus actif du golfe du Bengale après Calcutta ; *Singapour* (100.000), capitale des Établissements du Détroit ; *Hanoï* (103.000), capitale du Tonkin ; *Hué* (50.000), capitale de l'Annam ; *Saïgon* (80.000), capitale de la Cochinchine. Si quelques-unes, comme *Pnom-Penh* (30.000), capitale du Cambodge, donnent encore la « sensation d'une ville morte [2] », la faute en est aux colons moins séduits par la perspective d'exploiter la terre que par celle d'occuper un emploi dans l'administration. Un jour viendra où l'achèvement de l'important réseau de lignes ferrées dont la France et l'Angleterre ont conçu le projet, en suppléant à l'insuffisance des fleuves [3], augmentera

---

1. Le décret du 2 août 1898 a fait de l'Indo-Chine française une personnalité civile ayant son budget et ses services unifiés pour les divers pays.
2. Paul Berthelot, Lettre de Pnom-Penh du 25 novembre 1902 (*Petite Gironde*, 1ᵉʳ janvier 1903).
3. Voir plus haut, p. 260.

partout, avec le chiffre de la population, le chiffre des affaires. Déjà, nous avons pour notre compte trois lignes en exploitation : au Tonkin, celle de Langson à la Porte de Chine, inaugurée en 1894 ; en Cochinchine, celles de Saïgon à Cholon et de Saïgon à Mytho. Nos ingénieurs travaillent avec activité à celle qui doit unir Hanoï à Yunnan-tsen.

3. **Grandes lignes de navigation.** — Les principales sont celles de Bombay, Aden et Suez; de Calcutta, de Madras et de Colombo à Hong-Kong par Singapour et Saïgon; de Colombo à Brindisi et Marseille par Aden et Suez.

LECTURE

1. *Calcutta, ville de marchands au bruit assourdissant.* — « Cruellement capitale, à palais en torchis et plâtras, badigeonnés de jaune, alternant avec des maisons de commerce, des cabanes, et tout cela sans l'ombre de style. Dans les rues couvertes de poussière, un bruit de foire prolongé jusqu'aux heures avancées de la nuit.

« Des uniformes rouges, des complets de bicyclistes finis en loques sur des coolies bâtards, un lassant déjà vu, un effacement de couleur locale pire que la banalité même. Et par-dessus tout, très forte, une écœurante et fade odeur de nénuphar et de suif à relent âcre et poivré.

« Dans la rue aux boutiques indigènes, un assaut vers l'acheteur, un aboiement de prix, les marchands grimpés dans les voitures, à la main une liste d'occasions débitée avec un bagout de camelot, une persistance qui me fait fuir.

« Un tramway électrique, sur lequel une grosse cloche sonne tout le temps, s'en va vers les faubourgs à travers des rues grouillantes d'enfants nus, de poules et de cochons vautrés sur des tas d'ordures et dans les mares de l'arrosage...

« Une gare somptueuse, un quartier à hauts fourneaux, puis la campagne tranquille, le Gange bordé de jardins dont les lianes fleuries se penchent sur l'eau boueuse, noircie de larges plaques de suie et de graisse. » (Prince Bojidar Karageorgevitch, *Notes sur l'Inde*, **Calmann-Lévy**, éditeur.)

2. *Aspect des villages en Cochinchine.* — « Ils sont charmants, ces villages. Qui en a vu les connaît tous : une double rangée de cases minuscules, semblables moins à des habitations humaines qu'à des cages d'oiseaux ; un marché couvert ; puis, un peu à l'écart, la petite pagode à toit surbaissé, aux arêtes décorées de capricieuses figurines en faïence de Cholon, avec un autel où trône parmi les toiles d'araignées quelque bouddha ventru, avec son tigre à la gueule menaçante, grossièrement peinturluré sur le mur du fond ; parfois, entourée d'une haie fleurie, une chapelle, un modeste presbytère près desquels s'est groupée une chrétienté naissante. Voilà le décor. Les maisonnettes sont en mauvais état, les chaumes ébouriffés, les frêles charpentes noircies par la fumée ; par des brèches des clôtures de perches, la marmaille et la basse-cour font irruption pêle-mêle. Mais la végétation des tropiques porte sur ces pauvretés ses festons et ses draperies ; et de la route sablée de grès rouge, sous le piétinement des gens et des bêtes, monte lentement une poussière d'or. » (Marcel Monnier, *Le Tour d'Asie*, **Plon-Nourrit et Cⁱᵉ**, éditeurs.)

Leçon IV

Asie centrale et orientale : Empire chinois. Japon.

RÉSUMÉ. — 1. L'Empire Chinois. — *a*. Superficie et configuration. — 4 millions de kilomètres carrés pour la Chine proprement dite et 11 millions avec les pays tributaires, Kagharie, Tibet, Dzoungarie, Mongolie, Mandchourie. Hautes terres inclinées vers l'est et le sud-est, où les fleuves ouvrent des voies d'accès de la mer à l'intérieur.

b. **Climat et richesses naturelles.** — La Chine correspond sous le rapport du climat à l'Europe occidentale, avec cette différence que l'écart entre les extrêmes y est plus marqué et l'humidité plus considérable; mais les pays tributaires où l'influence océanique ne pénètre pas rappellent le Sahara. Remarquable succession des espèces depuis la flore indienne jusqu'aux plantes d'aspect européen (*canne à sucre, thé, riz, fruits, pommes de terre, forêts de bambous* et *forêts de chênes*); la *vigne* seule manque. Richesses minières à peine moins remarquables, mais dont le rendement est insignifiant par la faute d'une mauvaise exploitation (*houille* du Petchili, du Chan-Toung, du Chan-Si; *cuivre* du Yunnan; *kaolin* en maints endroits). Pays *naturellement* agricole, la Chine pourra *devenir* un pays industriel par l'introduction des procédés modernes.

c. **Géographie politique.** — 404 millions d'habitants dans la Chine proprement dite et 425 millions avec les pays tributaires. Nous voilà en pleine fourmilière! *Tien-Tsin* (1.000.000 d'hab.), *Canton* (900.000), *Han-Kéou* (870.000), *Nan-King* (500.000). A côté de ces villes, *Péking* (800.000), dont la population subit un mouvement ininterrompu de décroissance, fait triste figure comme capitale. C'est bien le symbole d'un **Empire** qui **croule**. L'aversion des Chinois pour la civilisation de l'Occident n'est pas faite pour le relever. Monarchie héréditaire absolue.

2. Le Japon. — *a*. **Superficie et configuration.** — A ces traits s'opposent ceux du Japon. Un archipel finement articulé (*Yéso, Nippon, Sikok, Kiou-Siou, Kouriles, Liou-Kiou*, etc.) en place d'un épais plateau. Un atome (380.000 kilomètres carrés) en face d'un monde.

b. **Climat et richesses naturelles.** — Climat *océanique* et non plus continental, sans grands écarts entre les froids hivernaux et les chaleurs estivales. Pays non plus seulement agricole (*riz, mûrier, thé, tabac*), mais industriel (*soieries, cotonnades, verreries, brosseries, fabriques d'allumettes, ateliers de* construction pour la marine; houille de Yéso, Tokio, Nagasaki; soufre; terre à porcelaine).

c. **Géographie politique.** — 50.000.000 d'habitants. Pendant que Péking décline, *Tokio* (1.500.000 hab.), capitale, devient la plus grande ville d'Asie. *Osaka* (821.000), *Kioto* (353.000), *Yokohama* (193.000), *Kobé* (215.000), *Sakaï* (50.000). L'empire japonais offre au monde l'**exemple du progrès le plus rapide accompli dans l'espace de temps le plus court**. L'adoption des procédés et des modes de l'Occident est faite pour l'accélérer. Monarchie constitutionnelle.

d. **L'expansion japonaise.** — Le Japon en *Corée*, en *Mandchourie*, aux *îles Bonin*, *Kouriles*, *Formose*, *Pescadores*, *Sakhalin* (partie sud). Antagonisme des Japonais et des Américains dans le Pacifique.

3. Grandes lignes de navigation. — Deux têtes principales : Yokohama et Shanghaï. De la première, partent les lignes de San-Francisco, Victoria, Marseille; de la seconde, cinq autres lignes mettent la Chine en relation avec le reste du monde.

Récit. — **1. L'Empire chinois.** — *a*. **Superficie et configuration.** — Pays de nature et d'aspect moins variés que l'Asie antérieure, la Chine proprement dite est en effet constituée presque uniformément par de hautes terres inclinées vers l'est et ouvrant des chemins faciles aux populations qui remontent de la mer vers l'intérieur : au nord, arêtes montagneuses s'élevant par gradins de la grande plaine chinoise jusqu'à la Mongolie; au centre, épanouissement oriental du plateau tibétain; au sud, plateau du Yunnan que les hautes vallées du fleuve Rouge et du Mékong soudent aux régions de l'Indo-Chine, le tout recouvrant une superficie de 4 millions de kilomètres carrés. A la Chine proprement dite se rattachent géographiquement et politiquement les hautes régions de l'Asie centrale ou pays tributaires, Tibet, Kagharie ou Turkestan oriental, Dzoungarie, Mongolie, Mandchourie;

ce qui porte la superficie totale de l'Empire à 11 millions de kilomètres carrés. Un seul État de l'Asie se trouve ainsi être superficiellement supérieur de un million de kilomètres carrés à l'Europe.

b. Climat et richesses naturelles. — Par son climat comme par ses productions, la Chine correspond dans l'ancien monde à l'Europe occidentale.

Péking a la même température moyenne que Paris ou Londres, Shanghaï ne diffère pas sensiblement de Marseille ou de Gênes et l'isotherme de 20° qui passe sur les côtes de la Chine méridionale effleure aussi l'Algarve et l'Andalousie de la péninsule ibérique. Mais si les moyennes indiquées par l'axe des oscillations annuelles du climat sont à peu près les mêmes dans la Chine que dans les régions occidentales de l'Europe, l'écart entre les extrêmes y est plus accentué; les chaleurs estivales y sont plus fortes, les froids hivernaux plus rigoureux. A ce point de vue, E. Reclus a pu dire que la Chine est un pays « à la fois plus septentrional et plus méridional » que l'Europe tempérée [1]. En même temps elle reçoit, grâce aux vents réguliers du sud-ouest et aux moussons qui se portent de la mer vers l'intérieur, une quantité d'humidité moyenne plus considérable. Les fleuves, après avoir suffi à l'arrosement de vastes régions agricoles et rempli de grands lacs à droite et à gauche de leur cours, emportent encore au Pacifique un excédent proportionnellement supérieur à celui que les fleuves de l'Angleterre, de la France ou de l'Espagne versent dans l'Atlantique. Tandis que la moyenne annuelle des pluies ne dépasse pas dans l'ensemble du bassin parisien 0^m,70, elle est de 1^m,11 à Shanghaï, 1^m,18 à Canton, 2^m,14 à Hong-Kong et 3^m,50 à Kélung dans Formose. Toutefois, la comparaison avec l'Europe n'est plus de mise dès qu'on pénètre dans les pays tributaires. Rien ne ressemble moins au climat de l'Asie orientale que celui de l'Asie centrale, pro-

---

1. E. Reclus, *L'Asie Orientale.*

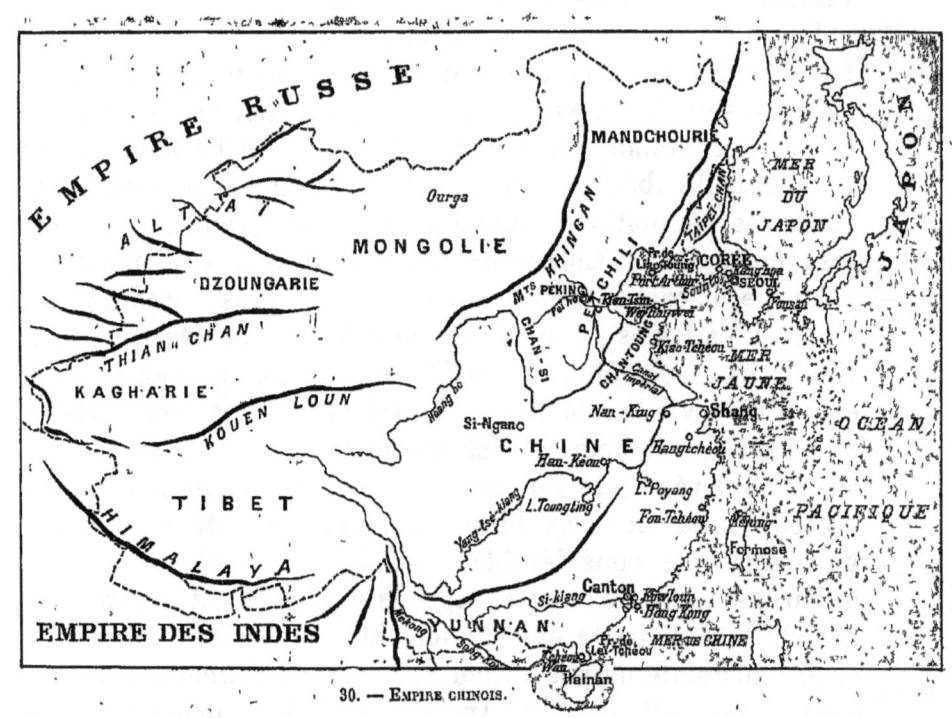

30. — Empire chinois.

tégée contre l'influence océanique par son éloignement de la mer et le rempart de ses montagnes circulaires. Cette double circonstance fait du Tibet et de la Mongolie des régions très sèches passant, selon les saisons, d'une température tropicale à une température glaciale. A Ourga, par exemple, le thermomètre oscille depuis — 48° jusqu'à + 45°. L'hiver, ce n'est pas tout à fait Werchojansk ou Yakoutsk [1] ; mais l'été c'est presque le Sahara [2]. Pour se croire, à Ourga, sous la latitude de Naples, il faut prendre la peine de s'orienter par un effort de la réflexion ou celle de jeter les yeux sur une carte.

Jouissant d'un climat tempéré, qui dans la partie méridionale se rapproche du climat tropical, la Chine a un sol fertile sur lequel se montrent par transitions graduelles, dans la direction du sud au nord, les espèces les plus variées, depuis les formes indiennes jusqu'aux plantes d'aspect européen. Dans les districts intermédiaires on trouve un mélange de toutes les deux, la *canne à sucre* à côté de la *pomme de terre*, le *chêne* à côté du *bambou*. De forêts peu ou point, encore que, par le grand nombre des espèces ligneuses, *lianes, arbustes, arbres*, la Chine rappelle les régions tropicales.

C'est du côté de l'agriculture que les paysans chinois ont tourné tous leurs efforts ; ils sont aujourd'hui parmi les premiers agriculteurs du monde et font rendre à la terre plus de *riz*, plus de *thé* et plus de *fruits* que ceux d'aucun autre peuple. Seule la *vigne*, dont le maigre rapport les paye mal de leur peine, est regardée comme culture négligeable.

Mais, s'ils sont passés maîtres dans l'art d'exploiter la surface du sol, les Chinois sont restés au-dessous des peuples de l'antiquité dans celui d'en fouiller l'intérieur. On a signalé plus haut l'insignifiance du rendement en comparaison de l'importance des *formations carbonifères* du Petchili, du Chan-Toung, du Chan-Si [3] ; on en pourrait dire autant des gise-

1. Voir plus haut, p. 285.
2. Voir *Première année*, p. 70.
3. Voir plus haut, p. 270-271.

ments de *cuivre* du Yunnan ; les *métaux précieux* eux-mêmes ne produisent encore annuellement que pour 25 millions de francs, et le *kaolin*, extrait de préférence aux environs du lac Poyang[1], semble exister en maints autres endroits à peine effleurés. Ce n'est donc pas le défaut de richesses souterraines qui empêcha jusqu'à ce jour la Chine de devenir un grand État industriel comme elle est déjà un pays agricole, mais le manque d'application du génie national à cette branche de l'activité humaine.

c. **Géographie politique.** — Ce n'est pas davantage l'insuffisance de bras. L'empire chinois compte 404 millions d'habitants pour la Chine proprement dite et 425 millions avec les pays tributaires[2], indice d'une population aussi clairsemée dans ceux-ci que dense dans celle-là, mais en tous cas suffisante à la mise en mouvement de machines et de métiers. Le mal est qu'il n'y avait encore en Chine, il y a quelques années, ni des uns ni des autres. Une insurmontable aversion pour les « diables d'Occident » ferme le pays aux progrès de l'âge moderne. Le même peuple qui dressa jadis la Grande Muraille contre les cavaliers mongols et tartares persiste, en pleine époque de concurrence et de progrès à outrance, à se défendre contre l'infiltration de la civilisation occidentale. Les traités de Nan-King (1842), Tien-Tsin (1858), Shimonosaki (1895), la convention anglo-chinoise de 1897 et celle qui suivit en 1900 l'insurrection des Boxers n'ont encore ouvert que quarante-deux ports aux étrangers. Le droit d'établir des manufactures dans ces ports, qui fut le point de départ de la prospérité industrielle de Shanghaï, ne remonte pas au delà de 1895. Quatre lignes ferrées seulement sont en exploitation : celle de Tien-Tsin à Chan-Haï-Kouan (270 kil.), celle de Ia-Yek (28 kil.), celle de Tien-Tsin à Péking (120 kil.), celle de Péking à Han-Kéou commencée par Li-Hung-Chang et achevée

1. C'est du principal centre d'extraction, Kao-Ling, petite localité voisine du lac, que la terre à porcelaine a tiré son nom.
2. Recensement de 1902.

en 1897 (1.400 kil.) ; mais elles viennent d'être prolongées en plusieurs directions (6.000 kilomètres achevés). L'ouverture à la navigation européenne de toutes les eaux intérieures, accordée en 1898 par un second traité avec l'Angleterre, et la concession de nouvelles lignes de chemins de fer ou d'exploitations minières [1] sont trop récentes pour avoir pu produire des résultats.

Si encore les Chinois, pour rompre avec leurs errements, pouvaient compter sur leur gouvernement ! Mais non. Ils n'ont rien à attendre d'un *empereur* nominal, rien à espérer des lettrés qui gouvernent à sa place ni des vice-rois à peu près indépendants dans leurs provinces. Ce n'est pas seulement la coalition du mépris à l'endroit des innovations venues d'Europe ; c'est aussi la décomposition des institutions nationales sous le pâle reflet d'une splendeur qui s'éteint.

La capitale ? — Elle n'est plus la splendide cité des empereurs mongols. En même temps que ses édifices tombent en ruines, sa population, à l'inverse de ce qui se produit dans les autres capitales du monde, subit un mouvement ininterrompu de décroissance (800.000 hab.). Non que son emplacement soit aussi mauvais que cela paraît de prime abord. Bien qu'en dehors de l'espace compris entre les cours du Hoang-ho et du Yang-tse-Kiang, *Péking* est déjà situé dans la même région naturelle que les cités du sud ; et comme, malgré sa position excentrique, cette ville n'est séparée de ces dernières par aucun seuil de montagnes ou de collines, elle est en communication facile avec le reste de l'empire.

Les autres villes ? — Grosses agglomérations de 1.000.000 d'habitants comme *Tien-Tsin* ou de 900.000 comme *Canton*, de 870.000 comme *Han-Kéou*, de 500.000 comme *Nan-King*, mais également sales et mal entretenues.

Les routes ? — Des sentiers défoncés.

1. Des Anglais vont exploiter les mines de fer et de houille du Honan et du Chan-Si, des Allemands celles du Chan-Toung, des Anglais et des Français les mines de cuivre du Yunnan.

Le fameux *canal impérial* ? — Une manière de voie navigable.

Les ponts ? — Des ruines.

L'armée enfin ? — Un ramassis d'hommes mal dressés, mal commandés, aussi étrangers à l'idée de patrie qu'indifférents à la mort[1].

Et, tandis que l'**Empire** croule de toutes parts, les puissances européennes s'installent un peu partout sur ses côtes : en 1897, l'**Allemagne** à Kiao-Tchéou dans le Chan-Toung[2] ; en 1898, la **Russie** à Port-Arthur et Talien-Wan dans la presqu'île du Liao-Toung[3] d'où le Japon l'a délogée en 1905 ; la même année, la **France** à Kouang-Tchéou-Wan dans la presqu'île de Leï-Tchéou[4] ; l'**Angleterre** à Weï-haï-Weï dans le Chan-Toung et, en face de Hong-Kong, à Kowloun[5]. Ce n'est pas que toutes choses allassent au gré des nouveaux venus. On sait ce qu'il en coûta à la **Russie** pour défendre la Mandchourie devenue possession russe. Il y a beau temps néanmoins que, sans la rivalité des puissances incapables de s'entendre pour le partage de ses dépouilles, l'« Homme malade » de Péking serait mort. Deux fois, en 1860 à la suite d'une guerre contre l'Angleterre et la France et en 1900 après la défaite des Boxers, la ville du « Fils du Ciel » tomba au pouvoir des armées européennes. Est-il téméraire d'entrevoir le jour où, après deux évacuations volontaires, l'Europe prendrait le parti de n'en plus sortir ?

2. Le Japon. — *a.* **Superficie et configuration.** — En face de ce pays en léthargie, sourd aux rudes leçons de l'Occident, s'en dresse un autre dont, à plus de deux mille lieues de l'Europe, le réveil spontané a fait un État presque européen. Quel que

---

1. L'armée de terre, qui comprend sur le papier 1.233.469 hommes, n'en compte en réalité que 165.000 instruits et armés à l'européenne.
2. Le débarquement des Allemands dans le Chan-Toung est de novembre 1897, et la cession par la Chine de mars 1898.
3. Convention de mars 1898.
4. Convention d'avril 1898.
5. Convention de juin 1898.

soit l'avenir réservé à l'Asie, le Japon aura eu l'honneur d'y introduire le premier la civilisation de l'Occident.

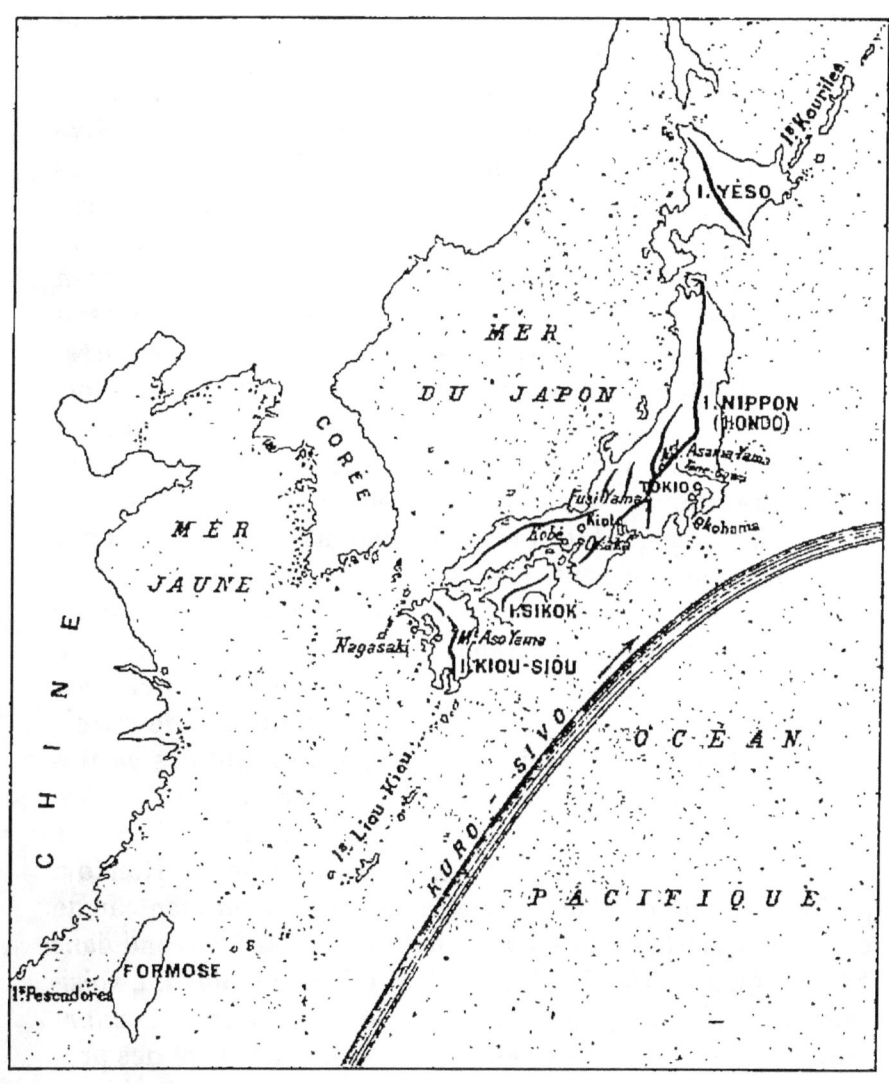

31. — Japon.

Cependant, les conditions géographiques ne semblaient pas le prédestiner à ce rôle. Simple archipel, composé de quatre grandes îles, *Yéso*, *Hondo* ou *Nippon*, *Sikok*, *Kiou-Siou*, et d'une infinité de petites, *Kouriles*, *Liou-Kiou*, etc., il n'a que 457.000 kilomètres carrés, près de onze fois moins que la Chine. L'entassement des volcans dans un espace aussi resserré y devait multiplier les désastres. Les villages que désolèrent ou engloutirent l'*Asama-Yama*, le *Fusi-Yama*, l'*Aso-Yama*, d'autres encore, se comptent par centaines. Entre ces montagnes fumantes et la mer, pas de place pour de longs fleuves. Le plus important, le *Tone-Gawa*, l'est moins que de médiocres rivières. Abondant l'été, quand souffle la mousson pluvieuse, il s'appauvrit l'hiver sous l'influence de la mousson froide de Sibérie. Sans ses côtes, merveille de découpures, qui l'ouvrent tout grand au reste du monde, comme autrefois les siennes ouvrirent l'Hellade aux terres méditerranéennes, il est peu probable que le Japon eût donné aux nations le spectacle extraordinaire d'un peuple abandonnant de plein gré une civilisation qui fut la sienne pendant des siècles pour accueillir celle d'une autre race.

b. **Climat et richesses naturelles.** — A l'importance de ce développement littoral, le Japon, par un nouveau contraste avec la Chine, doit son *climat océanique*. Sans doute, il est soumis aux influences générales qui ont pour effet de refroidir les parties orientales des continents au profit des parties occidentales. A latitude égale, la température y est inférieure de 4 à 6° à celle de l'Europe : les neiges et les glaces se montrent au sud jusque dans Kiou-Siou, le sol de Hondo a parfois disparu pendant plusieurs jours sous un manteau de neige d'un mètre d'épaisseur, et le thermomètre descend dans Yéso jusqu'à — 16°. Le Japon n'en doit pas moins au voisinage du Kuro-Sivo, ce Gulf-Stream du Pacifique, un climat beaucoup plus doux que celui de la Mandchourie et des provinces chinoises du nord : Tokio, sous la même latitude que Péking, n'a ni les mêmes froids hivernaux, ni les mêmes chaleurs estivales. La période hivernale coïncide au Japon avec la domination des vents polaires toujours violents ; mais les tièdes moussons du sud-ouest, fréquemment interrompues par des calmes, leur succèdent en avril ou en mai, époque à laquelle des pluies d'une extrême abondance s'abattent sur les deux versants. Les *typhons* sont les tempêtes résultant du renversement des moussons. Un des plus désastreux fut celui de 28 septembre 1902, qui compromit la récolte du tabac et fit un nombre important de victimes.

La quantité d'eau pluviale tombée sur la campagne, la modération relative des hivers et la chaleur humide des étés expliquent la vigueur de la végétation. A l'instar de la Chine, le Japon est d'abord et surtout un pays agricole que caractérisent à la fois la faible étendue relative des cultures et l'extrême abondance du rendement. Très montagneux, sans terre jaune, sans plaines d'alluvions, malgré de grandes étendues couvertes de forêts, il réussit à nourrir sur une bande plutôt étroite de terrain cultivable, où les plantations de *riz* (26 hectolitres à l'hectare), de *mûriers*, de *thé*, de *tabac*, prédominent, la grande majorité de ses habitants. De là l'**extraordinaire densité de la population rurale**. Les campagnes japonaises ne sont pas, comme les nôtres, désertées au profit des villes ; malgré le récent essor industriel, plus de 80 0/0 des Japonais y sont demeurés. Dans certaines provinces, on compte 236, 277 et même 381 habitants au kilomètre carré, 100 dans la plupart ; il n'en est que quatre, à l'extrême nord et à l'extrême sud, où la population soit moins serrée qu'en France.

Cependant la culture du sol ne suffit plus depuis une trentaine d'années à l'industrieuse activité du peuple japonais. Il aime, ce vaillant petit peuple, à comparer son archipel à cet autre de l'Occident dont il aspire à former dans l'Extrême-Orient le pendant non seulement géographique, mais industriel, maritime et commercial. Osaka est en passe d'en devenir le Manchester ; *filatures de coton, verreries, brosseries, fabriques d'allumettes, forges, ateliers de construction pour la marine* estompent la ville et les faubourgs du nuage de leur fumée. Pour la fabrication des *soieries*, Kioto est un centre sans rival. Grâce au nombre d'ouvriers dont regorgent leurs usines, Kobé et Sakaï s'acheminent chaque jour dans la voie du progrès, pendant que les *porcelaines* de Kiou-Siou maintiennent leur vieille réputation. Voici qu'après avoir pris goût à la *bière* de l'Europe, les Japonais, non contents d'en brasser pour leur consommation personnelle, en exportent dans tout l'Extrême-Orient[1]. Leurs *flanelles* et leurs *cotonnades* font concurrence sur le marché aux produits similaires de l'Allemagne et de l'Angleterre[2]. Le *parapluie* genre européen devient pour eux un article de grand commerce, grâce à son bon marché fabuleux[3]; ils ont presque pris le monopole des *éventails* et s'annoncent comme devant devenir à brève échéance le premier peuple du monde pour la fabrication des *allumettes*[4].

En même temps, il est remarquable qu'à côté de la grande industrie dont l'introduction au Japon ne remonte pas au delà de 1882, la petite industrie a subsisté. Celle-ci a même des chances de ne pas disparaître, parce qu'elle convient admirablement à la production des articles artistiques ou de luxe qui atteignit de bonne heure au Japon un grand développement. Voilà comment ce pays offre aujourd'hui et ne cessera vraisemblablement pas d'offrir deux types de la vie industrielle rarement associés, la vaste usine moderne et le vieil atelier familial.

Au surplus, l'industrie trouve dans les riches gisements de Yéso, de Tokio, de Nagasaki, la matière qui la fait vivre, la *houille*. Ce produit est avec le *soufre* que cachent les anfrac-

---

1. 170.000 francs de bière japonaise vendue au dehors en 1894.

2. 2.000.000 de francs de cotonnades japonaises exportées en 1894 contre 13.000 seulement en 1892.

3. 1.960.000 parapluies japonais exportés en 1894, dont 2.000 en France à 2 francs pièce.

4. 1.900.000.000 de boîtes exportées en 1894, surtout dans l'Inde, l'Australie et jusqu'en Autriche. Sans être très bonnes, ces allumettes vendues à raison de moins d'un franc les cent quarante-quatre boîtes sont de qualité généralement suffisante.

tuosités des cratères éteints et la *terre à porcelaine* le plus abondant du sous-sol japonais.

c. **Géographie politique.** — 50.000.000 d'habitants, un peu plus que la population de la France, mais formant, comme la France, une des nations les plus homogènes du monde. L'usage d'une même langue, la pratique des mêmes mœurs ont donné à des hommes répandus sur un espace de 10° en latitude la pleine conscience de leur nationalité commune.

Pas plus que chez nous, cette conscience n'a été étrangère au mouvement politique et social dont la révolution de 1868 donna le signal. Avant cette date, une oligarchie oppressive et routinière, maintenant l'*empereur* en tutelle, fermait le pays à toute influence extérieure. Depuis, une ère nouvelle s'est ouverte ; l'empereur, de concert avec la masse du peuple, a réduit les seigneurs au rang de fonctionnaires ; le régime parlementaire a pris pied sur la partie du vieux monde en apparence la plus réfractaire à son principe [1], et il ne semble pas que la *monarchie constitutionnelle* du mikado ait à regretter l'acte d'énergie qui marqua son avènement.

De même que les Américains, les Japonais sont fondés à attribuer leurs progrès inouïs à leur révolution. Bon an, mal an, leur chiffre d'affaires, exportations et importations réunies, atteint 2.316 millions. Ils s'appuient sur une armée permanente de 174.000 hommes pouvant être portée sur le pied de guerre à 1.209.700 [2] et sur une marine militaire composée de 16 cuirassés de 1re classe et de 13 croiseurs cuirassés jaugeant au total 500.000 tonnes. Ils ont 60.000 kilomètres de routes postales, 9.600 kilomètres de voies ferrées, 12.000 kilomètres

---

1. Au Japon, pour qu'un ministère vive, il faut, tout comme en France, qu'il ait la confiance de la Chambre, à moins qu'il ne préfère provoquer, avant de se laisser mettre en minorité, une dissolution bientôt suivie de sa propre démission. Témoin la crise ministérielle et parlementaire de décembre 1897-janvier 1898. Ces pratiques, signe d'un fonctionnement encore heurté du système représentatif, n'ont pas donné deux ans de durée moyenne aux ministères et à peine autant aux assemblées.

2. D'après une statistique officielle japonaise publiée en 1907.

de lignes télégraphiques. Ils ont le téléphone dans les principaux établissements, le gaz ou la lumière électrique dans les rues, sur les places, jusque dans la demeure de l'artisan, bref tout le confort de l'Occident. Leurs villes sont percées de rues moins animées peut-être, mais, à coup sûr, mieux entretenues que celles de Chine : *Tokio*, capitale (1.500.000 hab.), **la plus grande cité de l'Asie**, répartie sur une étendue supérieure à celle de Paris[1]; *Osaka* (821.000), à peine moins réputée par ses théâtres et attractions de tout genre que par ses métiers: *Kioto* (353.000), ville artistique; *Yokohama* (193.000), jadis pauvre village de pêcheurs, aujourd'hui principal des ports ouverts du Japon; *Kobé* (215.000); *Sakaï* (50.000).

Au total, le Japon offre dans l'histoire du monde l'**exemple du progrès le plus rapide accompli dans l'espace du temps le plus court.** Ce bénéfice est dû surtout au fait que l'Européen apparaît aux yeux du Japonais non plus comme le « diable d'Occident », mais comme l'initiateur auquel il convient de se confier, l'instituteur dont il y a tout à gagner à devenir l'élève. Il n'est pas jusqu'à nos modes qui ne pénètrent dans les hautes classes de la société : témoin la tenue prescrite par l'édit impérial de 1886 ordonnant aux dames de ne paraître à la cour « qu'en costume européen ». Dès l'année suivante, un « garden-party » remplaçait la fête annuelle des chrysanthèmes, et l'impératrice s'y montrait dans une toilette exécutée par les soins d'une *première* d'un couturier de Paris mandée tout exprès à Tokio.

d. L'expansion japonaise. — Le Japon a fait plus. Conformément à l'un des principes fondamentaux du droit public moderne, il s'est cru obligé, devenu grande puissance, de le manifester par son expansion.

Les traités de février 1904 et novembre 1905 ont établi le vasselage de la Corée à l'égard du Japon. L'existence de la

---

[1]. Conséquence du mode de construction. Au Japon, les maisons sont construites en rez-de-chaussée ou n'ont qu'un seul étage au lieu de 5 ou 6 comme à Paris.

dynastie coréenne est depuis lors subordonnée à la présence à Séoul d'un résident général japonais dirigeant toute l'administration du pays. La Corée est tombée au rang de colonie japonaise.

La paix de Porstmouth (septembre 1905), en consacrant le transfert au Japon du bail de Port-Arthur et de Dalny ainsi que de la voie ferrée jusqu'à Kouang-Tcheng-Tse, a transformé la **Mandchourie** en un champ de colonisation japonaise.

Maître des **îles Bonin** depuis 1871, des **Kouriles** depuis 1875, de **Formose** et des **Pescadores** depuis 1895 (traité de Shimonosaki), de la partie sud de **Sakhalin** depuis 1905 (traité de Portsmouth), le Japon rêve d'hégémonie sur le Pacifique. La possession d'un domaine de 1.231.824 kilomètres carrés peuplé de 32 millions d'habitants n'a pas suffi à satisfaire son ambition. La **lutte pour le Pacifique** que les États-Unis aspirent de leur côté à américaniser s'annonce comme le drame de demain.

3. Grandes lignes de navigation. — Après avoir longtemps vécu isolée du reste du monde, l'Asie centrale et orientale lui est aujourd'hui rattachée par plusieurs services réguliers de paquebots dont Yokohama et Shanghaï sont les têtes : le premier de ces ports est relié à l'Amérique par les deux lignes de San-Francisco et de Victoria, à l'Europe par celle de Marseille ; du second, partent cinq lignes mettant la Chine en relation avec les autres parties des continents.

LECTURE

1. *La grande rue de Péking.* — « La grande rue qui, se dirigeant du nord au sud, divise la ville en deux parties égales, est la plus animée : sur la chaussée centrale, pavée de dalles superbes, mais aujourd'hui disjointes, bonnes seulement à produire d'effroyables cahots, recouvertes d'un pied de boue en été et d'une poussière infecte en hiver, circulent pêle-mêle les charrettes chinoises, les chaises à porteurs, dont la

couleur varie suivant la dignité de ceux qui s'y trouvent, les chaises à mules, les cavaliers montés sur les poneys mandchoux, petits, mais râblés, les infatigables bourricots, le meilleurs des moyens de locomotion pour qui n'a pas à se soucier du décorum, les énormes brouettes à roue centrale, les coolies pliant sous le poids des paniers bien remplis qu'ils portent aux deux bouts d'une longue perche passée sur l'épaule. Tout cela se bouscule bruyamment au milieu des cris rauques des porteurs et des conducteurs, dont les animaux n'obéissent qu'à la voix ; de temps à autre, une longue file de gigantesques chameaux à deux bosses, conduite par un gamin mongol, les naseaux de l'un attachés par une corde à la queue du précédent, vient mettre le comble à la confusion. Cette circulation, si intense et si variée, doit se contenter d'un espace rétréci au milieu de la rue dont la largeur très grande se trouve fort diminuée par des paillotes, sortes de baraques du jour de l'an en permanence, qui servent d'abri à des revendeurs, des restaurateurs, à de petits marchands de tout genre. Ces mauvaises paillotes, qui tournent le dos au milieu de la rue, cachent l'alignement ininterrompu des boutiques dont on n'aperçoit de la chaussée que les hautes enseignes verticales se prolongeant en une forêt de poteaux jusqu'aux abords de la porte Tsieng-Men, à laquelle on accède par le Pont des Mendiants, aux balustrades toujours encombrées d'une foule de pauvres hères qui demandent l'aumône en étalant les plus repoussantes infirmités et la plus sordide misère.

« Dans les bas-côtés étroits, que bornent d'une part les paillotes et de l'autre les grandes boutiques qu'encombrent encore les barbiers et coiffeurs en plein vent, les diseurs de bonne aventure, se presse la foule des piétons : hommes à longue tresse, en robe ou en blouse bleu clair ; Chinoises aux cheveux ramenés en arrière en queue de pie, que l'on voit marcher péniblement sur la pointe de leurs pieds mutilés, en étendant de temps à autre les bras pour ne pas perdre l'équilibre ; femmes tartares dont la coiffure élargie sur les côtés est

rehaussée, comme chez les Chinoises, d'une grosse fleur, mais dont le visage est recouvert d'une épaisse couche de fard blanc et rose, dont les extrémités n'ont subi aucune mutilation, et qui marchent avec plus d'assurance malgré les hautes et étroites semelles qui portent leurs chaussures par le milieu seulement ; enfants à la tête rasée par places, avec des touffes de cheveux qu'on a laissé grandir çà et là, selon la fantaisie des parents et comme des massifs d'un minuscule jardin à la française ; parmi eux, beaucoup de gamins courant tout nus, semblables à de petits bronzes avec la chaude coloration, d'un brun doré, de leur peau. Pour éviter d'être trop bousculé, il faut parfois se réfugier dans les boutiques ouvertes sur la rue de toute leur largeur, et au fond desquelles les marchands fument paisiblement leur longue pipe derrière le comptoir et causent avec les clients en leur montrant les marchandises. Ces magasins, où tout est rangé avec un soin minutieux, et dont le séjour est presque toujours agrémenté par un bocal à poissons rouges ou une cage pleine d'oiseaux, ont un air calme, ordonné, proprét même, qui contraste avec le bruyant tohu-bohu, avec l'effroyable saleté de la rue. Cette saleté est le caractère commun de toutes les grandes artères de Péking, qui ressemblent à celle-ci; avec moins d'activité et de luxe dans les magasins qui les bordent. Dès qu'il a plu, c'est-à-dire pendant tout l'été, une boue de deux pieds de profondeur; lorsqu'il fait sec, une poussière épaisse et putride, soulevée souvent en tourbillons par un violent vent du nord. Les côtés, toujours plus bas que le centre, sont en grande partie occupés par des mares à l'eau verdâtre où pourrissent, en exhalant une odeur infecte, des détritus variés, des cadavres d'animaux, tous les déchets des maisons voisines. On a presque peine à s'expliquer que la population de Péking n'ait pas été depuis longtemps anéantie par les épidémies qui devraient se propager avec une rapidité terrible au sein de cette affreuse malpropreté. »
(P. Leroy-Beaulieu, *La Rénovation de l'Asie*, **Armand Colin**, éditeur.)

2. *La Grande Muraille.* — « Avant la conquête de la Chine par les Tartares mandchoux, la frontière septentrionale de cet empire était limitée par la *Grande Muraille* qui s'étend depuis le golfe du Liao-Toung ou mer Jaune jusqu'à l'extrémité occidentale de la province du Chen-Si, dans un espace de cinq à six cents lieues. Ce monument, le plus colossal comme le plus insensé[1] peut-être qu'ait jamais conçu la pensée humaine, fut construit par Thsin-Chi-Hoang-ti[2] pour défendre son empire contre les invasions multipliées des Tartares. Plusieurs millions d'hommes furent employés pendant dix ans à cette construction, et quatre cent mille y périrent. L'épaisseur de cette immense et prodigieuse muraille est telle que six cavaliers peuvent la parcourir de front à son sommet. Elle est flanquée de tours dans toute sa longueur, placées chacune à distance de deux traits de flèche, pour que l'ennemi pût être partout atteint ; la construction est très solide, surtout du côté oriental où elle commence par un massif élevé dans la mer ; c'est là qu'il était défendu aux constructeurs, sous peine de la vie, de laisser la possibilité de faire pénétrer un clou entre les assises de chaque pierre. Elle est terrassée et garnie de briques dans toute la province de Tchi-li. Mais plus à l'ouest, dans les provinces de Chan-Si, Chen-Si et Kiang-Sou, elle est de terre seulement dans quelques parties de son étendue. Cependant, cette muraille paraît avoir été bâtie presque partout avec tant

1. Onésime Reclus (*La Terre à vol d'oiseau*, t. II) appelle également la Grande Muraille « le monument le plus étonnant de la niaiserie humaine ». Mérite-t-elle bien toutes les railleries dont elle a été l'objet ? Ainsi que le remarque M. Pierre Leroy-Beaulieu (*La Rénovation de l'Asie*), elle offrait contre des assaillants qui ne disposaient pas d'artillerie « une défense des plus sérieuses ». Mongols et Tartares ont pu la franchir quelquefois, mais ils ont plus souvent reculé devant elle. Ce n'est pas d'ailleurs le seul monument de ce genre élevé dans les temps anciens. On peut citer comme types similaires le *mur de Sésostris* entre Héliopolis et Péluse, le *rempart de Trajan* entre le Danube et la mer Noire, le *mur d'Hadrien* entre la Bretagne romaine et la Calédonie, le *mur de Septime Sévère* également dans la Grande-Bretagne.

2. **Thsin-Chi-Hoang-ti**, premier empereur de la dynastie Thsin, régnait environ deux cent cinquante ans avant l'ère chrétienne.

de soin et d'habileté que, sans qu'on ait eu besoin de la réparer, elle se conserve entière depuis deux mille ans.

« Dans les endroits où les passages sont faciles à forcer, on a eu soin de multiplier les ouvrages de fortifications, et d'élever deux ou trois remparts qui se défendent les uns les autres. Cette muraille a presque partout vingt ou vingt-cinq pieds d'élévation, même au-dessus des montagnes assez hautes par lesquelles on l'a fait passer. L'une de ces montagnes a cinq mille deux cent vingt-cinq pieds d'élévation. Les matériaux qui ont servi à la construction de cette fortification démesurée seraient plus que suffisants pour bâtir un mur qui ferait deux fois le tour du globe et qui aurait six pieds de hauteur et deux pieds d'épaisseur. Elle est percée, d'espace en espace, de portes qui sont gardées par des soldats ou défendues par des tours et des bastions. On dit que du temps des empereurs des dynasties chinoises, avant que les Mongols se fussent emparés de l'Empire, cette muraille était gardée par un million de soldats; mais, à présent que la plus grande partie de la Tartarie et la Chine ne font plus qu'un vaste empire, le gouvernement chinois se contente d'entretenir des garnisons dans les passages les plus ouverts. » (G. Pauthier, *Chine, Univers pittoresque*, **Firmin Didot**, éditeur.)

3. *La fête des chrysanthèmes à la cour de Tokio en 1886.* — « En attendant l'impératrice, on cause doucement en langues diverses, tandis que les deux musiques de la cour jouent à tour de rôle, dissimulées derrière des verdures. Elles jouent des choses qui, dans ces jardins, détonnent au moins autant que nos habits français, mais qui sont beaucoup plus jolies; cela commence par le quator de *Rigoletto;* ensuite c'est du Berlioz, du Massenet, du Saint-Saëns... Et elles sont excellentes, ces musiques! Mais quel méli-mélo où l'esprit se perd!

« Où est-on en réalité, à quelle époque de transition affolée et dans quel pays chimérique? Vraiment on ne sait plus. Rien de banal, par exemple, dans cet ensemble; rien qui ne soit au contraire extrêmement raffiné et rare; dans un lieu tout à fait unique, c'est une réunion de gens disparates au dernier point, mais en somme assez choisis... Dans l'air tranquille, au-dessus de cette profusion de fleurs d'automne agrandies par des moyens artificiels, flottent les rêveries les plus singulières de notre musique occidentale. En ce moment même, c'est la *symphonie fantastique* qui commence à bruire en sourdine derrière les bambous... Et puis, planant sur toutes choses, il y a cette impression que l'on a d'assister au dernier éclat d'une civilisation qui va finir ; il y a ce pressentiment que demain ces merveilleux costumes vont rentrer dans la nuit morte des traditions et des musées, que pareil assemblage ne se reverra jamais, jamais plus.

« Comme ils sont d'une laideur inquiétante, ces princes exotiques, avec nos habits de soirée, nos claques et nos cravates blanches !

« Comme elles sont exquises, au contraire, les princesses leurs sœurs, agitant leurs grands éventails de rêve ! Il en vient toujours de nouvelles du fond de ces jardins bas que je ne cesse de surveiller, guettant toujours l'apparition de la souveraine : elles s'avancent lentement aux froufrous de leurs camails qui font songer aux trois robes de Peau d'Ane ; dans le nombre, je reconnais encore quelques danseuses des bals de ministère, mais si transfigurées aujourd'hui ; non plus étriquées par nos longs corsets en gaine, mais vraiment nobles d'aspect dans leurs tenues de prêtresses ou d'idoles. Grands saluts, grandes révérences à la nipponne, qu'elles distribuent et qu'on leur rend malgré soi de la même manière, à mesure qu'elles arrivent à petits pas au milieu de nous, éblouissantes à côté de nos vêtements tristes, à côté des nuances neutres de deux ou trois ambassadrices européennes qui sont là. » (Pierre Loti, *L'Impératrice Printemps*, **Calmann-Lévy**, éditeur.)

4. *Esprit mercantile des Japonais.* — « Nous fîmes, vers six heures, un mouillage très bruyant dans les eaux de Nagasaki, au milieu d'un tas de navires qui étaient là, et tout aussitôt nous fûmes envahis.

« Envahis par un Japon mercantile, empressé, comique, qui nous arrivait à pleine barque, à pleine jonque, comme une marée montante ; des bonshommes et des bonnes femmes entrant en longue file ininterrompue, sans cris, sans contestations, sans bruit, chacun avec une révérence si souriante qu'on n'osait pas se fâcher et qu'à la fin, par effet réflexe, on souriait soi-même, on saluait aussi. Sur leur dos ils apportaient tous des petits paniers, des petites caisses, des récipients de toutes les formes, inventés de la manière la plus ingénieuse pour s'emboîter, pour se contenir les uns les autres et puis se multiplier ensuite jusqu'à l'encombrement, jusqu'à l'infini ; il en sortait des choses inattendues, inimaginables ; des paravents, des souliers, du savon, des lanternes ; des boutons de manchettes ; des cigales en vie chantant dans des petites cages ; de la bijouterie et des souris blanches apprivoisées sachant faire tourner des petits moulins en carton ; des photographies obscènes ; des soupes et des ragoûts, dans les écuelles, tout prêts à être servis par portions à l'équipage ; — et des porcelaines, des légions de potiches, de théières, de tasses, de petits pots et d'assiettes... En un tour de main, tout cela déballé, étalé par terre avec une prestesse prodigieuse et un certain art d'arrangement ; chaque vendeur accroupi à la singe, les mains touchant les pieds, derrière son bibelot — et toujours souriant, toujours cassé en deux par les plus gracieuses révérences. Et le pont du navire, sous ces amas des choses multicolores, ressemblant tout à coup à un immense bazar. Et les matelots, très amusés, très en gaieté, piétinant dans les tas, prenant le menton des marchandes, achetant de tout, semant à plaisir leurs piastres blanches... » (Pierre Loti, *Madame Chrysanthème*, Calmann-Lévy, éditeur.)

TABLEAU SYNOPTIQUE

DESCRIPTION DES GRANDES RÉGIONS NATURELLES

I. Asie russe

1. Sibérie
- 1° *Superficie* : 12.500.000 kilomètres carrés.
  Configuration : analogie des formes sibériennes et russes.
- 2° *Climat* : analogie des climats sibérien et russe, sauf aggravation graduelle dans la direction de l'est.
  Végétation : terres noires de Tobolsk et Tomsk, toundras et steppes correspondant aux terres russes de même formation. Agriculture en progrès.
  Sous-sol : produits non moins variés qu'en Russie (cuivre, fer, houille), mais d'exploitation encore plus récente. Industrie limitée à l'extraction des produits bruts.
- 3° *Géographie politique*
  - a. Population : 10 millions d'habitants.
  - b. Gouvernement : colonie divisée en deux gouvernements généraux (Sibérie occidentale, chef-lieu Omsk et Sibérie orientale, chef-lieu Irkoutsk).
  - c. Villes : Irkoutsk, Tomsk, Omsk, Strietensk, Vladivostok.

2. Asie centrale russe
- 1° *Superficie* : 3.816.000 kilomètres carrés.
  Configuration : dépression dont le fond est occupé par des lacs (Aral, Balkach).
- 2° *Climat* : glacial en hiver, brûlant en été.
  Végétation : pauvre en comparaison de celle de la Sibérie ; cependant remarquable extension des céréales, du tabac, de la vigne, surtout du coton.
  Aucune industrie de type européen.
- 3° *Géographie politique*
  - a. Population : 9 millions d'habitants.
  - b. Gouvernement ; gouvernement du Turkestan comprenant : 1° les territoires russes du Turkestan et de la Transcaspie; 2° les deux Khanats protégés de Boukhara et de Khiva.
  - c. Villes : Tachkent, Kokan, Namangan, Samarcande, Andijan.

3. Caucasie
- 1° *Superficie* : 472.000 kilomètres carrés.
  Configuration : un plateau (Arménie Russe) et une chaîne de montagnes (Caucase).
- 2° *Climat* : extrême au nord du Caucase, modéré au sud.
  Végétation : pays naturellement agricole (céréales, vigne, arbres fruitiers, thé, coton, moutons, chevaux), devenu industriel depuis la découverte du pétrole (Bakou) et de mines diverses (houille, manganèse, cuivre).
- 3° *Géographie politique*
  - a. Population : 9.289.000 habitants.
  - b. Gouvernement : gouvernement général du Caucase.
  - c. Villes : Jékaterinodar, Vladikavkase, Stavropol, Tiflis, Bakou, Batoum.

DESCRIPTION DES GRANDES RÉGIONS NATURELLES (Suite)

II. Asie antérieure

1. Turquie d'Asie
- 1° *Superficie :* 2.000.000 de kilomètres carrés.
  Configuration : Plateau péninsulaire (Asie Mineure) ; lisière montagneuse (Syrie) ; plaine (Mésopotamie) ; plateau (Arabie).
- 2° *Climat :* Maritime (Asie Mineure et Syrie), continental (Mésopotamie et Arabie).
  Végétation : Abondante (Asie Mineure et Syrie), maigre (Arabie et Mésopotamie, sauf dans les parties humides). Vigne, oliviers, orangers, mûriers, céréales.
  Sous-sol : A peine exploité.
- 3° *Géographie politique*
  - a. Population : 20.000.000 d'habitants.
  - b. Gouvernement : Provinces turques relevant de Constantinople.
  - c. Villes : Smyrne, Damas, Beyrouth, Jérusalem, Bagdad, Mossoul, La Mecque, Médine.

2. Iran
- 1° *Superficie :* 2.500.000 kilomètres carrés.
  Configuration : Plateau taluté par de hautes chaînes.
- 2° *Climat :* Continental et extrême, sauf dans la zone bordière de la Caspienne.
  Végétation : Abondante dans cette zone (jardins du Gilhan et du Mazandéran), nulle ailleurs (désert persique).
  Sous-sol : Or, argent, cuivre, plomb, pétrole.
- 3° *Géographie politique*
  - a. Population : 12.000.000 d'habitants.
  - b. Gouvernement : du shah en Perse (monarchie absolue), de l'émir dans l'Afghanistan, du khan au Baloutchistan.
  - c. Villes : Téhéran capitale, Tabriz, Kachan, Meschéd, Bouchir et Chiraz en Perse. — Kaboul capitale, Hérat, Kandahar, dans l'Afghanistan. — Kelat capitale, dans Baloutchistan.

III. Asie méridionale

1. Inde
- 1° *Superficie :* 3.800.000 kilomètres carrés.
  Configuration : Péninsule en forme de triangle offrant la succession de trois régions différentes (Himalaya, plaine gangétique, Dekan).
- 2° *Climat :* chaud (voisinage de l'équateur) et humide (influence des moussons).
  Végétation : une des plus intenses de la Terre (céréales, thé, opium, café, canne à sucre, riz, forêts).
  Sous-sol : Moins riche (houille, pierres précieuses).
- 3° *Géographie politique*
  - a. Population : 205.218.000 habitants.
  - b. Gouvernement : colonie anglaise avec quelques enclaves françaises (Mahé, Karikal, Pondichéry, Yanaon, Chandernagor), portugaises (Diu, Damao, Goa) et indépendantes (Bouthan, Népaul).
  - c. Villes : Calcutta capitale, Bombay, Madras, Haïdernabad, Lucknow, Bénarès, Delhi, Patna, Colombo.

DESCRIPTION DES GRANDES RÉGIONS NATURELLES (Suite)

III. Asie méridionale (Suite)

2. INDO-CHINE

1° *Superficie*: 2.175.243 kilomètres carrés.
Configuration: Péninsule composée de deux sections soudées par un isthme.
2° *Climat*: Tropical.
Végétation: Abondante et variée comme celle de l'Inde (forêt, riz, café, canne à sucre).
Sous-sol: Plus riche que celui de l'Inde (houille, étain, pierres précieuses).
3° *Géographie politique*
  a. Population : 33.500.000 habitants.
  b. Gouvernement :
    Colonies anglaises : Birmanie, Établissements du Détroit.
    Colonies françaises : Tonkin, Annam, Cochinchine, Cambodge.
    Indépendant : Siam (Monarchie absolue).
  c. Villes : Mandalay (Birmanie), Singapour (Établissements du Détroit), Hanoï (Tonkin), Hué (Annam), Saïgon (Cochinchine), Pnom-Penh (Cambodge), Bangkok (Siam).

IV. Asie centrale et orientale

1. CHINE

1° *Superficie*: 11.000.000 de kilomètres carrés, dont 4.000.000 pour Chine proprement dite.
Configuration: Hautes terres inclinées vers l'est et le sud-est.
2° *Climat*: Presque tropical au sud, presque sibérien au nord.
Végétation: Riz, thé, canne à sucre, mûriers au sud; céréales et coton au nord; pas de vigne.
Sous-sol: Houille, cuivre, kaolin.
3° *Géographie politique*
  a. Population : 425.000.000 d'habitants, dont 404.000.000 pour Chine proprement dite.
  b. Forme gouvernementale : monarchie héréditaire absolue.
  c. Villes : Péking capitale, Canton, Tien-Tsin, Han-Kéou, Nan-King.

2. JAPON

1° *Superficie*: 380.000 kilomètres carrés.
Configuration: Archipel.
2° *Climat*: Maritime et tempéré.
Végétation: Riz, mûriers thé, tabac, cultures des pays tropicaux et des pays tempérés.
Sous-sol: Houille, soufre, terre à porcelaine.
3° *Géographie politique*
  a. 50.000.000 d'habitants.
  b. Forme gouvernementale : monarchie constitutionnelle.
  c. Villes : Tokio capitale, Osaka, Kioto, Yokohama, Kobé, Sakaï.
4° *Expansion japonaise* : Corée, Mandchourie, îles Bonin, Kouriles, Formose, Pescadores, Sakhalin (partie sud); rêve d'hégémonie du Pacifique.

Sujets de devoirs. — *Caractérisez le relief de l'Asie et dites en quoi il se distingue du relief des continents que vous avez déjà étudiés : Afrique, Australie, Amérique, Europe.*

Prenez une région naturelle de l'Asie (Plateau central, Inde ou Chine) et faites, en même temps que le croquis, la description de sa géographie physique.

Étude générale des îles asiatiques et comparaison entre elles.

Montrer le rapport entre la densité de la population et la richesse de la végétation dans les différentes contrées de l'Asie.

Même question pour le rapport entre le climat et la végétation.

Hydrographie de la Chine. Faites la synthèse de vos connaissances sur les fleuves chinois. Description et croquis.

Même question pour la Sibérie — l'Indo-Chine — l'Inde.

Géographie comparée de la Chine et du Japon.

Géographie comparée de l'Inde et de l'Indo-Chine.

Autrefois et aujourd'hui dans la région du Tigre et de l'Euphrate.

Récit de quelques voyages en ligne droite d'un point à un autre : par exemple de La Mecque à Canton ; de Calcutta à Nikolayevsk ; de la Méditerranée à la mer Jaune.

Tableau de l'expansion européenne en Asie avec croquis délimitant les domaines des puissances.

Recherchez les signes auxquels se reconnaît la rénovation de l'Asie.

APPENDICE

ÉTATS AVEC CAPITALES
ET PRINCIPALES VILLES [1]

Europe

Grèce	*Athènes*	Patras, Thèbes, Sparte.
Turquie d'Europe	*Constantinople*	Salonique, Andrinople, Monastir.
Roumanie	*Bukarest*	Iassi, Galatz.
Serbie	*Belgrade*	Nich, Kragouiévats.
Bulgarie	*Sofia*	Philippopoli, Varna, Rouchtchouk.
Monténégro	*Cettigné*	
Italie	*Rome*	Naples, Milan, Turin, Palerme, Gênes, Florence, Venise, Bologne, Messine, Catane.
Espagne	*Madrid*	Barcelone, Valence, Séville, Cordoue.
Portugal	*Lisbonne*	Porto.
France	*Paris*	Marseille, Lyon, Bordeaux, Lille, Toulouse, Rouen.
Angleterre	*Londres*	Glasgow, Liverpool, Manchester, Birmingham, Leeds, Sheffield, Dublin, Édimbourg.
Belgique	*Bruxelles*	Anvers, Liège, Gand.
Hollande	*La Haye*	Amsterdam, Rotterdam.
Allemagne	*Berlin*	Hambourg, Dresde, Munich, Leipzig, Breslau, Cologne, Francfort-sur-le-Mein, Nuremberg, Hanovre, Brême.
Danemark	*Copenhague*	Aalborg, Randers, Aarhuus, Viborg.
Suisse	*Berne*	Zurich, Bâle, Genève.
Autriche-Hongrie	*Vienne*	Buda-Pesth, Prague, Lemberg, Grätz, Trieste, Linz.
Russie	*St-Pétersbourg*	Moscou, Varsovie, Odessa, Riga, Kiev.
Suède	*Stockholm*	Malmö, Jonkiping, Norrköping, Géfle.
Norvège	*Christiania*	Stavanger, Bergen, Trondhjem.

Asie

Turquie d'Asie (Asie Mineure, Syrie, Mésopotamie, Arabie)		Smyrne, Damas, Bagdad, Beyrouth, Mossoul, La Mecque, Jérusalem, Médine, Aden.

1. Les villes capitales sont en italiques, les villes principales en lettres ordinaires et placées par ordre décroissant d'importance au point de vue de la population.

Asie (*Suite*)

Perse	*Téhéran*......	Tabriz, Ispahan, Kachan, Meschcd, Chiraz, Bouchir.
Afghanistan	*Kaboul*......	Hérat, Kandahar.
Baloutchistan	*Kalat*.........	
Chine	*Péking*......	Canton, Tien-Tsin, Han-Kéou, Fou-Tchéou, Nan-King, Si-Ngan.
Japon	*Tokio*......	Osaka, Kioto, Yokohama, Kobé, Sakai.
Corée	*Séoul*........	Kanghoa, Sounto, Fousan.
Inde anglaise	*Calcutta*......	Bombay, Madras, Haiderabad, Lucknow, Bénarès, Delhi, Patna, Colombo.
Siam	*Bangkok*......	
Birmanie	*Mandalay*.....	Rangoun.
Établissements du Détroit	*Singapour*.....	
Tonkin	*Hanoï*.........	Hai-Phong, Hong-Yan.
Annam	*Hué*...........	
Cochinchine	*Saïgon*........	Cholon, Chaudoc, Mytho, Vinh-Long, Hatien.
Cambodge	*Pnom-Penh*....	

INDEX ALPHABÉTIQUE

A

Aalborg, v., 65, 69, 83, 186, 222.
Aalesund, v., 212.
Aar, riv., 19, 94, 100, 116.
Aarhuus, v., 65, 69, 83, 186, 222.
Abo, v., 65, 68, 83.
Abruzzes, plateau, 31.
Açores, îles, 159, 162, 219.
Aden, col. angl., 160, 169, 220.
Adda, riv., 109, 113.
Adelsberg (col d'), 25, 31, 80.
Aden (golfe d'), 239.
Aden, v., 295, 299.
Adige, fl., 110, 114, 117.
Adriatique, mer, 52, 59, 82.
Afghanistan, 295, 300-303, 344.
Agen, v., 92.
Agram, v., 103, 117.
Aiguille d'Arves, mont, 28.
Aï-Lao (passe d'), 229, 237, 278.
Aland (archipel d'), 56.
Aldan, riv., 252, 255, 278.
Aleria (plaine d'), 61.
Aletsch (glacier de l'), 24, 28, 80.
Alexandrowsk, v., 95, 104, 117.
Alfœld, plaine, 47.
Alicante, v., 62, 66, 72, 83.
Allahabad, v., 253, 261, 279.
Allemagne, 175-176, 178-184, 222.
Almaden, v., 126, 139, 153, 219.
Almería, v., 66, 72, 83.
Along (baie d'), 230, 238, 278.
Alpes, montagnes, 13, 15, 18, 20, 24-25, 26-31, 80.
Altaï, montagnes, 229, 231, 234, 278.
Aluta, riv., 95, 103, 117.
Amou-Daria, fl., 246, 247, 254, 264-265, 279.
Amour, fl., 243, 247, 252, 255, 279.
Amsterdam, v., 70, 83, 100, 116, 161, 174, 221.
Amoy, v., 230, 239, 278.
Ancône (éperon d'), 31.
Ancône, v., 66, 73, 83.
Andalousie, 46, 47, 82.
Andaman, île, 239.
Andijan, v., 283, 290, 343.

Andrinople, v., 145, 218.
Angara, riv., 255.
Anglesey, île, 164, 167, 220.
Angleterre, voir Îles Britanniques.
Angola, col. port, 159, 162, 219.
Annam, 311, 319, 345.
Annecy (lac d'), 29.
Annobon, île, 139, 154, 219.
Antilles anglaises, 160, 169, 220.
Antioche, v., 254, 263, 279.
Anvers, v., 66, 70, 83, 161, 172, 221.
Apennins, montagnes, 14, 15, 18, 20, 25, 31-32, 80, 81.
Arabie, 137, 142, 218, 238, 278, 294-295, 296-300, 344.
Arabique, plateau, 229, 231, 237, 278.
Aragon, 46, 47, 81.
Aral (mer d'), 9, 282, 288, 343.
Ararat, mont, 327.
Araxe, fl., 254, 264, 279.
Arcadie (golfe d'), 67, 74.
Archipel, 52, 59, 82.
Ardennais, plateau, 42, 43, 81.
Ardenne belge (plateau de l'), 42, 43, 81.
Arendal, v., 211.
Argentière (col de l'), 24, 28, 80.
Argohdo, presqu'île, 74.
Arkhangelsk, v., 65, 67, 83.
Arménien, plateau, 237.
Arno, fl., 109, 114, 117.
Aroun (percée de l'), 236.
Arrakan-Yoma (chaîne de l'), 229, 237, 278.
Arve, riv., 19.
Asama-Yama, volcan, 331.
Asie centrale russe, 199, 204, 224, 282-283, 287-290, 343.
Asie Mineure, 137, 142, 218, 230, 239, 294-295, 296-300, 344.
Aso-Yama, volcan, 331.
Aspro-Potamas, fl., 110, 114, 117.
Assab, col. ital., 138, 149, 219.
Astrakan, v., 67, 75, 83, 96, 106, 117.
Athènes, v., 67, 74, 83, 88, 137, 141, 218.

Atrek, fl., 254, 264, 279.
Attique, presqu'île, 67, 74.
Atton, v., 263, 279.
Aude, fl., 109, 113, 117.
Australie, col. angl., 160, 169, 220.
Autriche-Hongrie, 177, 190-195, 195-198, 223.
Azov (mer d'), 52, 59, 82.

B

Babylone, v., 253, 263, 279, 303-305.
Bagdad, v., 254, 263, 279, 295, 298, 299, 344.
Baghmati, riv, 261, 279.
Baïkal, lac, 251, 254.
Bakou, v., 67, 75, 83, 202, 283, 290, 291, 343.
Bâle, v., 94, 99, 116, 177, 189, 190, 223.
Baléares, îles, 53, 62, 66, 72.
Balkach, lac, 254, 265, 279, 282, 288, 343.
Balkans, montagnes, 14, 15, 20, 25, 32-33, 80, 81.
Baloutchistan, 295, 300-303, 344.
Baltique, mer, 51, 56-57, 82.
Bangkok, v., 253, 261, 279, 311, 319, 345.
Baraba (steppe de), 251, 254.
Baraque Michel, mont, 42, 43, 81.
Barcelone, v., 139, 154, 219.
Barnaoul, v., 287.
Barre des Écrins, mont, 20, 28.
Bas-Niger, col angl., 160, 169, 220.
Bas-Rhin, bras du Rhin, 94, 100.
Bassac (rivière de), 253, 260, 279.
Bassora, v., 254, 263, 279.
Batoum, v., 283, 291, 343.
Bavarois, plateau, 42, 43, 81.
Behring (détroit de), 238.
Behring (mer de), 230, 238, 278.
Belfort (trouée de), 26, 34, 81.
Belgique, 160-161, 170-172, 221.
Belgrade, v., 95, 103, 117, 137, 145, 218.

Belmez, v., 153.
Béloukha, mont, 229, 234, 278.
Belt (grand et petit), détroits, 51, 58.
Bénarès, v., 249, 253, 261, 270, 310, 315, 344.
Bengale (golfe du), 230, 239, 278.
Ben Nevis, mont, 38, 40, 81.
Bérésina, riv., 95, 104, 117.
Bergen, îles, 64.
Bergen, v., 65, 68, 8¹, 207, 210, 212, 224.
Berlin, v., 88, 176, 181, 184, 222.
Bernardino (col de), 25, 29, 80.
Berne, v., 100, 116, 177, 190, 223.
Bernina, mont, 20, 24, 29, 80.
Beyrouth, v., 295, 299, 344.
Bhamo, v., 253, 261, 279.
Bingen, v., 94, 99, 116.
Biradchik, v., 253, 263, 279, 298.
Birmanie anglaise, 160, 169, 220, 311, 319, 345.
Birmingham, v., 160, 168, 169, 220.
Biscaye (mer de), 52, 58-59, 82.
Bismarck, archipel, 176, 183, 222.
Blagovechtchensk, v., 287.
Blanche, mer, 51, 54.
Blanc, mont, 14, 20, 24, 28, 80.
Blankenberghe, v., 70.
Bocchetta (col de la), 25, 31, 81.
Bohémien, plateau, 42, 43-44, 81.
Böhmer-Wald, monts, 42, 44, 81.
Bologne, v., 138, 150, 219.
Bombay, v., 310, 314, 344.
Bonin, îles, 323, 336, 345.
Bonn, v., 94, 99, 116.
Bordeaux, v., 66, 70, 83.
Bornholm, île, 65, 69, 176, 184, 222.
Bosphore, détroit, 52, 60, 67, 74, 78-79.
Botnie (golfe de), 56.
Bouchir, v., 295, 302, 344.
Boukhara, oasis, 287, 288, 343.
Bourget (lac du), 29.
Bourgogne (cols de la), 26, 34, 81.
Boulhan, État, 311, 315, 344.
Bradford, v., 160, 168.
Brahmapoutre, fl., 253, 261, 279.
Brege, source du Danube, 102.
Brême, v., 65, 69, 83, 109, 111, 116, 176, 184, 222.
Brenner (col du), 25, 29, 80.
Brenta, fl., 110, 114, 117.
Breslau, v., 109, 111, 116, 176, 181, 184, 222.
Brest, v., 66, 70, 83.
Brienz (lac de), 29.
Brigach, source du Danube, 102.
Brindisi, v., 66, 73, 83.

Bristol (baie de), 58.
Bristol, v., 66, 71, 83.
Britanniques, monts, 14, 15, 38, 40-41, 80, 81.
Bromberg (canal de), 182.
Brousse, v., 298.
Brünn, v., 194.
Bruxelles, v., 88, 161, 170, 172, 221.
Buar (glacière de), 41.
Buda-Pesth, v., 178, 194, 223.
Bug, fl., 110, 114, 117.
Bukarest, v., 137, 145, 218.
Bulgarie, 137, 142, 145, 218.
Burgos, v., 39.

C

Cadibone (col de), 25, 31, 81.
Calcutta, v., 249, 253, 262, 279, 310, 314, 320-321, 344.
Cambodge, 311, 319, 345.
Camerou, col. all. 176, 183, 222.
Canada, col. angl., 160, 169, 220.
Canaries, îles, 139, 154, 219.
Candie, voir Crète.
Cantabriques, monts, 38, 39, 81.
Canton, v., 230, 239, 252, 260, 278, 279, 322, 324, 328, 345.
Cap Vert (îles du), 159, 162, 219.
Cardiff, v., 168.
Carlsbad, v., 44.
Carolines, îles, 176, 183, 222.
Carrantuohill, mont, 38, 41, 81.
Carrare, v., 149.
Carthagène, v., 66, 72, 83.
Caspienne, mer, 53, 63-64, 82.
Castille (Nouvelle), 38, 39.
Castille (Vieille), 38, 39.
Catalogne, 46, 47, 81.
Catane, v., 138, 150, 219.
Cattaro (bouches de), 67, 75-78.
Caucase, montagnes, 229, 231, 236-237, 241-243, 278.
Caucasie, 199, 204, 224, 283, 290-291, 343.
Cavery, fl., 253, 263, 279.
Cavour, canal, 47.
Caystre, fl., 254, 264, 279.
Cenis (col du mont), 24, 28, 80.
Cephise, fl., 88.
Cervin, mont, 20, 24, 26, 34-37, 80.
Cette, v., 67, 72.
Celtigné, v., 137, 146, 218.
Ceuta, v., 139, 154, 219.
Ceylan, île, 239, 267, 271, 280.
Chah-Abdul-Azim, v., 302.
Chalcidique, presqu'île, 67, 74.
Chan (chaîne des), 229, 237, 278.
Chandernagor, v., 311, 315, 344.
Chan-Si, province, 322, 326.
Chan-Toung, province, 322, 326, 329.

Charente, fl., 109, 112, 116.
Charleroi, v., 170.
Chat-el-Arab, embouchure, 253, 263, 279.
Cherbourg, v., 66, 70, 83.
Cheviots, monts, 40, 81.
Chilka, riv., 252, 256, 279.
Chine, 321-322, 323-329, 345.
Chine (mer de), 230, 238, 278.
Chio, île, 239.
Chiraz, v., 295, 302, 344.
Christiania-fiord, 68.
Christiania, v., 65, 68, 83, 207, 212, 224.
Christiansand, v., 210.
Chypre, île, 160, 169, 220.
Cimone, mont, 25, 31, 81.
Cisa (col de la), 31.
Clyde, fl., 109, 113, 116.
Coblentz, v., 99, 116.
Cochin, v., 313.
Cochinchine, 311, 319, 345.
Coire, v., 19, 94, 98, 116.
Cologne, v., 100, 116, 176, 184, 222.
Colgong, v., 253, 261, 279.
Colombo, v., 310, 313, 315, 344.
Colonne, cap, 74.
Côme (lac de), 29.
Côme, v., 140.
Comorin, cap, 230, 239, 278.
Constance (lac de), 29, 98.
Constantinople, v., 67, 74, 87, 137, 145, 218.
Copenhague, v., 177, 186, 222.
Cordoue, v., 139, 154, 219.
Corée, 204, 238, 323, 335-336, 345.
Corinthe (golfe de), 67, 74.
Corinthe (isthme de), 74.
Corinthe, v., 62.
Cornouaille, 167.
Corse, île, 9, 59.
Cos, île, 239.
Crémone, v., 114, 117.
Crêt de la Neige, mont, 14, 20, 80.
Crète, île, 9.
Creus, cap, 72.
Crimée, presqu'île, 67, 75.
Csepel, île, 95, 102.
Cyclades, îles, 9, 25, 33, 67, 74, 81.

D

Dago, île, 56, 68.
Dalny, v., 204.
Damao, v., 310, 315, 344.
Damaraland, col. all., 176, 183, 222.
Damas, v., 295, 299, 344.
Danemark, 176-177, 184-186, 222.

INDEX ALPHABÉTIQUE 353

Danube, fl., 85, 88, 89, 92, 95, 101-103, 117.
Danzig (golfe de), 69.
Danzig, v., 109, 111, 116.
Dardanelles, détroit, 52, 60, 74.
Dariel (passe du), 229, 236, 278.
Davalaghiri, mont, 229, 235, 278.
Dekan, plateau, 311, 312, 344.
Delfzyl, v., 174.
Delhi, v., 310, 315, 344.
Delphi, mont, 25, 33, 81.
Denejkin-Kamen, mont, 229, 236, 278.
Dent du Midi, mont, 28.
Désespoir (plaine du), 295, 301.
Desna, riv., 95, 104, 117.
Desputo-Dagh, mont, 25, 33, 81.
Détroit (établissements du), 311, 319, 345.
Diu, colb. port., 159, 163, 219, 310, 315, 344.
Djanalabad, v., 262.
Djemna, riv., 253, 261, 279.
Dniéper, fl., 85, 88, 89, 92, 95, 103, 104, 117.
Dniester, fl., 110, 114, 117.
Dobrutcha (plaine de la), 33, 53, 61.
Dollart (golfe du), 66, 70.
Don, fl., 110, 114, 117.
Donnaï, riv., 253, 260, 279.
Douro, fl., 89, 109, 112, 116.
Dowre-Fjeld, monts, 38, 41, 81.
Drave, riv., 95, 103, 117.
Dresde, v., 109, 111, 116, 176, 184, 222.
Dublin, v., 166, 169, 220.
Duna, fl., 109, 110, 116.
Duncansby, cap., 71.
Dundee, v., 113.
Dunkerque, v., 66, 70, 83.
Dusseldorf, v., 100.
Dvina, fl., 108, 116.
Dzoungarie, province, 321, 323.

E

Ebre, fl., 88, 109, 113, 117.
Edimbourg, v., 160, 169, 220.
Egée, mer, voir Archipel.
Eger, v., 194.
Egine (golfe d'), 67, 74.
Egypte, 137, 142, 160, 169, 218, 220.
Ehrenfels, burg, 99.
Eifel, mont, 43, 81.
Ekaterinbourg, v., 287.
Elbe, fl., 109, 111, 116.
Elberfeld, v., 176, 181.
Elbours, monts, 300.
Elbrouz, mont, 229, 236, 278.
El Hasa, province, 299.
Emineh, cap, 75.
Emineh-Dagh, mont, 33.

Emmerich, v., 94, 99, 116.
Empereur-Guillaume (canal de l'), 182.
Ems, fl., 109, 112, 116.
Enns, riv., 19.
Ephèse, v., 254, 264, 279.
Ericht, lac, 41.
Erivan, v., 237.
Erzeroum, v., 237, 298.
Erz-Gebirge, monts, 42, 44, 81.
Escaut, fl., 89, 109, 112, 116.
Espagne, 138-139, 150-155, 219.
Essen, v., 101, 116, 176, 181, 184, 222.
Est africain allemand, 176, 183, 222.
Etna, volcan, 21, 25, 32, 80, 81.
Eubée, île, 9, 67, 74.
Euphrate, fl., 243, 247, 253, 263, 279.
Europe (pointe d'), 72.

F

Falster, île, 69.
Falun, v., 210.
Farsistan, province, 301.
Fernando-Po, île, 139, 154, 219.
Féroer, îles, 177, 186, 222.
Ferrare, v., 114, 117.
Finlande (golfe de), 56.
Finlande (lacs de), 56.
Finow (canal de), 182.
Finsteraarhorn, mont, 20, 28.
Fionie, île, 65, 69, 176, 184, 222.
Fiumalbo (col de), 31.
Fiume, v., 66, 79, 83.
Fleuve Bleu, voir Yang-tse-Kiang.
Fleuve Jaune, voir Hoang-ho.
Fleuve rouge, voir Song-Koï.
Florence, v., 138, 149, 150, 219.
Formose, île, 239.
Fossato (col de), 32.
Fou-Tchéou, v., 230, 239, 278.
France, 159, 163-164, 220.
Francfort-sur-le-Mein, v., 176, 184, 222.
Francfort-sur-l'Oder, v., 109, 111, 116.
Franken-Wald, plateau, 42, 43, 81.
Frédéric-Guillaume (canal de), 82.
Fréjus (col de), voir col du mont Cenis.
Freystadt (col de), 44.
Frisches-Haff, 65, 69.
Frisonnes, îles, 65, 70.
Fusi-Yama, volcan, 240, 331.
Futa (col de la), 31.

G

Gaëte (golfe de), 59.
Galatz, v., 145, 218.

Gallipoli, presqu'île, 67, 74.
Gallois, monts, 38, 40, 81.
Gandak, v., 261, 279.
Gand, v., 161, 170, 172, 221.
Gange, fl., 243, 247, 250-251, 253, 261-262, 279, 311, 312, 344.
Gaour, v., 262.
Gaourisankar, mont, 229, 235, 278.
Garde (lac de), 29.
Garigliano, fl., 110, 114, 117.
Garonne, fl., 109, 112, 116.
Gascogne (golfe de), voir mer de Biscaye.
Gata (cap de), 72.
Gefle, v., 65, 68, 83, 207, 212, 224.
Gellivara, v., 211.
Gênes (golfe de), 59.
Gênes (rivière de), 53, 62.
Gênes, v., 66, 72, 83, 138, 149, 150, 219.
Genève (lac de), 29.
Genève, v., 177, 190, 223.
Genèvre (col du mont), 24, 28, 80.
Georgenthal (col du), 44.
Ghats de Coromandel, montagnes, 229, 237, 278.
Ghats de Malabar, montagnes, 229, 237, 278.
Gibraltar, col. angl., 160, 169, 220.
Gibraltar (goulet de), 52, 61.
Gilhan, province, 295, 301.
Gijon, v., 70, 139, 153, 219.
Giovi (col de), 25, 31, 81.
Glasgow, v., 66, 71, 83, 113, 160, 168, 169, 220.
Glommen, fl., 109, 110, 116.
Gloucester, v., 113.
Goa, col. port., 159, 163, 219, 310, 315, 344.
Gobi, plateau, 236.
Godavery, fl., 253, 263, 279.
Gogra, riv., 261, 279.
Golconde, v., 271.
Goldner-Steig, col, 44.
Gota, fl., 109, 110, 116.
Göteborg, v., 65, 68, 83.
Gotland, île, 68.
Grampians, monts, 38, 40, 81.
Grands Lacs (pays des), 160, 169, 220.
Grand Saint-Bernard, mont, 24, 26, 80.
Gran Sasso de Italia, mont, 14, 20, 25, 31, 80, 81.
Grätz, v., 103, 117, 178, 193, 194, 223.
Grèce, 136-137, 139-142, 218.
Greenwich, v., 112.
Grenade, v., 154.

Groënland, 177, 186, 222.
Groningue, v., 174.
Gross Glockner, mont, 25, 30, 80.
Guadalaviar, fl., 109, 113, 117.
Guadalquivir, fl., 88, 109, 112, 114-115, 116.
Guadiana, fl., 109, 112, 116.
Guinée, col. angl., 160, 169, 220.
Guinée, col. portug., 159, 162, 219.
Gumti, riv., 261, 279.
Guyane, col. angl., 160, 169, 220.

H

Haarlem (lac de), 100.
Hagion-Oros, presqu'île, 74.
Haïderabad, v., 310, 314, 344.
Haïnan, île, 239.
Haïphong, v., 252, 260, 279.
Halifax, v., 160, 168.
Hallstatt (lac de), 30.
Hambourg, v., 65, 69, 83, 109, 111, 116, 176, 182, 184, 222.
Hammerfest, v., 210.
Hangtchéou, v., 230, 239, 259, 278.
Han-Kéou, v., 252, 259, 279, 322, 328, 345.
Han-Kiang, riv., 252, 259, 279.
Hanoï, v., 252, 260, 279, 311, 319, 345.
Hanovre, v., 176, 184, 222.
Hardwar, 253, 261.
Harlingen, v., 174.
Harz, massif, 19, 42, 43, 45-46, 81.
Hébrides, îles, 71, 164, 220.
Hecla, volcan, 21, 80.
Hedjaz (montagnes de l'), 229, 237, 278.
Hedjaz, province, 299.
Heidelberg, v., 100, 116, 184, 195, 222.
Helgoland, île, 58.
Helsingborg, v., 65, 68, 83, 211.
Helsingfors, v., 65, 68, 83.
Hérat, v., 295, 302, 344.
Hérault, fl., 109, 113, 117.
Héri-Roud, fl., 254, 264, 279.
Herra, plateau, 237.
Himalaya, montagnes, 229, 231, 235-236, 278, 311, 312, 344.
Hindou-Kouch, montagnes, 300, 301.
Hinter-Rhein, source du Rhin, 98.
Hoang-ho, fl., 243, 247, 252, 257-258, 279.
Hœmus, monts, 25, 32, 81.
Hollande, 161, 172-174, 221.
Hondo, île, 322, 331.

Honduras, col. angl., 160, 169, 220.
Hong-Kong, col. angl., 160, 169, 220, 324.
Hongrie, 46, 47, 81.
Hong-Yan, v., 252, 260, 279.
Horsens, v., 65, 69, 83.
Hoogly, bras du Gange, 253, 262, 279.
Hué, v., 230, 237, 239, 278, 311, 319, 345.
Huningue, v., 99.
Hunsrück, mont, 43, 81.

I

Iassi, v., 145, 218.
Ibériques, monts, 14, 15, 38-39, 80, 81.
Ibiça, île, 72.
Ida, mont, 25, 33, 81.
Idria, v., 193.
Idumée (montagnes de l'), 229, 237, 278.
Iekaterinodar, 283, 291, 343.
Iekaterinoslaw, v., 95, 104, 117.
Iénisséi, fl., 243, 247, 251, 254-255, 278.
Ifni, v., 139, 154, 219.
Iles Britanniques, 160, 164-170, 220.
Ill, fl., 254, 265, 279.
Ill, riv., 94, 100, 116.
Iller, riv., 95, 103, 117.
Inde, 160, 169, 220, 238, 278, 310-311, 312-316, 344.
Indien, système montagneux, 229, 231, 237, 278.
Indo-Chine, 230, 238, 278, 311, 316-320, 345.
Indo-chinois, système montagneux, 229, 231, 237-238, 278.
Indus, fl., 243, 247, 253, 262-263, 279.
Inn, riv., 19, 95, 103, 117.
Insbruck, v., 103, 117.
Ionienne, mer, 52, 54, 82.
Ioniennes, îles, 67, 74.
Iran (plateau de l'), 236.
Irraouaddy, fl., 246, 247, 253, 261, 279.
Irkoutsk, v., 251, 254, 278, 282, 287, 343.
Irlande, 9, 129-130, 160, 164, 220.
Irlande (mer d'), 51, 58, 82.
Irtich, riv., 251, 254, 278.
Isar, riv., 95, 103, 117.
Ise-fiord, 69.
Isère, riv., 19.
Isker, riv., 95, 103, 117.
Islande, île, 9, 177, 186, 222.
Isonzo, fl., 110, 114, 117.

Ispahan, v., 295, 301-302.
Issik-Koul, lac, 235.
Italie, 138, 146-150, 219.

J

Jantra, riv., 95, 103, 117.
Japon, 322-323, 329-336, 345.
Japon (îles du), 239.
Japon (mer du), 230, 238, 278.
Jaune, mer, 230, 238, 278.
Jérusalem, v., 295, 344.
Jonköping, v., 207, 212, 224.
Jourdain, fl., 254, 265, 279.
Jucar, fl., 109, 113, 117.
Jungfrau, mont, 20, 28.
Jura, montagnes, 14, 20, 34, 80.
Jura franconien, plateau, 42, 43, 81.
Jura Souabe, plateau, 42, 43, 81.
Justedal, glacier, 38, 41.
Jutland, 65, 69, 176, 184, 222.

K

Kaboul, riv., 263, 279.
Kaboul, v., 295, 302, 344.
Kachan, v., 295, 301, 344.
Kagharie, province, 321, 323.
Kaïfong, v., 252, 258, 279.
Kalat, v., 295, 302, 344.
Kalgan, v., 268.
Kalouga, v., 202.
Kama, riv., 96, 106, 117.
Kamchatka, presqu'île, 288.
Kandahar, v., 295, 302, 344.
Kantchindjinga, mont, 229, 235, 278.
Kara (mer de), 51, 54, 230, 238, 278.
Kara-Koum (désert de), 283, 288, 343.
Kara-Sou, riv., 263.
Karikal, v., 311, 315, 344.
Karpates, montagnes, 14, 15, 18, 20, 25-26, 34, 80, 81.
Karpates, petites, 25, 34, 81.
Karratchi, v., 263, 279.
Kars, v., 237.
Kasbeck, mont, 229, 230, 278.
Kassandra, presqu'île, 74.
Katchouga, v., 255.
Katin, voir Katoun.
Katoun, montagnes, 235.
Katrine, lac, 41.
Kattégat, détroit, 51, 56.
Katwyk, v., 100.
Kazan, v., 105, 117, 202.
Kélung, v., 324.
Kemmarat, v., 237.
Kerry (monts de), 38, 41, 81.
Kertch, v., 202.
Khabarovka, v., 252, 256, 279.

INDEX ALPHABÉTIQUE

Khan-Tengri, monts, 220, 235, 278.
Kharan (désert du), 295, 301.
Kherson, v., 95, 103, 117.
Khiva, oasis, 287, 288, 343.
Khong (chutes de), 260.
Khousistan, province, 301.
Kiakhta, v., 251, 255, 278, 287.
Kiai-Chan, volcan, 240.
Kiao-Tchéou, col. all., 176, 183, 222, 329.
Kréban-Maaden, v., 253, 263, 279.
Kiel, v., 65, 69, 83, 176, 181.
Kiev, v., 95, 104, 117, 199, 203, 224.
Kilia, bouche du Danube, 95, 103.
Kiou-Siou, îles, 322, 331.
Kioto, v., 323, 333, 335, 345.
Kisil-Koum (désert de), 283, 288, 343.
Kisil-Yrmak, fl., 254, 264, 279.
Kistna, fl., 253, 263, 279.
Kjölen, monts, 38, 41, 81.
Klagenfurth, v., 103, 117.
Klioutcheff, volcan, 240.
Klosterneuburg, couvent, 102.
Kobé, v., 323, 335, 345.
Kocheti (col de), 234.
Kokan, v., 283, 289, 343.
Kongsberg, v., 211.
Kœnigsberg (golfe de), 69.
Kœnigsberg, v., 176, 181.
Korassan (monts du), 300.
Korna, v., 263; 279.
Kosi, riv., 261, 279.
Kouang-Tcheng-tse, v., 204.
Kouang-Tcheou-Wan, v., 329.
Kouban, fl., 110, 114, 117.
Kouen-Loun, montagnes, 229, 231, 235, 278.
Koum, v., 302.
Kouma, fl., 110, 114, 117.
Koura, fl., 254, 264, 279.
Kouriles, îles, 239, 322, 323, 331, 336, 345.
Kouznetsk, v., 285.
Kowloun, v., 329.
Kragouïevats, v., 145, 218.
Krakatoa, volcan, 240.
Krasnoyarsk, v., 251, 255, 278, 287.
Kraw (isthme de), 311, 316.
Kronstadt, v., 65, 68, 83.
Kurisches-Haff, 65, 69.

L

Laaland, île, 69, 176, 184, 222.
Laconie, presqu'île, 74.
La Corogne, v., 66, 71, 83.
Ladoga, lac, 56.
La Haye, v., 70, 161, 174, 221.
Lahn, riv., 94, 101, 116.
Laknaoution, v., 262.

Laibach, v., 103, 117.
La Mecque, v., 295, 299, 314.
Lamia (plaine de), 61.
Land's End, cap, 71.
Lange-Fjeld, monts, 38, 41, 81.
Langres (plateau de), 42, 43, 81.
Languedoc (passage du), 26, 34, 81.
Lantchéou, v., 252, 257, 279.
La Spezzia, v., 73, 83.
Laquedives, îles, 239.
La Souris, burg, 99.
Laufen (chute de), 89.
Laufeubourg (chute de), 89.
Laurium, v., 126, 137, 141, 218.
Lanwerzée (golfe du), 66, 70.
Le Cap, col., angl., 160, 169, 220.
Lecco, v., 149.
Lech, riv., 95, 103, 117.
Le Chat, burg, 99.
Leck, bras du Rhin, 94, 100.
Leeds, v., 160, 168, 160, 220.
Le Ferrol, v., 66, 71, 83.
Le Havre, v., 66, 70, 83.
Leipzig, v., 176, 184, 222.
Leï-Tchéou (presqu'île de), 329.
Leitha, riv., 95, 103, 117.
Lemberg, v., 178, 194, 223.
Lemnos, île, 239.
Léna, fl., 243, 247, 252, 255, 278.
Léontès, fl., 254, 263, 279.
Leontini (plaine de), 61.
Leyde, v., 100.
Liao-Toung (presqu'île du), 329.
Liège, v., 100, 116, 161, 170, 172, 221.
Lim-fiord, 69.
Limmat, riv., 100.
Linares, v., 139, 153, 219.
Lindesnaës, cap, 68.
Linth, riv., 19.
Linz, v., 95, 102, 117.
Lion (golfe du), 59.
Liou-Kiou, îles, 322, 331.
Lipari, îles, 73.
Lippe, riv., 94, 101, 116.
Lisbonne, v., 71, 83, 159, 163, 219.
Liverpool, v., 66, 71, 83, 160, 169, 220.
Livourne, v., 66. 72, 83.
Lobau (île de), 95, 102.
Lobenstein, burg, 99.
Lofoten, îles, 68.
Loire, fl., 109, 112, 116.
Lom, riv., 95, 103, 117.
Lombardie, 46, 47, 81.
Lomond, lac, 41.
Londres, v., 66, 71, 83, 89, 112, 160, 168, 169, 220.
Longos, presqu'île, 74.
Lon Kan (gorge de), 259.

Lorient, v., 66, 70, 83.
Lorrain, plateau, 42, 43, 81.
Louis, canal, 182.
Lout (désert du), 295, 301.
Lubeck, v., 69.
Lucknow, v., 249, 310, 314, 344.
Lugano (lac de), 30
Luxembourg, duché, 161, 174, 221.
Luxembourg, v., 161, 174, 221.

M

Macao, col. port., 159, 163, 219.
Madère, île, 159, 162, 219.
Madian (montagnes du), 229, 287, 278.
Madras, v., 310, 314, 344.
Madrid, v., 39, 88, 139, 152, 154-155, 219.
Maëstricht, v., 100, 116.
Magdebourg, v., 109, 111, 116.
Magerö, îles, 68.
Mahanaddy, fl., 253, 263, 279.
Mahé, v., 311, 315, 344.
Maïmatchin, v., 251, 255, 278.
Majeur, lac, 29.
Majorque, île, 72.
Maladetta (massif de la), 20, 40.
Maldives, îles, 239.
Malée, cap. 74.
Malmö, v., 65, 68, 83, 207, 212, 224.
Malte, île, 160, 169, 220.
Malvoisie, v., 141.
Mamouniob, v., 302.
Man, île, 164, 220.
Manche, 52, 58, 82.
Manchester, v., 160, 168, 169, 220.
Mandalay, v., 253, 261, 279, 311, 319, 345.
Mandchourie, province, 321, 323, 336, 345.
Mangalore, v., 313.
Manheim, v., 99, 184, 222.
Manytch, fl., 110, 114, 117
Manzanarès, riv., 88.
Marais Pontins, 53, 61, 64.
Marathonisi (golfe de), 67, 74.
Maremme de Toscane, 53, 61.
Mariannes, îles, 176, 183, 222.
Maritza, fl., 110, 114, 117.
Marmara (mer de), 52, 59, 74, 82.
Marsala, v., 149.
Marseille, v., 66, 72, 83.
Marshall, îles, 176, 183, 222.
Martigny, v., 19.
Marxburg, burg, 99.
Massif Central français, 14, 20, 21, 34, 80, 81.

Massouah, col. ital., 138, 149, 219.
Matapan, cap, 74.
Matra, massif, 25, 34.
Mayence, v., 99, 116.
Mazanderan, province, 295, 301.
Médine, v., 295, 299, 344.
Meghna, bras du Gange, 262.
Mékong, fl., 246, 247, 252-253, 260, 279.
Mein, riv., 94, 100, 116.
Mélilla, v., 139, 154, 219.
Ménam, fl., 253, 260-261, 279.
Mer de glace, 24, 28, 80.
Merthyr-Tydfil, v., 160, 168.
Merv, oasis, 288.
Mesched, v., 295, 302, 344.
Mésopotamie, 294-295, 296-300, 344.
Messénie, presqu'île, 74.
Messine (phare de), 73.
Messine, v., 62, 138, 150, 219.
Métaponte (plaine de), 64.
Metz, v., 100, 116.
Meurthe, riv., 100.
Meuse, fl., 94, 100, 116.
Mezen, fl., 108, 110, 116.
Mezen, v., 65, 67, 83.
Mézières, v., 100, 116.
Milan, v., 138, 149, 150, 219.
Min, riv., 252, 259, 279.
Mincio, riv., 109, 113.
Minorque, île, 72.
Mitau (gorge de), 259.
Mœlar, lac, 110.
Mœn, île, 69.
Mohacz, île, 95, 102.
Mohilev, v., 95, 104, 117.
Moldau, riv., 111, 116.
Moldavie-Valachie, 46, 47, 81.
Mölk, couvent, 102.
Monastir, v., 145, 218.
Mouch, mont, 20, 28.
Mongolie, province, 321, 323.
Mons, v., 170.
Mont-Athos (cap du), 74.
Monténégro, 137, 142, 145, 218.
Mont-Saint-Michel (baie du), 58.
Moravie (monts de), 44.
Morawa de Moravie, riv., 95, 103, 117.
Morawa de Serbie, riv., 95, 103, 117.
Morée, presqu'île, 67, 74.
Morte, mer, 254, 265-266, 279.
Moscou, v., 88, 89, 106, 117, 199, 202, 203, 224.
Moscova, riv., 88, 106, 117.
Moselle, rivière, 94, 100, 116.
Mossoul, v., 295, 298, 299, 344.
Mourad, riv., 263.
Mozambique, col. port., 159, 162, 219.
Murcie, v., 62.

Muhr, riv., 103.
Mulahacen, mont, 14, 20, 38, 40, 80, 81.
Mulhouse, v., 176, 181.
Munich, v., 103, 117, 176, 184, 222.
Mytilène, île, 239.

N

Nagasaki, v., 230, 240, 278, 323, 333.
Namangan, v., 283, 289, 343.
Namaqualand, col. all., 176, 183, 222.
Nan-King, v., 249, 252, 259, 279, 322, 328, 345.
Nantes, v., 66, 70, 83.
Nao (cap de la), 72.
Naoumed, voir plaine du Desespoir.
Naples (golfe de), 59.
Naples, v., 66, 72, 83, 138, 150, 219.
Narat, col, 234.
Narenta, fl., 110, 114, 117.
Narva, fl., 109, 110, 116.
Nauplie (golfe de), 67, 74.
Nauplie, v., 67, 74, 83.
Navarin, v., 67, 74, 83.
Naviglio, canal, 47.
Neckar, riv., 94, 100, 116.
Négrepont, voir Eubée.
Népaul, État, 311, 315, 344.
Nerbuddah, fl., 253, 263, 279.
Nertchinsk, v., 252, 256, 279, 285, 287.
Netbou, mont, 14, 20, 38, 40, 80, 81.
Néva, fl., 88, 109, 110, 116.
Newcastle, v., 66, 71, 83, 113.
Nganking, v., 249.
Nich, v., 145, 218.
Nicobar, îles, 239.
Niémen, fl., 109, 110, 116.
Nieuport, v., 70.
Nijni-Novgorod, v., 96, 105, 117, 202, 205-207.
Nikolayevsk, v., 248, 252, 256, 279, 287.
Nikopolis, v., 103, 117.
Nimègue, v., 100, 116.
Ningpo, v., 230, 239, 278.
Ninive, voir Mossoul.
Nippon, voir Hondo.
Noire, mer, 52, 59, 82.
Nord (canal allemand du), 182.
Nord (canal du), 52, 58.
Nord, cap, 68.
Nord (mer du), 51, 57-58, 82.
Norrköping, v., 65, 68, 83, 207, 212, 224.
Norvège, 207, 208-213, 224.

Nouvelle-Guinée, col. all., 176, 183, 222.
Nouvelle-Guinée, col. angl., 160, 169, 220.
Nouvelle-Sibérie (archipel de la), 238.
Nouvelle-Zélande, col. angl., 160, 169, 220.
Nouvelle-Zemble, île, 238.
Nuremberg, v., 176, 184, 222.

O

Obi, fl., 243, 247, 251, 254, 278.
Oder, fl., 109, 111, 116.
Odessa, v., 67, 75, 83, 199, 203, 224.
OEland, île, 68.
OEsel, île, 56, 68.
OEtzthal (glacier de l'), 25, 29, 80.
OEtzthal, mont, 24, 29, 80.
Oglio, riv., 109, 113.
Oka, riv., 96, 106, 117.
Okhotsk (mer d'), 230, 238, 278.
Olenok, riv., 256.
Olmütz, v., 103, 117.
Olokma, riv., 252, 255, 278.
Olympe, mont, 25, 33, 81.
Oman (mer d), 230, 239, 278.
Omsk, v., 282, 287, 343.
Onega, fl., 108, 110, 116.
Onéga, lac, 56.
Onéga, v., 65, 67, 83.
Ophir (mont de l'), 238.
Orcades, îles, 71, 164, 220.
Orenbourg, v., 202.
Oriental, cap, 230, 238, 278.
Oristano (plaine d'), 61.
Oronte, fl., 254, 263, 279.
Orta (lac d'), 30.
Ortler, mont, 24, 29, 80.
Osaka, v., 230, 240, 278, 323, 332, 335, 345.
Osma, riv., 95, 103, 117.
Ossa, mont, 25, 33, 81.
Ostende, v., 70.
Othrys, mont, 25, 33, 81.
Ostigha, v., 92, 93.
Otrante (canal d'), 73.
Ouloungour, lac, 251, 254.
Oulou-Tenghis, lac, 9.
Oural, fl., 110, 114, 117.
Oural, montagnes, 10, 229, 231, 236-237, 278.
Ourga, v., 288, 320.
Oussouri, riv., 252, 256, 279.
Oviédo, v., 139, 153, 219.

P

Palerme, v., 66, 73, 83, 138, 150, 219.

INDEX ALPHABÉTIQUE 357

Palk (détroit de), 239.
Palos (cap de), 72.
Pamir, plateau, 236.
Pancorbo (col de), 39.
Pandouah, v., 262.
Paris, v., 159, 163, 220.
Paropamizades, monts, 300.
Pas de Calais, détroit, 51, 57.
Passau, v., 95, 102, 117.
Patna, v., 253, 261, 279, 310, 315, 344.
Patras, v., 62, 137, 141, 218.
Peï-ho, fl., 252, 256-257, 279.
Peipous, lac, 110.
Péking, v., 252, 257, 322, 328, 336, 338, 345.
Pelat, mont, 28.
Pélion, mont, 25, 33, 81.
Peña de Europa, mont, 38, 39. 81.
Penalara, mont, 38, 39, 81.
Pendjab (rivières du), 253, 263, 279.
Perdu, mont, 20, 38, 40, 81.
Périm, col. angl., 160, 169, 220.
Périm, mont, 33.
Perm, v., 106, 117, 202.
Perse, 295, 300-303, 344.
Persique, golfe, 230, 239, 278.
Perth, v., 113.
Pescadores, îles, 323, 336, 345.
Petchili (golfe de), 230, 238, 278.
Petchili, province, 322, 326.
Petchora, fl., 108, 110, 116.
Petit Saint-Bernard (col du), 24, 28, 80.
Petropavlosk, v., 287.
Piave, fl., 110, 114, 117.
Pilsen, v., 191.
Pinde, monts, 25, 33, 81.
Pinsk (marais de), 104.
Philippines, îles, 230.
Philippopoli, v., 146, 218.
Plaisance, v., 114, 117.
Pnom-Penh, v., 260, 311, 319, 345.
Pô, fl., 88, 109, 113-114, 117.
Poitou (passage du), 2, 34, 81.
Poltava, v., 104, 117.
Pommersches-Haff, 65, 69.
Pondichéry, v., 311, 315, 344.
Pont-Euxin, voir mer Noire.
Popovagora, mont, 43, 45, 81.
Porsanger-fiord, 68.
Port-Arthur, v., 204, 329.
Portes de Fer (défilé des), 95, 103.
Porto, v., 159, 163, 219.
Portugal, 159, 161-163, 219.
Posets, mont, 20, 38, 40, 81.
Poyang, lac, 259, 327.
Pracchia (col de), 31.
Prague, v., 178, 193, 194, 223.
Presbourg, v., 95, 102, 117.

Prince (île du), 159, 162, 219.
Pripet, riv., 95, 104, 117.
Prome, v., 253, 261, 279.
Pruth, riv., 95, 103, 117.
Przemysl, v., 26, 31, 81.
Puerto de los Perros (col de), 39, 41-42.
Pulina, v., 44.
Puy de Sancy, mont, 14, 20, 80.
Pyrénées, montagnes, 14, 20, 38, 40, 80, 81.

Q

Quatre-Cantons (lac des), 29.

R

Raguse, v., 66, 73, 83.
Randers, v., 65, 69, 83, 186, 222.
Rangoun, v., 253, 261, 279, 319.
Ratisbonne, v., 95, 102, 117.
Reichenau, v., 94, 98, 116.
Reichenberg, v., 194.
Reuss, riv., 19, 100.
Rheinfelden, v., 80.
Rheinstein, burg, 99.
Rheinwaldhorn, massif, 24, 29, 80, 94, 98.
Rhénan, plateau, 42, 43, 81.
Rhin, fl., 19, 85, 88, 89, 92, 94, 98-101, 107-108, 116.
Rhodes, île, 239.
Rhodope, voir Despoto-Dagh.
Rhône, fl., 19, 88, 109, 113, 117.
Ribinsk, v., 105, 117.
Riesen-Gebirge, monts, 42, 44, 81.
Riga (golfe de), 56, 68.
Riga, v., 65, 69, 83, 199, 203, 224.
Rilo-Dagh, massif, 25, 33, 81.
Rio-Tinto, province, 139, 153, 219.
Rivel, v., 65, 68, 83.
Rochefort, v., 66, 70, 80.
Roi (mont du), 238.
Romania, cap, 230, 239, 278.
Rome, v., 88, 138, 150, 219.
Rose, mont, 20, 24, 26, 80.
Rotterdam, v., 70, 100, 116, 161, 174, 221.
Rouchtchouk, v., 103, 117, 146, 218.
Rouen, v., 89.
Rouge, mer, 230, 239, 278.
Roumanie, 137, 142, 145, 218.
Rouphias, fl., 110, 114, 117.
Rügen, île, 69.
Ruhr, riv., 94, 101, 116.
Russie, 198-207, 223-224.

S

Saale, riv., 111, 116.
Saïgon (riv. de), 253, 260, 279.
Saïgon, v., 230, 239, 278, 311, 319, 345.
Saint-André, île, 95, 102.
Sainte-Croix, île, 177, 186, 222.
Saint-Gall, v., 169.
Saint-George, canal, 52, 58.
Saint-Georges, bouche du Danube, 95, 103.
Saint-Gothard (col du), 24, 28, 80.
Saint-Gothard, massif, 19, 28, 94, 98.
Saint-Jean, île, 177, 186, 222.
Saint-Pétersbourg, v., 89, 199, 202, 204, 224.
Saint-Pierre d'Arena, v., 149.
Saint-Sébastien, v., 66, 70, 88.
Saint-Thomas, île, 177, 183, 222.
Sakai, v., 323, 335, 345.
Sakaria, fl., 254, 264, 279.
Sakhalin, île, 238, 323, 336, 345.
Salamanque, v., 39.
Salambria, fl., 110, 114, 117.
Salomon, îles, 176, 183, 222.
Salonique (golfe de), 67, 74.
Salonique, v., 67, 74, 83, 145, 218.
Salouen, fl., 246, 247, 253, 261, 279.
Salza, riv., 19.
Samara, v., 96, 106, 117.
Samarcande, v., 283, 289, 343.
Samos, île, 239.
Samsat, v., 253, 263, 279.
Sanct Florian, couvent, 102.
Sanderban, région deltaïque, 262.
San Lorenzo (col de), 31.
Santander, v., 66, 70, 83.
San-Thomé, île, 15, 90, 162, 219.
Santorin, île volcanique, 21, 80.
Saratov, v., 96, 106, 117.
Sardaigne, île, 9, 59.
Sargans, v., 94, 98, 116.
Sarnen (lac de), 29.
Saros (golfe de), 67, 74.
Sarre, riv., 100.
Satledj, riv., 263, 279.
Save, riv., 95, 103, 117.
Schaffouse, v., 94, 98, 116.
Scandinaves, Alpes, 14, 15, 18, 20, 38, 41, 80, 81.
Scapta-Jockül, volcan, 21, 80.
Schondau (passe de), 44.
Schneekoppe, mont, 42, 44, 81.
Schütt (grande et petite), îles, 95, 102.
Schwarz-Wald, plateau, 42, 43, 81.

Sebzevar, v., 302.
Sedlitz, v., 44.
Seeland, île, 65, 69, 176, 184, 222.
Ségovie, v., 39.
Ségura, fl., 109, 113, 117.
Seine, fl., 80, 109, 112, 116.
Sélenga, fl., 251, 254.
Semlin, v., 95, 103, 117.
Sénégambie, col. port., 159, 162, 210.
Sénégambie, col. angl., 160, 169, 220.
Senne, riv., 88.
Séoul, v., 336.
Septimer (col du), 25, 29, 80.
Serbie, 137, 142, 145, 218.
Serpents (îlot des), 103.
Sèvern, fl., 109, 113, 116.
Séville, v., 139, 154, 219.
Shanghaï, v., 230, 239, 278, 324.
Shannon, fl., 109, 113, 116.
Sheffield, v., 160, 168, 169, 220.
Shetland, îles, 71, 164, 220.
Siam, 311, 319, 345.
Siam (golfe de), 230, 238, 278.
Sibérie, 199, 204, 224, 282, 283-287, 291-294, 343.
Sicile, île, 9.
Sierra de Guadarrama, monts, 38, 39, 81.
Sierra Morena, monts, 38, 39, 81.
Sierra Nevada, monts, 14, 20, 80.
Si-Kiang, fl., 246, 247, 252, 259-260, 279.
Sikok, île, 322, 331.
Silistrie, v., 103, 117.
Simbirsk, v., 96, 106, 117.
Simplon (col du), 24, 28, 80.
Simplon, mont, 28.
Sindh, voir Indus.
Singapour, col. angl., 160, 169, 220, 230, 239, 278, 311, 319, 345.
Sinope, v., 230, 239, 278.
Sistova, v., 103, 117.
Skager-Rack, détroit, 51, 56.
Skjærstad, v., 211.
Smolensk, v., 95, 104, 117.
Smyrne, v., 230, 239, 278, 295, 298, 299, 344.
Sneehottan, mont, 14, 20, 38, 41, 81.
Snowdon, mont, 38, 40, 81.
Sofia, v., 137, 146, 218.
Sogne-fiord, 68.
Soliman, montagnes, 300.
Somo-Sierra (col de), 39.
Sonde (îles de la), 239.
Sone, riv., 261, 279.
Song-Koï, fl., 252, 260, 279.
Sooneck, burg, 99.
Sorlingues, îles, 71, 164, 167, 220.

Sorö, îles, 68.
Soudan oriental, col. angl., 160, 169, 220.
Soulina, bouche du Danube, 95, 103.
Soungari, riv., 252, 256, 279.
Spalato, v., 67, 73, 83.
Sparte, v., 137, 141, 218.
Sparlivento, cap, 73.
Spire, v., 99, 116.
Splugen (col du), 25, 29, 80.
Sporades, îles, 67, 74.
Sprée, riv., 88, 111, 116.
Spreewald, marécage, 48-50.
Stavanger, v., 65, 68, 83, 207, 212, 224.
Stavropol, v., 283, 291, 343.
Stelvio (col de), 31.
Stettin, v., 109, 111, 116.
Strasbourg, v., 99, 100, 116.
Strietensk, v., 282, 287, 343.
Stromboli, volcan, 21, 25, 32, 80, 81.
Stockholm, v., 65, 68, 83, 207, 212, 224.
Stuttgart, v., 100, 116.
Suède, 207, 208-213, 224.
Suisse, 177, 187-190, 223.
Sund, détroit, 51, 54.
Sybaris (plaine de), 61.
Syracuse, v., 149.
Syr-Daria, fl., 254, 264-265, 279.
Syrie, 137, 142, 218, 294-295, 296-300, 344.
Syrienne, mer, 60.
Szolnok, v., 103, 117.

T

Tabriz, v., 295, 301, 344.
Tachkent, v., 283, 289, 343.
Tage, fl., 89, 109, 112, 116.
Tagliamento, fl., 30, 110, 114, 117.
Talien-Wan, v., 329.
Tamise, fl., 89, 109, 112, 116.
Tarente, v., 66, 73, 83.
Tarifa (pointe de), 71.
Tarragone, v., 66, 72, 83.
Tarvis (col de), 25, 31, 80.
Tasselot, mont, 42, 43, 81.
Tatra, massif, 14, 20, 26, 34, 80, 81.
Taunus, mont, 43, 81.
Taurus, montagnes, 237.
Taygète, mont, 33.
Tay, fl., 109, 113, 116.
Tchar-Dagh, mont, 14, 20, 25, 33, 80, 81.
Tchatal (massif de), 32.
Tchen-Kiang, v., 252, 259, 279.
Tcherra-Poundji, contrée de l'Inde, 313.
Tcheskaia (golfe de), 51, 54.

Tchita, v., 252, 256, 279.
Téhéran, v., 295, 301, 344.
Térek, fl., 110, 114, 117.
Terglou, mont, 30, 80.
Tessin, riv., 19, 109, 113.
Thar (désert du), 312.
Thèbes, v., 137, 141, 218.
Theiss, riv., 95, 103, 117.
Thermopyles, défilé, 33.
Thian-Chan, montagnes, 229, 231, 234, 278.
Thorn, v., 109, 111, 116.
Thuringer-Wald, plateau, 42, 43, 81.
Thun (lac de), 29.
Tibet, plateau, 236, 321, 323.
Tibre, fl., 88, 10), 114, 117.
Tien-Giang, riv., 253, 260, 279.
Tien-Tsin, v., 249, 322, 328, 345.
Tiflis, v., 202, 283, 291, 343.
Tigre, fl., 243, 247, 253, 263, 279.
Timor, île, 159, 163, 219.
Tioumen, v., 287.
Tobolsk, v., 251, 254, 278, 282, 285, 287, 343.
Togoland, col. all., 176, 183, 222.
Tokai, v., 26, 34, 81, 103, 117.
Tokio, v., 230, 240, 278, 323, 333, 335, 345.
Tolède, v. 154.
Tomsk, v., 282, 285, 287, 343.
Tone-Gawa, fl., 331.
Tonkin, 311, 319, 345.
Tonkin (golfe du), 230, 238, 278.
Tornéa, fl., 109, 110, 116.
Toula, v., 202.
Toulon, v., 66, 72, 83.
Toulouse, v., 92.
Tournai, v., 170.
Tour Rouge (défilé de la), 103.
Toung-ting, lac, 259.
Toungouska, riv., 255, 278.
Tourane, v., 230, 239, 278.
Trafalgar (pointe de), 71.
Transvaal, col. angl., 160, 169, 220.
Transylvanie (monts de), 25, 34, 81.
Trébizonde, v., 230, 239, 278.
Trieste, v., 66, 73, 83, 178, 194, 223.
Tripoli (vilayet de), 137, 142, 218.
Trois-Seigneurs (pic des), 24, 26.
Tromsö, îles, 68.
Trondhjem-fiord, 68.
Trondhjem, v., 207, 212, 224.
Turin, 114, 117, 138, 150, 219.
Turquie, 137, 145-146, 218.
Tver, v., 105, 117, 202.
Tyne, fl., 109, 113, 116.

INDEX ALPHABÉTIQUE

Tyr, v., 254, 263, 279.
Tyrrhénienne, mer, 52, 59, 82.
Tzaritzin, v., 105.

U

Uléaborg, v., 66, 68, 83.
Uméa (archipel d'), 56.
Usedom, île, 69.
Utrecht, v., 100, 116.

V

Vaico, riv., 253, 260, 279.
Valdaï, plateau, 42, 44, 81.
Valence (golfe de), 59.
Valence, v., 66, 72, 83, 139, 151, 219.
Valladolid, v., 39.
Var, fl., 109, 113, 117.
Vardar, fl., 110, 114, 117.
Varèse (lac de), 30.
Varna, v., 146, 218.
Varsovie, v., 109, 111, 116, 199, 202, 203, 224.
Vasa (archipel de), 56.
Vasa, v., 65, 68, 83.
Veleta, mont, 38, 40, 81.
Venise (golfe de), 60.
Venise, v., 66, 73, 83, 138, 150, 219.
Vérone (canal de), 47.
Verviers, v., 170.
Vésuve, volcan, 21, 25, 32, 80, 81.
Via Mala (gorge de la), 98, 106-107.
Viborg, v., 186, 222.
Vidin, v., 103, 117.
Vienne, v., 95, 102, 117, 178, 193, 194, 223.

Vieux-Rhin, bras du Rhin, 94, 100.
Vignemale, mont, 20.
Vigo (baie de), 71.
Viltoui, riv., 252, 255, 278.
Vindhia, monts, 229, 237, 278.
Viso, mont, 24, 26, 80.
Vistule, fl., 109, 111, 116.
Vitim, riv., 252, 255, 278.
Vladikavkase, v., 283, 291, 343.
Vladivostok, v., 282, 285, 286, 287, 343.
Vogelsberg, massif, 19.
Voïoutza, fl., 110, 114, 117.
Volga, fl., 85, 88, 89, 92, 95-96, 104-106, 117.
Volgaïque, plateau, 42, 44, 81.
Volo (golfe de), 67, 74.
Vorder-Rhein, source du Rhin, 98.
Vosges, montagnes, 34.
Vukovar, v., 102.
Vulturne, fl., 110, 114, 117.

W

Waal, bras du Rhin, 94, 100.
Wautzen (défilé de), 102.
Wei, riv., 252, 257, 279.
Wei-haï-Wei, col. angl., 160, 169, 220, 329.
Wenern, lac, 110.
Werchojansk, v., 255, 285.
Wesel, v., 100, 101, 116.
Weser, fl., 109, 111, 116.
Wettern, lac, 110.
Wid, riv., 95, 103, 117.
Wieliczka, v., 193.
Wight, île, 71, 164, 167, 220.
Wilhelmshafen, v., 69.
Winterthur, v., 189.
Wollin, île, 69.

Worms, v., 99, 116.
Wrath, cap, 71.

Y

Yakoutsk, v., 252, 255-256, 278, 285, 287.
Yaloung, riv., 252, 259, 279.
Yanaon, v., 311, 315, 344.
Yang-tse-Kiang, fl., 243, 246, 252, 259, 279.
Yaroslaw, v., 105, 117.
Yémen (monts de l'), 229, 237, 278.
Yémen, province, 229.
Yénikalé (détroit d'), 52, 60, 75.
Yénisseisk, v., 287.
Yeschil-Yrmak, fl., 254, 264, 279.
Yéso, île, 320, 331.
Ymuiden, v., 174.
Yokohama, v., 230, 240, 278, 323, 335, 345.
Youldouz, prairies, 234-235, 241.
Yssel, bras du Rhin, 94, 100.
Yunnan, province, 322, 327.

Z

Zagros, monts, 300.
Zaïsan, lac, 251, 254, 270.
Zaouka (col de), 234.
Zara, v., 67, 73, 83.
Zélandaises, îles, 66, 70.
Zell (lac de), 30.
Zittau (col de), 44.
Zug (lac de), 29.
Zuiderzée (golfe du), 51, 57, 66, 70.
Zurich (lac de), 29, 98.
Zurich, v., 177, 189, 190, 223.

TABLE DES MATIÈRES

PRÉFACE

PREMIÈRE PARTIE

EUROPE

CHAPITRE I. — NOTIONS PRÉLIMINAIRES

NOTIONS GÉNÉRALES.......................................	7
LEÇON I. — Limites. — Étendue. — Avantages de la situation et de la configuration.................................	8

CHAPITRE II. — RELIEF

NOTIONS GÉNÉRALES.......................................	12
LEÇON I. — Les montagnes. — Divisions. — Caractères généraux et particuliers.................................	13
LEÇON II. — Les montagnes (*Suite*). — Description. — Le noyau central et ses annexes (Alpes. — Apennins et Balkans. — Karpates et systèmes français).................................	24
LEÇON III. — Les montagnes (*Suite*). — Description (*Suite*). — Les soulèvements indépendants du noyau central (monts Ibériques, monts Britanniques, Alpes Scandinaves).................................	38
LEÇON IV. — Les montagnes (*Suite*). — Description (*Suite*). — Les plateaux de transition entre le noyau montagneux et la plaine du nord.................................	42
LEÇON V. — Les plaines. — Divisions. — Caractères généraux et particuliers. — Description.................................	46
LEÇON VI. — Les côtes. — Divisions. — Caractères généraux et particuliers.................................	50
LEÇON VII. — Les côtes (*Suite*). — Description.................	65

CHAPITRE III. — HYDROGRAPHIE

NOTIONS GÉNÉRALES.......................................	84
LEÇON I. — Les fleuves. — Caractères généraux et classification....	85

Leçon II. — Les grands fleuves. — Description. — Rhin, Danube, Dniéper, Volga.. 94
Leçon III. — Les fleuves moyens et petits. — Description......... 108

CHAPITRE IV. — LE CLIMAT, LES PRODUCTIONS ET LES HOMMES

Notions générales.. 118
Leçon I. — Caractère général et caractères particuliers du climat. — Produits du sol et du sous-sol. — Races, religions et civilisation.. 119

CHAPITRE V. — DESCRIPTION DES ÉTATS

Notions générales.. 133
Leçon I. — Europe méridionale : Grèce, Péninsule des Balkans, Italie, Espagne... 136
Leçon II. — Europe occidentale : Portugal, France, Iles Britanniques, Belgique, Hollande... 159
Leçon III. — Europe centrale : Allemagne, Danemark, Suisse, Autriche-Hongrie.. 175
Leçon IV. — Europe orientale : Russie............................ 198
Leçon V. — Europe septentrionale : Suède et Norvège............. 207
Leçon VI. — Grandes voies de communication d'une extrémité à l'autre de l'Europe... 213
Sujets de devoirs.. 225

DEUXIÈME PARTIE

ASIE

CHAPITRE I. — DESCRIPTION GÉNÉRALE DU CONTINENT ASIATIQUE

Notions générales.. 227
Leçon I. — Situation et étendue. — Relief. — Climat............. 229
Leçon II. — Hydrographie. — Caractères généraux et classification des fleuves. — Fleuves glacés du nord, fleuves tièdes de l'est et du sud. — Leur action.. 243
Leçon III. — Hydrographie (Suite). — Description des fleuves...... 251
Leçon IV. — Richesses naturelles................................ 266
Leçon V. — Populations : races et religions. — Explorations....... 273

CHAPITRE II. — DESCRIPTION DES GRANDES RÉGIONS NATURELLES

Notions générales..	281
Leçon I. — Asie russe : Sibérie, Asie centrale russe, Caucasie. — Le Transsibérien, le Transcaspien et le Transcaucasien...............	282
Leçon II. — Asie antérieure : Turquie d'Asie (Asie Mineure, Syrie, Mésopotamie, Arabie), Iran (Perse, Afghanistan, Baloutchistan). — Les grandes voies ferrées.......................................	294
Leçon III. — Asie méridionale : Inde, Indo-Chine..................	310
Leçon IV. — Asie centrale et orientale : Empire chinois, Japon....	321
Sujets de devoirs...	346

APPENDICE

États de l'Europe et de l'Asie avec capitales et villes principales....	349

INDEX ALPHABÉTIQUE

TABLE DES CROQUIS

PREMIÈRE PARTIE
EUROPE

1. Europe, relief partie ouest. 128
2. Europe, relief partie est.... 134
3. Les Alpes 141
4. Europe. — Hydrographie, partie ouest.............. 198
5. Europe. — Hydrographie, partie est............... 202
6. Les bouches du Rhin...... 210
7. Europe. — Richesses naturelles 235
8. États balkaniques......... 252
9. Italie....................... 257
10. Espagne et Portugal....... 261
11. Iles Britanniques.......... 275
12. Belgique et Hollande...... 281
13. Allemagne................. 289
14. Danemark................. 294
15. Suisse 297
16. Autriche-Hongrie 299
17. Russie.................... 309
18. Suède-Norvège............ 323

DEUXIÈME PARTIE
ASIE

19. Asie. — Situation, relief, climat................... 8
20. Asie. — Hydrographie..... 24
21. Asie. — Richesses naturelles 49
22. Sibérie.................... 62
23. Asie centrale russe....... 67
24. Caucasie.................. 69
25. Turquie d'Asie............ 73
26. Iran....................... 75
27. Raccordement du Transcaspien aux lignes anglaises 86
28. Inde...................... 97
29. Indo-Chine 172
30. Empire chinois........... 107
31. Japon..................... 113

TABLE DES PHOTOGRAVURES

1. Le mont Cervin vu de Zermatt.
2. Un fiord de Norvège.
3. Le Rhin à Saint-Goar.
4. Moscou. Vue d'hiver de la Moscova et du Kremlin.
5. Barcelone. Embarcadère et monument de Colomb.
6. Rome. Le forum.
7. Glasgow. L'Université
8. Anvers. Embarcadère et Musée.
9. Un coin de Nagasaki.
10. Sampans chinois dans le Yang-tse-Kiang.
11. Aden (fortifications anglaises).
12. Téhéran (porte de la place de l'Artillerie).
13. Aspect d'une ville persane (Sebzevar).
14. Rue des Théâtres, à Osaka.
15. Une des portes de Séoul.
16. Pagode annamite près de Cholon.

COURS E. JACQUET & A. LACLEF

L'Arithmétique du Brevet élémentaire et des Cours complémentaires, suivie d'un complément de Géométrie. 1 vol. in-12, broché, 1 fr. 75; relié *toile rouge* 2 25

Solutions raisonnées des Exercices et Problèmes, contenus dans l'*Arithmétique du Brevet élémentaire.* 1 vol. in-12, broché............... 3 »

Cours d'Arithmétique théorique et pratique, à l'usage des Écoles normales d'Instituteurs et d'Institutrices, de l'Enseignement secondaire des jeunes filles, des candidats au Brevet supérieur. 1 vol. in-12, broché, 2 fr. 50; relié *toile bleue*....... 3 »

Solutions raisonnées des Exercices et Problèmes contenus dans le *Cours d'Arithmétique théorique et pratique.* 1 vol. in-12, broché 3 50

Cours de Géométrie théorique et pratique, avec de nombreux exercices, problèmes, applications, etc., à l'usage des Écoles normales d'Instituteurs et d'Institutrices, des Écoles primaires supérieures, des Écoles professionnelles, des candidats au Brevet supérieur. 1 vol. in-12, broché, 3 »; relié toile... 3 50

Cours d'Algèbre élémentaire, à l'usage des Écoles normales d'Instituteurs et d'Institutrices, des Écoles primaires supérieures, des Écoles professionnelles, des candidats au Brevet supérieur et de l'Enseignement secondaire. 1 vol. in-12, broché, 1 50; relié toile...................................... 2 »

SUJETS ET
COMPOSITIONS D'HISTOIRE

La Composition; Sujets, Plans et Développements de devoirs

Par A. AMMANN

Agrégé d'histoire, Professeur au lycée Louis-le-Grand et au collège Chaptal

Adopté par le Ministère de l'Instruction publique pour les Bibliothèques des lycées et collèges

Nouvelle Édition

1 volume in-12, broché 2 50

ANTONIN VANNIER

LA CLARTÉ FRANÇAISE
L'ART DE COMPOSER, D'ÉCRIRE ET DE SE CORRIGER

NOUVELLE ÉDITION

1 volume in-12, broché, 3 fr., relié 3 50

SUJETS
DE COMPOSITIONS FRANÇAISES

RECUEIL DE COMPOSITIONS, DE LITTÉRATURE ET DE MORALE

ACCOMPAGNÉES

de Causeries et de Plans expliqués et précédées d'une Introduction

OUVRAGE PRÉPARANT AU BREVET SUPÉRIEUR
ET AUX BACCALAURÉATS DE L'ENSEIGNEMENT SECONDAIRE

Par R. LAVIGNE

Agrégé des lettres, Professeur au lycée Henri IV

Adopté par le Ministère de l'Instruction publique pour les Bibliothèques pédagogiques et les Bibliothèques des Lycées et Collèges

NOUVELLE ÉDITION CORRIGÉE

1 volume in-12, broché 2 75

LEXICOLOGIE FRANÇAISE

ORIGINE, FORMATION, SIGNIFICATION DES MOTS

A l'usage des Écoles normales primaires
des Écoles primaires supérieures, de l'Enseignement secondaire
des Jeunes Filles et de l'Enseignement secondaire

PAR

R. PESSONNEAUX & **C. GAUTIER**

Agrégé de l'Université, professeur au lycée Henri IV et à l'École normale supérieure de Fontenay.

Ancien Directeur d'École normale.

1 fort vol. in-12, broché, 3 fr.; relié toile, 3 fr. 50

Sixième édition revue et corrigée, et augmentée d'exercices et de devoirs

www.ingramcontent.com/pod-product-compliance
Lightning Source LLC
Chambersburg PA
CBHW070906170426
43202CB00012B/2221